高等职业教育铁路物流管理专业系列规划教材

铁路物流设备

赵智锋　主　编
李　莉　副主编
熊　建　主　审

中国铁道出版社

2017年·北京

内 容 简 介

本书为高等职业教育铁路物流管理专业系列规划教材之一，以基于工作过程的课程理念为指导，分项目进行编写，以铁路物流主要职能活动中常用物流设备为载体，按照"项目描述—项目任务—初识设备—设备认知—设备分类—设备使用—考核评价"的主线，将物流活动中常见设备的名称、特点、分类、图形、选型、使用等"理论知识"与"基本技能与操作"进行系统地介绍，方便教师灵活地安排"技能模块"的授课，也方便同学和自学者有针对性地选学相关内容。

本书可作为高等职业院校铁路物流管理、物流工程及铁路交通运营管理等相关专业的教材和教学参考书，也可供铁路物流企业货物运输、仓储、配送、营销、管理等相关人员的培训使用，同时还可供铁路物流领域的从业人员和对物流设备感兴趣的读者参考。

图书在版编目(CIP)数据

铁路物流设备/赵智锋主编．—北京：中国铁道出版社，2017.8

高等职业教育铁路物流管理专业系列规划教材

ISBN 978-7-113-23219-1

Ⅰ.①铁… Ⅱ.①赵… Ⅲ.①铁路运输－货物运输－物流－设备管理－高等职业教育－教材 Ⅳ.①U294.1

中国版本图书馆 CIP 数据核字(2017)第 154291 号

书　　名：铁路物流设备
作　　者：赵智锋　主编

责任编辑：悦　彩　　**编辑部电话：**010-51873206　　**电子信箱：**sxyuecai@163.com
封面设计：王镜夷
责任校对：苗　丹
责任印制：郭向伟

出版发行：中国铁道出版社（100054，北京市西城区右安门西街 8 号）
网　　址：http://www.51eds.com
印　　刷：三河市华业印务有限公司
版　　次：2017 年 8 月第 1 版　2017 年 8 月第 1 次印刷
开　　本：787 mm×1 092 mm　1/16　印张：20.75　字数：531 千
印　　数：1～3 000 册
书　　号：ISBN 978-7-113-23219-1
定　　价：45.00 元

前言

随着全国铁路全面深化货运改革，加快向现代物流转型发展，铁路运输企业货运组织机构和人员队伍发生很大变化，技术技能人才紧缺。在国家教育部的批准下，高职铁路物流管理专业已于2016年成功开办并顺利招生。招生院校紧随铁路货运改革和铁路物流发展的步伐，快速调整人才培养模式，重构课程体系和教学内容，以适应铁路物流岗位技术技能人才需求的新变化。

为适应铁路改革的新形势，依据现代物流的管理理念，结合铁路物流发展实际，汲取铁路货运和铁路物流企业管理精华，在铁路物流管理专业开办的实践基础上，我们组织编写了本书。

本书是高等职业教育铁路物流管理系列规划教材之一，是按工作任务的设计而编写的。它贯彻了以能力为本位、基于工作过程的教学理念。

本教材具有如下特点：

1. 坚持就业导向。我们先后到多个铁路物流企业与科研院所进行了大量调研，如武汉铁路局武汉北物流中心、汉西车务段、武铁物流公司工程物流中心、武东车站，广铁集团长沙货运营销中心、惠州货运中心，西安铁路局、新丰镇车站、新筑中心站及宝鸡货运中心，中铁联集武汉中心站，中铁快运武汉分公司，武汉汉欧国际物流有限公司以及中远物流武汉分公司、北京交通大学交通运输学院运输设备教学馆、武汉理工大学物流工程学院国家重点实验室等，从而瞄准铁路物流管理专业相关就业群，引导学生在实践中找岗位、在岗位上练技能、以技能谋就业、以思维求发展。

2. 源于企业实际。经过教学实践与多次研讨，我们了解了铁路物流企业的一般组织结构与岗位设置模型图，收集了各岗位的工作职责，对铁路货运、物流、营销及管理岗位的职责进行了分析，归纳出一般铁路物流岗位涉及的典型工作任务，依据典型工作任务确定了铁路物流管理专业的行动领域，最后将这些工作领域转化为学习领域，铁路物流设备就是其中之一。

3. 基于工作过程。本教材以基于工作过程的课程理念为指导，分项目来进行编写，每一项目按照“项目任务—初识设备—设备认知—设备分类—设备使用—考核评价”的主线，围绕工作任务，将常见设备的名称、特点、分类、图形、选型、使用等“理论知识”与“基本技能与操作”进行系统地介绍。

4. 表述图文并茂。教材以铁路物流活动的主要职能为依据，精选了主要铁路物流设备的认知、分类、使用的一些基本知识点，省略了一般教材中较重篇幅的工作原理、主要结构等内容，增加了设备操作方面的内容，而且在行文中，采用丰富的图形、表格，基本做到了教材结构“模块化”、理论实践“一体化”，图文表述“形象化”。

本书由国家高级物流师、湖北省行业技术能手、武汉铁路职业技术学院赵智锋任主编，武汉铁路局货运处李莉任副主编，武汉铁路局中力物流有限公司熊建任主审。具体编写分工如下：赵智锋编写项目1、项目4和项目6的任务1、任务2，项目9的任务1、任务2；成都工业职业技术学院杨冀琴编写项目2；成都工业职业技术学院董恺凌编写项目3，天津铁道职业技术学院王丹编写项目5、项目6的任务3和任务4，新疆铁道职业技术学院付晓艳编写项目7、项目9的任务3和任务4，李莉编写项目8，新疆铁道职业技术学院赵静编写项目10。

为方便教学，编者精心准备了与本书配套的电子课件和习题参考答案，读者可联系中国铁道出版社索取。

在教学中，我们建议按照“理论与实践为1∶1”的原则分配学时，建议学时可参照下表，具体的学时由任课教师根据实际情况适当调整。

序号	课题名称	建议学时			序号	课题名称	建议学时		
		讲授	实践	考核			讲授	实践	考核
项目1	铁路物流设备导论	2	2	0	项目6	搬运设备运用	4	2	2
项目2	铁路运输设备概述	10	4	2	项目7	包装设备运用	2	2	2
项目3	其他运输设备概述	4	2	2	项目8	拣选设备运用	2	2	0
项目4	仓储设备运用	4	2	2	项目9	物流信息设备运用	4	2	0
项目5	装卸设备运用	4	2	0	项目10	物流设备维护与管理	2	2	2
合计		24	12	6	合计		14	10	6
总学时：理论讲授38学时＋实践操作22学时＋考核12学时＝72学时或者采用理论讲授60学时＋实训周的形式来完成									

教材编写过程中，得到了武汉铁路局货运处、货运营销处，中力物流公司，武汉理工大学物流工程学院领导的鼎力支持，还参考了国内外的相关文献和物流专业方面的教材以及大量研究成果，在此，对涉及的专家、学者表示衷心的感谢！

由于编者水平有限，教材中错误与不足难免存在，敬请同行及读者予以批评指正。

编者

2017年3月

目录

项目 1　铁路物流设备导论

物流设备是物流系统的重要组成部分，在物流活动中处于重要的地位，是实现物流作业的重要基础。现代物流朝着机械化、智能化、一体化的方向快速发展，物流设备是推动其发展的重要推动力。铁路物流基础设施与设备种类多、数量大、专业性强，是发展铁路现代物流的"硬件"支撑。

项目描述

学习目标	器材工具	教学建议	课时计划
①了解物流系统的构成要素 ②认识并掌握不同种类的物流设备的功能 ③掌握物流设备的选型原则 ④在作业中培养学生的团队精神	①铁路物流中心的布置图 ②铁路物流中心的物流设备	①条件允许时，尽量在理论实践一体化教室中实施教学 ②如果条件不允许，可采用某一铁路物流中心的布置图或视频代替	4 学时，其中理论教学 2 学时，实践操作与项目考核 2 学时

项目任务

组织学生参观某铁路物流中心（或观看视频），熟悉该中心的作业流程，并分析相应物流设备的主要功能，讨论在物流设备选型时应考虑的主要因素。其操作应涉及如下工作环节：

(1)熟悉铁路物流中心的主要功能，绘制铁路物流中心的布置图。

(2)分析铁路物流中心的作业流程，并结合作业流程说明相关物流设备的主要功能。

(3)结合具体的使用情况，讨论物流设备选型时应依据的主要原则。

1. 系统概述

(1)系统的定义

系统是指为达成某种共同目的，由若干构成要素相互有机地结合成的复合体。系统的概念自古就有，在现实生活中也随处可见。大到宇宙中太阳系、整个世界、一个国家，小到一个企业、一个部门甚至一台机器，都可以被看做一个整体，一个系统。

所有的系统无论大小，简单还是复杂，都具有以下条件：

①各个系统都由两个或两个以上的要素组成。

②各要素之间相互关联，使系统保持稳定。

③各系统具有一定的结构，保持系统的有序性，使系统具有一定的目的，完成特定的功能。

所以，系统就是"为有效地达到某种目的的一种机制"，也就是为了达成某一目的，把各种资源作为指令输入(Input)使其产生某种结果(Output)的功能，如图 1.1 所示。

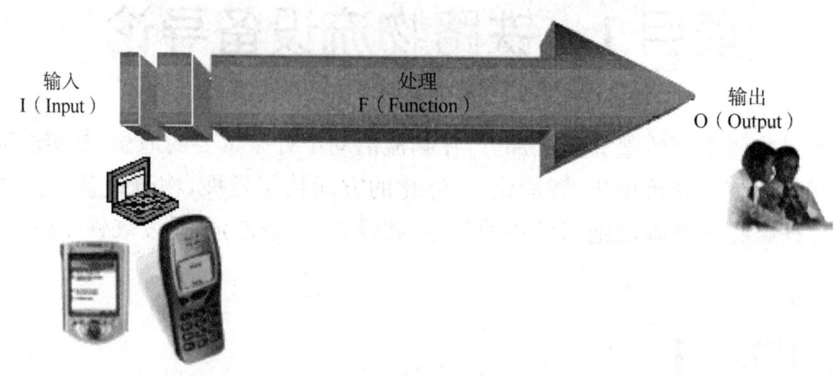

图 1.1　系统的概念图

(2)系统的特点

系统具有集合性、相关性、目的性、层次性、适应性等特点。

①集合性。集合性是指系统通常由多个子系统组成，而且组成的关系是多层次的。由于每个子系统中所要考虑的因素和变量是相当多的，这样在系统内就必然形成庞大的横向和纵向联系。可见，系统是一个集合体，是由多个子系统组成的统一体、综合体。

②相关性。相关性是指系统中的各个要素之间相互联系、相互制约、相互影响、相互作用，而且有一定的秩序，形成一个完整的过程。如果各要素之间没有联系，就构不成系统，这就是系统的相关性。

③目的性。凡是人造的系统都有明确的目的，系统的各个组成部分都是围绕着这个共同目标进行活动。如连锁物流系统的各个组成部分就是围绕"以最低总成本达到既定的物流服务"这一目标进行的。

④层次性。一个主系统可以包括若干子系统，子系统下又有子系统，而且主系统本身又有可能包括在更大的系统中，这就是系统的层次性。

⑤适应性。任何系统都存在于一定的环境中，因而也必然受到环境因素的影响，并与外部环境产生物质交换和信息交换。系统要正常运行就必须使自身适应环境，根据环境的变化，不断地修正自身系统，这就是系统的适应性。

(3)构建系统的原则

构建系统应坚持如下原则：

①要素存在的价值取决于其对整个系统的贡献。整个系统的实现是至关重要的，要素存在的价值是根据其对整个系统的贡献程度而定的。例如，音响系统使用两个扬声器就能取得卓越的音响效果，那么系统中再增加另外的扬声器就没有必要了。

②重视组成系统各要素之间的合作。不要求要素在个体上达到最佳或最优化，系统的重点在于要素彼此之间的合作配合所产生的效果。例如，晶体管设计在音响系统内部，就不需把它设计得非常美观，因为人们看不到它们，为设计一个漂亮的晶体管而花成本和时间，就整个系统的效果来看是不必要的。

③注意各要素之间的"互换代价"。由于要素之间彼此相互作用,会出现此增彼消的现象,称为"互换代价",这种关系可以促进也可以阻碍整个系统的工作绩效。所以一个要素变化时,要考虑到其他要素相应的变化以及最终对整个系统的影响。例如,在音响系统中添加晶体管,就可以采用一个便宜的放大器,这样虽然增加了晶体管的成本,但节约了放大器的成本,如果最终的总成本降低了,且效果不变,那么这样的做法就是合理的。

④要素合作可以产生出更大的效果。各要素作为一个系统而联系在一起,可望产生的最终效果大于通过个体部件表现的效果。事实上,没有合作,就难以取得基本的效果。例如,一个没有扬声器的音响系统,虽然在技术上可以运行,但是没有声音。

系统的构建原则如图 1.2 所示。

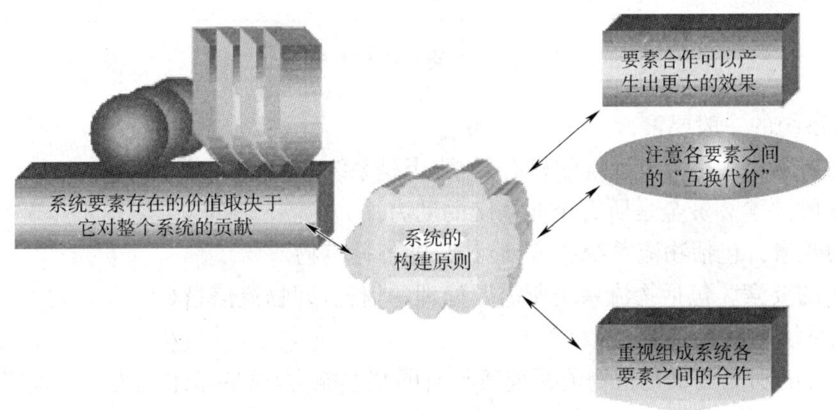

图 1.2　系统的构建原则

2. 物流系统概述

(1)物流系统的定义

物流系统是指在一定的时间和空间里,由物品、包装设备、装卸搬运机械、运输工具、仓储设施、人员和通信联系等若干相互制约的动态要素所构成的具有特定功能的有机整体。物流系统的目的是实现物品的空间效益和时间效益,在保证社会再生产顺利进行的前提条件下,实现各种物流环节的合理衔接,并取得最佳的经济效益。物流系统是社会经济大系统中的一个子系统或组成部分。

(2)物流系统基本模式

物流系统和一般系统一样,具有输入、转换及输出三大功能,通过输入和输出使系统与社会环境进行交换,使系统和环境相依存,如图 1.3 所示。

在流通领域里,物流过程可以看成是一个由生产经流通到消费的各物流要素相互作用和相互依存的过程。在生产领域里,物流过程是一个不断投入原材料、机器设备、劳动力,经过加工处理,产出满足社会需要的投入与产出过程。就物流过程的每一个环节来讲,也同样是一个投入与产出的过程。每一环节都要从外界环境吸收一定的能量、资源(人、财、物),并以输入形式投入,经过转换处理,直接或间接地产出一定的产品或劳务,再以输出的形式向外界提供,来满足社会的某种需求。

(3)物流系统的要素

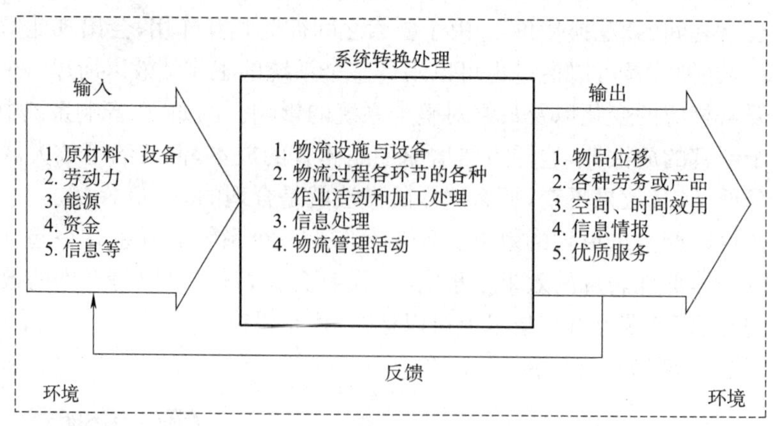

图 1.3　物流系统基本模式

①物流系统的一般要素

a. 人的要素。人是所有系统的核心要素，也是系统的第一要素。

b. 资金的要素。资金是所有企业系统的动力。

c. 物的要素。包括物流系统的劳动对象，即各种实物。

d. 信息的要素。包括物流系统所需要处理的信息，即物流信息。

②物流系统的功能要素

物流系统的功能要素是指物流系统所具有的基本能力，这些基本能力有效地组合、连接在一起，变成了物流系统的总功能，便能合理、有效地实现物流系统的总目的。

物流系统的功能要素主要包括运输、储存保管、包装、装卸搬运、流通加工、配送以及物流信息等要素。

③物流系统的流动要素

a. 流体，即“物”。

b. 载体，即承载“物”的设备和这些设备据以运作的设施，如汽车和道路。

c. 流向，即“物”转移的方向。

d. 流量，即物流的数量表现。

e. 流程，即物流路径的数量表现，亦即物流经过的里程。

f. 流速，即流体流动的速度。

g. 流效，即流体流动的效率和效益、成本与服务等。

④物流系统的支撑要素

a. 法律制度。法律制度决定物流系统的结构、组织、领导、管理方式，国家对其控制、指挥、管理其方式以及定位这个系统的地位、范畴，是物流系统的重要保障。

b. 行政命令。行政命令是决定物流系统正常运转的重要支持要素。

c. 标准化。标准化是保证物流环节协调运行，保证物流系统与其他系统在技术上实现连接的重要支撑条件。

d. 商业习惯。商业习惯是整个物流系统为了使客户满意所提供服务的基本要求，了解商业习惯，将使物流系统始终围绕客户为主进行运营，达到企业的目的。

⑤物流系统的物质基础要素

a. 基础设施。基础设施是组织物流系统运行的基础物质条件，包括物流场站、物流中心、仓库、物流线路、建筑、公路、铁路、港口等。

b. 物流装备。物流装备是保证物流系统开动的条件，包括仓库货架、进出库设备、加工设备、运输设备、装卸机械等。

c. 物流工具。物流工具是物流系统运行的物质条件，包括包装工具、维修保养工具、办公设备等。

d. 信息技术及网络。信息技术及网络是掌握和传递物流信息的手段，根据所需信息水平不同，包括通信设备及线路、传真设备、计算机及网络设备等。

e. 组织及管理。组织及管理是物流系统的“软件”，起着连接、调运、运筹、协调、指挥其他各要素以保障物流系统目的的实现之作用。

(4)物流系统的特点

物流系统具有一般系统所共有的特点，即整体性、相关性、目的性、环境适应性，同时还具有规模庞大、结构复杂、目标众多等大系统所具有的特征。

①互动性。物流系统是一个“人—机”系统。物流系统是由人和形成劳动手段的设备、工具所组成。其表现为物流劳动者运用运输设备、装卸搬运机械、仓库、港口、车站等设施，作用于物品的一系列生产活动。在这一系列的物流活动中，人是系统的主体。因此，在研究物流系统的各个方面问题时，必须把人和物有机地结合起来，作为不可分割的整体，加以考察和分析，而且始终把如何发挥人的主观能动作用放在首位。

②巨大性。物流系统是一个跨地域、跨时域的大系统。这反映在两个方面：一是地域跨度大，二是时间跨度大。由于世界经济的全球化和信息化，物流活动早已突破了地域限制，形成了物流跨地区，跨国界的趋势。跨地域性正是物流创造的场所价值的体现。另外，通过仓储，可以解决产需之间的时间矛盾，跨时域性正是物流创造的时间价值的体现。

③可分性。物流是一个可分系统。作为物流系统，无论其规模多么庞大，都可以分解成若干个相互联系的子系统。这些子系统的多少和层次的阶数，是随着人们对物流的认识和研究的深入而不断扩充的。系统与子系统之间，子系统与子系统之间，存在着时间和空间上及资源利用方面的联系，也存在总的目标、总的费用以及总的运行结果等方面的相互联系。

④动态性。物流系统是一个动态系统。一般的物流系统总是连接多个生产企业和用户，随需求、供应、渠道、价格的变化，系统内的要素及系统的运行经常发生变化。这就是说，物流受到社会生产和社会需求的广泛制约，物流系统是一个具有满足社会需求、适应环境能力的动态系统。为适应经常变化的社会环境，人们必须对物流系统的各组成部分经常不断地修改、完善，这就要求物流系统具有足够的灵活性与可改变性。在有较大的社会变化情况下，物流系统甚至需要重新进行系统的设计。

⑤复杂性。物流系统的复杂性。物流系统运行对象——“物”，遍及全部社会物质资源，资源的大量化和多样化带来了物流的复杂化。在物流活动的全过程中，始终贯穿着大量的物流信息。物流系统要通过这些信息把各个子系统有机地联系起来。如何把信息收集全面、处理好，并使之指导物流活动，是非常复杂的事。物流系统的范围横跨生产、流通、消费三大领域，给物流组织系统带来了很大的困难，而且随着科学技术的进步、生产的发展、物流技术的提高，物流系统的边界范围还将不断地向内深化、向外扩张。

⑥多目标性。物流系统是一个多目标函数系统。物流系统的总目标是实现宏观和微观的

经济效益。但是,系统要素间有着非常强的"悖反"现象,常称为"交替损益"或"效益悖反"现象。所谓"效益悖反"是指物流系统的若干功能要素之间存在着损益的矛盾,即某一功能要素的优化和利益发生的同时,必然会存在另一个或另几个功能要素的利益损失,反之亦然。这种此涨彼消、此盈彼亏的现象,在物流系统中尤为突出。例如,减少库存量,能减少库存持有成本,但必然会增加运输次数,从而增加了运输费用。

(5)物流系统的功能

①运输功能。运输是物流的核心业务之一,也是物流系统的一个重要功能。选择何种运输手段对于物流效率具有十分重要的意义,在决定运输手段时,必须权衡运输系统要求的运输服务和运输成本。

②仓储功能。在物流系统中,仓储同样是重要的构成因素。仓储功能包括了对进入物流系统的货物进行堆存、管理、保管、保养、维护等一系列活动。

③包装功能。为使物流过程中的货物完好地运送到用户手中,并满足用户和服务对象的要求,要求对大多数商品进行不同方式、不同程度的包装。

④装卸搬运功能。装卸搬运是随运输和保管而产生的必要物流活动,是对运输、保管、包装、流通加工等物流活动进行衔接的中间环节以及在保管等活动中为进行检验、维护、保养所进行的装卸活动。

⑤流通加工功能。在物品从生产领域向消费领域流动的过程中,为了促进产品销售、维护产品质量和实现物流效率化,对物品进行加工处理,使物品发生物理或化学性变化的功能。流通加工可以弥补企业、物资部门、商业部门生产过程中加工程度的不足,更有效地满足用户的需求,是物流活动中的一项重要增值服务。

⑥配送功能。配送可采取物流中心集中库存、共同配货的形式,使用户或服务对象实现零库存,依靠物流中心的准时配送,而无需保持自己的库存或只需保持少量的保险储备,减少物流成本的投入。

⑦信息服务功能。信息服务功能包括进行与上述各项功能有关的计划、预测、动态(动量、收、发、存数)的情报及有关的费用情报、生产情报、市场情报活动。其作用表现在缩短从接受订货到发货的时间,库存适量化,提高搬运作业效率,提高运输效率等。

3. 铁路物流设备概述

(1)物流设备的概念

物流设备是指进行各项物流活动所需的机电设备、器具等可供长期使用,并在使用中基本保持原有实物形态的物质资料。这个概念是广义的,而狭义的物流设备则不包括建筑物、装卸站台、线路、站场等物流基础设施,本书以广义概念来介绍。

物流设备是物流劳动工具,是物流系统的物质技术基础。不同的物流系统有不同的物流设备与之相匹配,用以完成不同的物流作业。物流设备是物流技术水平高低的主要标志,物流设备的普及程度直接反映着一个国家现代化程度和技术水平。物流设备是现代化物流企业的主要作业工具,是合理组织批量生产和机械化流水作业的基础。对第三方物流企业来说,物流设备又是组织物流活动的物质技术基础,体现着物流企业的能力大小。

物流设备是物流系统中的物质基础,伴随着物流的发展与进步,物流设备不断得到提升与发展。物流设备领域中许多新的设备不断涌现,如四向托盘、高架叉车、自动分拣机、自动导引搬运车(AGV)、集装箱等,极大地减轻了人们的劳动强度,提高了物流运作效率和服务质量,降低了物流成本,在物流作业中起着重要作用,极大地促进了物流的快速发展。反过来,物流业的快速发展对物流设备也提出了更高的要求。

(2)物流设备的分类

物流设备是指进行各项物流活动所必需的成套建筑和器物,是指组织实物流通所涉及的各种机电设备、运输工具、仓储设施、货运线路和站场、电子计算机以及通信设备等。物流设备的功能和类型是根据物流各项活动逐步形成的,按照不同的标准可以进行不同分类。

①按照物流设备所特有的功能可以分为运输设备、仓储保管设备、装卸搬运设备、流通加工设备、包装设备、信息处理设备等。

②按照物流设备在物流活动中的相对位置,可分为固定设备和活动设备。固定设备如铁路、公路、桥隧、车站、货场、港口、仓库等建筑物,活动设备如铁路列车、汽车、轮船、移动式装卸搬运设备等。

③按照物流设备在物流活动中的服务范围,可分为企业(生产)物流设备和社会(供销)物流设备。企业物流设备是企业固定资产的组成部分,属于企业的自有设备,如企业的运输车辆、铁路专用线、装卸搬运机械、包装机械、仓储建筑等。社会物流设备是为社会物流服务的,属于公用设备,如运输线路、桥隧、车站、港口等。

(3)物流设备的类型

物流设备门类全,型号规格多,品种复杂。一般以物流设备所完成的物流作业为标准,主要的物流设备如下:

①运输设备。运输在物流中的独特地位对运输设备提出了更高的要求,要求运输设备具有高速化、智能化、通用化、大型化和安全可靠的特性,以提高运输的作业效率,降低运输成本,并使运输设备达到最优化利用。根据运输方式的不同,运输设备可分为载货汽车、铁路机车和车辆、货船、空运设备和管道设备等。对于第三方物流公司而言,一般只拥有一定数量的载货汽车,而其他的运输设备就直接利用社会的公用运输设备。本书为突出铁路运输设备,将运输设备分为铁路运输设施与设备和其他运输设施与设备两个项目来分别讲解。

②仓储设备。仓储设备主要包括货架、堆垛机、室内搬运车、出入境输送设备、分拣设备、提升机、搬运机器人以及计算机管理和监控系统。这些设备可以组成自动化、半自动化、机械化的商业仓库,来堆放、存取和分拣、承运物品。

③包装设备。包装设备是指完成全部或部分包装过程的机器设备。包装设备是使产品包装实现机械化、自动化的根本保证。主要包括填充设备、罐装设备、封口设备、裹包设备、贴标设备、清洗设备、干燥设备、杀菌设备等。

④装卸搬运设备。装卸搬运设备指用来搬移、升降、装卸和短距离输送物料的设备,是物流机械设备的重要组成部分。从用途和结构特征来看,装卸搬运设备主要包括起重设备、连续运输设备、装卸搬运车辆、专用装卸搬运设备以及铁路装载加固设备等。

⑤流通加工设备。流通加工设备主要包括金属加工设备、搅拌混合设备、木材加工设备及其他流通加工设备。

⑥集装单元器具。集装单元器具主要有集装箱、托盘、周转箱和其他集装单元器具。货物经过集装器具的集装或组合包装后,具有较高的灵活性,随时都处于准备运行的状态,利于实现储存、装卸搬运、运输和包装的一体化,达到物流作业的机械化和标准化。

⑦信息设备。信息设备是指实现物流信息采集、储存、管理和使用的设备，是实现物流信息化的硬件基础，是信息技术在物流领域中应用的重要保障。物流信息设备形式多样，主要有信息采集、处理、查询设备，被广泛应用于仓库管理、运输管理、产品目录管理等领域。

(4)我国物流设备的发展现状

近些年以来，我国物流设备有了较快的发展，各种物流运输设备的数量迅速增长，技术性能也日趋现代化，集装箱运输得到了快速发展。随着计算机网络技术在物流活动中的应用，先进的物流设备系统不断涌现，我国目前已具备开发研制大型装卸设备和自动化物流系统的能力。

①总体数量迅速增加。物流设备的总体数量迅速增加。近年来，我国物流产业发展很快，受到各级政府的极大重视，在这种背景下，物流设备的总体数量迅速增加，如运输设备、仓储设备、配送设备、包装设备、装卸搬运设备(如叉车、起重机等)、物流信息设备等。

②自动程度大幅提高。物流设备的自动化水平和信息化程度得到了一定的提高。以往的物流设备基本上是以手工或半机械化为主，工作效率较低。但是，近年来，物流设备在其自动化水平和信息化程度上有了一定的提高，工作效率得到了较大的提高。

③设备系统基本形成。基本形成了物流设备生产、销售和消费系统。以前，经常发生有物流设备需求，但很难找到相应的生产企业，或有物流设备生产却因销售系统不完善、需求不足，导致物流设备的生产无法持续完成等。目前，物流设备的生产、销售、消费系统已经基本形成，国内拥有一批物流设备的专业生产厂家、物流设备销售的专业公司和一批物流设备的消费群体，使得物流设备能够在生产、销售、消费系统中逐步得到改进和发展。

④设备应用广泛实施。物流设备在物流的各个环节都得到了一定的应用。目前，无论是在生产企业的生产、仓储，流通过程的运输、配送，还是在物流中心的包装加工、搬运装卸，物流设备都得到了一定的应用。

⑤新型设备不断涌现。随着物流各环节分工的不断细化，随着满足顾客需求为宗旨的物流服务需求增加，专业化的新型物流设备和新技术物流设备不断涌现。这些设备多是专门为某一物流环节的物流作业，某一专门商品、某一专门顾客提供的设备，其专业化程度很高。

(5)物流设备的发展趋势

随着现代物流的发展，物流设备作为其物质基础表现出如下的发展趋势：

①大型化和高速化。大型化是指设备的容量、规模、能力越来越大，是实现物流规模效应的基本手段。主要是弥补自身速度很难提高的缺陷而逐渐大型化，包括海运、铁路运输、公路运输。高速化是指设备的运转速度、运行速度、识别速度、运算速度大大加快。

②实用化和轻型化。由于仓储物流设备是在通用的场合使用，工作并不很繁重，因此应好用，易维护、操作，具有耐久性、无故障性和良好的经济性以及较高的安全性、可靠性和环保性。这类设备批量较大、用途广，考虑综合效益，可降低外形高度、简化结构、降低造价，同时也可减少设备的运行成本。

③专用化和通用化。物流设备专门化是提高物流效率的基础，主要体现在两个方面，一是物流设备的专门化，二是物流方式专门化。物流设备的专门化是以物流工具为主体的物流对象专门化，如从客货混载到客货分载，出现了专门运输客货物的飞机、轮船、汽车以及专用车辆等设备和设施。运输方式专门化中比较典型的是海运，海运几乎在世界范围内放弃了客运，主要从事货运；管道运输就是为输送特殊货物而发展起来的一种专用运输方式。通用化主要以

集装箱运输的发展为代表。国外研制的公路、铁路两用车辆与机车,可直接实现公路铁路运输方式的转换,公路运输采用大型集装箱拖车,可运载海运、空运、铁运的所有尺寸的集装箱,还有客货两用飞机、水空两用飞机及正在研究的载客管道运输等。通用化的运输工具为物流系统供应链保持高效率提供了基本保证。通用化设备还可以实现物流作业的快速转换,可极大提高物流作业效率。

④自动化和智能化。将机械技术和电子技术相结合,将先进的微电子技术、电力电子技术、光缆技术、液压技术、模糊控制技术等功能到机械的驱动和控制系统,实现物流设备的自动化和智能化将是今后的发展方向。例如,大型高效起重机中的新一代电气控制装置将发展为全自动数字化控制系统,可使起重机具有更高的柔性,以提高单机的综合自动化水平,自动化仓库中的送取货小车、智能式搬运车 AHV、公路运输智能交通系统(ITS)的开发和应用已引起各国的广泛重视。此外,卫星通信技术及计算机、网络等多项高新技术结合起来的物流车辆管理技术正在逐渐被应用。

⑤成套化和系统化。只有当组成物流系统的设备成套、匹配时,物流系统才是最有效、最经济的。在物流设备单机自动化的基础上,通过计算机把各种物流设备组成一个集成系统,通过中央控制室的控制,与物流系统协调配合,形成不同机种的最佳匹配和组合,将会取长补短,发挥最佳效用。为此,成套化和系统化物流设备具有广阔发展前景,以后将重点发展的有工厂生产搬运自动化系统、货物配送集散系统、集装箱装卸搬运系统、货物自动分拣与搬运系统等。

⑥“绿色化”和环保化。“绿色”就是要达到环保要求,这涉及两个方面:一是与牵引动力的发展以及制造、辅助材料等有关,二是与使用因素有关。对于牵引力的发展,一要提高牵引动力,二要有效利用能源,减少污染排放,使用清洁能源及新型动力。对于使用因素,包括对各物流的维护、合理调度、恰当使用等。

(6)推进我国物流设备发展的应对措施

借鉴国外物流设备发展的先进经验,结合我国物流发展的实际情况及存在的主要问题,可以采用行之有效的措施来加快我国物流设备的发展。

①加快制订标准。加快物流设备标准化制定工作。物流设备标准化对于提高物流运作效率起着至关重要的作用,统一的标准有利于各种设备之间的相互衔接配套,有利于物流企业之间的业务合作,从而缩短物流的作业时间,提高生产效率,改善物流的服务质量,进而减少物流成本在生产总成本中所占的比重。

②加大投资力度。加大对物流设备的投资力度,注重多元化投资。对物流设备的实际应用情况进行调查研究,注重发展技术含量高的物流设备,有计划地淘汰陈旧落后效率差、安全性能低的物流设备,配置先进物流机械设施,如运输系统中的新型机车、车辆、大型汽车、特种专用车辆,仓储系统中的自动化立体仓库、高层货架,搬运系统中的起重机、叉车、集装箱搬运设备、自动分拣和监测设备等。

③规划市场行为。规范物流设备供应商的经营行为,鼓励其扩大经营规模,提高技术水平和设计能力,从而为物流企业提供更好的物流设备。

④建立评价体系。引导物流企业在选择物流设备时,不仅注重物流设备的价格,还要注重物流设备的质量、安全性能以及对整个系统的作用,结合自身实际需要选择合适的物流设备,使整个系统的效益达到最优。

⑤注重统筹规划。提高物流企业以及各级政府对物流设备在物流发展中的认识,在进行

物流设备系统规划设计时能通盘考虑，避免出现使用不便和资源浪费的情况。

⑥提高管理水平。无论是物流企业还是各级政府都要把物流设备的管理纳入物流管理中。物流设备是物流成本的一部分，应重视物流设备的管理和研究，提高物流设备的使用效率，尽量减少物流设备的闲置时间。同时应注重对物流设备安全性能的检测和维修，以减缓物流设备磨损速度，延长其使用寿命，防止物流设备非正常损坏，保障其正常运行。

(7)物流设备的选择原则

选择物流设备时，原则上要求技术上先进、经济上合理、生产作业上安全适用、无污染或污染小。

①适用性原则。这是针对物流设备是否具有相当的物流能力而言的，包括适应性和实用性。物流企业在选择物流设备时，要充分考虑到物流作业的实际需要，所选的物流设备要符合货物的特性和货运量的大小，能够在不同的作业条件下灵活方便地操作。实用性就涉及恰当选择物流设备功能的问题。物流设备并不是功能越多越好，因为在实际作业中，并不需要太多的功能，如果物流设备不能被充分利用，则造成资源和资金的浪费。同样，功能太少也会导致物流企业的低效率。因此，要根据实际情况，恰当选择物流设备的功能。

②先进性原则。这里的先进性主要是指物流设备技术的先进性，主要体现在自动化程度、环境保护、操作条件等方面。但是先进性必须服务于适用性，尤其是要有实用性，来取得经济效益的最大化。

③经济性原则。这主要指的是物流设备的使用费用低，整个使用寿命周期的成本低。有时候，先进性和低成本会发生冲突，这就需要物流企业在充分考虑适用性的基础上，进行权衡，做出合理选择。

④可靠性和安全性原则。可靠性和安全性日益成为选择物流设备、衡量物流设备好坏的主要因素。可靠性是指物流设备按要求完成规定功能的能力，是物流设备的功能在时间上的稳定性和保持性。但是可靠性不是越高越好，必须考虑到成本问题。安全性要求物流设备在使用过程中保证人身及货物的安全，并且尽可能地不危害到环境(符合环保要求，噪声小，污染小)。

(8)物流设备的选购方法

物流设备选购关键要突出最适合作业需求的特性，所以一定要从自身实际出发。此外，要选择有实力的品牌和公司，同时应关注如下问题：

①详细说明物流设备必须履行的功能服务于作业目标。所选的物流设备是做什么的？这个问题至关重要，这也是所有物流管理者在开始确定物流设备方案前必须准确回答的问题。缺乏对作业需求的充分说明和物流设备应该具备的最佳能力的描述，将会导致所选的物流设备不匹配的后果。为了更清楚地描述设备需求，建议采取作业分析工具。在作业结构化分析的基础上，相关作业和各作业模块之间的物流量将更容易描述和计算，也更方便把握各作业中的物流设备需求描述。

②准备详细的设备方案来满足已确定的作业要求。在设备规划过程中，其目的不是确定物流设备的详细规格，而是确定设备的一般分类。例如，货架设备，首先要制订的设备方案是以托盘货架或者悬臂式货架为分类依据；然后，在设备规划与选择过程中，再制订更详细的规格形式，如是镀锌还是表面喷塑工艺。值得注意的是，设备方案的制订工作，说起来容易做起来难，平时必须注意关于各项物流设备知识的积累，对于比较复杂的系统需求，借助专业的物

流规划顾问是世界范围内的通行做法。

③定量(经济评估)与定性分析相结合。对于设备方案的经济评估,首先是成本计算。通常,成本分两类:投资成本和年运行成本。最普遍的投资成本是设备的采购费用。年运行成本是使用设备过程中不断发生的费用。典型的年运行成本项目包含物流作业人员的工资、设备的维护费用、税和保险费等。一旦设备方案的相应使用寿命周期成本计算完毕,就应该计算设备方案的现值。折旧、税赋计算和企业所得税是经济分析的重要方面。定性因素确定后,需要将所有因素按重要程序赋予权数。然后,针对不同方案进行打分。

④选择物流设备和供货商。选定后,接下来的工作是说明所需物流设备的详细规格。通常这个阶段的重要工作是说明设备需求的详细规格及接触供应商,详细咨询供应商资质及对设备的说明。物流设备规划过程的最后步骤是准备设备或系统招标书。这方面的具体操作方法在此不再赘述。

复习思考题

1. 名词解释

(1)系统:

(2)物流系统:

(3)物流设备:

2. 填空题

题号	(1)	(2)	(3)		
填空					
说明	将正确答案填入题号所对应的下方空格内				

(1)物流系统的支撑要素有(　　)、行政命令、标准化、商业习惯等。

(2)物流设备门类全,型号规格多,品种复杂。一般以设备所完成的物流作业为标准,主要有运输设备、(　　)、包装设备、装卸搬运设备、流通加工设备、集装单元器具、信息设备。

(3)(　　)是物流技术水平高低的主要标志,物流设备的普及程度直接反映着一个国家现代化程度和技术水平情况。

3. 判断题

题号	(1)	(2)	(3)		
选项					
说明	在正确观点题号的下面空格内划“√”,错误观点题号的下面空格内“×”				

(1)现代物流朝着机械化、智能化、一体化方向快速发展,物流设备是推动其发展的重要推动力。

(2)小型化和高速化是物流设备发展的一大趋势。

(3)我国加快物流设备的发展,首要措施就是加快物流设备标准化制定工作。

4. 简答题

(1)系统有哪些主要特点?

(2)物流系统有哪些主要特点?

(3)物流设备选择原则有哪些?

5. 阐述题

(1)构建系统应坚持哪些原则?

(2)举例说明物流系统的基本模式。

项目实操考核评价

以学生个人为单位实行考核。

	绘制铁路物流中心的布局图			讨论物流设备功能与选型原则			得　分
	自评	同学评	教师评	自评	同学评	教师评	
学生 1							
学生 2							
学生 3							
学生 4							
学生 5							

说明:

1. 每个人的总分为100分。

2. 每人每项为50分制,计分标准为:不会绘图和参与讨论计 1～15 分,基本不会绘图和参与讨论计16～30 分,绘图和参与讨论较好计 31～40 分,绘图和参与讨论很好计 41～50 分。

3. 采用分层打分制,建议权重计为:自评分占 0.2,同学评分占 0.3,教师评分占 0.5,然后加权算出每位同学在本项目中的综合成绩。

项目 2　铁路运输设备概述

现代交通运输主要包括铁路、公路、水路、航空、管道等运输方式，它们各有其不同的技术经济特征与适用范围。随着科学技术的进步和社会需求的变化，各种运输方式的技术装备和运营组织工作不断更新，技术经济性能和适用范围也不断变化。各种运输方式必须分工协作、优势互补，借助现代先进技术形成一体化的现代综合交通运输系统。

铁路运输是指机车车辆、动车组等运载工具沿着轨道敷设形成的运输线路在铁路运输经营管理系统下完成货物、旅客运输。

截至 2016 年底，中国铁路运营里程达到了 12 万 km。国家公布的《中长期铁路网规划(2030)》日标是进一步促进铁路网建设与交通大动脉建设，铁路网规模、高速铁路里程稳步增长，同时大力发展中西部铁路。预计到 2020 年，铁路网规模达到 15 万 km，高速铁路达到 3 万 km，覆盖 80%以上的大城市；到 2025 年，铁路网规模达到 17.5 万 km 左右，其中高速铁路 3.8 万 km 左右，网络覆盖进一步扩大，路网结构更加优化。展望到 2030 年，路网规模将达到 20 万 km 左右，其中高速铁路 4.5 万 km 左右。

中国铁路总公司所属的铁路货物运输企业正在向现代物流企业转型，在物流基础设施建设、装卸机械化水平、物流信息化水平、转型发展现代物流企业等方面快速发展。铁路运输是铁路物流管理活动的一个重要环节，它的主要功能是实现大宗低值货物的中、长距离运输，实现散装货物和罐装货物(如煤炭、矿石、谷物、化工产品、石油等)运输；提供集装箱运输、零担货物运输。安全、迅速、准时、经济、便利地实现铁路运输，需要安全、合理运用铁路运输设施设备。

铁路运输设备主要包括铁路线路、车站、机车车辆、信号与通信设备等。

项目描述

学习目标	器材工具	教学建议	课时计划
①认识铁路运输设备 ②知道并辨识常用铁路运输设备类型 ③理解掌握常用铁路运输设备适用范围，合理选型、正确运用 ④培养学生吃苦耐劳、认真负责、团结协作的精神	①铁路线路、车站(站场)模型、挂图、沙盘 ②铁路货车、机车、动车组模型、挂图 ③铁路信号、通信模型 ④铁路运输设备数字化资源(图片、视频等) ⑤铁路运输设备运用的相关辅助设备(脱轨器、铁鞋等)	①条件允许时，尽量在实训室和多媒体教室实施理实一体化教学 ②安排到铁路货运车站、铁路物流中心参观学习	16 学时，其中理论教学 10 学时，实践操作 4 学时，项目考核 2 学时

项目任务

铁路运输设备具有延伸里程长、占地面积大(线路和车站)、体积比较大、重量比较重(机车车辆和动车组)、类型多(货车、信号)等特点,并且涉及具体设备的种类多。

本项目任务是:为在某铁路货运车站托运的货物选择恰当的铁路车辆,并能够阐述其在运输中所配备的铁路设备及运用。其操作应涉及如下工作环节:

(1)判定并描述货物所在的铁路车站类型,识别站场示意图,指出站线构成,描述基本功能。

(2)选择并配置相应的铁路机车车辆,判断铁路机车类型,根据运输货物品类,恰当选择铁路货车类型,描述 70 t 通用货车的安全运用要求。

(3)辨识并描述车辆运行涉及的铁路线路和信号设备,辨识铁路线路构成及其基本结构,描述铁路信号设备组成。

初识常用铁路运输设备

图　示	说　明
铁路线路(Railway Line;Rail Track)	铁路线路是由路基、桥隧建筑物(桥梁、隧道、涵洞等)和轨道组成的一个整体工程结构,是机车车辆和列车运行的基础
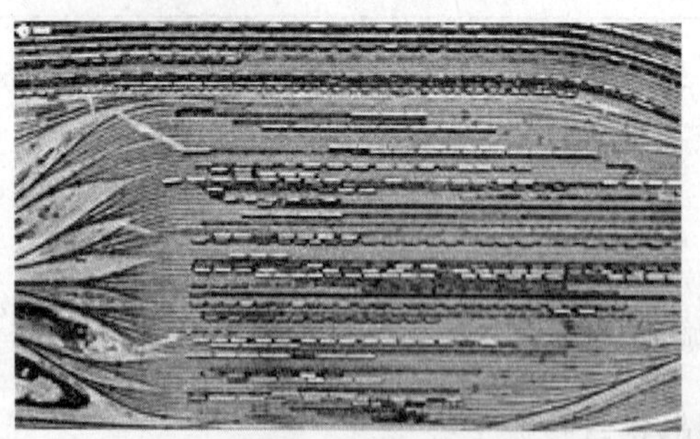 铁路车站(Railway Station)	铁路车站是办理货物运输、旅客运输的基地,是铁路运输的基层生产单位。货物的受理、装卸车以及相关的作业都是在车站进行的 此外,铁路车站还办理与列车运行有关的各项作业。例如列车的接发、会让、越行;车列的解体、编组;机车的换挂、整备;车辆的检查、修理等

续上表

图　　示	说　　明
 铁路车辆(Freight Wagon)	铁路车辆是铁路运输中用来装运货物、运送旅客或作其他特种用途的运载工具。一般没有动力装置,需要连挂起来在机车牵引下才能运行 铁路车辆按照用途不同分为货车、客车两大类。铁路物流主要学习货车
 铁路机车(Railway Locomotive)	铁路机车是铁路运输的牵引动力。由于铁路车辆不具备动力装置,需要将其编挂成列,由机车牵引沿钢轨运行 铁路机车主要完成货物列车、旅客列车牵引任务和货车转线、取送车等调车任务 铁路机车按照牵引动力,可以分为蒸汽机车、内燃机车和电力机车
 动车组(Electric Multiple Units)	动车组是由动车和拖车或全部由动力车长期固定地连挂在一起组成的车组。动车组中带有动力的车辆称为动车(用 M 表示),不带动力的车辆称为拖车(用 T 表示),列车两端都带有司机室,可在线路上往复运行 动车组主要运送旅客,中国高速铁路使用 CRH 系列动车组。高铁快递产品的推出,使铁路物流设施与设备添加新成员
 铁路信号(Railway Signal)	铁路信号是在列车运行及调车工作中对列车乘务人员及其他有关行车人员发出的命令,有关行车人员必须按信号指示办事,以保证行车安全并准确地组织列车运行及调车工作 铁路信号设备是铁路行车的指挥与控制系统,包括铁路信号、联锁、闭塞等设备,统称铁路信号设备

任务1 铁路线路概述

1. 铁路线路认知

铁路线路是机车车辆和列车运行的基础。它直接承受机车车辆轮对传来的压力，必须经常保持完好状态，才能保证列车能按规定的最高速度安全、平稳和不间断地运行，使铁路物流企业质量良好地完成货物运输任务。

(1)铁路建设与运营

一条铁路线路(新建或改建)从规划到运营，必须严格按照国家法定程序进行，符合国家技术标准。铁路建设与运营基本程序包括3个阶段、8个步骤。

①前期工作阶段。主要进行方案研究、初测和初步设计工作。

②基本建设阶段。主要进行定测、技术设计和施工图设计、工程施工、验收交付投产。

③后期评价阶段。铁路运营若干年后，由建设单位会同有关部门，对立项决策、设计施工、运营效益等进行系统评价。

(2)铁路等级和技术标准

①铁路等级

铁路等级是铁路的基本标准，设计铁路时，首要任务就是确定铁路等级。设计、建设和设备购买时，铁路的技术标准和装备类型都要根据铁路等级选定。

我国《铁路线路设计规范》规定，铁路等级应根据其在路网中的作用、性质、旅客列车设计行车速度和客货运量确定。我国铁路划分为4个等级，即Ⅰ级、Ⅱ级、Ⅲ级、Ⅳ级。等级的划分是根据具体线路在路网中的作用和近期年客货运量来确定的，具体条件见表2.1。

表2.1 铁路等级

等级	铁路在路网中的地位	近期年客货运量(百万吨)
Ⅰ级铁路	在铁路网中起骨干作用的铁路	≥20
Ⅱ级铁路	在铁路网中起联络、辅助作用的铁路	10(含10)～20
Ⅲ级铁路	为某一地区或企业服务的铁路	5(含5)～10
Ⅳ级铁路	为某一地区或企业服务的铁路	<5

注：(1)近期——指交付运营后第10年。

(2)年客货运量——为重车方向的货运量和由客车对数折算的货运量之和。每天1对旅客列车按1.0百万吨货运量折算。

②铁路主要技术标准

铁路主要技术标准包括：正线数目、限制坡度、最小曲线半径、牵引种类、机车类型、机车交路、车站分布、到发线有效长度和闭塞类型等。这些标准是确定铁路能力大小的决定因素，一条铁路的能力设计，实质上是选定主要技术标准。同时这些标准对设计线的工程造价和运营质量有重大影响，并且是确定设计线一系列工程标准和设备类型的依据。

选定铁路主要技术标准是设计铁路基本决策，应根据运输需求和确定的铁路等级，综合考虑资源、自然条件等因素，反复论证研究，慎重决定。

(3)铁路线路的平面和纵断面

铁路线路在空间的位置是用它的中心线来表示的。线路中心线在水平面上的投影，叫做铁路线路的平面，表明线路的直、曲变化状态。线路中心线(展直后)在垂直面上的投影，叫铁路线路的纵断面，表明线路的坡度变化。

从运营角度，线路既直又平最为理想。但现实中，过于平直的线路将导致工期延长、工程造价提高；过于随山就势的线路，虽然会降低工程造价、缩短工期，但会降低列车运行速度、舒适度，甚至影响行车安全。

因此，选定线路的空间位置，应该综合考虑工程和运营的要求，通过方案比较，在满足运营基本条件的前提下，尽量减少工程量，降低造价。

①铁路线路的平面

铁路线路平面由直线、圆曲线以及连接直线与圆曲线的缓和曲线组成，如图 2.1 所示。

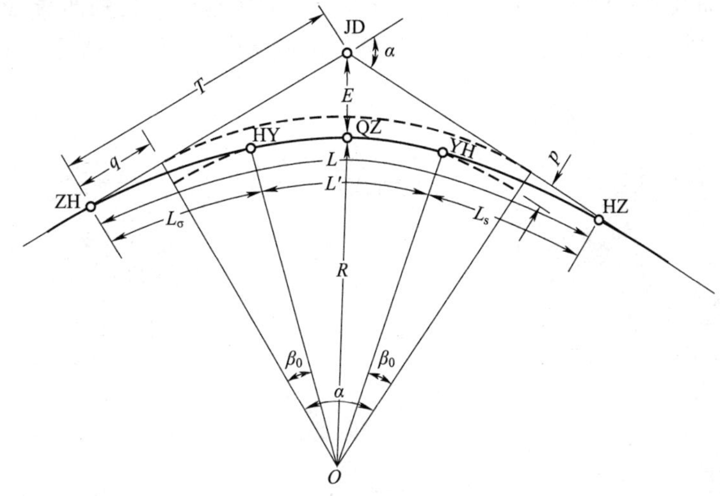

图 2.1　线路的平面组成

a. 列车受到的阻力类型

列车在线路上运行，总会受到各种阻力。阻力方向与列车运行方向相反。归纳起来，阻力主要有基本阻力和附加阻力两大类。

基本阻力是指列车在空旷地段沿平、直轨道运行时所受到的阻力，包括车轴与轴承之间的摩擦阻力、轮轨之间的摩擦阻力以及钢轨接头对车轮的撞击阻力等。基本阻力在列车运行时总是存在的。

附加阻力是列车在线路上运行时，除基本阻力外所受到的额外阻力，如坡道阻力、曲线阻力、起动阻力等。附加阻力随列车运行条件或线路平、纵断面情况而定。

b. 圆曲线与缓和曲线

在平面图上，铁路曲线包括圆曲线和缓和曲线。

铁路线路在转向处所设曲线为圆曲线，其基本要素有：曲线半径(R)、曲线转向角(α)、曲线长度(L)、切线长度(T)，如图 2.1 所示。

线路平面上有了曲线(弯道)后，列车通过曲线时，由于离心力的作用，使外侧车轮轮缘和外轨内侧的挤压摩擦增大；同时还由于曲线外轨长于内轨，内侧车轮在轨面上滚动时产生相对滑动，从而给运行中的列车造成一种附加阻力，称为曲线阻力。

列车在曲线上行驶速度越快，所产生的离心力也就越大，为保证列车运行安全、平稳和舒适，必须限制列车通过曲线时的速度。

为了保证线路的通过能力，并有一个良好的运营条件，设计线路时，对区间的最小曲线半径做了具体规定，见表 2.2。

表 2.2　客货共线Ⅰ、Ⅱ级铁路区间线路最小曲线半径

铁路等级	Ⅰ级			Ⅱ级	
路段设计行车速度(km/h)	200	160	120	120	80
一般(m)	3 500	2 000	1 200	1 200	600
特殊困难(m)	2 800	1 600	800	800	500

为保证列车安全、平顺、舒适地在直线与圆曲线间过渡，以避免离心力的突然产生和消除，通常在直线与圆曲线或不同半径圆曲线之间设置一段曲率连续变化的曲线，这个曲线称为缓和曲线，如图 2.2 所示。缓和曲线使离心力逐渐增加或减少，不至于造成列车横向强烈摇摆。

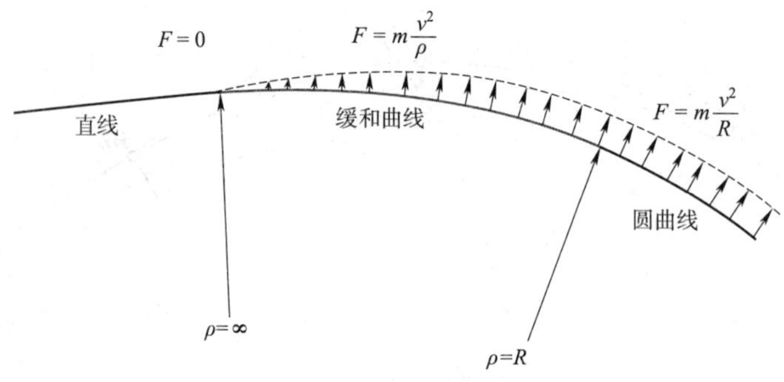

图 2.2　缓和曲线示意图

c. 线路平面图

用一定比例尺，把线路中心线及两侧的地形地貌投影到水平面上，就得到线路平面图，如图 2.3 所示。

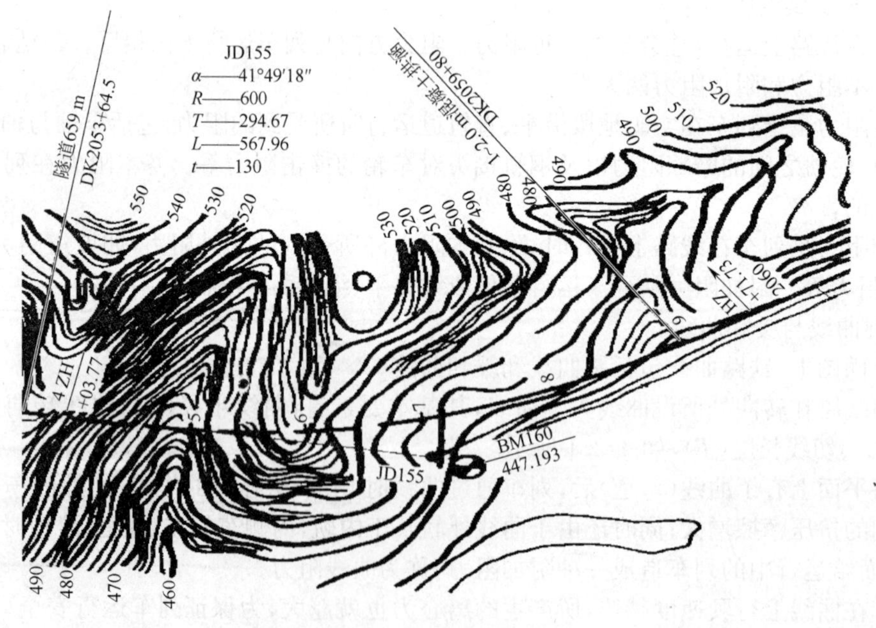

图 2.3　线路平面图

②铁路线路的纵断面

铁路线路纵断面由平道、坡道和竖曲线组成。

a. 坡道

坡度指坡道线路中心线与水平夹角的正切值，即一段两端点的高差与水平距离之比，通常用千分率来表示。

限制坡度指在一个区段上，决定一台某一类型机车所能牵引的货物列车重量（最大值）的坡度。一般情况下，它往往和区段内陡长上坡道的最大坡度值相当。该值影响一个区段甚至全铁路线的运输能力。我国《铁路技术管理规程》规定了最大限制坡度的数值。

b. 竖曲线

变坡点指平道与坡道、坡道与坡道的交点。列车经过时，坡度的突然变化会导致两车车钩错位移动，易发生断钩、脱钩等事故。为了保证列车运行安全与平稳，在Ⅰ级、Ⅱ级铁路线路，相邻坡段的坡度代数差的绝对值大于 3‰、Ⅲ级线路大于 4‰时，应以竖曲线连接，如图 2.4 所示。竖曲线是圆曲线，半径为Ⅰ级、Ⅱ级铁路 10 000 m，Ⅲ级铁路 5 000 m。

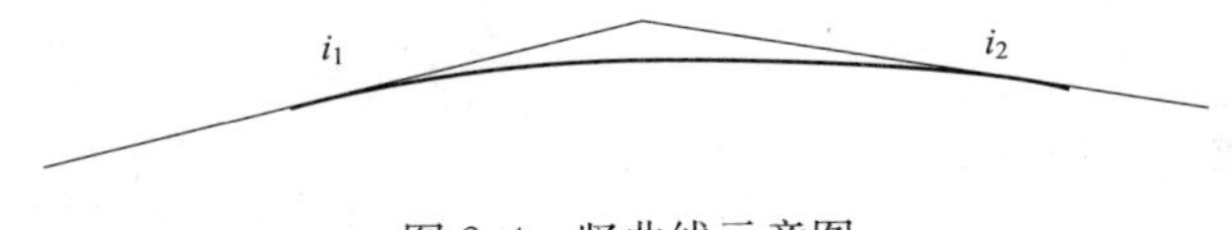

图 2.4 竖曲线示意图

c. 线路纵断面图

用一定比例尺，把线路中心线（展直后）投影到垂直面上，并标明平面、纵断面的各项有关资料，就成为线路纵断面图，如图 2.5 所示。

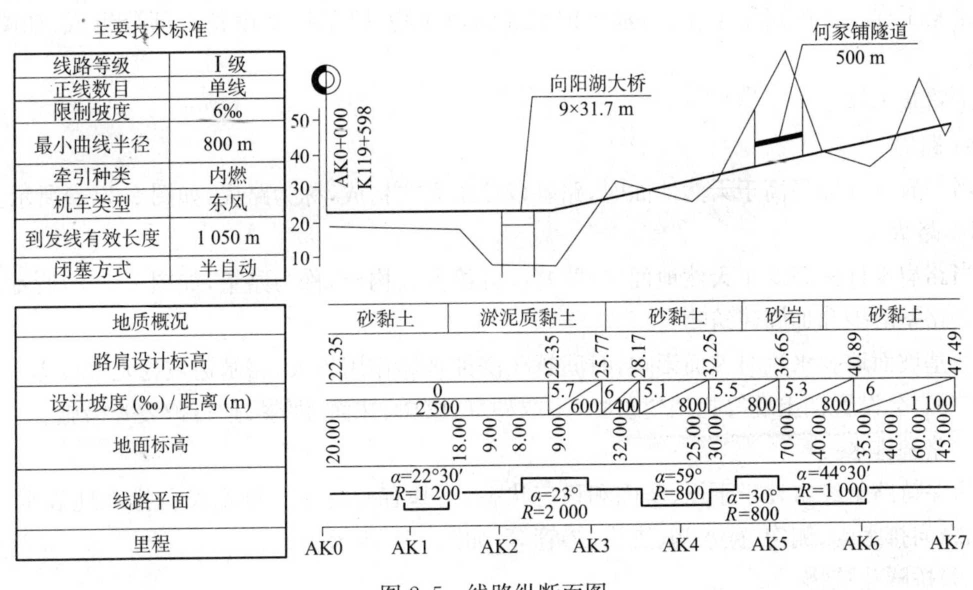

图 2.5 线路纵断面图

③线路标志

线路标志是沿铁路线路设置的固定标桩，其作用是向行车人员和线路养护维修人员显示铁路建筑物、线路设备等的位置或状态。

铁路线路标志常见的有公里标、半公里标、曲线标、圆曲线和缓和曲线的始终点标、桥梁标、坡度标等,如图 2.6 所示。

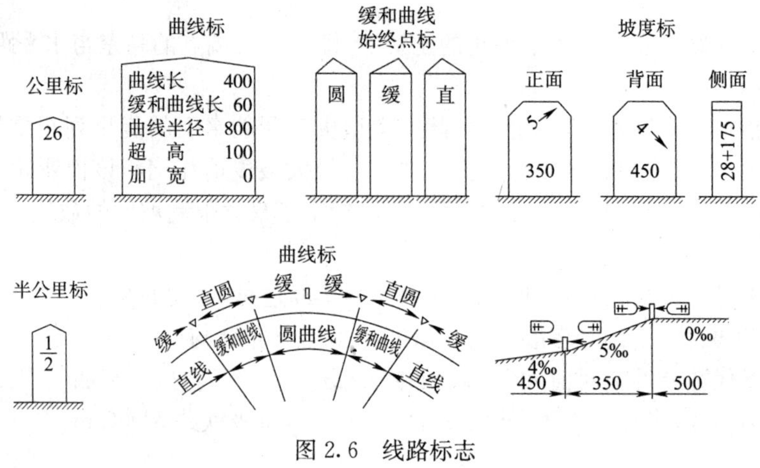

图 2.6 线路标志

2. 铁路线路构成

铁路线路是由路基、桥隧建筑物和轨道组成的一个整体工程结构。

(1)路基

路基是轨道的基础,是铁路线路的重要组成部分。它直接承受轨道的重量,承受机车车辆及其荷载传来的压力。

路基工程主要由路基本体、路基防护和加固建筑物、路基排水设备三部分组成,如图 2.7 所示。

①路基本体

a. 路堤

当路肩设计标高高于天然地面时,路基以填筑方式构成,称为路堤,如图 2.7(a)所示。

b. 路堑

当路肩设计标高低于天然地面时,路基以开挖方式构成,称为路堑,如图 2.7(b)所示。

②路基防护和加固建筑物

路基坡面地表水流对坡面影响,时间越久洗蚀破坏作用越大,路基边坡稳定性变差。为了防护坡面,会设置挡土墙等拦挡建筑物,采取种草、植树、抹面、灌浆、砌石护坡等措施。

③路基排水

为保持路基经常处于干燥、坚固和稳定状态,路基有一套完整排水设备排除地表水、地下水,如纵向排水沟、侧沟、截水沟、渗沟、渗管等,如图 2.7 所示。

(2)桥隧建筑物

当铁路线路要通过江河、谷地、山岭,跨越公路、铁路时,需要修建桥隧建筑物,包括桥梁、涵洞、明渠、隧道等。

①桥梁

桥梁主要由桥面、桥跨结构、墩台及基础三部分组成,如图 2.8 所示。

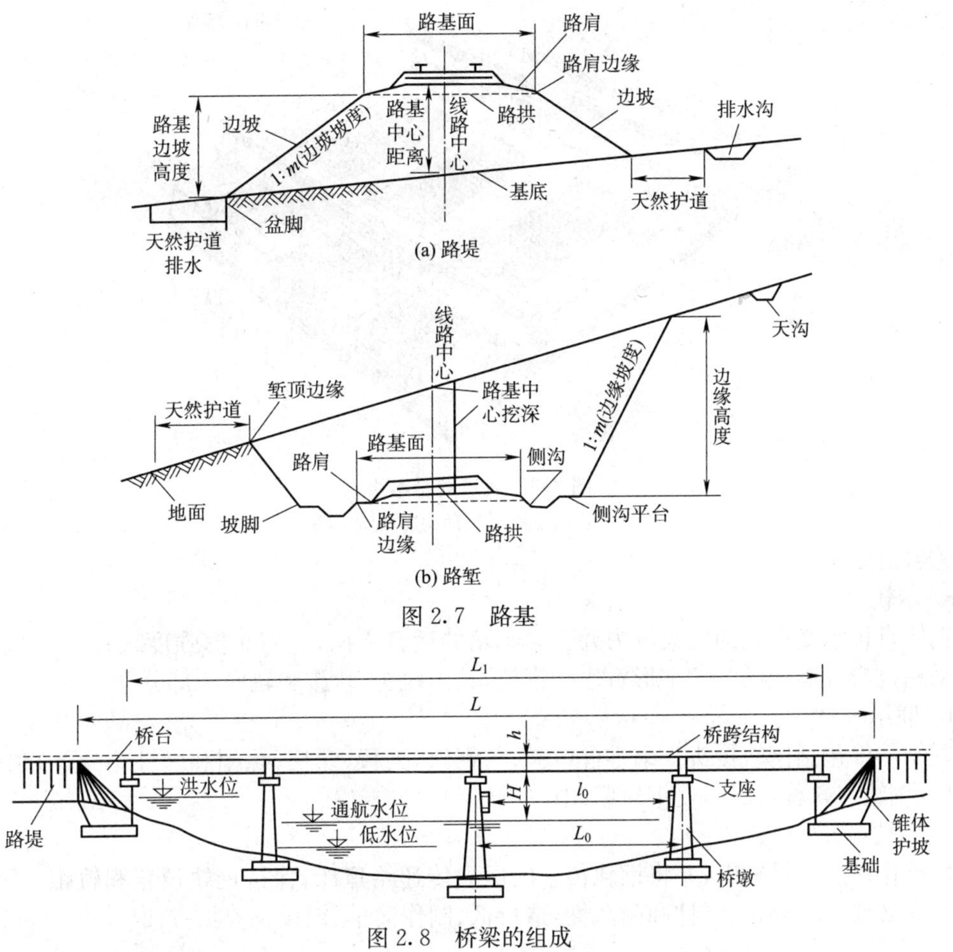

图 2.7 路基

图 2.8 桥梁的组成

②隧道

铁路隧道是线路跨越山岭时,为避免开挖很深的路堑或修建很长的迂回线,而修建的穿越山岭的建筑物。隧道是铁路线路的重要组成部分。

隧道一般由洞身、衬砌、洞门、避人(车)洞等组成。

③涵洞

涵洞设在路堤下部的填土中,是用以通过水流或行人的一种建筑物。

④道口、交叉

铁路道口和人行过道均应设置道口标志、道口路段标线、司机鸣笛标及护桩,根据需要设置栅栏或其他安全防护设施。

一切车辆、自动走行机械和牲畜,必须在立体交叉或平交道口处通过铁路。

(3)轨道

轨道铺设在路基、桥隧建筑物修成之后进行。轨道由钢轨、轨枕、联结零件、道床、防爬设备和道岔等主要部件组成,如图 2.9 所示。位于铁路路基上,对机车车辆运行进行导向,承受车轮传来的荷载,并把它传递给路基或桥隧建筑物。

轨道是一个整体性工程结构,经常处于列车运行强大作用力下,其各个组成部分必须具有足够强度和稳定性,保证行车安全和顺畅。

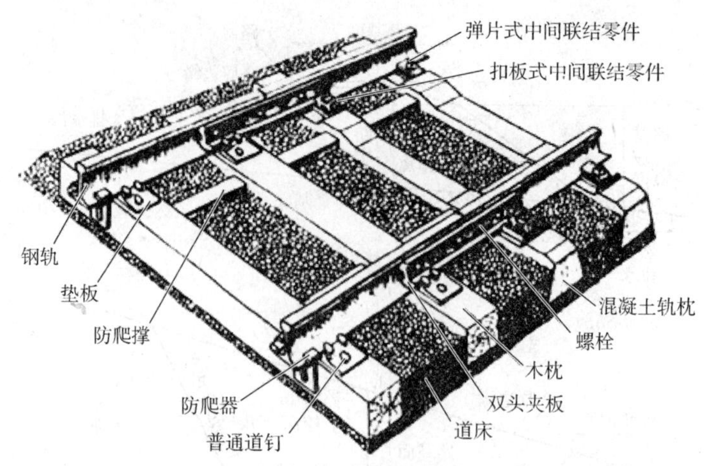

图 2.9 轨道的基本组成

注:本图用来说明轨道的构造,而非实际图。

①轨道的组成

a. 钢轨

钢轨直接承受车轮的巨大压力并引导车轮的运行方向,具有足够强度、稳定性和耐磨性。我国采用抗弯性能佳的"工"字形宽底式钢轨,其由轨头、轨腰和轨底三部分。

b. 联结零件

联结零件包括钢轨接头联结零件(钢轨与钢轨,夹板、螺栓、螺帽和弹性垫圈等)和中间联结零件(钢轨与轨枕,扣件,使钢轨紧扣在钢轨上)。

c. 轨枕

轨枕作用是支承钢轨,并将钢轨传来的压力传递给道床,保持钢轨位置和轨距。因此,轨枕应具有必要的坚固性、弹性和耐久性,造价低、制作简单、铺设及养护方便。

d. 道床

道床的作用是支承轨枕,把压力均匀传给路基,并固定轨枕位置,阻止轨枕横向或纵向移动,缓和机车车辆对钢轨的冲击,调整线路的平面和纵断面,包括碎石道床和整体道床。

e. 防爬设备

列车运行时纵向力的作用,使钢轨产生纵向移动,有时甚至带动轨枕一起移动,这种现象叫轨道爬行。爬行导致轨缝不匀、轨枕歪斜等线路病害。防爬措施一方面加强钢轨与轨枕间扣压力和道床阻力;一方面设置防爬器、防爬撑等。

f. 道岔

道岔是一种使机车车辆从一股道转入或越过另一股道的线路连接设备,大量铺设。常见的普通单开道岔由转辙器、辙叉及护轨、连接部分组成。

目前,我国铁路主要使用 9 号、12 号、18 号、30 号道岔,允许的侧线通过速度分别为 30 km/h、45 km/h、80 km/h、140 km/h。

②无缝线路

无缝线路也叫长钢轨线路,就是把若干根标准长度的钢轨焊接成 200~250 m 轨条,再在现场焊接成为 1 000~2 000 m 而铺设的铁路线路。特点是接头少、行车平稳、轨道磨耗小、养护工作量小。

③混凝土宽枕和整体道床

混凝土宽枕用钢筋混凝土制成,外形类似普通混凝土轨枕,但比普通混凝土枕宽、薄一些,也称轨枕板。

混凝土宽枕外观整齐美观，密排铺设在压实的清洁的碎石道床上，不易发生坑洼不平和道床脏污。由钢轨传来的荷载对宽枕的偏心小、稳定性好。由于支承面积大，与混凝土枕比较，轨道下沉量明显减小，能减缓道床永久变型的积累，线路平顺，减少了维修养护工作量。

整体道床也称无砟轨道，在坚实基底上由混凝土整体灌注而成的道床，道床内可预埋木枕、混凝土枕或混凝土短枕，也可在混凝土整体道床上直接安装扣件、弹性垫层和钢轨，又称为整体轨道。整体道床具有以下优点：整体性强，轨道几何形位易于保持，稳定性好；轨道变形很小，发展较慢，有利于铺设无缝线路及高速行车；减少养护维修工作量，改善劳动工作条件；减少隧道的开挖面积，增加隧道或桥梁净空（减轻重量）；外观整洁美观，坚固耐久。但是工程投资费用高，要求较高的施工精度和特殊的施工方法，对扣件和垫层也有特殊要求，在运营过程中，一旦出现病害，整治非常困难，振动噪声大。我国主要应用于铁路隧道、无砟桥梁上。

（4）限界

为了确保机车车辆和货物运行的安全，防止其在运行中与沿线建筑物或设备相接触，同时对在线路上运行的机车车辆横向尺寸也有必要进行一定限制，铁路规定了各种专门限界。其中与超限超重货物运输有关的限界主要包括：机车车辆限界、建筑限界和超限限界等。

①机车车辆限界

机车车辆限界系指机车车辆在设计制造时，各部位距钢轨平面最高和距线路中心线的垂直面最大尺寸的轮廓图（如图2.10所示），它是机车车辆横断面极限轮廓。当机车车辆停留在水平直线上，其纵中心线和线路中心线处于同一垂直平面上时，机车车辆（除电力机车的受电弓外）的任何部分均不得超出该限界尺寸。

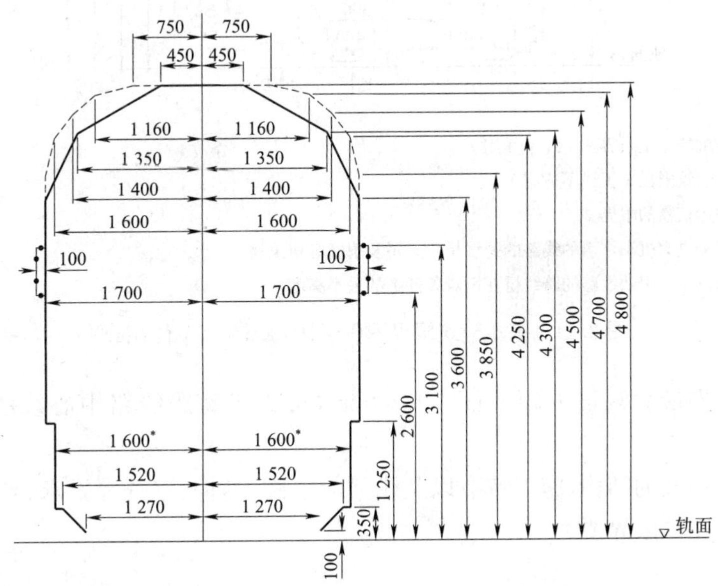

图2.10　机车车辆（上部）限界图（单位：mm）

其最大高度处距轨面 4 800 mm，最大半宽在距轨面 1 250～3 600 mm 高度范围内为 1 700 mm。

②建筑限界

铁路建筑限界系指除了机车车辆和与机车车辆有相互作用的设备(车辆减速器、路签授受器、接触电线及其他)外，其他任何建筑物或设备距钢轨平面最低和距线路中心线的垂直面最小尺寸的轮廓图。

铁路超限货物运输研究中采用的建筑限界是客货共线铁路建筑限界($v\leqslant160$ km/h)。该建筑限界 1959 年作为国家标准颁布时称为建筑接近限界，1983 年改称标准轨距铁路建筑限界，分为基本建筑限界(如图 2.11 所示)、隧道建筑限界、桥梁建筑限界。

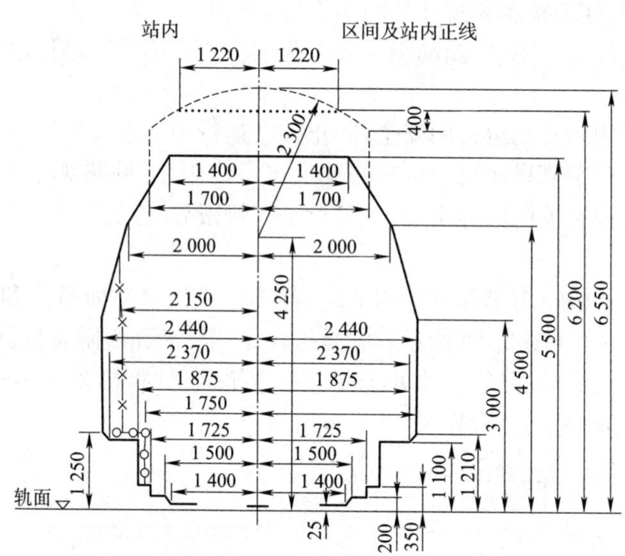

图 2.11 基本建筑限界图($v\leqslant160$ km/h)(单位:mm)

基本建筑限界最大高度处距轨面 5 500 mm，最大半宽距线路中心线所在垂直平面为 2 440 mm。

由于隧道及桥梁的结构、施工特点以及线路的维修、养护、巡查等要求，导致隧道、桥梁建筑限界均比基本建筑限界要大。

③超限限界

作为货物装车后是否超限以及超限的严重程度的判定标准，铁路规定了的各级超限限界。

a. 一级限界:一级超限货物装载的最大轮廓图如图 2.12(a)所示，超过此限界即为二级超限。其最大高度处距轨面 4 950 mm，最大半宽在距轨面 1 250～3 600 mm 高度范围内为 1 900 mm。

b. 二级限界:二级超限货物装载的最大轮廓图如图 2.12(b)所示，超过此限界即为超级超限。

其最大高度处距轨面 5 000 mm,最大半宽在距轨面 1 250～3 600 mm 高度范围内为 1 940 mm。

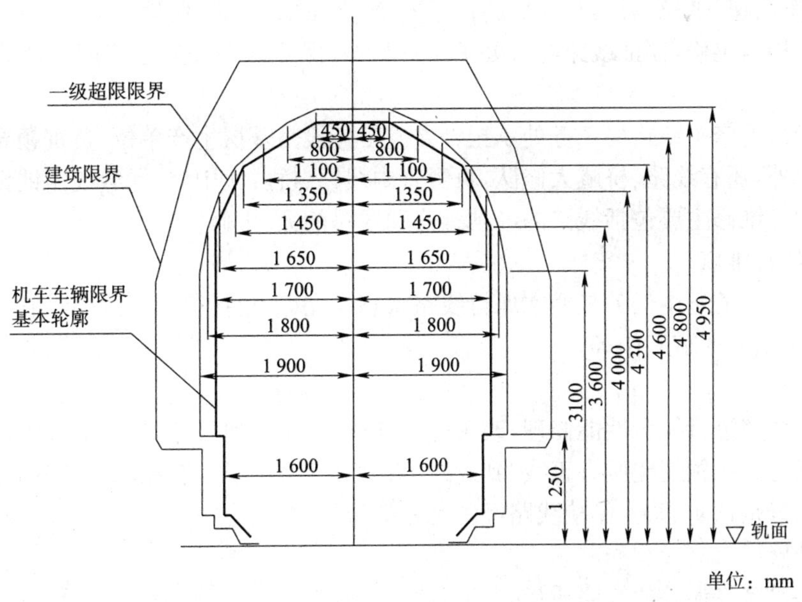

(a) 一级超限限界图

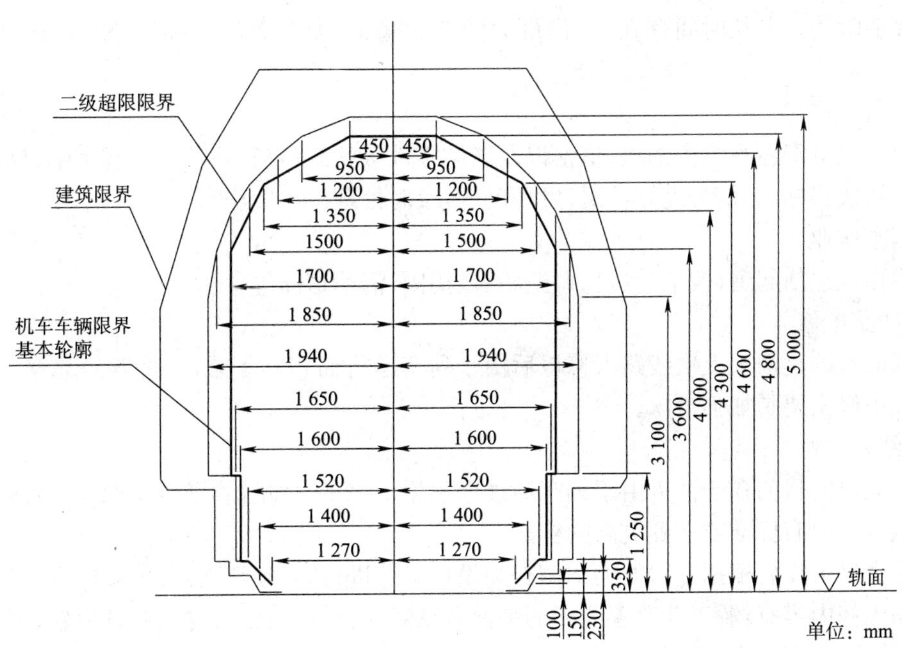

(b) 二级超限限界图

图 2.12 超限限界图

3. 铁路线路维修

铁路线路在机车车辆、列车的动力作用下,在雨、雪、风沙和温度变化的自然条件侵蚀下,会产生变形和损害,发生各种病害,如钢轨磨损、轨枕腐朽、损坏、道床脏污、路基松软、下沉、翻浆、轨道爬行以及轨距、水平、方向、高低变化，积累起来将削弱轨道强度和稳定性，将加剧冲击振动，影响列车高速、平稳运行，甚至威胁行车安全，严重的会引起脱轨、颠覆事故。因此，必须加强线路的养护与维修，保证线路经常处于完好状态，保障列车按规定速度安全运行，延长线路使用寿命。

线路养护与维修由铁路局工务处承担领导。工务段是基层生产单位，负责领导、实施线路维修工作。此外，还有线路、桥隧大修队，负责管内线路、桥隧大中修，无缝线路铺设。

线路养护与维修主要包括线路的经常维修和线路的大、中修。

(1)线路经常维修

线路经常维修的基本任务是经常保持线路状态的完好，包括综合维修(计划维修)、紧急补修、重点病害整治和巡道工作等。

①综合维修

按周期对线路进行综合性能修理，改善轨道弹性，调整几何尺寸，整修更换零部件，以恢复线路的完好状态。我国规定所有正线、到发线、道岔和主要站线、专用线每年必须做一次计划维修。综合维修是预防病害、保持线路经常良好的重要方法。

②紧急补修

当出现超过容许误差的线路质量时，进行紧急补修。

③重点病害整治

彻底消除线路上长时间存在、工作量大的某些病害，如全面整治接头、爬行、路基翻浆冒泥等。

④巡道工作

巡道工人负责巡视管内钢轨、道岔以及联结零件等状态；查看路基是否有沉陷、塌方、水害等情况以及线路标志、信号完好情况；发现问题，及时处理。

⑤基本作业

基本作业包括起道、拨道、改道、调整轨缝、捣固、清筛道砟等。

(2)线路中修

中修的目的是消灭上次线路大修以后由于列车运行而积累下来，但经常维修又不能消除的病害。中修主要是加强道床。

(3)线路大修

线路大修的目的在于消灭由于列车通过而积累下来的一切永久变形，使大修后的线路质量完全恢复到原有标准或达到更高的标准。

线路大修工作要根据专门的勘测调查和设计文件进行，必须全面规划、按步骤解决。

线路大修内容有：矫正并改善线路的平面和纵断面；全面更换、抽换、修理钢轨；更换、补充轨枕；清筛、更换道床、补充道砟，全面起道并捣固、改善道床断面；整治路基和安装防爬设备等。

(4)线路作业机械化

线路作业费时费力，养路作业机械化成为发展方向。目前，我国大型养路机械捣固车、清筛机、动力稳定车和配砟整形车等运用良好。

进行线路维护时，在列车运行图上专门安排设备综合维修“天窗”，车务、工务、电务等部门协调配合，保证维修安全。

任务 2　铁路车站概述

1. 铁路车站认知

车站是铁路系统的一个基层生产单位。在车站上，除办理旅客和货物运输的各项作业以外，还办理和列车运行有关的各项工作，如列车的接发、会让、越行，列车的解体与编组，机车的换挂与车辆的检修等。

为了完成上述作业，车站上设有客货运输设备，与列车运行、解体和编组有关的各项技术设备，还配备了客运、货运、行车、装卸等方面的工作人员。

(1)车站的定义

为了保证行车安全和必要的线路通过能力，须通过分界点将一条铁路线路划分成若干个区段和许多个区间及闭塞分区。如图 2.13 所示，图中各个车站都是分界点。

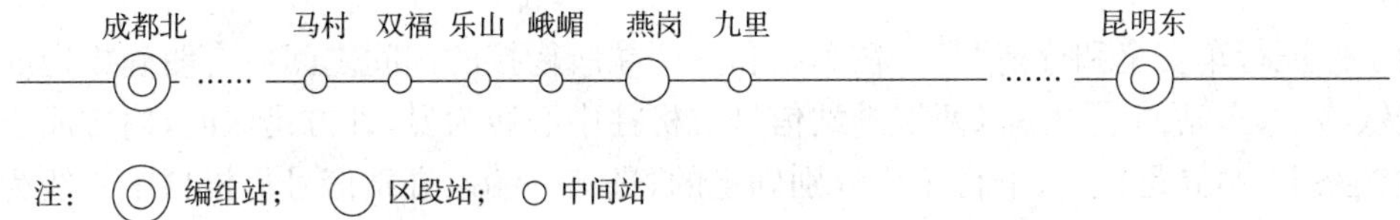

图 2.13　铁路线路车站示意图

车站上除了正线以外，还配有到发线、牵出线等其他线路，所以把车站定义为在铁路线上设有配线的分界点，如图 2.14 所示。此外，还有一种无配线的分界点，它包括非自动闭塞区段的线路所(如图 2.15 所示)和自动闭塞区段上的通过色灯信号机。

(2)区间、闭塞分区、区段及站界

①区间

铁路线上每隔一定距离(10 km 左右)就要设置一个车站或线路所。车站和线路所把铁路线路划分为若干个长度不等的段落，这些段落就叫做区间，有站间区间和所间区间两种，如图 2.14、图 2.15 所示。

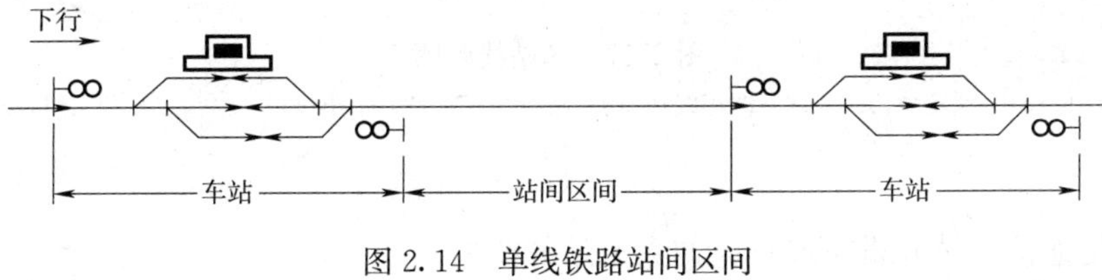

图 2.14　单线铁路站间区间

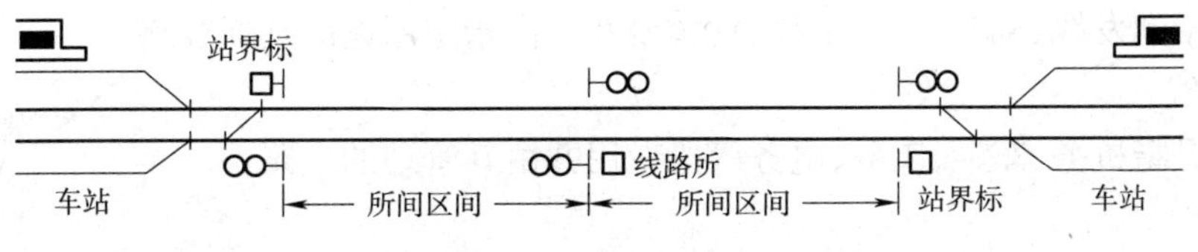

图 2.15　双线铁路所间区间

②闭塞分区

自动闭塞区间，同方向相邻两架通过色灯信号机中心线之间或进站（出站）信号机柱与通过色灯信号机柱中心线之间的一段线路空间，称为闭塞分区，如图 2.16 所示。

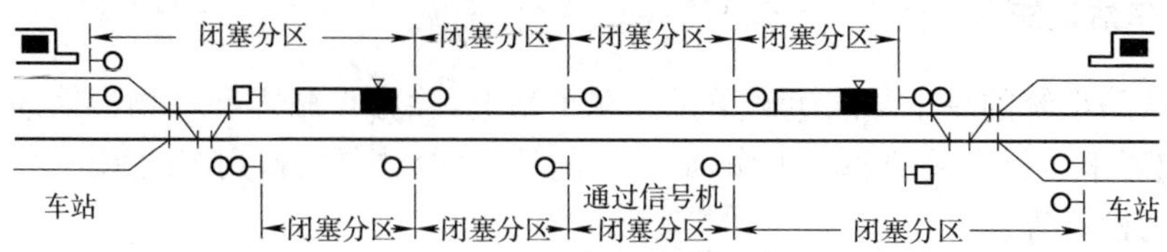

图 2.16　双线铁路自动闭塞分区

③区段

区段通常是指两相邻技术站间的铁路线段，它包含了若干个区间和车站，如图 2.13 中成都北—燕岗区段，区段的长度一般取决于牵引动力的种类或路网状况。

④站界

为了保证行车安全和分清职责，在车站和其两端所衔接的区间之间应有明确规定的界限：在单线铁路上，车站的范围是以两端进站信号机机柱中心线为界，外方是区间，内方属于车站；在双线铁路上，站界是按上、下行正线分别确定的，进站一端以进站信号机机柱中心线为界，出站一端则以站界标中心线为界，如图 2.14、图 2.15 所示。

(3)车站线路种类与线路间距

①线路种类

铁路车站线路按用途分为正线、站线、段管线、岔线及特别用途线，如图 2.17 所示。

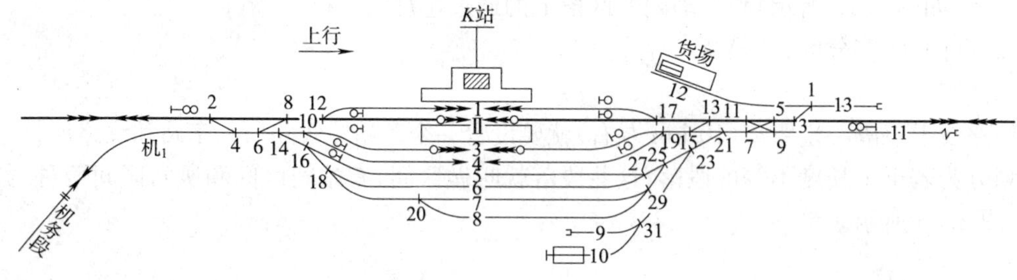

图 2.17　车站线路图

Ⅱ—正线；1、3、4—到发线；5、6、7、8—调车线；9、10—站修线；11、13—牵出线；12—货物线；机$_1$—机车走行线

a. 正线

正线是指连接车站并贯穿或直股伸入车站的线路。

b. 站线

站线包括到发线、调车线、牵出线、货物线及站内指定用途的其他线路。

c. 段管线

段管线是指机务、车辆、工务、电务等段专用并由其管理的线路。

d. 岔线

岔线是指在区间或站内接轨，通向路内外单位的专用线路。

e. 特别用途线

特别用途线是指安全线和避难线。岔线、段管线与正线、到发线接轨时，均应铺设安全线。为防止在长大下坡道上失去控制的列车发生冲突或颠覆，应根据线路情况，计算确定在区间或站内设置避难线。

②线路间距

线路间距是指两相邻线路中心线之间的距离。线路间距应能保证行车和车站工作人员工作时的安全，满足设置各项设备的需要。

(4)股道和道岔的编号及股道有效长

为便于车站生产指挥作业的联系和对设备的维修管理，应对站内线路和道岔进行统一编号。同一车站或车场内的线路和道岔不得有相同的编号。

①股道编号方法

站内正线规定用罗马数字编号（Ⅰ、Ⅱ、Ⅲ…），站线用阿拉伯数字编号（1、2、3…），如图 2.17 所示。

单线铁路车站、双线铁路车站、尽端式车站、大型车站有数个车场时，按照规定对线路编号。

②道岔编号方法

用阿拉伯数字从车站两端由外向里依次编号，上行列车到达一端用双数，下行列车到达一端用单数，一般以车站站舍中心线作为划分单数号和双数号的分界线，如图 2.18 所示。

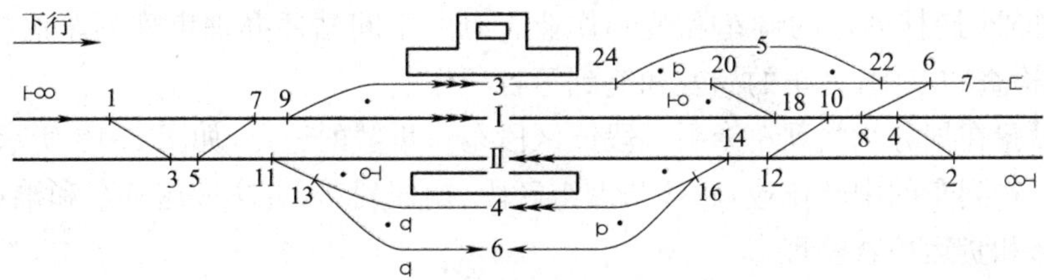

图 2.18　双线铁路车站线路、道岔编号

当车站有几个车场时，每一车场的道岔必须单独编号，此时道岔号码应使用三位数字，百位数字表示车场号码，个位和十位数字表示道岔号码。应当避免在同一车站内有相同的道岔号码。

③股道有效长

股道有效长是指在线路全长范围内可以停留机车车辆而不妨碍信号显示、道岔转换、邻线行车的线路最长利用部分。

股道有效长度的起止范围由下列因素确定：警冲标、出站信号机（或调车信号机）、道岔的尖轨尖端（无轨道电路时）或道岔基本轨接头处的钢轨绝缘（有轨道电路时）、车挡。

根据线路用途及其连接形式，用上述各项因素就可以确定出线路有效长。

货物列车到发线的有效长度，应根据规定的列车长度及列车停车时的附加距离（规定为 30 m）等因素确定。

我国铁路采用的货物列车到发线有效长度在Ⅰ、Ⅱ级铁路上为 1 050 m、850 m、750 m、650 m；Ⅲ级铁路上为 850 m、750 m、650 m 或 550 m，开行重载列车为主的铁路可采用大于 1 050 m 的到发线有效长度。

2. 铁路车站类型

(1)车站的分类

目前,我国铁路网上有大小车站几千个。这些车站因所担负的任务量、业务性质和技术作业的类型不同,而有不同的分类。

①按业务性质分为客运站、货运站和客货运站。

客运站是专门办理旅客运输业务的车站,通常设置在政治、经济、文化中心城市和旅游胜地等有大量旅客集散的地点。它的主要任务是组织旅客安全、迅速、准确、方便地上、下车,办理行包、邮件的装卸搬运,组织旅客列车安全、正点到发和客车车底取送,为旅客提供舒适的服务条件。新开通的高速铁路线路上车站一般均为客运站。

货运站是专门办理货物运输业务的车站,通常设置在大城市、工矿、林区、口岸等有大量货物到发、装卸的地点,主要担当货物列车的始发、终到和有关调车作业、货车装卸、取送作业以及与货运有关的业务。

客货运站是既办理旅客运输业务又办理货物运输业务的车站。铁路网上大多数的车站都属于客货运站。

②按技术作业分为中间站、区段站和编组站,区段站和编组站统称为技术站。

中间站设置在技术站之间的区段内,如图 2.13 所示。它的主要工作是办理列车的接发、会让和通过作业,摘挂列车的调车和装卸作业。有些中间站还办理市郊列车的折返、补机摘挂、列车技术检查和凉闸、列车的始发和终到等各项作业。

区段站设置在划分货物列车牵引区段或区段车流集散的地点,如图 2.13 所示。它的主要工作是办理货物列车的中转作业,解体与编组区段、摘挂列车,更换货运机车和乘务人员,进行车辆技术检修和货运检查整理。

编组站设置在大量车流集散的地点,它的主要工作是担当大量货物列车的解编作业,编组直达、直通、区段、摘挂列车,更换货运机车和乘务人员,进行车辆技术检修和货运检查整理。

③按担负的任务量和地位划分为特等站和一、二、三、四、五等站。车站等级是确定车站规模、设置和配备定员的依据。

目前,我国铁路对编组站要根据它在路网中的位置分类确定路网性编组站和区域性编组站,减少编组站数量,大量开行长距离直达列车。对客运站要根据旅客集散数量分类确定路网性客运中心、区域性客运中心、大型客运站和一般客运站。对大城市和枢纽内的货运站进行专业分工,实现货运集中化,关闭客货运量小的中间站。

(2)中间站

中间站是为沿线城乡人民及工农业生产服务,提高铁路区段通过能力,保证行车安全而设的车站。

中间站设备规模虽然较小,但是数量很多,它遍布全国铁路沿线中、小城镇和农村,在发展地方工农业生产,沟通城乡物资交流中起着很重要的作用。

我国铁路中间站可分为:无货场的中间站,一般只办理列车的通过、会让和越行以及少量的客货运作业,不设货场,不办理摘挂列车甩挂车组的作业;有货场的中间站,除办理与无货场的中间站同样的作业外，另设有货场，办理摘挂列车甩挂车组的作业。

①中间站的主要作业

a. 列车的到发、通过、会让和越行。

b. 旅客的乘降和行李、包裹的承运、保管、装卸与交付。

c. 货物的承运、装卸、保管与交付。

d. 摘挂列车的车辆摘挂和到货场或专用线取送车辆的调车作业。

有的中间站如有工业企业线接轨或加力牵引起终点以及机车折返时，尚需办理工业企业的取送车、补机的摘挂和机车整备等作业。

②中间站的主要设备

a. 客运设备，包括旅客站舍（售票房、候车室、行包房）、旅客站台、雨棚和跨越设备（天桥、平过道）等。

b. 货运设备，包括货物仓库、货物站台和货运室、装卸机械等。

c. 站内线路，包括到发线、牵出线和货物线等，它们分别用于接发列车、进行调车和货物装卸作业。

d. 信号及通信设备。

此外，某些中间站还设有机车整备设备和列车检查设备等。

③会让站和越行站

在我国铁路上，主要用来提高线路通过能力而设置的车站，称为会让站和越行站。根据《铁路技术管理规程》规定，会让站和越行站均包括在中间站之内。

先到的列车在本站停车，等待反方向的列车到达本站，两个列车互相交会，叫做会车；先到的列车在本站停车，等待后一个同方向的列车通过本站或到达本站停车后先开，叫做越行。

④中间站布置图

中间站布置图按到发线的相互位置，主要分为横列式和纵列式两种，横列式如图 2.19、图 2.20 所示，纵列式如图 2.21 所示。

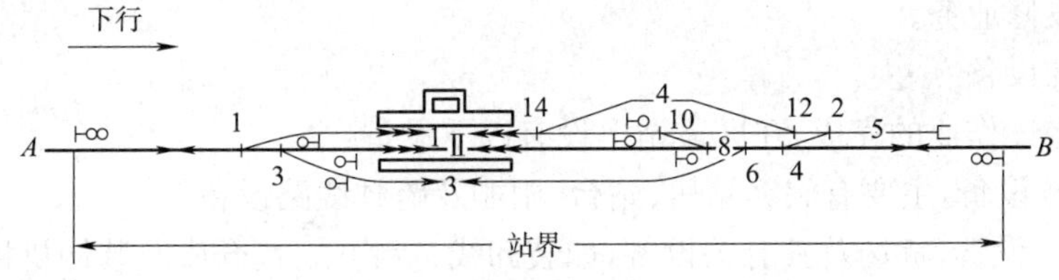

图 2.19 单线横列式中间站布置图

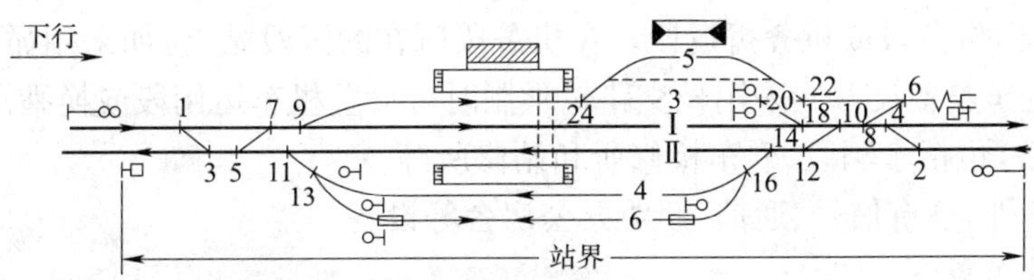

图 2.20 双线横列式中间站布置图

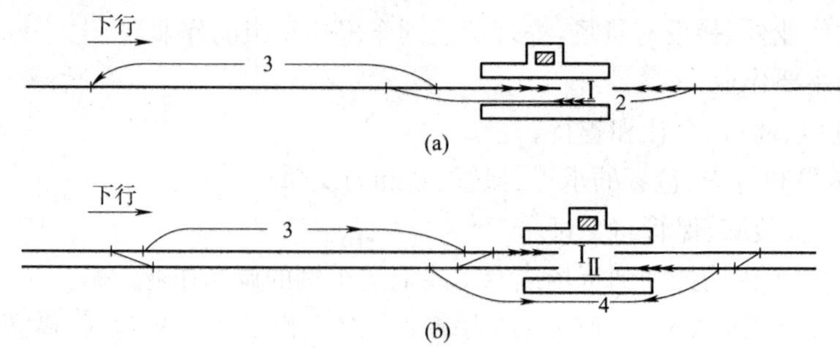

图 2.21　纵列式中间站布置图

(3)区段站

区段站多设在中等城市和铁路网上牵引区段(机车交路)的起点或终点。区段站的主要任务是为邻接的铁路区段供应及整备列车,为无改编中转货物列车办理规定的技术作业,并办理一定数量的列车解编作业及客货运业务。

①区段站的作业

根据区段站所担负的任务,它要办理的作业可以归纳如下:

a. 客运业务。与中间站办理的客运业务基本相同,只是数量较大。

b. 货运业务。与中间站办理的货运业务大致一样,但作业量很大。

c. 运转作业。

(a)与旅客列车有关的运转作业。主要办理通过旅客列车的接发作业。有的车站还办理局管内或市郊旅客列车的始发、终到作业及个别车辆的甩挂作业。

(b)与货物列车有关的运转作业。主要办理无改编中转货物列车的接发和有关作业。对区段列车和摘挂列车,要进行解体和编组作业。同时还办理向货物、工业企业线取送作业车等。某些区段站还担当少量的始发直达列车的编组任务。

d. 机车业务。主要是换挂机车和乘务组,对机车进行整备、修理和检查等。

e. 车辆业务。办理列车的技术检查和车辆的检修任务。在少数设有车辆段的区段站上,还办理车辆的段修业务。

②区段站的设备

为了保证上述作业的完成,在区段站上设有以下设备:

a. 客运业务设备,主要有旅客站房、站台、雨棚及跨越线路设备等。

b. 货运业务设备,货场及其有关设备,如装卸线、货物站台、仓库及装卸机械等。

c. 运转设备,主要有旅客列车到发线;货物列车到发线、调车线、牵出线(有时设简易驼峰)、机车走行线等。

d. 机务设备,机务段或机务折返段。在机务段所在的区段站上,如采用循环运转制时,在到发场应设有机车整备设备。采用长交路轮乘制时可设置机车运用段或换乘点。

e. 车辆设备,包括车辆段、列车检修所和站修所等。

除上述设备外,还有信号、通信、照明办公房舍等设备。

③区段站的布置图

区段站常见的布置图有横列式、纵列式及客货纵列式三类,分别如图 2.22、图 2.23、图 2.24 所示。

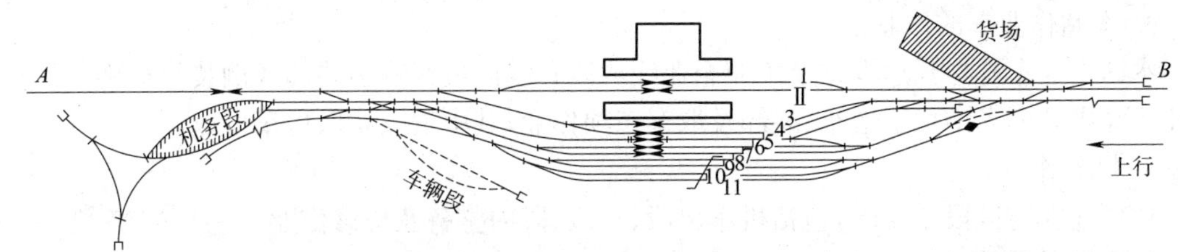

图 2.22 单线横列式区段站布置图

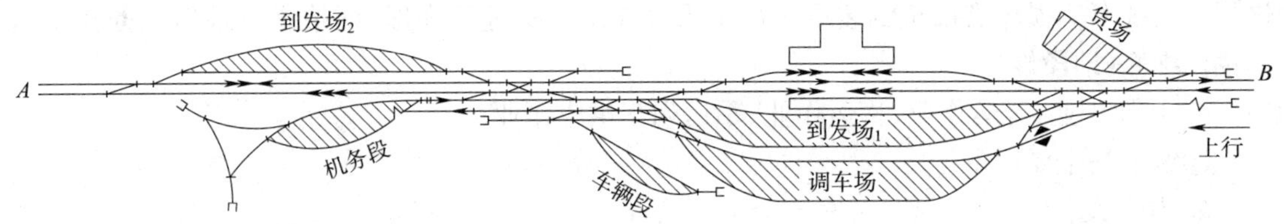

图 2.23 双线纵列式区段站布置图

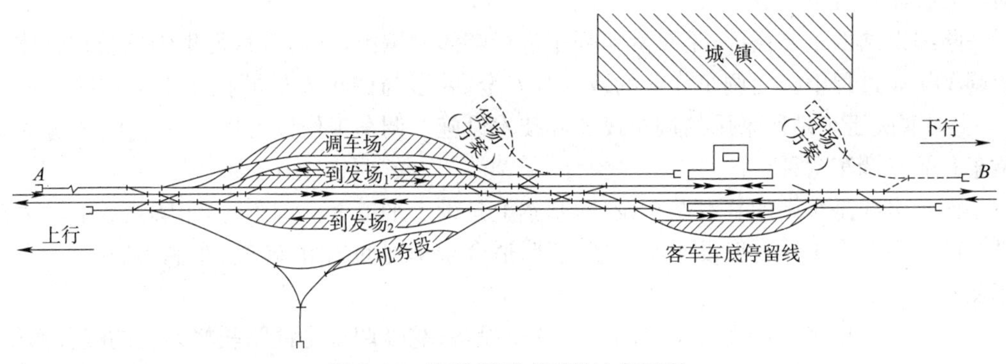

图 2.24 客货纵列式区段站布置图

（4）编组站

编组站是铁路网上办理大量货物列车解体和编组作业，并为此设有比较完善调车设备的车站，编组站是按照列车编组计划要求的，编解各种类型的列车，而且多数是直达列车和直通列车，为合理的车流组织服务。从这个意义上讲，编组站实际上就是一个编组列车的工厂。

①编组站的作业

根据编组站在路网和枢纽内的作用和所承担的任务以及其作业对象可看出，编组站主要办理以下几项作业：

a. 改编货物列车作业。

这是编组站最主要的作业，包括解体列车的到达和解体作业，始发列车的集结、编组和出发作业。这几项作业的数量既多而又复杂，是分别在相应的不同地点和车场办理的。

b. 无调中转列车作业。

这种列车作业比较简单，其主要作业是换挂机车和列车的技术检查，时间短，办理地点只限于到发场（或专门的通过车场）。

c. 部分改编中转货物列车。

部分改编中转货物列车除进行无改编中转货物列车的作业外，有时还要变更列车重量、运行方向或进行少量调车作业，一般在到发场或通过车场进行。

d. 本站作业车的作业。

本站作业车是指到达本站及工业企业线或段管线内进行货物装卸或倒装的车辆。作业过程比改编中转列车增加了送车、装卸及取车三项作业，其中重点是取送车作业。

e. 机务作业。

这项作业与区段站相同，包括机车出段、入段、段内整备及检修作业。

f. 车辆检修作业。

编组站上的车辆作业包括在到发线上进行的车列技术检查及不摘车维修；在列检或调车过程中发现车辆损坏需摘车倒装后送往车辆段或站修所进行修理（即站修）；根据任务扣车送车辆段维修（即段修）。

g. 其他作业：客运作业、货运作业、军运列车供应作业。

②编组站主要设备

a. 调车设备。

调车设备是编组站的核心，包括调车驼峰、调车场、牵出线、辅助调车场等几部分，用以办理列车的解体和编组作业。

铁路编组站的主要任务，是对货物列车进行解体和编组，其运营特征集中反映在解体和编组的调车作业过程中。而调车作业的效率与安全，除了与调车人员的技术水平和熟练程度有关外，主要取决于车站所采用的调车设备和技术设施。调车工作按使用的设备不同，分为牵出线调车和驼峰调车两种。

平面牵出线是车站的基本调车设备，基本上是设于平道上。调车时，车辆溜放的动力是调车机车的推力。牵出线一般设于调车场尾部，适合于车列的编组、转线、车辆的摘挂、取送等调车作业。

驼峰是专门用来解体溜放车辆的一种调车设备，驼峰调车是铁路驼峰系统的峰背而得名。调车时，车辆溜放的动力以其本身的重力为主，调车机车的推力为辅。驼峰一般设在调车场头部，适合于车列的解体作业。

b. 行车设备。

c. 机务设备。编组站的机务设备即机务段。

d. 车辆设备。包括列检所、站修所和车辆段。

e. 货运设备。

f. 其他设备，客运设备、站内外连接线路设备。

编组站还必须有信号、联锁、闭塞、通信和照明的设备。

③编组站的分类

a. 根据编组站在路网中的位置、作用和所承担的作业量，可分为路网性编组站、区域性编组站和地方性编组站。

b. 编组站布置图及主要类型。

按照调车设备的套数及调车驼峰方向分为单向编组站和双向编组站。

按照每一套系统内车场的相互位置和数目分为横列式编组站、纵列式编组站、混合式编组站。

我国编组站布置图的基本类型，归纳有六种：单向横列式、单向混合式、单向纵列式、双向纵列式、双向混合式、双向横列式，其他类型都是在这些图基础上派生的。

此外，我国铁路现场对编组站图在习惯上称为“几级几场”。“级”是指同一调车系统中到达场调车场、发车场纵向排列(纵向数),一级式就是指车场横列,二级式就是指到达场、调车场纵列,而三级式是指到达场、调车场、发车场顺序纵列。“场”是指车场,车站有几个车场,就叫做几场。例如“一级三场”“三级三场”或“三级六场”。

单向三级三场纵列式编组站布置如图 2.25 所示。

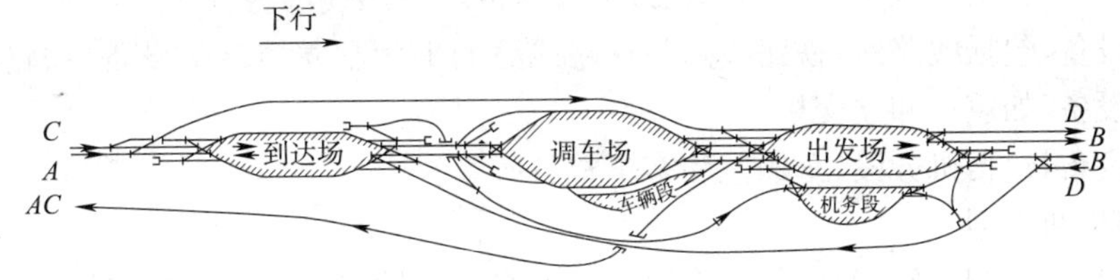

图 2.25 单向三级三场纵列式编组站布置图

3. 铁路枢纽

(1)铁路运输枢纽的意义

在铁路网上,几条铁路干线相互交叉或接轨的地点,需要修建一个联合车站或修建几个专业车站以及连接这些车站的联络线、进站线路、跨线桥等设备,由这些车站和设备组成的整体称为铁路枢纽,如图 2.26 所示。枢纽各站既有分工又有联系,共同担负着枢纽地区的铁路运输任务。

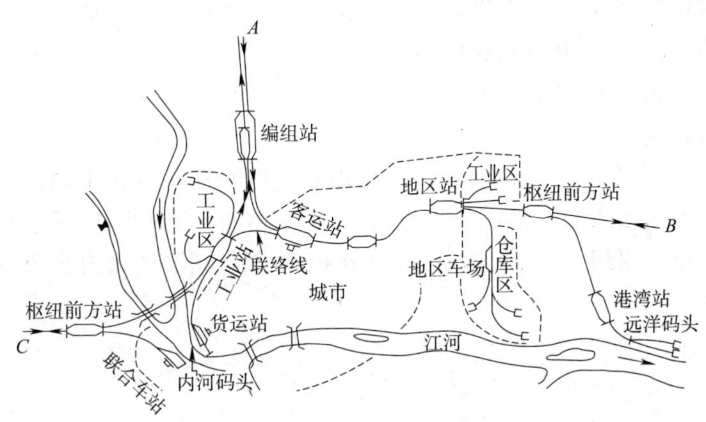

图 2.26 铁路枢纽示意图

铁路枢纽是铁路网的主要组成部分。它既是客货流从一条铁路转运到各接轨铁路的中转地区,又是城市、工业区客货到发和联运的地区。它除了办理枢纽内各种车站的有关作业外,在货运业务方面还办理货物的承运、装卸、发送和保管等业务在客运业务,在客运业务方面办理直通、管内和市郊旅客列车作业,在货物运转方面办理无调中转和改编列车的转线作业和小运转列车作业。此外,它还是组织车流交换、进行机车车辆检修作业、调整列车运行和供应列车牵引动力的重要据点。

铁路枢纽是由于铁路网以及城市和工业的建设和发展等原因逐渐形成和发展起来的。它的形成和发展不但涉及的范围广泛,而且还各有其历史特点。一般来说,铁路枢纽选择在大、中工业城市所在的地区。这些铁路枢纽在铁路网上处于相当重要的位置,它们对提高铁路运输通过能力,加速机车车辆周转,促进工农业生产的发展和社会主义现代化建设以及改革开放等发挥了极其重要的作用。

(2)铁路枢纽设备

铁路枢纽为了完成所担负的各种复杂而繁重的运输任务，在枢纽内一般应具有下列一些设备。

①车站，包括编组站货运站(综合性或专业性货运站)、客运站、工业站、港湾站。

②铁路线路，包括引入正线、联络线、迂回线、环线、专用线等。

③疏解设备，包括线路所，铁路线路与铁路线路的平面和立体疏解设备，铁路线路与城市道路的交叉设备(如道口和立交桥)。

④其他设备，包括机务段、车辆段和客车整备所等。

(3)铁路枢纽类型

铁路枢纽按其在路网上的地位和作用可分为路网性铁路枢纽、区域性铁路枢纽和地方性铁路枢纽。

路网性铁路枢纽一般都位于铁路干线交叉或衔接的铁路网点上的具有重要政治和经济地位的大、中工业城市。它的设备规模和能力都很大，所承担的客、货运量和车流组织涉及整个铁路网，如沈阳、北京、郑州、成都等枢纽。

区域性铁路枢纽一般都位于铁路干线和支线交叉或衔接的铁路网点上的中、小工业型城市。它的设备规模和能力仅次于路网性铁路枢纽，所承担的客、货运量和车流组织主要为一定的区域范围服务，如太原、蚌埠、柳州等枢纽。

地方性铁路枢纽一般都位于铁路网端或大工业企业和水陆联运地区，它的设备规模和能力较小，所承担的客、货运量和车流组织主要为某一大港湾或工业区等地方服务。如秦皇岛属港湾铁路枢纽、大同属工业铁路枢纽等。

(4)铁路枢纽布置图

根据枢纽范围内专业车站、联络线、进站线路等设备的相互位置不同，并结合一定的车流条件，可形成各种不同形式的铁路枢纽布置图，如一站枢纽(如图 2.27 所示)、十字形枢纽(如图 2.28 所示)、三角形枢纽、顺列式枢纽、并列式枢纽、环形枢纽(如图 2.29 所示)、混合式枢纽、尽端式枢纽等。

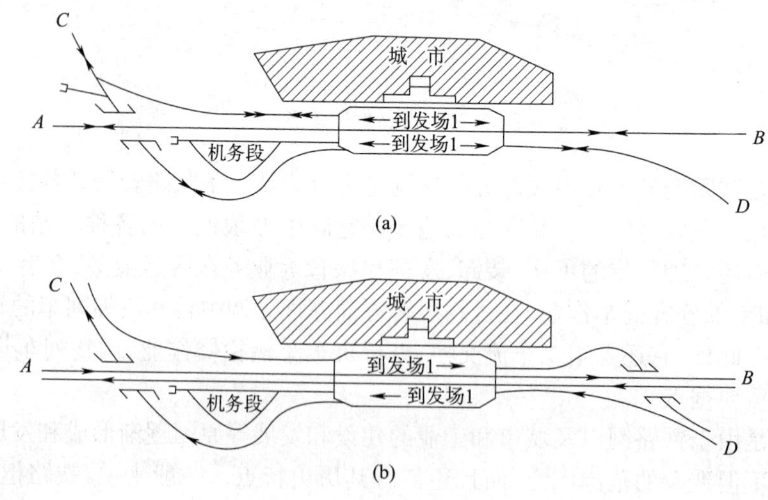

图 2.27 一站铁路枢纽布置图

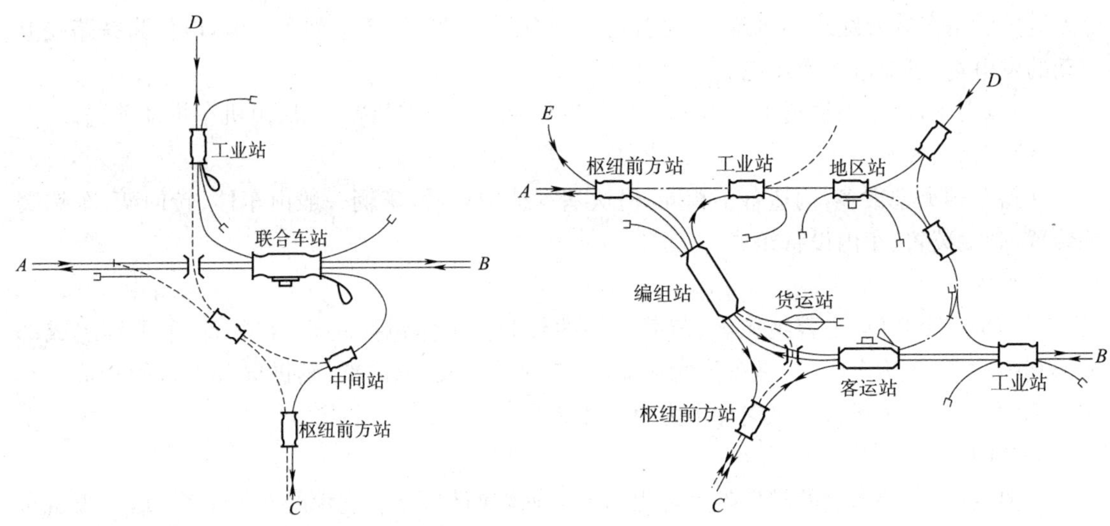

图 2.28　十字形铁路枢纽布置图　　图 2.29　环形铁路枢纽布置图

任务 3　铁路车辆概述

1. 铁路车辆认知

铁路车辆是铁路运送旅客和货物的载运工具，除动车组动车外，它一般没有动力装置，需要把许多车辆连挂在一起，由机车牵引运行。

(1)铁路车辆种类

铁路车辆按用途分为客车、货车和特种用途车三类；按轴数分为四轴车、六轴车和多轴车；按轨距分为准轨车、宽轨车、窄轨车；按产权所属关系分为路用车、厂矿自备车。

①客车

凡供运送旅客和为旅客服务的车辆，或原则上编组在旅客列车中使用的车辆均称为客车。客车可分为运送旅客、为旅客服务和特殊用途客车三种。

a. 运送旅客车辆，如硬座车(YZ)、软座车(RZ)、硬卧车(YW)、软卧车(RW)及双层车等。

b. 为旅客服务车辆，如餐车(CA)、行李车(XL)等。

c. 特种用途车辆，如公务车(GW)、卫生车(WS)、邮政车(UZ)等。

②货车

按用途货车可分为通用货车、专用货车及特种货车三种。

a. 通用货车，如棚车(P)、敞车(C)、平车(N)、罐车(G)、冷藏车(B)等。

b. 专用货车，如集装箱车(X)、长大货物车(D)等。

c. 特种货车，是具有特殊用途的车辆，有以下四种：

(a)救援车，列车发生颠覆或脱轨事故时，排除线路障碍物及修复线路故障使用的车辆，一般编成救援列车，包括起重吊车、修复线路的工具车、材料车、救援人员的食宿车等。

(b)检衡车，用于鉴定轨道衡性能的车辆，设有砝码或同时设有操作机器。

(c)发电车，设有动力机械驱动的发电设备的车辆。有单节的，也有由发电车、机修车及发电人员生活用车等合编成的电站式车列，可称为电站车组。用于给列车供电，能作为铁路线上流动的发电场，供缺电处所用电。

(d)除雪车，供扫除铁道上积雪用。车上装有专门的扫雪装置，一般由机车推动前进。

(2)车辆的基本结构

铁路车辆类型很多，构造各不相同，但从基本结构来看，车辆一般由车体、转向架、车钩缓冲装置、制动装置、车内设备组成。

①车体

车体是一个整体，是容纳旅客、装载货物的部分。车体包括底架、侧端墙、车顶等组成部分。其中底架(俗称车底盘)是车体的基础，由各种横向梁、纵向梁、辅助梁和地板等构成。车辆上部的重量、车辆运行中纵向冲击力由车体承受。

②转向架

目前，我国铁路车辆的转向架大都由两台二轴转向架组成，它承受车辆的重量，并由机车牵引在轨道上行驶。转向架主要由构架(或侧架)、轮对、轴箱、弹性悬挂装置等部分组成。转向架必须要有足够的强度和良好的运行平稳性，以保证安全运行和旅客乘坐舒适性的要求。

③车钩缓冲装置

车钩缓冲装置由车钩及缓冲装置(缓冲器)组成。安装在车底架两端的中梁(习惯上称中梁两端为牵引梁)上，其功用是将机车与车辆、车辆与车辆互相连接，成列车或车列，并传递牵引力和冲击力，缓和机车车辆的冲击，要求其具有强度大、摘挂方便、缓冲性能良好的特点。

④制动装置

制动装置的功用是保证高速运行中的列车能按需要实现减速或在规定的距离内实现停车，或在溜放调车时使车辆停车。制动装置是保证列车安全运行的重要部分。

⑤车内设备

车内设备是指为旅客提供必要的乘车条件所配置的设备和为保证运输货物和货运人员的要求所配置的设备。如客车内的坐席、卧铺、茶桌、行李架、卫生间、给水、取暖、通风、照明、空调及各种电气设备和供电装置，货车中的冷藏车内装设的制冷降温等设备和乘务人员的生活设施等。

(3)车辆标记

为了表示车辆的性能、类型和特征，满足运用、检修和统计上需要，每一铁路车辆上须涂刷规定的各种标记，这种标记称为车辆标记。车辆标记分为运用标记、产权标记、检修标记和制造标记。

①运用标记

运用标记是铁路运输部门、物流部门如何运用车辆的依据。一般涂打在车体两侧墙的右端。

a. 车辆编码。

为了对车辆识别与管理，满足全路车辆计算机网络管理，必须对运用中的每一辆车进行编码。一个完整的车辆编码包括车种编码、辅助编码、车号编码三部分。

部分货车车辆的车种编码见表 2.3。

表 2.3 部分货车车种编码表

序号	货车车种	基本型号	序号	货车车种	基本型号
1	棚车	P	7	平车—集装箱两用车	NX
2	敞车	C	8	长大货物车	D
3	平车	N	9	水泥车	U
4	罐车	G	10	毒品车	W
5	冷藏车	B	11	矿石车	K
6	集装箱车	X	12	家畜车	J

辅助编码第一部分表示货车质量(或顺序)序列,用 1 至 2 位数字或大写字母表示;第二部分表示货车的材质或结构,用 1 位或 2 位大写字母表示。

车号编码使用 7 位数字表示,前 1～4 位表示车型车种,后 3～6 位一般表示生产顺序等。每辆货车的车号编码在全国范围必须唯一。例如,C_{62A} 4773201 表示:C 车种敞车,62 质量系列,A 结构,4773201 车号;C_{62B} 4584600 表示:C 车种敞车,62 质量系列,B 材质(耐候钢),4584600 车号;N_{17A} 4233351 表示:N 车种平车,17 顺序系列,A 结构,4233351 车号。货车各车种的车号编码范围见表 2.4。

表 2.4 货车车号编码表

车种		车号容量	车号范围	预留号
准轨货车	棚车	500 000	3000000～3499999	3500000～3999999
	敞车	900 000	4000000～4899999	4900000～4999999
		100 000	1400000～1499999	
		400 000	1500000～1899999	
	平车	100 000	5000000～5099999	5100000～5199999
	集装箱车、平车—集装箱共用车	50 000	5200000～5249999	5250000～5499999
	矿石车	32 000	5500000～5531999	5532000～5599999
	长大货物车	100 000	5600000～5699999	5700000～5999999
	罐车	310 000	6000000～6309999	6310000～6999999
	冷藏车	232 000	7000000～7231999	7232000～7999999
	毒品车	10 000	8000000～8009999	
	家畜车	40 000	8010000～8039999	
	水泥车	20 000	8040000～8059999	
	粮食车	5 000	8060000～8064999	
	特种车	10 000	8065000～8074999	8075000～8999999
	守车	50 000	9000000～9049999	9050000～9099999
	海南车	100 000	9100000～9199999	

续上表

车　　种		车号容量	车号范围	预留号
窄轨车	米轨车	50 000	9200000～9249999	9300000～9999999
	寸轨车	50 000	9250000～9299999	
自备车		999 999	0000001～0999999	
备　用		2 000 000	1000000～2999999	

b. 自重、载重及容积。

自重表示空车时,车辆本身的全部重量(t)。载重表示该车型允许的最大载重量(t),又称标记载重。容积表示货车内部可供装载货物的最大容积(m^3),以车体内部长、宽、高的乘积表示。

这三项指标,是物流作业人员装车的重要参考。

c. 车辆全长、换长。

车辆全长为该车型两端钩舌内侧间的距离,以米为单位。

换长是车辆换算长度的简称,将车辆全长换算为车辆辆数来表示长度,为了编组列车便于统计。

车辆的换长＝车辆全长(m)/11(m)

d. 车辆方位。

铁路车辆是一个接近对称的结构,统一规定、设置车辆方位便于在设计、制造、运用、检修中确定同类型零部件在车辆中的位置。

(a)车辆定位。

车辆定位以制动缸活塞杆推出的方向为该车型的1位端(手制动机一般装设在1位端),另一端为2位端。对于多制动缸的车辆以手制动机的一端为一位端,如图2.30所示。每辆车都涂刷1、2位定位标记,以表示车辆的1位端和2位端。在货车两侧梁的端部或两侧墙外侧下部用白铅油涂1或2。

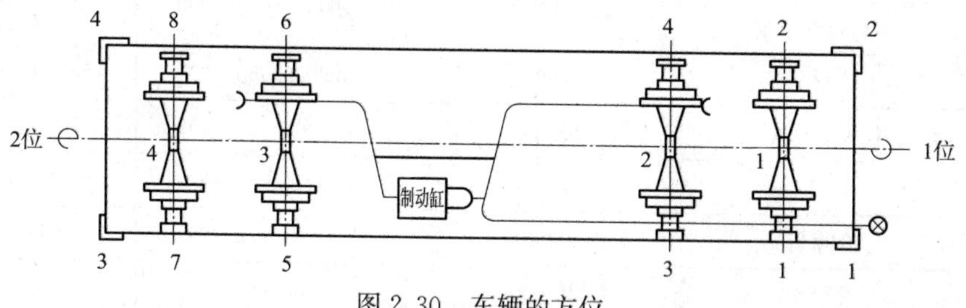

图2.30　车辆的方位

(b)零部件位置。

车辆的车轴、车轮、轴箱、车钩、转向架等部件位置确定,如果是纵向排列,是由1位端顺次数到2位端止。如果位置左右对称,则在1位端,面向2位端,从1位端起,从左到右顺次数到2位端止,如图2.30所示。

(c)列车中车辆位置确定。

编挂在列车中的车辆,其前、后、左、右的确定方法是按照列车运行方向规定的。其前进的一端称为前部,相反的那一端称为后部,面向前部站立而定出其左右。

编成列车中的车辆，机车后部的车辆，称为机后，如机后第 3 辆、机后第 10 辆等。

e. 表示车辆设备、用途标记。

(a) 人⃝标记：表示该棚车设有床托，较多的车窗，可以运送人员。

(b) 古⃝标记：表示车内设有拴马环或其他拴马装置的货车。

(c) MC⃝标记：表示该车型辆可以参加国际联运。

(d) ⌒⃝标记：表示该车型禁止通过装有车辆减速器的机械化驼峰。

(e) 关⃝标记：表示部分有活动墙板的车辆，活动墙板放下时超过机车车辆限界，装卸货物后，必须关好活动墙板，以保证行车安全。

(f) 卷⃝标记：表示该车型辆（部分敞车、矿石车等）两侧梁端部设有挂卷扬机钢丝绳的挂钩（牵引钩），以便进行卷扬倒车（利用卷扬机钢丝绳牵引车辆移动位置）。

(g)集中载重标记：标记载重＞60t 的平车、长大货物车等，应在车底架两侧涂刷集中载重标记，标明车辆中部一定尺寸范围内的最大允许载重量。

(h)毒品专用车标记：在毒品车车门及其左侧的外侧墙上，涂打毒品专用车标记，表示该车型辆专门装运农药等有毒货物。

(i) ㊕标记：表示可以装运坦克及其他质量较大的特殊货物的车辆。

②产权标记

a. 国徽：凡参加国际联运的客车需在侧墙外中部悬挂国徽。

b. 路徽：凡属铁路总公司的车辆，都应按规定涂刷表示“人民铁路”的路徽。在货车侧梁的端部还应装产权牌（路徽标志牌）以区别厂矿自备车，如图 2.31 所示。

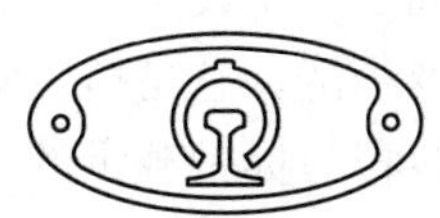

图 2.31　路徽及产权牌

c. 路外企业自备车辆的产权标志：路外企业的自备车因运送货物或委托路内厂、段修而需要在正线上行驶，一般在侧墙或其他部位涂打“××企业自备车”字样。

d. 配属标记：所有客车以及有固定配属的货车，应涂刷所属铁路局、车辆段的简称。例如，“成局成段”，货车一般涂在侧墙外侧。

③检修标记

在车辆进行定期检修竣工之后，为了明确检修责任，掌握检修周期，应在车辆规定处所涂打检修标记。

a. 厂修、段修标记，涂打在车体两侧墙上，分上下两栏。如：

2015.9	2014.9	京同
2016.3	2011.8	石厂

横线上部为段修标记，横线下部为厂修标记；右侧数字和文字为最近一次已施行厂修、段修检修年月及检修单位简称，左侧数字为下一次厂修、段修年月。

货车下次厂、段修检修期限可以提前或延后一个月。

b. 辅修及轴检标记如图 2.32 所示。货车辅修标记涂打在厂、段修标记的右侧或下方;滑动轴承货车因其轴检周期与辅修周期不一致,因此对滑动轴承箱装置进行定期检修。这是定期检查,辅修周期 6 个月,轴检有 3 个月、6 个月不等。

货车辅修标记的形式,第一行右侧方格内的数字表示该车型已进行辅修的日期(月、日),汉字是本辅修的施修单位简称;左侧方格内的数字是下一次辅修日期(月、日),第二行空格为下一次辅修时涂打日期(月、日)及施修单位用。

货车辅修期限可提前或延后 10 d。

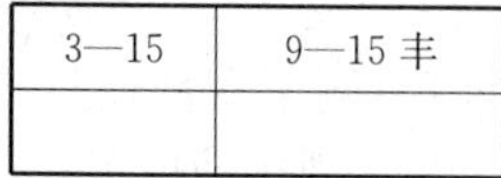

图 2.32　辅修及轴检标记

④制造标记

新造货车应安装金属材质的制造工厂铭牌,其内容包括制造厂名和制造年份。安装在侧梁(或中梁)的二位或者三位。

(4)车辆技术经济参数

车辆技术经济参数是表明车辆结构上、运用上某些特征的指标,除了“车辆标记”说明指标外,常见的还有:

①全轴距:任何车辆最前位和最后位车轴中心线间的距离。

②转向架固定轴距:同一转向架上的各轴,相互之间保持固定的平行位置,其最前位和最后位轮轴中间的距离,称为转向架固定轴距。

③车辆销距:又称车辆定距,是两转向架心盘中心之间的距离。

④自重系数:是指车辆自重与设计标记载重的比值。显然,在保证强度、刚度和使用寿命的条件下,自重系数越小越经济。它是衡量货车设计合理性的一个重要指标。

⑤比容系数:指设计容积与标记载重的比值。它可以衡量车辆装运某种货物时是否合理地利用了它的载重和容积。

⑥轴重:指车辆总重(自重+载重)与全车轴数之比。其值一般不允许超过铁道线路及桥梁所允许承载的条件。目前我国的允许值为 23 t。

⑦每延米长度线路载荷(每延米轨道载重):指车种总重与车辆全长之比,其值不允许超过铁道线路及桥梁所允许承载的数值。目前,我国轨道每延米长度的载重一般不得大于 6.5 t。

⑧构造速度:指允许车辆正常运行的最高速度。它决定于车辆的构造强度、运行品质、制动性能。

2. 铁路常用货车认知

从事铁路物流生产,运输、装卸是两个重要生产环节,作业对象包括货物、铁路货车。铁路货车类型多,为保证安全生产、保证质量良好运输货物,需知道并正确运用各类货车特点,装运货物适用范围及作业要求。

(1)铁路常用货车

①棚车(P)

棚车属于通用车辆,车体由地板、侧墙、端墙、车顶、门(一般为对拉式)和窗组成,既通风又防盗，可防止雨水侵入车内。棚车适用于装运各种需防止潮湿、湿损、日晒或散失货物，适于装载高附加值货物。铁路运输企业生产现场又称之为盖车。如图 2.33 所示。

②敞车(C)

敞车属于通用车辆，车体无顶棚，由地板、侧墙、端墙组成。侧墙、端墙 0.8 m 以上，主要用来装运煤炭、矿石、钢材等不怕湿损的货物；如果装货后盖上防水篷布，也可代替棚车装运怕湿损的货物。因此，敞车具有很大的通用性，是货车中数量最多的一种，如图 2.34 所示。

图 2.33 P_{64} 型棚车

图 2.34 C_{64} 型敞车

③平车(N)

平车属于通用车辆，车体结构有只具有车底架，或车底架上设有活动墙板两种类型，两侧梁设有支柱槽、丁字铁，便于加固。平车适用于装运机器、汽车、拖拉机、木材、钢材和桥梁构件等体积较大货物以及军运物资；必要时，也可以装运矿石、煤炭、砂土和石砟等散堆装货物，如图 2.35 所示。

④罐车(G)

罐车属于专用车辆，专门用于装运液体、液化气体和粉状货物。罐车类型虽然比较多，但结构形式基本相同：车体为一圆筒形罐状，两端用卡带紧固在枕梁上，罐体顶部设有走板、工作台、安全栏杆、人孔，一端设有通过台，还有卸油装置和内外扶梯，便于装卸货、检修。液化气体自备罐车如图 2.36 所示。

图 2.35 N_{17} 型平车—集装箱两用平车

图 2.36 GY_{95k} 液化气体自备罐车

按照运送货物性质不同，分为轻油罐车、黏油罐车、酸碱类罐车、液化气体罐车、粉状货物罐车。

轻油罐车：适于运送汽油、煤油等黏度较小的油类；罐体涂刷银灰色；主要有 G_{60}、G_{19}、G_{16}、G_{70} 等型号。

黏油罐车:适于运送原油、润滑油等黏度较大的油类;原油罐体涂刷黑色,成品油涂刷黄色;主要有 G_{12},G_{17},G_{17A} 等型号。

酸碱类罐车:适于运送浓硫酸、浓硝酸、液碱(氢氧化钠)等货物;主要有 G_{11}(酸碱)、G_{10}(浓硫酸)、G_{11B}(不锈钢精碱)、GF_A(玻璃钢盐酸)、GH_{64}(铝制浓硝酸)等型号。

液化气体罐车:适于运送液氨、液氯、丙烷等气体货物;主要有 GQ、GH_{40} 等型号。罐体银灰色,涂刷色带表示内装货物的不同性质,如蓝蓝色带表示非易燃无毒气体、蓝黄色带表示有毒气体、蓝红色带表示易燃气体。

粉状货物罐车:适于装载和运送实现流态化的粉状货物,主要有 GF_1、GF_3 型氧化铝粉罐车。

⑤冷藏车(B)

冷藏车属于专用货车,车体夹层装有隔热材料,配备制冷和加温装置,使车内保持货物所需的温度。车体外部涂以银灰色起反射作用,减少太阳辐射侵入车内。适于装运易腐货物,如冻肉、鲜鱼、水果、蔬菜等。冷藏车有机械冷藏车和冷板冷藏车两种,机械冷藏车有五节式车组(B_{21}、B_{22}、B_{23} 型)和单节式(B_{10BT} 型),如图 2.37 所示。随着易腐货物呈现多批次、小批量、去向分散的特点,单节式冷藏车受到欢迎。

图 2.37 单节式机械冷藏车(左)和五节式机械冷藏车组(右)

⑥集装箱车(X)

集装箱车属于专用货车,只具有车底架,但比平车底架强度大,专门用于装运集装箱,如图 2.38 所示。

⑦矿石车(K)

矿石车属于专用货车,专门运送各种矿石,一般为全钢车体。为卸货方便,有的车体下部做成漏斗形,设底开门;有的整个车体能借液压或空气压力的作用向一侧倾斜,并可开此边侧门(所以又称自翻车)。企业自备矿石车如图 2.39 所示。

图 2.38 集装箱平车

图 2.39 企业自备矿石车

⑧长大货物车(D)

长大货物车专门用于运送长度长、重量重、高度高的货物，一般载重量为 90t 以上，长度 19m 以上，无墙板，按车辆结构有长大货物平车、落下孔车、凹底平车(如图 2.40 所示)、钳夹车等。

图 2.40 长大货物车——凹底平车

(2)70 t 铁路货车使用与维护

①P_{70}、P_{70H} 型通用棚车

a. 车辆用途。

P_{70}、P_{70H} 型通用棚车供在准轨使用，可装运各种怕受日晒、雨雪侵蚀的货物和箱装、袋装的货物，添加辅助设施，可装运人员；能够满足叉车等机械化装卸作业要求。

b. 使用与维护。

车辆使用环境温度为－40～50 ℃。

车门栏杆在使用时，将栏杆从右门栏杆座取下，插入左门栏杆座内，再将栏杆座销轴穿过栏杆环形插孔插好，销轴下端圆孔供使用栏杆时加施封用。使用栏杆时，车门止铁应挂在车门止架上。

装货前将车门开度开足，使车门门框完全移到门孔以外位置，以避免叉车进出时碰坏车门。

锁闭车门时，先将锁钩逆时针旋转 180°，使锁钩下部凸出部分落入扇形止铁座内，再逆时针旋转扇形止铁，使扇形止铁手把下垂之后，将锁紧铁绕销轴旋转 180°，并使锁紧铁下行，利用锁紧铁斜面将两扇门拉紧，从而消除门缝，完成车门锁闭；车门施封时，可将施封锁插入扇形止铁座方孔并穿过钩锁圆孔后锁闭施封锁。反之，可将车门打开。

车门处于非关闭锁紧状态运行时，须用车门止铁将车门定位，以防止车辆运行中因车门移动而发生事故。

装载货物时，不得将货物倚在车门上，以免造成打不开车门。

若该车型需要加装火炉取暖，可利用铁地板上预留的火炉安装螺栓及车顶处安装的烟囱座，由于车内有竹木内衬板，所以严禁炉内明火窜出。

若该车型需要加装照明用电，可利用车上电源设施安装座固定、连接电源线及电灯，但严禁电源线裸露，以防止与车体钢结构连接造成人身伤害或产生明火引发火灾。

当车窗打开状态运行时，须将外窗上的窗卡铁卡在卡簧内。关闭车窗时，须将同一车窗上的 2 个锁铁都予以锁闭，以增强车窗的防盗性能和防雨性能。

用钢丝绳牵引挂车时，钢丝绳不得挂在车辆的脚蹬、侧架、摇枕等上面。同时牵引几辆车时，每辆车的牵引钩都必须挂上钢丝绳。

②C_{70}、C_{70H} 型通用敞车

a. 车辆用途。

C_{70}、C_{70H} 型通用敞车是供中国准轨铁路使用，主要用于装运煤炭、矿石、建材、机械设备、钢材及木材等货物的通用铁路车辆，除能满足人工装卸外，还能适应翻车机等机械化卸车工作，并能适应解冻库的要求。

b. 使用与维修。

(a)装卸要求。

严格按照货车标记载重及有关规定装车，货物装载应均匀分布，集载货物的装载应符合《铁路货物装载加固规则》的规定。装车时严禁高空坠落货物或向车内抛掷货物，以免砸坏车辆。不得将大块料直接向车内砸装，可用碎料先垫底后将大块料缓慢装入。

(b)牵引作业。

用钢丝绳牵引挂车时，钢丝绳应挂在车体四角的牵引钩上，不得挂在车辆的非指定部位(如绳栓、脚蹬、侧架、摇枕)。同时牵引几辆车时，每辆车的牵引钩都必须挂上钢丝绳。

(c)解冻作业。

该车型解冻不得用明火烤车，热源不得直接照或烤各种阀、制动缸、软管和各种接头，以免烤坏橡胶件，影响制动性能。采用解冻库解冻时，解冻库最高温度不得高于 100 ℃；当解冻温度在 60～100 ℃之间时，解冻时间不得超过 1 h；当解冻温度低于 60 ℃时，解冻时间不限。

(d)侧开门使用要求。

侧开门开闭机构分为上下两部分，上门锁为带有偏心压紧机构的门锁装置，由上门锁杆、锁盒、手把支座、支撑弹簧、挡铁等组成。下门锁为带有偏心锁铁的门锁装置，由锁铁座和锁铁组成，侧开门关闭锁紧位置如图 2.41 所示。

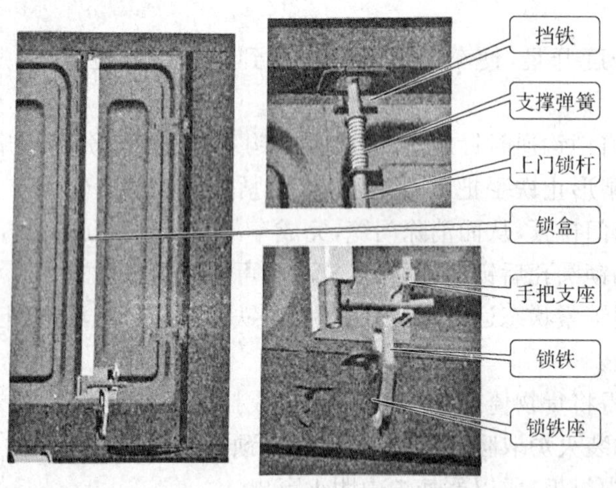

图 2.41　C70、C70H 型敞车侧开门开闭机构示意图

为防止门锁自动打开，上门锁手把设有手把支座，它可以阻止上门锁杆的转动和上下移动。下门锁铁靠自重落到最低位，上门锁手把可挡住下门锁铁向上窜动，在翻车机卸货时也可防止下门锁铁脱出，保证锁闭机构作用可靠。

打开侧开门时，必须先打开上门锁，拔开上门锁手把支座，左旋上门锁杆 90°，然后向下拉即可打开上门锁。打开下门锁时，先将下门锁铁提起，然后向下翻转 90°，下门锁铁提起困难时可锤击下门锁铁底部或用杠杆撬动。关闭侧开门时，应先关左侧门，再关右侧门，关门步骤与开门步骤顺序相反。

(e)下侧门使用要求。

下侧门通过左右搭扣锁住折页，开闭下侧门只须打开或锁闭左右侧门搭扣即可。此结构与一般敞车的上翻式下侧门相同。下侧门开启后应将下侧门折页上的挂环挂到固定在上侧梁上的下侧门挂钩上，以固定下侧门，保证卸货安全。下侧门示意图如图 2.42 所示。

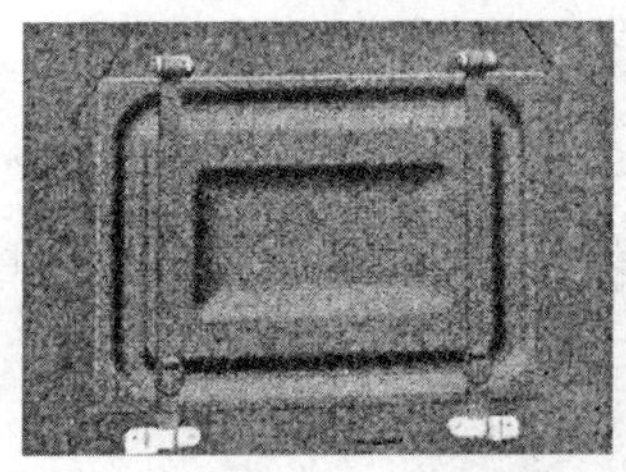

图 2.42　C_{70}、C_{70H} 型敞车下侧门示意图

③X_{4k} 型集装箱平车

a. 车辆用途。

X_{4k} 型集装箱平车是供在准轨使用、装运国际标准集装箱的专用车，可以同时装运 3 个 20 ft 国际标准集装箱或 1 个 40 ft 和 1 个 20 ft 国际标准集装箱，也可以单独装运 1 个 40 ft、50 ft、53 ft 集装箱。

X_{4k} 型集装箱平车由车底架、集装箱锁闭装置、转向架、车钩缓冲装置及制动装置组成。

b. 使用与维护。

车辆使用环境温度为－40～50 ℃。

(a)集装箱锁头的使用。

底架中部翻转锁的锁头向上为工作位，向下放置为非工作位，如图 2.43 所示。

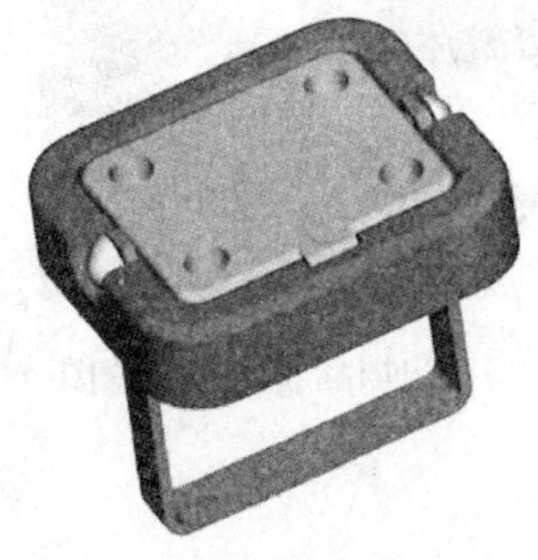

图 2.43　翻转锁工作示意图

装载 3 个 20 ft 国际标准箱时，所有翻转锁均处于工作位，并使止挡置于锁座止挡槽内。

装载 40 ft、45 ft、48 ft、50 ft 国际箱时，车体中央大横梁上的 8 个翻转锁必须处于非工作位，横梁上 4 个翻转锁和另一个大横梁上的 4 个翻转锁必须处于工作位，并使该处止挡置于锁座止挡槽内。

翻转国际箱锁时，须先将锁头向斜上方提起，待止挡脱离开止挡槽后，翻转锁头并落下，如图 2.44 所示。

吊装集装箱前，必须首先检查各箱锁位置状态是否正确，然后将集装箱吊起，角件孔对准相应的锁头，轻轻落下。

(b)中部集装箱门挡的使用。

为保证该车型装运 1 个 40 ft 集装箱时，集装箱门不被意外打开，在装箱前必须把横梁上的集装箱门挡翻转到底架上侧，如图 2.45 所示；当装运其他形式的集装箱时，必须将横梁上的集装箱门挡翻转落至底架上平面下侧，如图 2.46 所示。

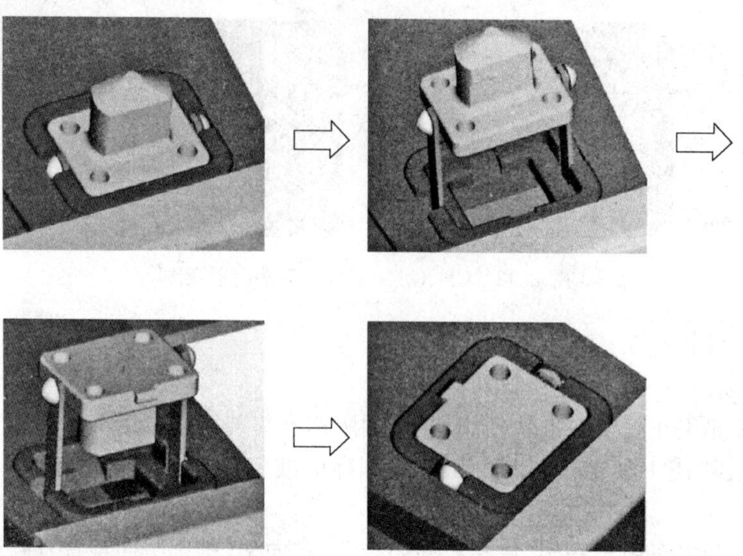

图 2.44　X4k 型集装箱平车锁头翻转示意图

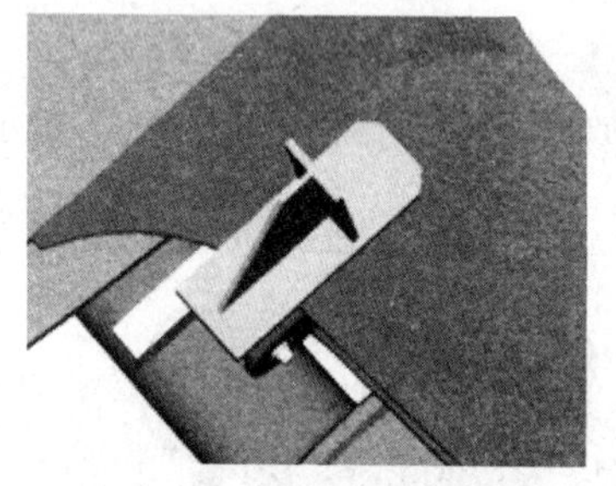

图 2.45　门挡翻起状态示意图

图 2.46　门挡落下状态示意图

(c)装箱工况要求。

装运 3 个 20 ft 国际标准集装箱，如图 2.47 所示：为了保证两个转向架的载重差不大于 10 t，运输 3 个均匀装载的 20 ft 箱时应满足两端部箱重差不大于 11.57 t，3 个箱总重不大于 72 t。

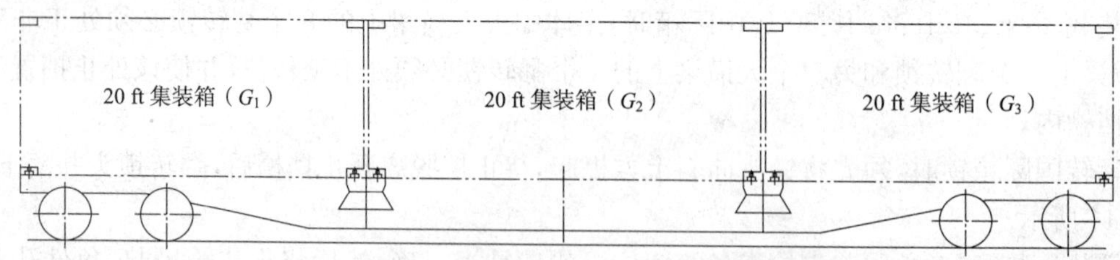

图 2.47　X4k 型集装箱平车 3 个 20 ft 国际标准集装箱装车示意图

装运 1 个 40 ft(箱重为 G_1)和 1 个 20 ft(箱重为 G_2)国际标准集装箱，如图 2.48 所示：为保证两个转向架的载重差不大于 10 t，均匀装载的 20 ft、40 ft 箱的箱重应同时满足 $G_2 \leqslant 11.57 + G_1/2$、$G_1 \leqslant 23.16 + 2G_2$，1 个 40 ft 箱和 1 个 20 ft 箱典型装载工况见表 2.5。

表 2.5　集装箱典型装载工况

箱　　型	40 ft 箱重(G_1)(t)	20 ft 箱重(G_2)(t)
工况 1	$G_1=30.48$	$3.6\leqslant G_2\leqslant 26.8$
工况 2	$G_1=25$	$0.9\leqslant G_2\leqslant 24$
工况 3	$G_1=20$	$G_2\leqslant 21.57$
工况 4	$G_1=15$	$G_2\leqslant 19$
工况 5	$G_1=10$	$G_2\leqslant 16.57$

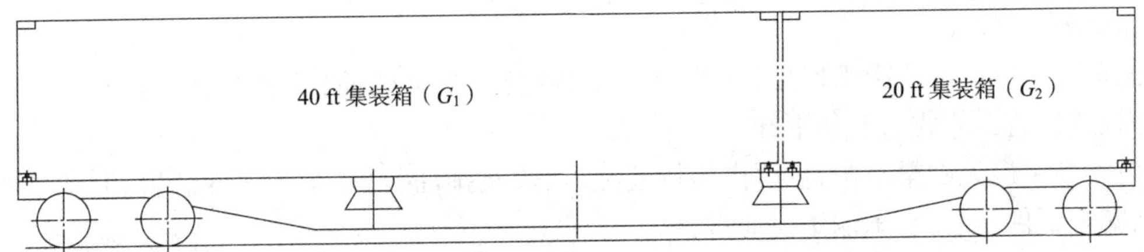

图 2.48　X_{4k} 型集装箱平车 20 ft、40 ft 国际标准集装箱装车示意图

单独装运 1 个 40 ft、45 ft、48 ft、50 ft、53 ft 集装箱，放于车辆中部集装箱锁座处。

(d)牵引要求。

用钢丝绳牵引挂车时，钢丝绳不得挂在车辆的脚蹬、侧架、摇枕等上面，应挂在端侧梁下侧的牵引钩上。同时牵引几辆车时，每辆车的牵引钩都必须挂上钢丝绳。

各箱锁应在易丢失配件处作防丢失处理。各圆销、开口销或螺母处要作焊固处理，保证配件齐全。经常检查锁闭装置的易损坏状态，保持良好的工作能力。

④NX_{70}、NX_{70H} 型平车—集装箱共用车

由车底架、地板、集装箱锁闭装置、端门、转向架、车钩缓冲装置及制动装置组成。

a. 车辆用途。

NX_{70}、NX_{70H} 型共用车为准轨、载重 70t、具有装运多种货物功能的四轴平车，可供装载符合国际标准所规定的 A 系列、C 系列标准集装箱及 45 ft、48 ft 和 50 ft 国际非标箱，还可供装运钢材、汽车、拖拉机、成箱货物及大型混凝土桥梁等货物。

b. 使用与维护。

车辆使用环境温度为－40～50 ℃。

(a)集装箱锁头的作用。

国际箱锁的头部朝上为工作位，朝下放置为非工作位。

装载 20 ft 国际箱时，所有国际箱锁均须处于工作位，并使止挡置于锁座止挡槽内。

装载 40 ft、45 ft、48 ft、50 ft 集装箱时，车体中央部位时的 4 个国际箱槽内。

作普通平车使用时，所有国际箱锁均须处于非工作位。

翻转国际箱锁时，须先将锁头向斜上方提起，待止挡脱离开止挡槽后，翻转锁头并落下。

吊装集装箱前，必须首先检查各箱锁位状态是否正确，然后将集装箱吊起，角件孔对准相应的锁头，轻轻落下。

(b)端门的使用。

为方便整列车装运车辆及军事装备，该车型两端设有活动钢质端门，在车辆运行时端门必

须处于立起关闭位。特殊情况下，当车钩处加缓冲停止器时，允许将端门放倒作为渡板使用。

(c)各箱锁应在易丢失配件处作防丢失处理。

各圆销、开口销或螺母处要作焊固处理，保证配件齐全。经常检查锁闭装置的易损件状态，保持良好的工作功能。

端门各圆销做焊固处理，并经常检查，保证配件齐全。保持端门的开闭灵活，并保证端门处于垂直位时，其两端下平面到端梁上平面间的距离差不大于 4 mm。端门打开时，一侧至少与一个支架接触，与不接触的支架间隙应不大于 3 mm。

⑤GN_{70}、GN_{70H} 型粘油罐车

a. 车辆用途。

该车型是供标准轨距铁路使用，主要用于装运原油、重柴油、润滑油等一般性粘油类质。采用内加热，装卸方式为上装下卸。

该车型采用无中梁结构，主要由罐体装配、加热及排油装置、车钩缓冲装置、制动装置、转向架、安全附件等组成，车端不设通过台。

b. 使用与维护。

(a)充装。

车辆在充装作业前，应对车辆进行外观检查，若无异常方可继续作业，以上检查完毕，方可打开人孔盖进行充装作业。

装油前首先排油开关轴转向"关"位置，并将排油关接头盖与排油关拧紧，再打开人孔盖进行装油作业。充装时鹤管应对准人孔口，注意观察液面上升情况，不允许液面超过容积标尺所指示的液面高度。装油完毕后，关闭人孔盖，拧紧活节螺栓上的螺母。

注意：开(关)人孔盖时不得敲击活节螺栓，以防损坏，应使用扳手拧松(紧)螺母。

(b)卸车。

卸油时若需加热，应首先对排油阀座和排油管加温套底部的冷凝水出口进行检查，必须保证它们畅通，以防加热时蒸汽压力过高造成内加热管路破裂。检查完毕后，将加热管路的外进汽主管管口与地面蒸汽源连接好，缓慢打开地面蒸汽源阀门，通过加热管路对罐内介质进行加热。在加热到一定时间后(用户应根据介质凝固的具体情况，来确定加热时间的长短)，将排油管与地面设施连接好，准备向地面设施卸油。

卸油时，首先必须打开人孔盖，然后将排油管与地面设施连接好，再将排油阀开关轴转向"开"位置，此时，开始向地面设施卸油。

加热一段时间后，当冷凝水出口排出的蒸汽较多时，应适当关小地面蒸汽源阀门。加热结束时，必须缓慢关闭地面蒸汽源阀门。

卸油作业完成后，应将排油阀开关轴转向"关"位置，并将排油管接头拧紧；待罐内冷却后关闭人孔盖，拧紧活节螺栓上的螺母，以防运输过程中丢失或发生意外。

(c)注意事项。

开(关)人孔盖时不得敲击活节螺栓，以防损坏，应使用扳手拧松(紧)螺母。

加热管路外进汽主管管口处蒸汽压力不得大于 0.5 MPa。

地面蒸汽源阀门必须缓慢开启、关闭。

卸油过程中人孔盖必须敞开，卸油完成后待罐内温度冷却至环境温度时方可关闭。

加热完成后，须用干燥的压缩空气将内加热管路中的冷凝水吹干，以防当罐车处于环境温

度低于 0 ℃时冷凝水在加热管路中冻结，堵塞管路。然后将进汽主管接头盖拧紧，以防运输过程中丢失或发生意外。

禁止直接从人孔通蒸汽进行加热。

(d)顶车作业。

在正常的使用、检修、试验需要顶车作业时，顶车位置应在枕梁装配中顶车垫板的下面正中位置。

严禁在其他任何位置进行顶车作业。

⑥GQ_{70}、GQ_{70H} 型轻油罐车

a. 车辆用途。

该车型供标准准轨铁路使用，主要用于装运汽油、煤油、柴油等化工介质。装卸方式为上装上卸。

该车型采用无中梁结构，主要由罐体装配、牵枕装配、车钩缓冲装置、制动装置、转向架、安全附件等组成，车端不设通过台。

b. 使用与维护。

(a)充装。

车辆在充装作业前，应对车辆进行外观检查，若无异常方可继续作业。

以上检查完毕，方可打开人孔盖进行充装作业。充装时应注意观察液面上升情况，不允许液面超过下部容积标尺所指示的最大液面高度，并且充装介质总量严禁超过 70 t。装车完毕后，关闭人孔盖，拧紧活节螺栓上的螺母。

注意：开(关)人孔盖时不得敲击活节螺栓，以防损坏，应使用扳手拧松(紧)螺母。

(b)卸车。

卸车时，打开人孔盖，将抽液管对准聚液窝插入进行卸车作业。

卸车作业完成后，应关闭人孔盖，拧紧活节螺栓上的螺母。

(c)架车位置。

在正常的使用、检修、试验需要架车作业时，架车位置应在枕梁装配中架车垫板的下面正中位置。

注意：严禁在其他任何位置进行架车作业。

⑦ GF_{70}、GF_{70H} 型氧化铝粉罐车

a. 车辆用途。

该车型供准轨铁路使用，装运容重 0.95～1.0 t/m^{3}氧化铝粉的专业货车。它可满足上装上卸作业，卸货时采用气卸方式，维修及操作人员能进入罐内检修和清扫等要求。

该车型主要由车体、车钩缓冲装置、制动装置、转向架等组成。

b. 使用与维护。

(a)螺栓、螺母的松动。

车辆在经过长时间运行后，螺栓、螺母会出现松动，因此应每月检查一次螺栓、螺母，若发现松动，应及时紧固。

(b)帆布的检查和更换。

由于该车型流化床上铺设帆布，卸料时，如果风源除油、除尘和除水不干净，帆布容易被污染，氧化铝粉在帆布上容易板结，从而影响卸料效果。因此，应定期进行检查，发现帆布铝粉板

结、帆布磨损破裂、卸料时间过长时要求清灰或更换帆布。

(c)安全阀的检修。

每次卸灰时,应注意安全阀在 0.4 MPa 时是否开启,0.38 MPa 时是否回座。否则,应按规定进行调试检修或与生产厂家联系进行更换。

3. 铁路车辆检修

车辆是铁路运输生产的基本工具。保证铁路物流运输任务的完成,前提是铁路货车不间断地正常运行以及车辆部门及时提供数量足够、质量良好的货车。因此,车辆部门主要任务是加强车辆的管理及维修,延长车辆使用寿命、加速车辆周转、提高运输效率。

(1)车辆运用管理系统

我国车辆运用管理系统由三级构成,即中国铁路总公司车辆部、铁路局车辆处、车辆段。

车辆段在总公司、铁路局的领导下开展工作,是铁路客货车辆检修运用的基地,是基层生产单位。

车辆段的任务是:贯彻执行各项规章、命令及有关要求;承担车辆段修、辅修、临修和日常维修;领导管内列车检修所、站修所、客车整备所、洗罐所和检修车间等车辆业务单位,为铁路运输提供足够、技术状态良好的车辆,在检修质量保证期内和保证区段内,保证车辆运行安全。

根据修理车辆的类别,车辆段可分为:客车车辆段、货车车辆段、客货车混合车辆段、罐车车辆段和机械冷藏车车辆段等。

(2)车辆检修

①检修制度

我国铁路车辆目前实行定期修(预防修)为主、状态修为辅的修理制度。所谓计划预防性修理制度,是指除了日常维修外,每当车辆运用一定期限后对车辆进行定期检修,按照规定的期限进行一定内容的修理工作。这样能有计划地使车辆恢复运用性能,保证良好的技术状态,并避免在下一次定期修理前出现重大故障。

②货车定期检修的修程

铁路货车定期检修周期分为以时间确定定期检修周期和以里程结合时间确定定期检修周期两种。以时间确定定期检修周期的铁路货车分为厂修、段修、辅修和轴检四级修程,其中取消辅修的铁路货车分为厂修、段修两级修程。以里程结合时间确定定期检修周期的铁路货车分为大修(A 级)、全面检查修(B 级)、重点检查修(C 级)三级修程。段修周期设置运行里程和时间两项的铁路货车,二者之一满足时,视为定检到期。

铁路货车定期检修周期从时间来看,不同车种、车型规定不同:厂修(或大修)周期有 4 年、5 年、6 年、8 年、9 年、10 年、12 年,段修(或全面检查修)周期有 1 年、1.5 年、2 年、3 年规定、辅修(或重点检查修)6 个月。

各级修程必须按检修周期检修,不得提前扣修,如必须提前扣修时,须经中国铁路总公司批准。

扣修定检车如遇有高、低级修程不一致时,按以下规定扣修:厂、段修同日到期或段修到期而厂修在 6 个月以内到期者做厂修;段修到期、厂修在 6 个月以后到期者做段修;段修、辅修、轴检同时到期者做高级修程,不得做低级修程。

扣修的临修车如厂、段、辅修在一个月以内到期时,可提前做厂、段、辅修。

③定期检修的主要任务

a. 厂修

按厂修期限将车辆送到车辆修理工厂进行的定期检修称为厂修。按规定，厂修应对车辆的各部装置进行全面的分解检查、彻底修理，并进行必要的技术改造工作。对底架、车体钢结构各梁、柱、板的腐蚀及变形按厂修限度进行修理，将各主要配件恢复应有性能，保持其应有的强度，以保证车辆在长期运用中技术状态良好，厂修的任务在于恢复车辆的基本性能。修竣后涂打厂修标记。

b. 段修

按段修期限将车辆送到车辆段进行的定期检修称为段修。段修要求分解检查车辆的转向架、车钩缓冲装置及制动装置等部件，检查并修理车辆的故障。段修的任务是，保证车辆在检修质量保证期内，各部状态性能良好。修竣后涂打段修标记。

c. 辅修

货车辅修是在站修所或专用修车线施修。辅修主要是对制动装置和轴箱部分实行检修，并对其他部分做辅助性修理。须做到螺栓紧固、配件齐全、作用良好。修竣后涂打辅修标记。

d. 轴检

货车滑动轴承轴检的主要目的是保持轴箱的良好状态，防止车辆燃轴。对于轴箱状态不良以及在列车中施修有困难的车辆应摘车，并送往制定的专用修车线施修，其余车辆可不摘车修。摘车轴检按辅修要求对轴箱及其他部分施修。不摘车轴检按辅修要求对轴箱部分检修，对轴瓦、轴瓦垫板等做外观检查。修竣后涂打轴检标记。

(3)货车日常维修

货车日常维修，包括技术检查和故障修理两个方面，由列车检修所(简称列检所)或站修所承担。技术检查是对货车的技术状态进行检查，以便发现故障。根据作业场地和列车性质的不同，列车技术检查又可分为到达检查、始发检查和直通中转检查。对所发现的故障，应及时进行摘车修理或不摘车修理。

在进行列车技术检查时，对于发现的车辆故障，可以利用车辆停站时间，在不影响阶梯作业或正点发车的情况下，在列车到发线、调车线或货物线上进行修复作业的，称为不摘车修。但在遇到较大的故障或因需要大型或专用的修理工具时，必须把故障车辆送到站修线(所)或车辆段的车库进行修理，则称为摘车修。摘车修竣工后，空车应在端墙板上涂写“Z”字标记，重车应涂写Ⓩ标记，并涂写施修段名和日期。

①列检所的任务、分类及设置

列检所是车辆段的日常维修基地，其主要任务是负责列车的日常检查和维修，发现并处理车辆故障；扣留定检到期车和过期车；使运用货车的质量符合规定的技术标准，保证列车安全正点运行。

列检所按其工作性质分为：主要列检所、区段列检所及一般列检所(包括制动检修所)。

主要列检所设在列车编组作业较多或有大量货物装卸的车站。

区段列检所设在铁路支线，厂、矿专用线或保证行车安全需要的车站。

在接近长大坡道区间的车种设制动检修所。

在两个主要列检所或区段列检所之间的适当地点，根据需要可设红外线轴温探测站，并归列检所领导。

②列检所的技术作业范围

a. 主要列检所所在站发出的列车，应按规定的技术作业范围认真检查，彻底修理，保证列车各部分状态能安全运行到下一个负责检查该部位的列检所。

b. 区段列检所所在站编组始发的列车和加挂的车辆，按主要列检所的检查范围认真检查，重点修理，保证行车安全。中转列车按规定的范围检修，保证列车安全运行到下一个检修该部位的列检所。

c. 一般列检所所在站编组始发的列车和加挂的车辆，按主要列检所检查范围认真检查，重点修理，消除危及行车安全的故障，保证行车安全。对中转列车的作业范围，必须检查轴温，处理热轴故障。

红外线轴温探测站负责发现和处理热轴故障，防止燃油和切轴事故。制动检修所和有特殊要求区段的列检所，各局根据具体情况自行制定作业范围。

③站修所(线)

货车辅修、轴检及摘车修统称为货车站修，施行货车站修的基地是站修所(线)。货车站修是铁路运输的重要组成部分，它的主要职责是以提高车辆维修质量为中心，努力缩短车辆停滞时间，加速车辆周转，保证行车安全。

站修所(线)应设在有列检所的编组站，较大的区段站和有大量装卸车的厂、矿、港口所在地的站场上。

站修所(线)主要任务是：施修辅修、轴检和摘车临修；修复破损程度较轻的事故车；整备配属专列货车。

(4)色票

凡因车辆定期检修到期、过期，或由于车辆发生故障和事故破坏等造成车辆技术状态不良，需要摘车修理时，均应由列检所检车员填写规定格式的色票，插在车体两侧的票插内，以便调车人员及时调送，防止误用而造成事故。

色票按照送往的目的地不同，分为以下五种：

①送往修理专用线的红斜线色票。

②送往车辆段的红色方快色票。

③送往修理厂的红色三角色票。

④摘车修理之前货物需要倒装时，"V"字形色票。

⑤送往某站附近检修所的黄色色票。

办理①②③色票时，须同时填发"车辆检修通知单"办理扣车手续，经列检所、车站值班员双方签字，方可生效。

各种色票须由当日值班的列检人员办理插入、撤除，其他人员不准任意插撤。

任务4 铁路机车、动车组概述

1. 铁路机车认知

(1)牵引动力作用

机车是铁路运输的牵引动力。

机车作用之一是由于铁路车辆不具备动力装置，需要将其连挂成列，由机车、动车组牵引沿钢轨运行。另一方面，在车站内，车辆的转线以及货物车辆的取送等各项调车作业，都由机车完成。为了完成客货列车的牵引和车站的调车工作，铁路必须保证提供牵引性能良好、可靠性高、数量足够的汎车；同时，必须加强对机车的保养与检修工作、正确组织机车的合理运用。

(2)铁路机车的类型

按照不同分类，铁路牵引动力有不同类型。

①按所用动力分：可分为蒸汽机车、内燃机车和电力机车。

②按机车运用分：可分为货运机车、客运机车、调车机车、客货通用机车、工矿机车。货运机车要求牵引力大，客运机车要求速度高，调车机车要求灵活机动。如 SS_4 型、DF_4 型为货运机车，DF_{11} 型、SS_8 型为客运机车，DF_7、DF_5 型为调车机车。

③按动力轮对分布和驱动设备的设置分：可分为动力集中型机车和动力分散型机车。

(3)机车牵引性能基本概念

机车牵引列车运行是由于机车具有相当大的牵引力，当机车牵引力克服列车起动时和运行中所受阻力之和，列车运行。评价机车牵引性能的重要指标是机车功率(N)，它等于机车牵引力(F)和运行速度(v)的乘积，即 $N=F\cdot v$，单位“kW”。任何一种机车，它的最大功率是一定的，叫做标称功率，例如 DF_{4B} 型内内燃机车的标称功率为 1 985 kW。

为了充分利用机车功率，要求机车在各种不同运行阻力情况下都具有恒功率输出性能，即 $N=F\cdot v$ 是一个常数，当牵引力大时，运行速度小；当牵引力小时，运行速度大。

在一定的功率下，随着机车速度的提高，机车的牵引力会下降，反映机车的牵引力和速度之间的关系曲线，就是牵引特性曲线图，如图 2.49 所示。

曲线左端，牵引力不能超过轮轨之间黏着力，否则车轮空转；右端，速度也不能超过机车构造速度。

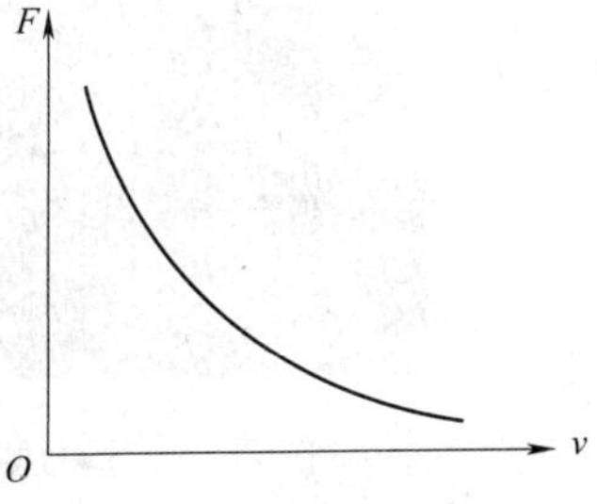

图 2.49 机车牵引特性曲线

2. 铁路常见牵引动力类型

(1)内燃机车

内燃机车是以内燃机作为原动力，通过传动装置驱动车轮的机车。按照用于机车的内燃机种类可以分为柴油机车和燃气轮机车。我国习惯指柴油机车。

内燃机车的运用热效率达 30%左右，机车整备时间短，持续工作时间长，适用于长交路；用水量少，适用于缺水地区；功率大，维修保养工作量较小，适用于干线牵引；初期投资比电力机车少，工作环境好，适用于多机牵引。内燃机车最大缺点是对大气和环境产生污染。

图 2.50 DF_{8B} 内燃机车

内燃机车按传动方式，分为机械传动、电力传动和液力传动三种。现代机车多采用电力和液力传动。我国目前以电力传动为主，代表车型是东风型电力传动内燃机车，如图 2.50 所示。

内燃机车基本结构相似，包括柴油机、传动装置

（主发电机、整流装置、牵引电动机）、车体走行部、车钩缓冲装置、制动装置、辅助装置和控制设备等组成。

电力传动内燃机车的工作原理是：柴油机工作，汽缸内活塞做功（热能转化为机械能），发出的动力驱动主发电机发电（机械能转化为电能），向牵引电动机供电，牵引电动机枢轴与车轴齿轮箱相连，通过牵引齿轮驱动机车轮对旋转（电能转化为机械能），动轮产生的轮周牵引力驱动列车前进。

（2）电力机车

以电力牵引作为主要牵引方式的铁路称为电气化铁路。电气化铁路由电力机车、牵引供电系统和线路组成。

牵引供电系统包括发电厂、牵引变电所、接触网等。

电力机车是利用电能由电动机驱动运行的机车或动车。

电力机车平均热效率比内燃机车高，在提高铁路运输能力、合理利用资源、保护生态环境方面优势明显，是铁路最理想的牵引动力。

电力机车按照传动方式分为直流传动电力机车和交流传动电力机车。直流传动电力机车又分为直流供电和交流供电两种。我国代表车型有采用直流传动韶山系列电力机车，交流传动和谐型电力机车，如图 2.51、图 2.52 所示。

图 2.51　SS3B 型电力机车

图 2.52　HX 型电力机车

电力机车基本组成包括机械部分（车体、车底架、走行部分、车钩缓冲装置、制动装置等）、空气管路系统（风源系统、控制气路、辅助气路和制动机）和电气部分（受电弓、牵引变压器、牵引电机、整流柜机组、辅助电机及司机控制器、接触器、继电器、转换开关、电空阀等）组成。

交—直型电力机车靠受电弓，从接触网上取得 25 kV 单相工频交流电，经主变压器降压，经整流器将交流电换为直流电，供牵引电动机经齿轮传动装置转换为机械能后，牵引列车运行。

（3）动车组

动车组是由动车和拖车或全部由动力车长期固定地连挂在一起组成的车组。动车组中带有动力的车辆称为动车（用 M 表示），不带动力的车辆称为拖车（用 T 表示），列车两端都带有司机室，可在线路上往复运行。

动车组按动力源可分为内燃动车组和电力动车组；按照动力分布可分为动力集中式和动力分散式。

与动力集中式对比，动力分散式动车组具有牵引功率大，最大轴重小，起动加速性能好，可靠性高，列车编组灵活，利用率高，运用成本低等诸多优点，是高速动车组发展方向。

动车组基本组成包括机械部分和电气部分两大部分。机械部分有车体与车辆内部设备、转向架、车辆连接装置、制动装置等;电气部分有受流系统、牵引传动系统、列车网络控制系统等。

我国代表车型是 CRH1、CRH2、CRH3、CRH5 系列动车组,如图 2.53 所示。

图 2.53 时速 350 km 标准动车组

3. 铁路机车、动车组运用与检修

(1)机车运用与检修

机车运用与检修的基层单位是机务段,一般设在区段站和编组站。

①机务段

机务段拥有一定数量的配属机车,其主要任务是:运用方面负责计划、组织本段机车和乘务组完成邻接区段的列车牵引任务,或固定完成车站调车任务,并对日常运用机车进行整备和保养;检修方面负责段修范围内的机车定期检修和日常维修工作,保证运用机车的良好状态。

②机车运用

机车只要离开机务段,就要受行车部门的调度和指挥。

机车交路是机车固定担当运输任务的周转区段,按照牵引区段长度,分为长交路和短交路。

目前,我国机车运转方式有肩回运转制、循环运转制两种,如图 2.54、图 2.55 所示,图中“□”指机务段,“○”指机务折返段。机车乘务制度有包乘制和轮乘制。

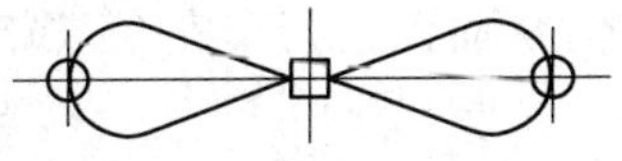

图 2.54 肩回运转制

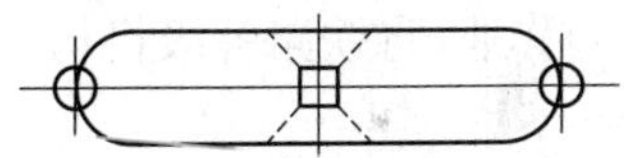

图 2.55 循环运转制

③机车检修

机车运用中,其技术状态会随着走行公里数的增加而变差,各部件会发生磨耗、变形或损坏,工作性能下降,出现故障,必须要对其进行维修。

机车检修施行计划性的预防修,包括乘务员的日常检查和保养、定期检修。

机车定期检修的修程分为大修、中修、小修和辅修。大修是全面的恢复性修理,修后机车需达到新车水平;中修主要修理走行部;小修主要是为了对有关设备进行测试和维修;辅修是临时性维修和养护。

(2)动车组运用与检修

动车组运用与检修基层单位是动车段,下设动车运用所和动车检修基地。

动车组施行计划性的预防修。检修分为五个等级,一级、二级检修为运用检修,在动车运用所内进行;三级、四级、五级检修为定期检修,在动车段动车检修基地进行。检修按照规定检修周期进行,比如 CRH1、CRH3、CRH5 型动车组三级、四级、五级检修周期分别为运行 120 万 km、240 万 km、480 万 km。

任务5 铁路信号与通信设备概述

1. 铁路信号与通信设备认知

(1)铁路信号设备

铁路信号是在铁路运输系统中,保证行车安全、提高车站以及区间通过能力以及编组站编组解体能力的各种控制及远程控制技术的总称。铁路信号设备是指实现各种控制技术的设备总称。铁路信号设备是铁路主要技术装备之一,其装备水平和技术水准是铁路现代化的重要标志,主要有信号装置、车站联锁设备、区间闭塞设备、列车运行控制系统、驼峰信号设备等。

①信号装置:是向有关行车人员、调车人员发出的指示列车运行及调车作业的指示和命令。该设备一般是指地面和车上的各种信号机、表示器以及手信号灯(旗)等信号显示设备。

②车站联锁设备:为实现道岔、进路和信号机之间的联锁关系而装设的设备,用于保证站内列车运行、调车工作的安全,并提高车站的通过能力。

③区间闭塞设备:列车在区间按照空间间隔运行的技术方法叫闭塞。为完成闭塞作用而装设的设备,用于保证列车在区间内运行的安全,并提高区间的通过能力。

④列车运行控制系统:用于控制列车运行速度,保证行车安全,提高运输能力的控制系统。

⑤驼峰信号设备:用于保证编组、解体作业安全,提高驼峰编组解体作业能力。

(2)铁路通信设备

铁路通信设备是有效指挥列车运行、发布有关命令、组织铁路运输生产和铁路业务联络而迅速、准确地传输各种信息的通信系统的总称。设置铁路通信设备,使全国铁路的通信系统成为一个完善、先进的铁路通信网,它应做到快速、准确、安全、可靠,使各个业务部门、作业人员密切配合与协同作业,将铁路各级机构联系成一个整体,从而保证行车安全,提高运输能力与工作效率。

铁路运输向高速度、高密度、重载运输发展需要现代化信号设备,尤其是随着计算机技术和网络技术、现代通信技术等科学技术的发展,出现了自动化进程更高、控制范围更大、更集中化的新型信号系统,它们具有网络化、综合化、智能化的技术特点。

在实现信号设备现代化的进程中,要进一步提高信号基础设备的技术性能和可靠性,积极发展分动外锁闭道岔转换技术;大力发展自动闭塞;在高速及提速区段采用高可靠、高安全、少维修的大功率三相交流转辙机;快速客运专线和高速铁路应与国际铁路先进水平接轨,以无绝缘轨道电路为基础,积极发展数字化、大信息量、高可靠、高安全、具有列车速度控制功能和以机车信号为主体信号的信号系统。

铁路通信具有点多线长、布局成网、多层次、多种类的特点,铁路专用通信是直接为运输生产服务的。随着铁路运输的发展和科学技术的进步,铁路通信技术获得迅速的发展,光纤通信、微波通信、数字通信等现代通信技术使铁路通信摆脱了传统技术,移动化、数字化、多功能化、程控化已成为普遍趋势,通信技术已由模拟向数字转化,实现程控数字交换,发展宽频带信息传输和智能网络管理等。

2. 铁路信号与通信设备类型

(1)铁路信号装置

铁路信号装置(铁路信号)是指挥列车运行、调车作业的指示和命令,行车和调车人员必须按照信号显示的要求作业,才能确保安全和提高生产效率。

铁路信号分为听觉信号和视觉信号两大类。

①听觉信号

听觉信号,又称为音响信号,以不同音响设备发出不同强度、频率、时间长短和数目等来表达信号的含义,如用号角、口笛、响墩发出的音响,机车、轨道车的鸣笛都是听觉信号。

②视觉信号

视觉信号,是以物体或灯光的颜色、形状、位置、显示数目和灯光状态等表达的信号,如信号机、信号灯、机车信号、信号旗、信号牌、火炬及信号表示器等显示的信号都是视觉信号。

a. 视觉信号按性质分类。

(a)固定信号。

固定信号是指固定安装在一定位置用于防护固定地点的信号,如信号机、信号表示器等。它是铁路的主要信号,是用不同颜色的灯光或臂板位置等显示的信号。

ⓐ固定信号机可以表达固定信号的显示,具有防护意义。

按用途分为:进站、出站、通过、预告、进路、接近、遮断、驼峰、复示及调车信号机。

按类型分为:色灯信号机——不分昼夜均以灯光颜色和数目变化给出显示的信号机;臂板信号机——昼间用臂板颜色、形状、位置及数目,夜间用灯光的颜色数目给出显示的信号机;机车信号机——设置在机车司机室内的信号机。

按停车信号的显示意义分为:绝对信号——是指当显示停止运行的信号时,列车和调车车列必须无条件遵守的信号显示;容许信号(显示一个蓝色灯光)——是指准许列车在通过色灯信号机显示红灯时列车限速通过,并准备随时停车的信号。

按地位分为:主体信号机——是能独立地显示信号,指示列车或调车车列运行条件的信号;从属信号机——是本身不能独立存在,只能附属于某种信号机的信号机,如预告信号机、复示信号机等。

按信号机构造分为:色灯信号机和臂板信号机。

按安装方式分为:高柱信号机、矮型信号机、信号桥等。

ⓑ信号表示器是向行车人员传达行车或调车意图的,或对信号进行某些补充说明所用,表示与行车有关设备的位置或状态,没有防护意义,分为:道岔、脱轨、进路、发车、发车线路、调车及车挡表示器。

(b)移动信号。

移动信号是指在地面临时设置的可以移动的信号,如用于防护线路施工地点的圆形黄牌、方形红牌等信号牌、信号灯等。

(c)手信号。

b. 视觉信号按使用时间分类。

(a)昼间信号。

在昼间视线状况良好时使用的信号。

(b)夜间信号。

在夜间以及在昼间遇降雾、暴风雨雪及其他情况，致使停车信号显示距离不足 1 000 m，注意或减速信号显示距离不足 400 m，调车信号及调车手信号显示距离不足 200 m 时，应使用夜间信号。

(c)昼夜通用信号。

主要在隧道内使用。

铁路沿线及站内禁止设置妨碍确认信号的红、黄、绿色的装饰彩布、标语和灯光。

在规定的信号显示距离内，不准种植影响信号显示的树木。

(2)车站联锁设备

车站联锁设备，也称车站信号设备，用来实现进路、道岔、信号机之间的联锁关系，操纵道岔和信号机。

①联锁的定义

车站内线路，通过道岔联系着。列车和调车车列在站内运行所经过的径路，称为进路。按各个道岔的不同开通方向可以构成不同的进路。列车和调车车列必须依据信号的开放而通过进路，即每条进路必须由相应的信号机来防护。信号、道岔、进路之间的这种相互制约的关系，称为联锁关系，简称联锁。

②联锁的内容

联锁的基本内容包括：防止建立会导致机车车辆相冲突的进路；必须使列车和调车车列经过的所有道岔均锁闭在与进路开通方向相符合的位置；必须使信号机的显示与所建立的进路相符合。

进路上各区段空闲时才能开放信号。如果进路上有车占用，却能开放信号，则会引起列车、调车车列与原来停留车冲突。这是绝对不允许的。

进路上有关道岔在规定位置才能开放信号。如果进路上有关道岔开通位置不对却能开放信号，则会引起列车、调车车列进入异线或挤坏道岔。信号开放后，其防护的进路上的有关道岔须被锁闭在规定位置，而不能转换。

敌对信号未关时，防护该进路的信号机不能开放。如果敌对信号未关时，开放防护该进路的信号机，将造成列车或调车车列正面冲突。信号开放后，与其敌对的信号必须锁闭在关闭状态，不能开放。

③联锁设备

控制车站的道岔、进路和信号，并实现它们之间联锁的设备，称为联锁设备。联锁设备分为非集中联锁和集中联锁，目前我国铁路车站大部分采用集中联锁。联锁基础设备包括信号机、继电器、轨道电路、转辙机等。

非集中联锁是用电锁器来实现主要联锁关系，由带电锁器的道岔握柄与转换锁闭器配合，用人工在现场就地分散操纵道岔。因为效率低下、安全程度差，已经被集中联锁取代。

集中联锁是用电气的方法集中控制和监督全站的道岔、进路和信号机，并实现它们之间联锁的设备。集中联锁分为继电联锁和计算机联锁两种。继电联锁是用继电器组成的电路进行控制实现联锁。计算机联锁是用计算机进行控制实现联锁。

(3)闭塞设备

车站向区间发车时，必须确认区间无车，在单线区间还必须防止两站同时向一个区间发车。为此要求按照一定的方法组织列车在区间运行，一般称为行车闭塞法，简称闭塞。用以完成闭塞作用的设备称为闭塞设备。

闭塞制度有时间间隔法，即两列列车之间按时间表间隔一定的时间运行。当先行列车在前方减速或因故停车，会危及行车安全。该方法不可靠。

现在采用空间间隔法，即两站间闭塞设备相互联锁的办法，控制两运行列车之间保持一定的距离，一个区间(或闭塞分区)同时只允许一列列车运行，因此能保证行车安全。

按照闭塞方式不同，分为半自动闭塞、自动站间闭塞、自动闭塞。

(4)列车运行控制系统

①概念及组成

列车运行控制系统是指由列控中心、闭塞设备、地面信号设备、地车信息传输设备、车载速度控制设备构成的用于控制列车运行速度，保证行车安全和提高运输能力的控制系统。它是将先进的控制技术、通信技术、计算机技术与铁路信号技术融为一体的行车指挥、控制、管理的自动化系统。它是现代铁路行车安全、提高运输效率的核心，也是标志一个国家轨道交通技术装备现代化水准的重要组成部分。

完整的列车运行控制系统包括车载设备和地面设备。根据使用制式不同，车载设备可分为机车信号、列车运行监控记录装置 LKJ 和列车超速防护系统；地面设备包括轨道电路、应答器、列控中心和无线通信网络等。

②中国列车运行控制系统(CTCS)

中国列车运行控制系统(CTCS)根据功能要求和配置划分应用等级，分为 0～4 级。

a. CTCS-0 级：适用于既有铁路，时速 160 km 以下，由通用机车信号和运行监控记录装置构成。基本设备配置：联锁＋区间闭塞(自动、半自动闭塞)＋站内电码化＋模拟轨道电路。

b. CTCS-1 级：适用于既有铁路，时速 160 km 以下，列控系统采用主体机车信号＋列车运行记录监控器＋地面应答器＋基于 ZPW-2000 型轨道电路的自动闭塞＋联锁。

c. CTCS 2 级：适用于时速 160 km 以上，250 km/h 以下，列控系统采用车载 ATP＋地面应答器＋基于 ZPW-2000 型轨道电路的自动闭塞＋联锁。

d. CTCS-3 级：适用于时速 300～350 km，列控系统采用基于 GSMR 的车载 ATP＋地面应答器＋基于 ZPW-2000 型轨道电路的自动闭塞，闭塞制式为基于通信的固定闭塞方式。

e. CTCS-4 级：列控系统采用基于无线通信的列控系统，采用目标距离控制模式控车，可以满足列车高速度、高密度行车要求，是铁路列控系统未来发展方向。

(5)列车调度指挥系统(TDCS)和调度集中系统(CTC)

①铁路列车调度指挥系统(TDCS)

铁路列车调度指挥系统实现铁路各级运输调度对列车运行透明指挥、实时调整、集中控制的现代化信息系统。系统利用信息技术、网络技术、控制技术、数字化技术等现代化技术，通过铁路既有专用数据通道，将铁路总公司调度中心、铁路局调度中心、车站连接成一个实时、可靠、安全的 TDCS 网络。

TDCS 为三层网络体系结构，由铁路总公司 TDCS、铁路局 TDCS、车站 TDCS 三层组成，是一个覆盖全路的现代化铁路运输调度指挥系统。

②调度集中系统(CTC)

调度集中系统(CTC)是调度中心对某一区段内的信号设备进行集中控制、对列车运行直接指挥、管理的技术装备。CTC 将列车运行阶段计划下传到各个车站自律机中自主自动执行；在列车运行阶段计划的基础上，解决列车作业与调车作业在时间与空间上的冲突，实现列车和调车作业的同一控制。CTC 是以 TDCS 为平台，采用智能化分散自律设计原则，以列车运行阶段计划控制为中心，兼顾列车运行与调车作业的高度自动化的调度指挥系统。

（6）驼峰信号设备

驼峰信号设备是用于保证编组、解体作业安全，提高驼峰编组解体作业能力而设置。在编组站和部分区段站设有驼峰设备。驼峰信号设备包括：

①驼峰信号装置：信号机、转辙机、轨道电路、按钮柱、限界检查器。

②驼峰机车信号系统：驼峰机车信号、驼峰机车遥控。

③驼峰道岔自动集中操纵系统：驼峰道岔自动集中控制台、操纵按钮、溜放进路程序控制系统。

（7）铁路通信设备

铁路通信就是以语言、文字、数据、图像等形式，将铁路运输中需要传递的相关信息进行传递，以实现运输组织与生产管理的集中和统一。

①按照信息传递方式，分为电话通信、数据通信和多媒体通信三类。

②按照传输方式，分为有线通信和无线通信。

③按服务区域，分为长途通信、地区通信、区段通信和站内通信。

④按业务性质不同，分为公用通信、专用通信及数据传输。

铁路专用通信设备分为列车调度电话、无线调度电话、专用电话系统、地区电话、局线和干线长途电话（电报）、列车确报电报（电话）、铁路站场通信系统。

当前，铁路正在大力发展 GSM-R 数字移动通信系统。

3. 铁路信号与通信设备运用

（1）铁路信号显示的规定

①基本规定

信号是指示列车运行及调车作业的命令，有关行车人员必须严格执行。

铁路信号的显示方式及使用方法，应按《铁路技术管理规程》的规定执行。《铁路技术管理规程》规定以外的信号显示方式未经中国铁路总公司批准不得采用。

各种信号机和表示器的灯光排列、颜色和外形尺寸，必须符合国家规定的标准。

地区性联系用的手信号，要由铁路局批准。

②基本技术要求

a. 信号显示力求简单明了，易于行车人员确认。

b. 信号显示要有适当的显示数目来反映各种不同的运行条件，以确保行车安全和提高运输效率。

c. 信号显示有足够的显示距离，以便行车人员准确和及时辨认信号，司机安全驾驶。

d. 符合故障—安全原则。当信号设备发生故障时，信号机应能自动地显示最大限制信号。

③铁路信号对颜色的规定

我国铁路信号显示颜色由基本颜色和辅助颜色组成。

基本颜色包括红色、黄色、绿色，基本颜色及其组合主要构成列车信号，用于指示列车运行。

辅助颜色包括蓝色、月白色、白色、紫色，其中蓝色、月白色主要用于调车信号，透明白色用于信号表示器，紫色用于道岔表示器。

采用上述颜色，主要是综合考虑光波波长（波长越长，穿过周围介质能力越强）、显示距离以及辨认的难易等因素。

④各种颜色的信号显示意义

a. 基本颜色。

(a)红色——表示要求停车。

(b)黄色——表示要求注意或减速运行，限制运行速度不得超过规定的速度，并准备在下一个显示停车信号前停车。

(c)绿色——表示准许按规定速度运行。

b. 辅助信号。

(a)月白色——用于调车信号机时，表示准许调车。

(b)蓝色——用于调车信号机时，表示禁止调车。

(c)白色——用于进路表示器上时，表示列车运行方向；用于发车线路表示器上时，表示该线路上的列车可以发车。

(d)紫色——用于道岔表示器上，夜间以紫色灯光表示道岔直开，通于直向位置。

(2)铁路固定信号机

①显示方式

我国铁路固定信号机类型主要有两种类型：色灯信号机和机车信号机。

色灯信号机的显示方式：主要采用颜色特征、数目特征，部分采用闪光特征（如驼峰信号）。

机车信号机的显示方式：分为连续式机车信号、接近连续式机车信号、点式机车信号三种。

②禁止信号与允许信号

信号机一般以显示稳定灯光（如红灯、黄灯、绿灯）以及稳定灯光组合（如黄绿灯光、双黄灯光、引导信号）表示相应行车命令。

a. 禁止信号，也称为信号的关闭状态，表示要求停车的信号，如红色灯光、蓝色灯光。

b. 允许信号，也称为信号的开放状态，表示允许按规定速度运行的信号，如绿色灯光、黄色灯光、双黄灯光、白色灯光。

③固定信号机的定位显示

信号机有开放和关闭两种状态，固定信号机经常保持的显示状态为定位显示。

进站、出站、进路信号机及线路所的通过信号机，均以显示关闭状态，即禁止信号（要求停车）为定位。

自动闭塞区段的通过信号机，以显示开放状态，即允许信号（进行信号）为定位。

接近、预告信号以显示主主体信号为定位。

在自动闭塞区段内的车站（线路所），如将进站、正线出站信号机及其直向进路信号机转为自动动作时，以显示开放状态，即允许信号（进行信号）为定位。

④设置原则

固定信号机应设置于线路的左侧，设置在建筑限界外，设置地点应避免影响行车安全和运输效率。

(3)常见固定信号运用

下面介绍几种与铁路物流相关较密切的固定信号运用：

①进站信号机

进站信号机是在车站入口处，为了防护车站并指示列车能否由区间进入车站而设置的信号机。同时，《铁路技术管理规程》规定“进站及接车进路色灯信号机，均应装设引导信号”。

进站信号机应设置在距进站最外方道岔尖轨尖端(顺向为警冲标)不小于 50 m 的地点，如图 2.56 所示。如因调车作业或制动距离的需要，可以将设置外移，但不得超过 400 m，如图 2.57 所示。

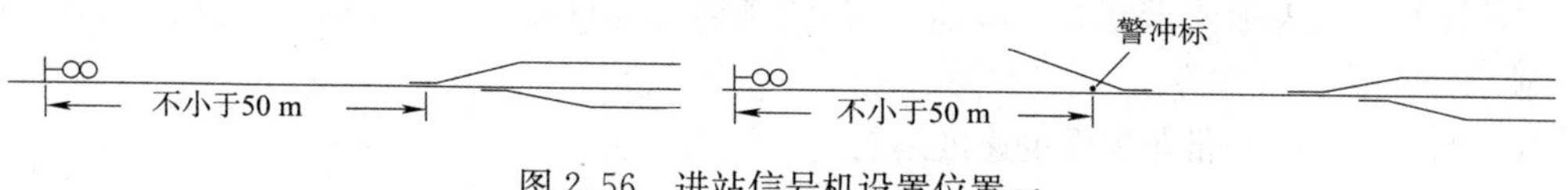

图 2.56　进站信号机设置位置一

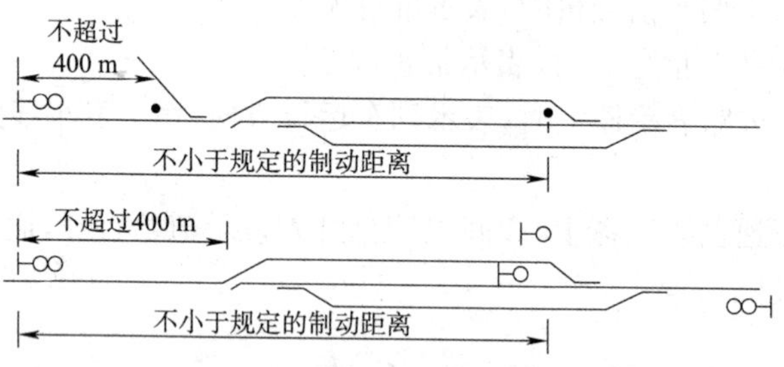

图 2.57　进站信号机设置位置二

进站信号机的名称是按运行方向命名，用于指示上行列车运行的称为上行进站信号机，用 S 表示，下行进站信号机用 X 表示。

②出站信号机

出站信号机的作用是防护区间，在车站的发车线上指示列车能否进入区间而设置的信号机，其显示允许信号(即开放状态)作为列车占用区间的凭证，指示列车能否由车站进入区间。当显示禁止信号时，指示进站列车在站内的停车位置。

在车站的正线、到发线上，设置出站信号机。出站信号机应设置在车站正线、到发线端部的警冲标内方(对向道岔为尖轨尖端外方)适当地点，如图 2.58、图 2.59 所示，在调车场的编发线上，必要时可设置线群出站信号机。

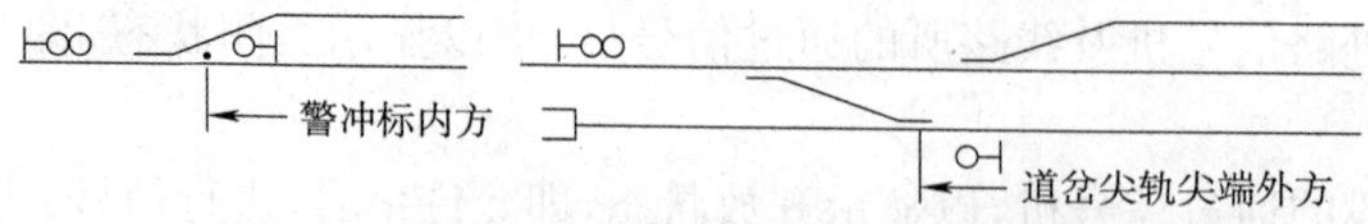

图 2.58　未设轨道电路的车站上出站信号机设置

出站信号机的名称是按运行方向命名，用于指示上行列车运行的称为上行出站信号机，用 S 表示，下行出站信号机用 X 表示，并以所指示的股道号码作为 S 或 X 的下标。当有数个场时，下标应先加车场号，再缀以股道号码，如 $S_{Ⅱ3}$、$X_{Ⅳ4}$。

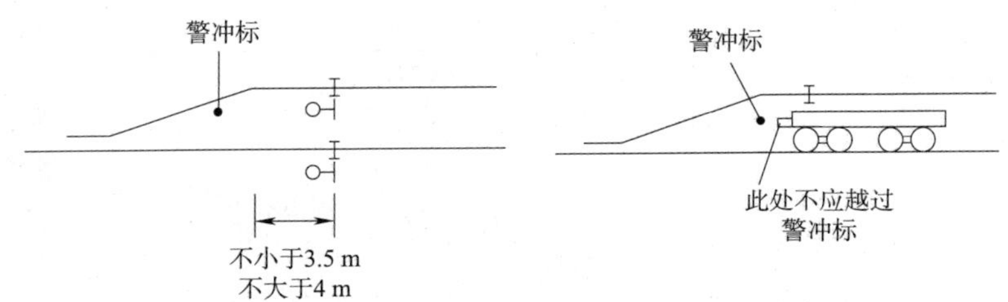

图 2.59 设轨道电路的车站上出站信号机设置

③调车信号机

为满足调车作业的需要，应装设调车色灯信号机。调车信号机是在电气集中车站上，为防护调车进路，指示调车车列能否进入调车进路而设置的信号机，如图 2.60 所示。

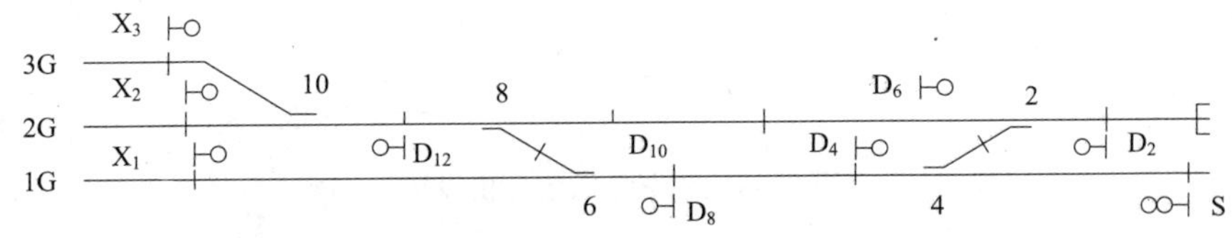

图 2.60 调车信号机设置

调车信号机设置时，尽量缩短机车车辆走行距离，最大限度满足各种平行作业的要求，满足调车作业需要，提高作业效率。调车信号机设置：首先设置集中区域交界处的防护用信号机、转线作业用信号机；其次设置进行平行作业时起阻挡作用的信号机，减少调车车列中途返回时所用的信号机；最后考虑特殊情况需要设置调车信号机的地点。

调车信号机的名称用 D 来表示，并以调车信号机的编号为下标，如 D_3、D_4 等。

④复示信号机

复示信号机用于如下情况：

a. 进站、出站、进路、调车等信号机应受地形、地物影响达不到规定的显示距离时，应在其前方适当地点设置复式信号机，以保证信号的连续显示。

b. 设在车站岔线入口处的调车色灯信号机，达不到规定的显示距离时，根据需要可以装设调车复示信号机，以保证信号的连续显示。

c. 驼峰色灯信号机或辅助信号机的显示距离不能满足推峰作业要求时，根据需要可以再装设驼峰色灯复示信号机，以保证信号的连续显示。

色灯复示信号机一律采用方形背板。设置位置如图 2.61、图 2.62、图 2.63 所示。

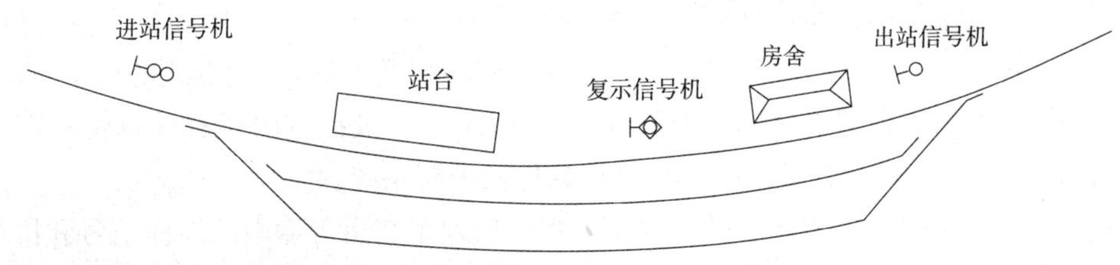

图 2.61 出站复示信号机设置

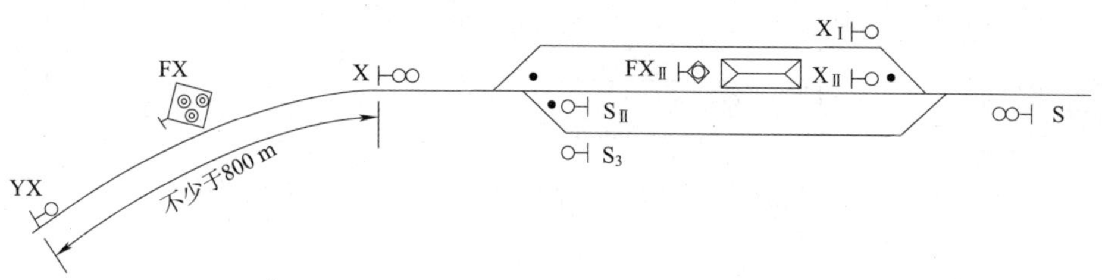

图 2.62　进站复示信号机设置

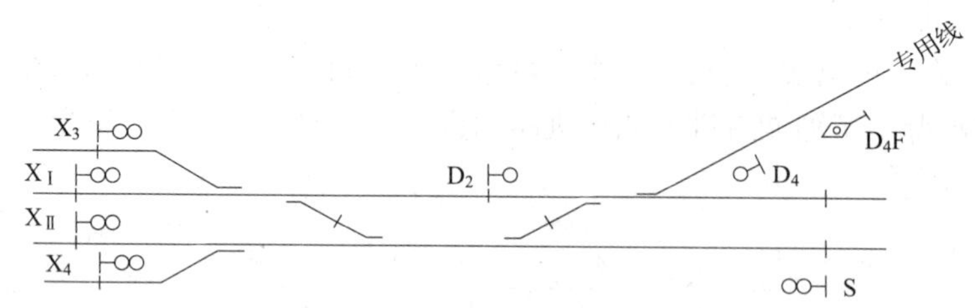

图 2.63　调车复示信号机设置

复示信号机名称设置规定:复示信号机第一个字母为 F,后面缀以主体信号的名称,如图 2.62 所示的 FX、$FX_{Ⅱ}$。

(4)铁路信号与通信设备维护

铁路信号与通信设备是指挥列车运行,发布有关命令,组织运输生产进行业务联系,保证行车安全,提高运输效率,改善行车组织方式,迅速准确传输信息,实现行车指挥现代化的关键设施。铁路信号与通信设备技术密集、科技含量高,具有点多线长、设置分散、布局成网、不间断运用、结合部多、易受外界影响等特点,其维护工作技术要求高,专业性强,既相对独立,又相互联系。

铁路信号设备维护由铁路局电务处领导,有关专业技术公司提供技术支持。铁路通信设备维护由市场化的中国移动和铁路总公司认定资质的专业技术公司承担。各部门必须贯彻国家有关政策,坚持以运输生产为中心,做好维护管理工作,保证信号通信设备处于良好运用状态。

铁路信号设备维护工作实行铁路局(公司)、电务段分级管理。电务段实行段、车间、工区三级管理。工区为电务段最基层单位,一般设在较大的车站,临近划分在工区范围内的小车站为值班车站,设值班人员维护管理信号设备。

电务部门负责维护的铁路信号设备包括:室外设备——分为站内、区间信号机及机构,各种信号设备电缆盒,地下电缆,轨道导接线、引接线,转辙机及道岔,客运专线的应答器,室内设备——分为机械室的组合架、电源屏、控制台等(自动闭塞区段在室内还有计算机联锁设备),客运专线列控设备,CTC 和联锁系统等计算机软件及控制系统。

电务段信号工所要承担的职责是负责管理和维护列车在运行途中的地面信号和机车信号设备并使信号正常显示,维护转辙机和道岔,并使道岔能够正常扳动,从而确保列车的正常运行。

铁路信号设备维护工作由维修、中修、大修三部分组成,测试工作是信号设备维护工作内容之一，包含在维修、中修、大修之中。

现场维修实行计划性维修和状态修两种模式。计划性维修是根据规定的维修周期和内容有计划地实行日常养护、集中检修和大中修。状态修是根据设备特性变化状态有针对性地进行维修。实行状态修的基本条件是该设备具备有效的自检、监测、报警、冗余等功能和手段，能够随时掌握该设备工作状态及变化趋势，预防可能出现的故障。

复习思考题

1. 名词解释

(1)铁路线路：

(2)轨道：

(3)限界：

(4)铁路车辆：

(5)列尾装置：

(6)车辆标记：

(7)色票：

(8)铁路车站：

(9)货运站：

(10)动车组：

(11)联锁：

(12)闭塞：

(13)列车运行控制系统：

2. 填空题

题号	(1)-1	(1)-2	(2)	(3)	(4)
填空					
题号	(5)	(6)	(7)-1	(7)-2	(7)-3
填空					
题号	(7)-4	(8)-1	(8)-2	(9)	(10)-1
填空					
题号	(10)-2	(11)-1	(11)-2	(11)-3	(12)
填空					
题号	(13)				
填空					
说明	将正确答案填入题号所对应的下方空格内				

(1)铁路线路是由(　　)、桥隧建筑物和(　　)组成的一个整体工程结构。

(2)铁路线路平面由直线、圆曲线以及连接直线与圆曲线的(　　)组成。

(3)铁路线路纵断面由平道、(　　)和竖曲线组成。

(4)桥隧建筑物包括桥梁、(　　)、明渠、隧道等。

(5)铁路车站按照业务性质:分为客运站、(　　)和客货运站。

(6)按用途铁路货车可分为(　　)货车、专用货车及特种货车三种。

(7)铁路车站按技术作业:分为中间站、(　　)和(　　),(　　)和(　　)统称为技术站。

(8)铁路车辆类型很多,构造各不相同,但从基本结构来看,车辆一般由车体、(　　)、车钩缓冲装置、(　　)、车内设备组成。

(9)车辆标记分为(　　)标记、产权标记、制造标记和检修标记。

(10)铁路机车运用与检修基层生产单位是(　　),动车组运用与检修基层生产单位是(　　)。

(11)铁路信号设备是铁路主要技术装备之一,其装备水平和技术水准是铁路现代化的重要标志,主要有(　　)、(　　)、区间闭塞设备、(　　)、驼峰信号设备等。

(12)联锁基础设备包括(　　)、继电器、轨道电路、转辙机等。

(13)铁路信号设备维护的最基层生产单位是(　　)。

3. 识图题

题号	(1)-1	(1)-2	(1)-3	(1)-4	(1)-5
答案					
题号	(1)-6	(2)-1	(2)-2	(4)-1	(4)-2
答案					
题号	(4)-3	(4)-4	(4)-5	(4)-6	(4)-7
答案					
题号	(4)-8	(5)			
答案					
说明	将答案填入题号所对应的下方空格内				

(1)请将轨道基本组成补充完整(从左到右、从上到下顺序填写)。

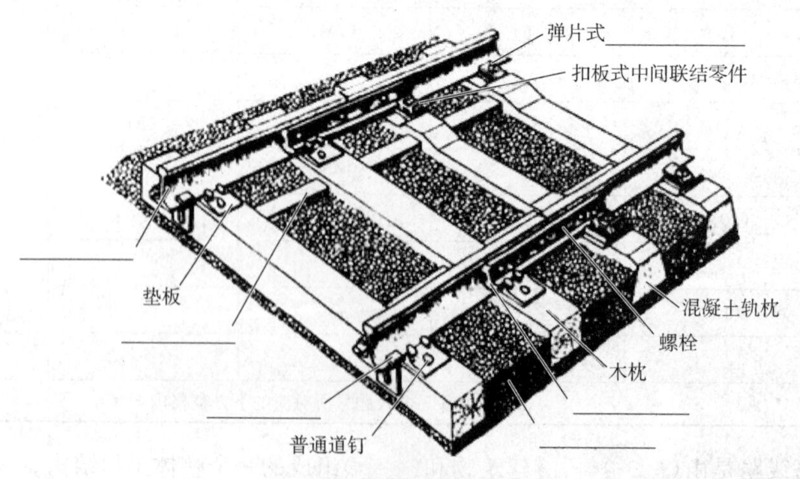

轨道的基本组成

（2）请说明下面线路标志的含义。

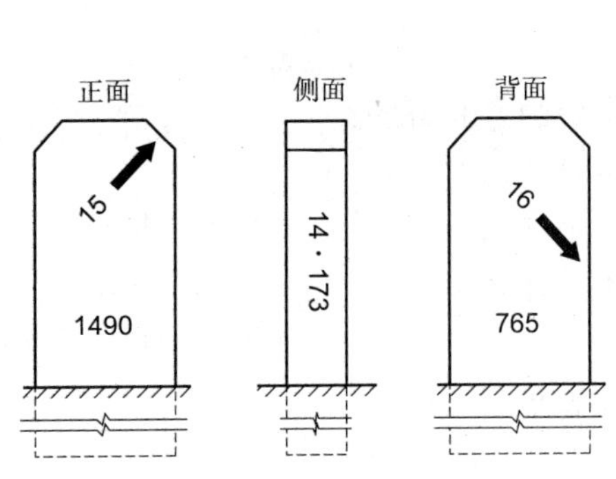

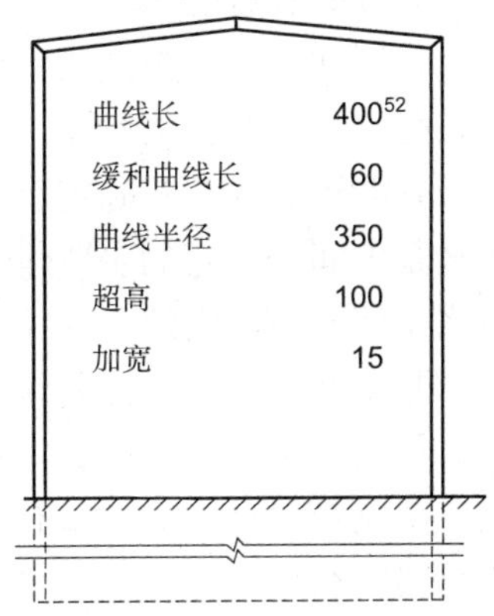

（3）利用真实的线路平面图、纵断面图，请学生识别。

（4）下表是某辆车的车号，请分析出该车属于哪一车种，将该车种编码填写在表中。

序号	车　号	序号	车　号
1	4004321	5	6267332
2	3345981	6	4657889
3	5056432	7	5601011
4	5212123	8	7001243

（5）请说明下图车辆标记的含义。

$$\frac{2018.5}{2017.8}\quad\frac{2016.11}{2008.8}\quad\frac{沈山}{武厂}$$

4. 判断题

题号	（1）	（2）	（3）		
选项					
说明	在正确观点题号的下面空格内划“√”，错误观点题号的下面空格内“×”				

（1）我国铁路划分为4个等级，即Ⅰ级、Ⅱ级、Ⅲ级、Ⅳ级。等级的划分是根据具体线路在路网中的作用和列车最高运行速度来确定的。

（2）所有铁路货车修程分为4个等级，从高级到低级依次为厂修、段修、辅修、轴检。

（3）色票由列检人员插上车辆两侧立即生效。

5. 简答题

（1）铁路工务部门的任务是什么？其基层生产单位叫什么？

（2）铁路车辆常见运用标记有哪些？

（3）如何确定车辆的方位？

（4）车辆技术经济参数有哪些？

（5）通用货车包括哪些车种？适于装运什么货物？

（6）专用货车主要包括哪些车种？适于装运什么货物？

（7）特种货车包括哪些车种？其用途是什么？

(8)色票的种类有哪些?

(9)铁路车辆部门的任务是什么?其基层生产单位叫什么?

(10)什么是区间?什么是区段?

(11)车站线路有哪些种类?

(12)什么是股道有效长?确定有效长的主要因素有哪些?

(13)什么是中间站?它的主要作业和设备是什么?

(14)什么是区段站?它的主要作业和设备是什么?

(15)什么是编组站?它的主要作业和设备是什么?

(16)什么是铁路枢纽?有什么作用?

(17)铁路常见牵引动力的类型有哪些?代表车型是什么?

(18)铁路机车运用运转方式主要是什么?

(19)铁路信号如何分类?

6. 阐述题

(1)简述线路经常维修、中修和大修的区别。

(2)简述货车车辆编码组成及内涵。

(3)简述 70 t 棚车使用与维护事项。

(4)简述 70 t 敞车使用与维护事项。

(5)简述 70 t 集装箱车使用与维护事项。

(6)简述 70 t 平车—集装箱共用车使用与维护事项。

(7)简述进站信号机、出站信号机、调车信号机的用途、设置位置、名称制定和定位显示。

项目实操考核评价

考核内容为"项目任务",以学生个人为单位实行考核。

	车辆选型及说明			设施设备描述			得　分
	自评	同学评	教师评	自评	同学评	教师评	
学生 1							
学生 2							
学生 3							
学生 4							
学生 5							

说明:

1. 每人总分为 100 分,采用多主体评价。

2. 每个主体进行评价的评价标准为:正确选择货车种类(10 分),说明用途(30 分),阐述相关设施设备使用与维护(50 分),语言流畅、思路清晰(10 分)。

3. "设施设备描述"50 分,建议按照"项目任务"中三个环节进行分值分配,建议环节 1——13 分,环节 2——24 分,环节 3——13 分。

4. 建议权重计为:自评分占 0.2,同学评分占 0.3,教师评分占 0.5,然后加权算出每位同学在本项目中的综合成绩。

项目3　其他运输设备概述

运输设备是货物从某地运往其他地区的载体，是运输方式的工具。运输方式是客、货运输赖以完成的手段、方法与形式，是为完成客货运输任务而采取一定性质、类别的技术装备(运输线路和运输工具)和一定的管理手段。现代运输方式有铁路运输、公路运输、水路运输、航空运输和管道运输。

运输设备按运输方式分为:公路运输设备、铁路运输设备、航空运输设备、水路运输设备和管道运输设备。铁路运输设备已在项目 2 中介绍过，此项目不再赘述。

公路运输是一种机动灵活、简捷方便的运输方式，在短途货物集散运转上，它比铁路、航空运输具有更大的优越性，尤其在实现“门到门”的运输中，其重要性更为显著。主要设备工具为汽车。尽管其他各种运输方式各有特点和优势，但或多或少都要依赖公路运输来完成最终两端的运输任务。例如铁路车站、水运港口码头和航空机场的货物集疏运输都离不开公路运输。

水路运输是为目前各主要运输方式中兴起最早、历史最长的运输方式。水路运输是以船舶为主要运输工具、以港口或港站为运输基地、以水域(包括海洋、河流和湖泊)为运输活动范围的一种运输方式。水运至今仍是世界许多国家最重要的运输方式之一。水路运输主要设备为轮船。水路运输的特点是成本低，能进行长距离、大批量货运，但受自然条件影响较大，运输速度慢，同时还需要和其他运输方式配合与衔接。

航空运输又称飞机运输，它是在具有航空线路和飞机场的条件下，利用飞机作为运输工具进行货物运输的一种运输方式。航空运输在我国运输业中，其货运量占全国运输量比重还比较小，主要是承担长途客运任务，伴随着物流的快速发展，航空运输在货运方面将会扮演重要角色。航空运输主要设备为飞机。

管道运输是用管道作为运输工具的一种长距离输送液体和气体物资的运输方式，是一种专门由生产地向市场输送石油、煤和化学产品的运输方式，是统一运输网中干线运输的特殊组成部分。有时候，气动管也可以做到类似工作，以压缩气体输送固体舱，而内里装着货物。管道运输石油产品比水运费用高，但仍然比铁路运输便宜。大部分管道都是被其所有者用来运输自有产品。

项目描述

学习目标	器材工具	教学建议	课时计划
①了解其他运输设备的概念与特点 ②认识并掌握其他运输设备的主要类型 ③在教学中培养学生的团队精神以及分析、决策与迁移能力	①各种运输方式设备系统的图片 ②各种运输方式的作业短片 ③中国地图	条件允许时，尽量在实训基地、实训室和多媒体教室中实施教学	8 学时，其中理论教学 4 学时，实践操作 2 学时，项目考核 2 学时

项目任务

在整个物流体系和系统当中，所有的物流任务，除了铁路物流外，还有其他运输方式共同承担。若单论铁路物流，货物的接取送达，即“门到站”及“站到门”也需依靠公路运输完成。从国民经济的宏观角度来看，在实际的物流生产活动当中，更多的情况是多种运输方式各自发挥其优势，共同完成物流任务。

本项目的任务是制定煤炭、海鲜运输方案，主要应选择运输方式、设备、路径，要求组织学生讨论货物特点和不同运输方式优点后制定方案。其操作应涉及如下工作环节：

(1)分析煤炭运输的特点。

(2)分析大同煤炭向北京和广州运输的特点，制定合理方案。

(3)分析海鲜运输的特点。

(4)分析广州海鲜向贵阳和北京运输的特点，制定合理方案。

初识其他运输设备

图　示	说　明
 公路运输设备	货车是主要供运载货物用的汽车，又称载货汽车货车分为普通货车、特种车、自卸车、牵引车等
 水路运输设备	货船是专门担负水上运输各种货物任务的船只。它又包括以下几种类型：杂货船、散货船、集装箱船、冷藏船和油船等

续上表

图　示	说　明
航空运输设备	货机是用于运送货物的飞机，一般载重较大，有较大的舱门，或机身可转折，便于装卸货物。货机修理维护简易，可在复杂气候下飞行
 管道运输设备	管道是运输流体货物，或者以水为载体输送固体粒状物料的工具。常见的有城市的自来水管道、下水道、天然气管道等

任务 1　公路运输设备概述

1. 公路运输认知

公路运输有广义和狭义两种含义。从广义来说，是指货物和旅客借助一定的交通工具（人力车、畜力车、拖拉机、汽车等）沿着公路（一般土路、有路面铺装的道路、高速公路）的某个方向作有目的的移动的过程。从狭义来说，公路运输即是指汽车运输。

目前世界上多数经济发达国家，在公路上已经由汽车取代了人力车、畜力车和拖拉机等慢速运输工具。因此，公路运输，或者说作为现代交通运输方式之一的公路运输，就是指汽车运输。在我国的具体条件下，公路上除汽车承担主要的运输任务外，还存在着为数众多的拖拉机、畜力车和人力车。所以，人们往往从上述两种不同的含义上使用“公路运输”这一概念。

现代交通运输方式的公路运输，比水运和铁路起步晚，直到 19 世纪末才有了第一批汽车。这种新型交通工具问世后，在实践中显示出其突出的优越性，即机动、灵活、方便、快速、直达，因此，为人们所广泛采用，它的发展速度远快于水运和铁路。

公路运输具有以下特点：

(1)机动灵活,适应性强。

(2)可实现"门到门"直达运输。

(3)在中、短途运输中,运送速度较快。

(4)具有较强的公共性和开放性。

(5)原始投资少。

公路运输的主要缺点是运载工具较小、单位能耗较高、中长距离运输成本高、环境污染严重、安全性较差。

公路运输因其具有以上特点,所以适合近距离中小批量的货物运输、中短途距离内对时效性要求较高的货物运输,作为其他运输方式的补充和衔接,实现门到门中的"门到站(港)"以及"站(港)到门"部分的运输。

2. 公路运输设备类型

公路运输设备主要包括公路线路、公路站场、交通管理与控制设备以及运输车辆。

(1)公路线路

①公路行政等级

公路线路是公路运输的具体通道,根据我国交通部颁发的《中华人民共和国公路管理条例实施细则》的规定,我国公路分为:

a. 国道(国家干线公路)。国道规划以首都北京为中心,连接各省市重道的大中城市、港口车站枢纽和工农业基地等。国道的编号以汉语拼音"G"开头。

b. 省道(省干线公路)。省道是我国各省(自治区、直辖市)根据国道网络的总体规划,对省(自治区、直辖市)内具有重要政治、经济意义的干线公路加以规划,连接省内中心城市和主要经济区以及不属于国道的省际重要公路。省道的编号以汉语拼音"S"开头。

c. 县道(县公路)。县道是指具有全县(旗、县级市)性政治、经济意义,连接县城和县内主要乡(镇)、商品生产和集散地以及不属于国道、省道的县际公路。县道的编号以汉语拼音"X"开头,编号区间为"X001～X999"。

d. 乡道(乡公路)。乡道是指具有全乡(镇)性经济、文化、行政服务的公路以及不属于县道的乡际公路。乡道的编号以"Y"开头,编号区间为"Y001～Y999"。

e. 专用公路。专用公路是专供厂、矿、林区、油田、农场、旅游区、军事要地等对外联系的公路,其最有代表性的道路为专供汽车高速行驶的高速公路。专用公路的编号以汉语拼音"Z"开头,编号区间为"Z001～Z999"。

②公路的技术等级

公路等级是表示公路通过能力和技术水平的指标。根据我国《公路工程技术标准》,公路可分为以下五个等级:

a. 高速公路。高速公路为专供汽车分向、分车道行驶并应全部控制出入的多车道公路,四车道高速公路能适应将各种汽车折合成小客车的年平均日交通量为25 000～55 000辆;六车道为45 000～80 000辆;八车道为60 000～100 000辆。

b. 一级公路。一级公路为机车分向、分车道行驶,并可根据需要控制出入的多车道公路。四车道一级公路能适应将各种汽车折合成小客车的年平均日交通量为15 000～30 000辆;六车道为25 000～55 000辆。

c. 二级公路。二级公路为供汽车行驶的双车道公路。双车道二级公路能适应将各种汽车折合成小客车的年平均日交通量为 6 000～15 000 辆。

d. 三级公路。三级公路为主要供汽车行驶的双车道公路。双车道三级公路能适应将各种汽车折合成小客车的年平均日交通量为 2 000～6 000 辆。

e. 四级公路。四级公路为主要供汽车行驶的双车道或单车道公路。双车道四级公路能适应将各种汽车折合成小客车的年平均日交通量为 2 000 辆以下，单车道为 400 辆以下。

③公路的构成

公路是一种线形工程构造，主要包括路基、路面、桥梁、涵洞、隧道以及交通标志、路面标线和其他辅助建筑物等。

a. 路基。

路基是公路的基本部分，是路面的基础，是由土质或石质材料按照一定尺寸、结构要求筑成的带状土工结构。他与路面共同承受行车载荷的作用，同时基于各种自然灾害，因此必须具有足够的力学强度和稳定性。为了保证路基的强度与稳定性，避免外界对路基的危害，在修筑路基的同时，根据需要还要修建路基的排水及防护设施，如边沟、挡土墙等。路基的好坏直接影响到公路的质量。

路基的基本形式是路堤和路堑，如图 3.1 所示。用混合土或其他材料由人工堆积起来的路基称为路堤；原有地面经开挖而形成的路基为路堑；为适应山坡地形而修筑的路基，称为山坡路基。

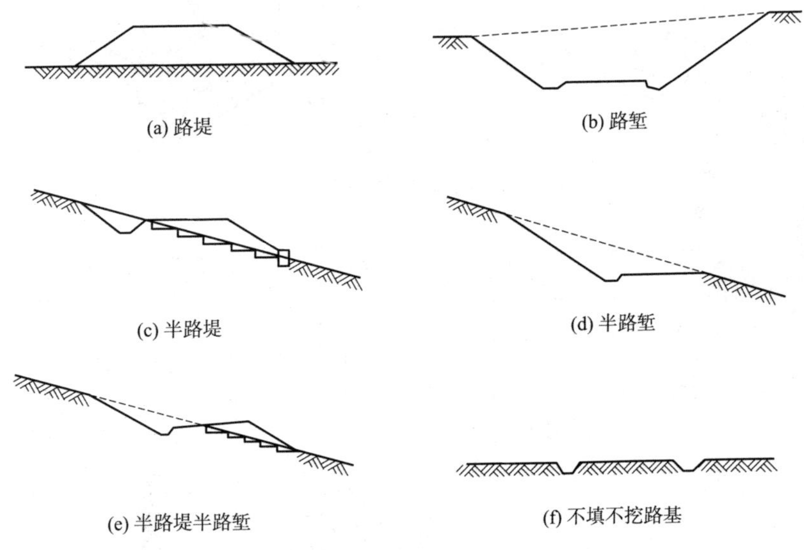

图 3.1 路基形式

b. 路面。

路面是在各种路面材料按照一定的比例经过混合拌制分层铺筑于路基顶面后形成的结构物，直接承受车辆行驶的作用力。因此，路面必须具有足够的强度、稳定性、平整度、抗滑性等特点。路面一般分为面层、基层、垫层和土层。

路面按照面层材料的不同可分为沥青路面、水泥混凝土路面、块料路面和粒料路面；按路面等级又可分为高级、次高级、中级和低级路面。路面等级及面层类型见表 3.1。

表 3.1　路面等级及面层类型

路面等级	面层类型	适用条件
高级路面	1. 水泥混凝土路面；2. 沥青混凝土路面；3. 路拌黑色碎石路面；4. 整齐石块或条石路面	高速公路 一、二级公路
次高级路面	1. 沥青灌入式碎、砾石路面；2. 路拌沥青级配石路面；3. 沥青表面处治路面；4. 半整齐式石块路面	二、三级公路
中级路面	1. 碎石和砾石路面；2. 碎砖和浆石路面；3. 石灰、沥青、水泥加固土路面；4. 石灰多合土路面；5. 不整齐石块路面；6. 其他粒料路面	三、四级公路
低级路面	1. 粒料加固土路面；2. 以各种当地材料加固或改善土路面	四级公路

c. 桥梁、涵洞。

公路跨越小河流、沟谷以及其他线路时，为保证公路的连续性，需要修建桥梁或涵洞的机构物来跨越。当结构物的单孔跨径小于 5 m 或多孔跨径小于 8 m 时，称为涵洞，如图 3.2 所示；当大于上述值时，则为桥梁，如图 3.3 所示。

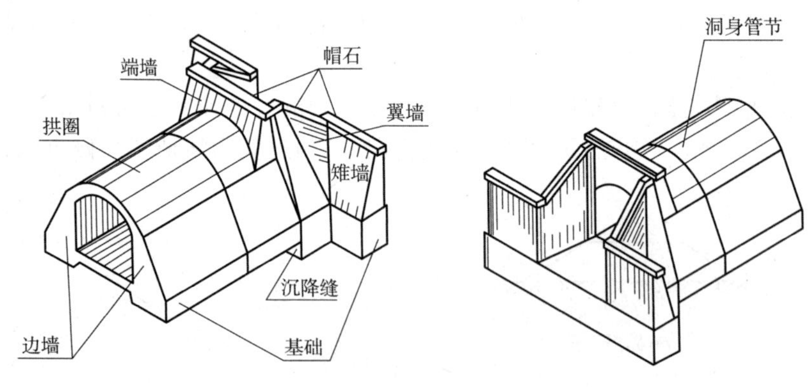

图 3.2　涵洞

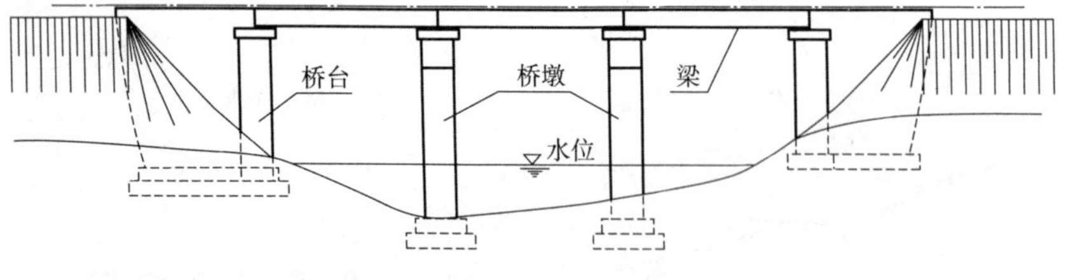

图 3.3　桥梁

d. 隧道。

在山区修筑公路时，经常有山岭阻拦，如果选择绕过山岭的方式，有可能造成里程大大增加，线路迂回较多，降低公路技术标准等后果。在此情况下，可以考虑在一个适当的高程和地形处，打通一条山洞连接山岭两侧的公路，这类山洞即为隧道。

当公路需要穿越深水层或跨越江海湖泊时，除了修建桥梁外还可以选择修筑隧道的方案。隧道内应尽可能避免设置曲线，还应设置照明、通风、消防及报警等应急设施。

(2)公路站场

站场是公路运输办理客、货运输业务及保管、保修车辆的场所，它是汽车运输企业的技术基地,又是基层生产单位,是公路运输网点的重要组成部分。按其使用性质的不同,可分为客运站、货运站、技术站和停车场(库)。

①客运站

汽车客运站按其位置的不同,可分为起点站、终点站和中间站。

中间站办理旅客上下和行李包裹的托运和交付作业,一般不办理有关车辆作业,因而设备比较简单,规模也较小。起(终)点站,除办理与乘客有关的业务外,一般还设有保养场,办理车辆的保养和小修作业。

②货运站

汽车货运站一般规模都比较小,以适应汽车运输的灵活性。货运站多设于仓库、工业区或铁路货运站及货运码头附近。

货运站分为两类,一类是运输整车货物的运输公司的基地,它由办公用房和停车场组成,车辆较多时还设有保养场甚至保修厂。另一类是以零担货物运输为主要作业的车站,它与第一类车站的不同之处是站内设有仓库和货物存放场地。

③技术站

技术站的主要任务是对汽车进行保养和维修。按作业性质不同,技术站分为保养场和修理厂,或二者合而为一。

④停车场(库)

停车场(库)主要任务是停放和保管车辆,是公路运输站场的一部分。停车场(库)从建形式上可分为暖式车库、一般车库、车棚和露天停车场四种形式。

(3)交通管理与控制设备

①公路交通管理

公路交通管理就是按照交通法规及交通规则,规定车辆、驾驶员和行人在道路上的行动准则,并运用各种手段、方法,合理地限制和科学地组织、指挥交通,确保行车和行人的安全。主要包括以下几个方面:

a. 车辆管理。车辆管理是指车辆的检验管理制度,包括车辆的牌照、车辆的尺寸和性能、车辆的装载类型(客或货)、车辆的重量以及各种车辆的运行、驾驶和停放的规定。

b. 驾驶员管理。驾驶员管理指的是驾驶员的管理制度,包括培训、考核、驾驶执照、对驾驶人员的定期安全教育、交通法规的学习以及驾驶证的发放、交通违章和事故处理的规定。

c. 步行管理。我国城镇人口密集,步行交通量极大,因此步行管理在我国交通管理中占有特殊的、重要的地位,其基本观念是“以人为本”,基本目标是保障行人的安全,同时,还得考虑如何同其他的交通协调。

d. 优先通道管理。近年来,我国城市交通中优先发展公共交通已成为共识。公共交通一般指公共汽车、电车、轻型有轨交通、地下铁道和城市交通等。公交优先通行的科学管理包含多个方面,如公交车辆专用道、公交车辆专用街、公交车辆专用道路、交通信号的公交车辆优先控制、公交车辆的转弯优先及改善公交车辆停靠站的设置等。

②交通控制设备

交通控制设备主要有交通标志、路面标线和交通信号三类,它们的功能主要是针对车辆驾驶员和行人起限制、警告和诱导作用。

a. 交通标志。

交通标志就是把交通警告、交通禁令、交通指示和指路等交通管理与控制法规用文字、图形或符号形象化地表示出来，设置于路旁或公路上方，预示前方公路的状况或事故发生的状态的交通控制设施。交通标志分为警告标志、禁令标志、指示标志、指路标志四类，如图 3.4～图 3.7 所示。

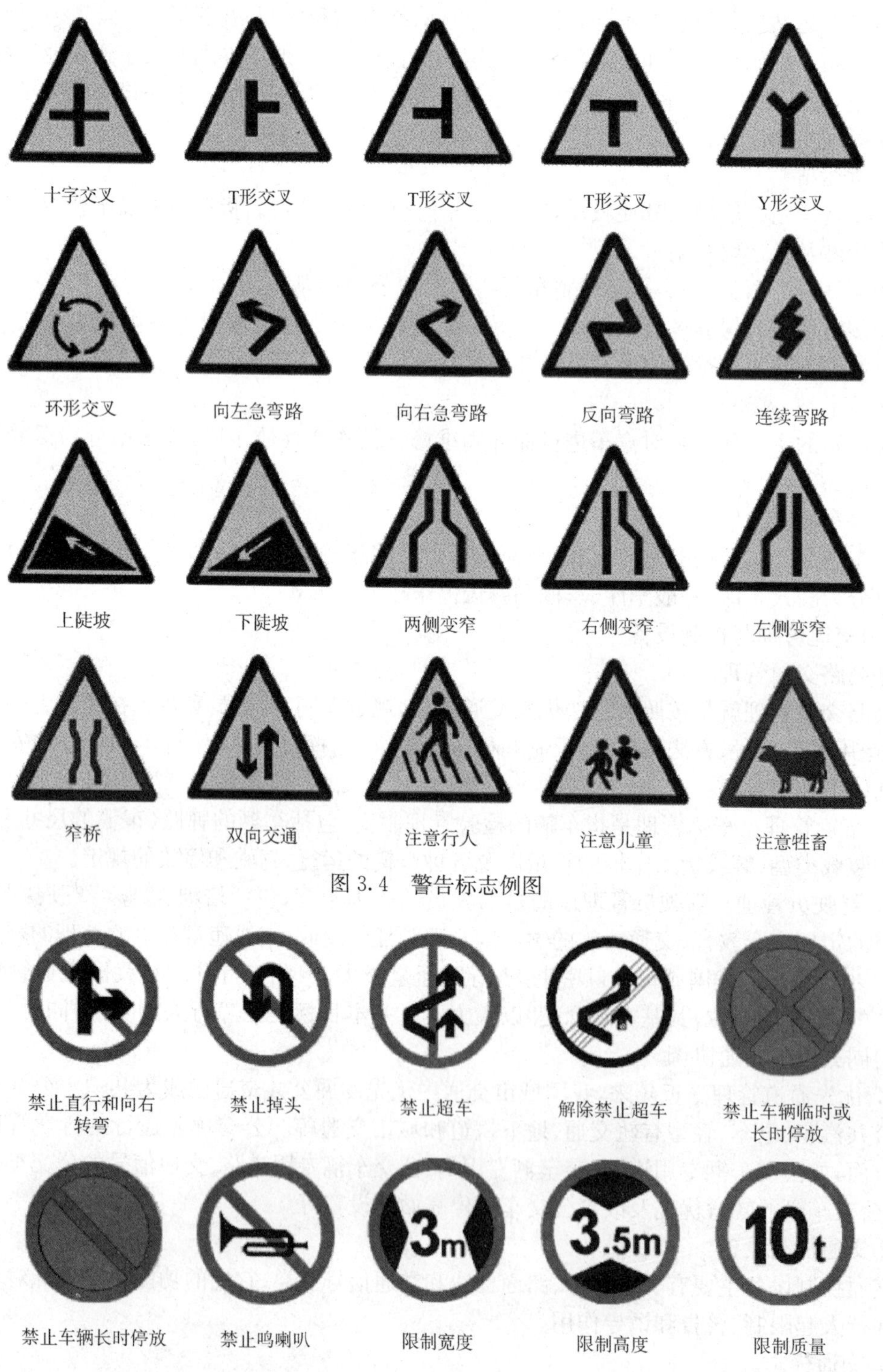

图 3.4　警告标志例图

图 3.5

限制轴重

限制速度

解除限制速度

停车检查

停车让行

减速让行

会车让行

图 3.5 禁令标志例图

向左和向右转弯

靠右侧道路行驶

靠左侧道路行驶

立交直行和左转弯行驶

立交直行和右转弯行驶

环岛行驶

单行路（向左或向右）

单行路（直行）

步行

鸣喇叭

最低限速

干路先行

会车先行

人行横道

右转车道

直行车道

直行和右转合用车道

分向行驶车道

公交线路专用车道

机动车行驶

图 3.6

机动车车道

非机动车行驶

非机动车车道

允许掉头

图 3.6　指示标志例图

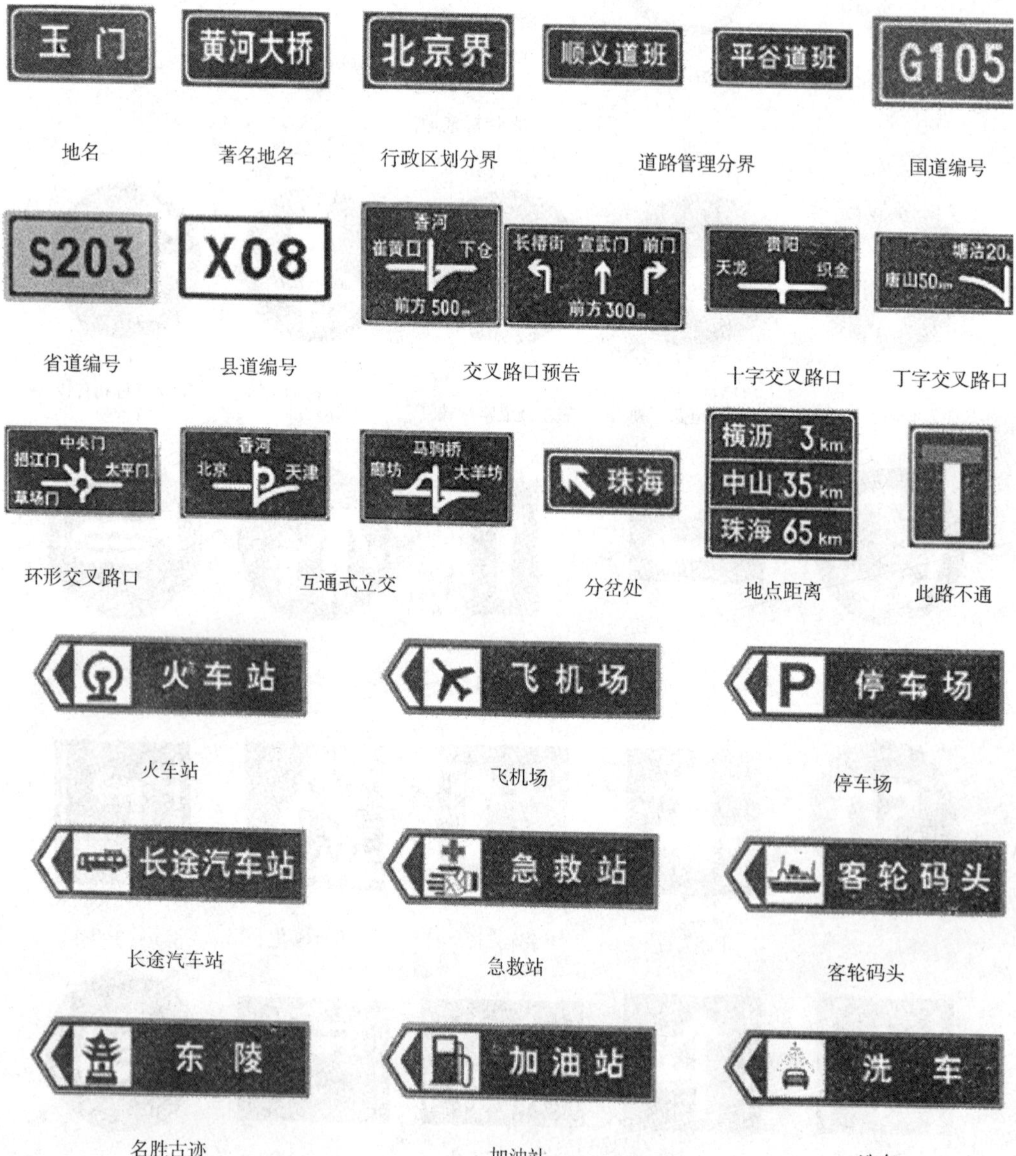

地名

著名地名

行政区划分界

道路管理分界

国道编号

S203

省道编号

县道编号

交叉路口预告

十字交叉路口

丁字交叉路口

环形交叉路口

互通式立交

分岔处

地点距离

此路不通

火车站

飞机场

停车场

长途汽车站

急救站

客轮码头

名胜古迹

加油站

洗车

图 3.7　一般指路标志例图

此外，交通标志还包括一些辅助标志。

b. 路面标线及路标。

路面标线是在高级、次高级路面上用漆类物质喷刷或用混凝土预制块、瓷瓦等做的一种交通安全设施。它的作用是配合标志牌对交通运输作有效的管制，指引车辆分道行驶，达到畅通和安全的目的。

我国公路路面标线按作用可分为行车道中线、车道分界线、路缘线、停车线、禁止超车线、导流带、人行横道线、交叉路口中心圈、停车方位线、导向箭头等。

路面标线按形式可分为连续实线、间断线和箭头指示线等三种形式，其颜色采用白色或黄色。

路标为沿道路中线或车道边线或防撞墙埋设的反光标志物。车辆夜间行驶时，在汽车灯光照射下，路标的反光作用勾画出行车道的轮廓，从而为驾驶员提供行驶导向。

c. 交通信号。

交通信号是最主要的交通控制设备，用于在时间上给互相冲突的交通流分配通行权、使各个方向和车道上的车辆安全而有序地通过交叉路口的一种交通管理措施。交通信号基本可分为定时式和感应式两种。

(a)定时式：定是信号是利用定时控制器，按预先设定的时间顺序，重复变换红、黄、绿三色灯。信号周期时间可按照交叉口处不同方向的车流的情况预先规定一种或几种。这种方式既经济又可靠。

(b)感应式：感应信号是通过车辆监测器测定到达交通路口的车辆数量，及时变换信号显示时间的一种控制方式。它能充分利用绿灯时间，提高通行能力，使车辆在停车线前尽可能不停车，从而得到安全畅通的同车效果。这种方式信号开放时机十分精确，有效率，但造价较高。

(4)汽车

①汽车的定义

世界各国对汽车的定义不尽相同。在我国，汽车是指由自身装备的动力装置驱动，一般有四个或四个以上车轮，不依靠轨道或架线而在陆地行驶的运载工具，主要用于载运人员或货物。根据我国的实际情况，该定义将汽车与摩托车、三轮机动车等区别开来。

汽车作为一种陆上交通工具，具有方便、机动、灵活、速度快、适应性强等特点。此外，其品种多、数量大，在工农业生产、国防建设以及人们日常生活中不可缺少。

②汽车的分类

a. 按动力装置分类。

(a)蒸汽机汽车：以蒸汽机为动力装置的汽车，如图3.8所示。

图3.8 蒸汽机汽车

(b)内燃机汽车：以活塞式内燃机为动力装置的汽车。这是目前最为常见的汽车，包括汽油机汽车、柴油机汽车、煤气机汽车。

(c)电动汽车：装有蓄电装置和电动机，由电力驱动的汽车。

(d)其他动力装置汽车：如装有燃气轮机的汽车，装有氢气燃料的汽车，装有太阳能装置的汽车以及混合动力汽车。

b. 按行驶道路条件分类。

(a)公路用车：行驶于城市道路和等级公路的汽车。

(b)非公路用车：如工矿车和农用车。

c. 按汽车队道路的适应性分类。

(a)普通汽车：只适合在较好的道路上行驶。

(b)越野车：可以在质量差和无路地区行驶，越野车一般都是全轮驱动，因此它主要用于非公路上(也可在公路上)载运人员和货物或牵引各种设备。越野车根据其在较差道路上的装载质量可分为轻型、中型和重型越野车，也可按驱动轴数分为双轴、三轴和四轴驱动越野车。

d. 按用途分类。

(a)载客车：专门用作人员乘坐的汽车，按其座位多少又可分为轿车和客车、旅游车等种类。

ⓐ轿车：除司机外乘坐 2～8 人的小型客车。轿车按发动机的工作容积(排量，L)大小分为：微型(1 L 以下)、轻型(1～1.6 L)、中型(1.6～2.5 L)和大型(2.5 L 以上)轿车。另外还可以分为普通轿车、高级轿车、旅行轿车和活顶轿车。

ⓑ客车：除司机外乘坐 9 人以上的载客车为客车。客车有单层、双层形式，并可按总质量、总长度分为不同类型(见表 3.2)，另外，还可按使用目的分为旅行客车、城市客车、长途客车、游览客车和旅游车等。其中旅游车是专门用于旅游的客车，是 20 世纪 60 年代后发展起来的现代化交通工具。有的长途旅游车为住宿式，具有住宿和生活条件。

表 3.2　客车类型

类型	轻型	中型	大型	铰接式	双层
总质量(t)	＜4	4～11	11～16	＞18	＞15
总长(m)	＜6	6～9	9～12	＞14	9～12

(b)货车：主要供运载货物用的汽车称为货车，又称载货汽车。

ⓐ普通货车：按其载重量分为微型(小于 1.8 t)、轻型(小于 4.5 t)、中型(4.5～12 t)和重型(大于 12 t)货车。

ⓑ特种车：为普通货车的变型，具有特殊货厢，并考虑到货物装载和运输上的专门需求，有保温厢货车、厢式货车等。

ⓒ自卸车：货厢能自动举升并倾卸散装货物、固体货物，如煤、砂石、矿料等(如图 3.9 所示)。

ⓓ牵引车：专门用来牵引挂车、半挂车和长货挂车的主体，如图 3.10 所示，一般车上不搭乘旅客，没有载货物的车厢(少数具有短货箱)的汽车称为牵引车，又称载货列车，一般可分为全挂牵引车和半挂牵引车。半挂车的载荷由自身和牵引车共同承受，全挂车的载荷全部由自身承受。

图 3.9 自卸车

图 3.10 牵引车

(c)特种用途的汽车。

特种用途的汽车包括:专门用于起重、挖沟、埋管、混凝土搅拌等施工作业的建筑工程用汽车,用于消扫、除雪、医疗、救护、售货、邮政、消防等方面的市政、公共事业用汽车,用于农业生产作业的农业汽车以及用于体育竞赛的竞赛汽车等。

e. 按新标准分类。

我国于2001年颁布了GB/T 3730.1—2001《汽车和挂车类型的术语和定义》,将汽车分为乘用车和商用车辆两类。

乘用车:在设计和技术特性上主要用于载运乘客及其随身行李或临时物品的汽车,包括驾驶员座位在内最多不超过9个座位,也可牵引一辆挂车。轿车、旅行车等属于乘用车。

商用车辆:在设计和技术特性上主要用于运送人员和货物,并且可以牵引挂车,乘用车不包括在内。客车、货车等属于商用车辆。

③汽车的基本构造

汽车的类型虽然很多,各类汽车的总体构造有所不同,但它们的基本组成是一致的,都由发动机、底盘、电气设备和车身四大部分组成。

a. 发动机。

发动机是汽车的动力装置,是汽车的"心脏"。其作用是使燃料燃烧后产生动力,然后通过底盘的传动系驱动汽车行驶。汽车发动机由曲柄连杆机构、配气机构、燃料供给系、冷却系、润滑系、点火系和起动系（“二大机构”“五大系”）组成。

汽车发动机都是用燃料燃烧的热能转变为机械能的热力发动机。目前在汽车上采用往复活塞式内燃机，其中主要是汽油机和柴油机。常见的汽油机是利用化油器使汽油与空气混合后吸入发动机气缸内，用电火花强制点燃混合气体使其燃烧后产生热能而做功；柴油机则利用喷油泵使柴油产生高压后由喷油器直接喷入发动机气缸内并与气缸内压缩空气混合形成混合气，柴油自燃后产生热能而做功。两者相比较，汽油机具有转速高（目前轿车用汽油机的最高转速达 5 000～6 000 r/min，货车有的达 4 000 r/min）、质量小、工作时噪声小、启动容易、制造和维修费用低等特点，故在轿车、中小型货车上及军用越野车上得到广泛的应用。其不足之处是燃油消耗率较高，因而燃料经济性较差；同时，汽油机的排气净化指标也较差。

柴油机因压缩比高，燃料消耗率平均比汽油机低 30%左右，而且柴油价格较低，所以燃料经济性较好；排气污染小。因此，一般装载质量 7 t 以上的货车大都用柴油机。柴油机的缺点是转速较汽油机低（一船最高转速在 2 500～3 000 r/min 左右）、质量大、制造和维修费用高。目前，柴油机的这些缺点和弱点正逐渐得到克服．它的应用范围正在向中、轻型货车扩展，国外有的轿车也采用柴油机，其最高转速可达 5 000 r/min。

b. 底盘。

底盘是汽车的基础，是汽车的“骨骼”。其作用是接受发动机的动力，使汽车产生运动，并保证正常行驶，同时支撑、安装汽车其他各部件、总成。底盘由传动系、行驶系、转向系和制动系等“四大系”组成。

(a)传动系。

汽车传动系的基本作用是将发动机发出的动力传给驱动车轮。

载货汽车上目前常见的传动系的组成及布置形式如图 3.11 所示。发动机纵向安置在汽车前部，并且以后轮为驱动轮。图中有标号的部分为传动系。发动机发出的扭矩依次经过离合器、变速器、万向节和传动轴组成的万向传动装置以及安装在驱动桥上的主减速器、差速器和半轴传给驱动车轮。驱动轮得到扭矩便给地面向后的作用力，同时，使地面对驱动车轮产生一个反作用力，这个反作用力就是汽车的牵引力。

汽车的类型不同，发动机的安装位置不同，都会使传动系的布置形式不同。

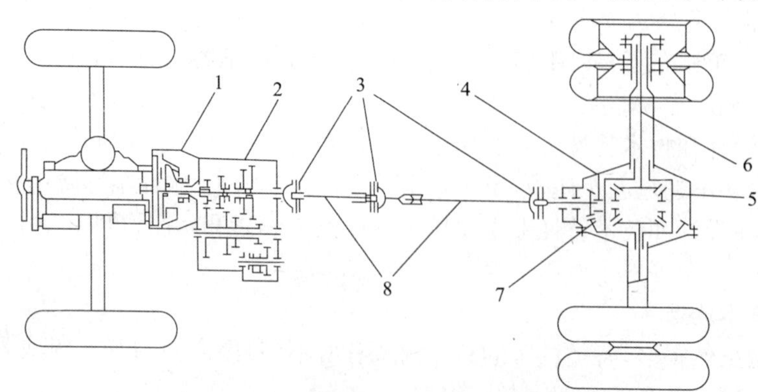

图 3.11　普通汽车传动系一般组成及布置示意图

1—离合器；2—变速器；3—万向节；4—驱动桥；5—差速器；6—半轴；7—主减速器；8—传动轴

(b)行驶系。

行驶系的主要作用是将汽车构成一个整体,支撑汽车的总重量;将传动系传来的扭矩转化为汽车行驶的驱动力;承受并传递路面作用车轮上的各种反力及力矩;减少振动,缓和冲击,保证汽车平顺行驶,与转向系配合,正确控制汽车的行驶方向。

汽车行驶系的结构形式因车型和行驶条件的不同而有所差异。绝大多数汽车行驶在比较坚实的道路上,其行驶系中直接与路面接触的部分是车轮,因而称为轮式行驶系。除广泛应用的轮式结构外. 还有厦带式、车轮一履带式、跨步式等。

轮式行驶系一般由车架、车桥、车轮和悬架等组成,如图 3.12 所示。

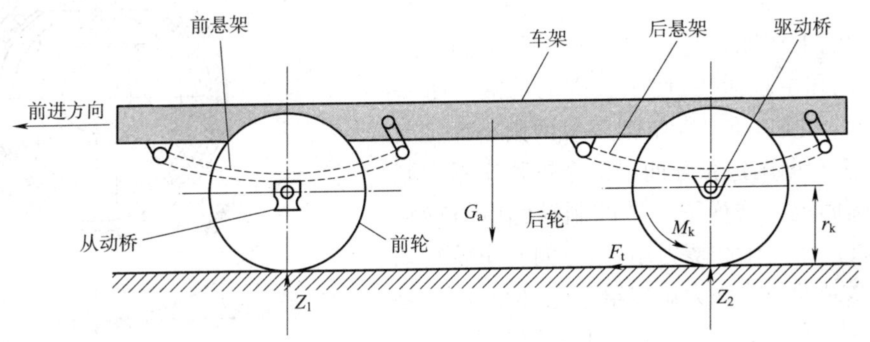

图 3.12 行驶系的组成及部分受力情况示意图

(c)转向系。

转向系的作用是通过驾驶员转动方向盘,根据需要改变汽车行驶方向,并减轻驾驶员的疲劳程度。转向系由转向器和转向传动机构两大部分组成,图 3.13 为转向系示意图。转向器由方向盘、转向轴、转向传动轴、转向万向节等组成。转向传动机构由转向垂臂、纵拉杆、转向节管、横拉杆、左右梯形臂等组成。

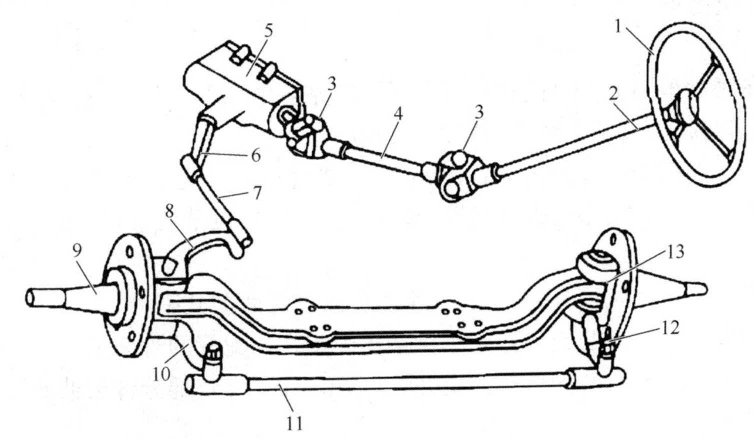

图 3.13 汽车转向系示意图

1—转向盘;2—转向轴;3—转向万向节;4—转向传动轴;5—转向器;6—转向摇臂;7—转向直拉杆;8—转向节臂;9—左转向节;10、12—梯形臂;11—转向横拉杆;13—右转向节

(d)制动系。

制动系的作用是使汽车减速或在最短的距离内停车,以确保行车安全,并保证汽车停放可

靠,不致自动滑溜。汽车的制动系一般至少装有两套各自独立的系统:行车制动装置(脚制动装置)和驻车制动装置(手制动装置)。重型汽车和经常行驶在山区的汽车,还应增装紧急制动和安全制动或辅助制动装置。此外,较完善的制动系还具有制动力调节装置、报警装置、压力保护装置等附加装置。

制动系中每套制动装置都由产生制动作用的制动器和制动传动机构组成。制动器通常采用摩擦式。液压式行车制动系由车轮制动器和液压传动机构两部分组成,其基本结构和工作原理如图3.14所示。

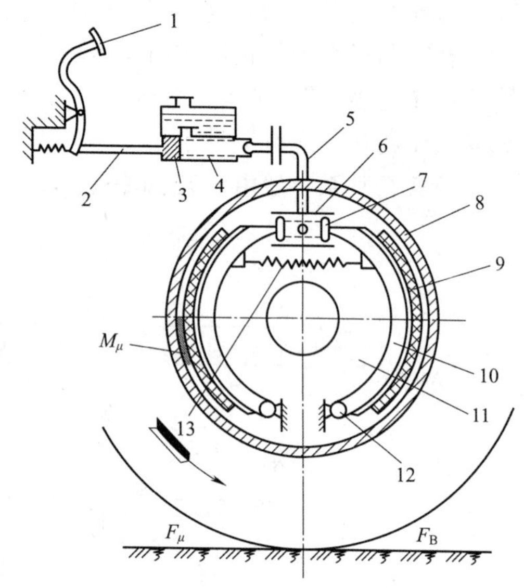

图 3.14　制动系工作原理示意图

1—制动踏板;2—推杆;3—主缸活塞;4—制动主缸;5—油管;6—制动轮缸;7—轮缸活塞;8—制动鼓;9—摩擦片;10—制动蹄;11—制动底板;12—支承销;13—制动蹄回位弹簧

其制动的工作原理是:当制动时,踩下制动踏板,通过推杆和主缸活塞,使主缸内的油液产生一定压力后流入轮缸,推动轮缸活塞使两制动蹄绕支承销转动,上端向两边张开而以其摩擦片压紧在制动鼓的内圆面上。这样不旋转的制动蹄就对旋转着的制动鼓产生一个摩擦力矩,其方向与车轮转动方向相反。制动鼓将该力矩传给车轮,使车轮与路面之间产生制动力,迫使汽车产生一定的减速,甚至停车。当放松制动踏板时,在各回位弹簧的作用下,制动蹄与制动鼓之间的间隙又恢复,摩擦力矩和制动力消失,制动作用即行解除。

c. 电气设备。

汽车的电气设备由电源和用电设备两大部分组成。用电设备包括发动机的启动系以及汽车的照明、信号、仪表装置等,在强制点火式发动机中还包括发动机的点火系。

d. 车身。

车身安装在底盘车架上,车身用以安置驾驶员、乘客和货物。除轿车、客车一般是一整体的车身外,货车车身是由驾驶室和货箱两部分组成。

汽车车身是一件精制的综合艺术品,其结构主要包括车身壳体、车门、车窗、车前钣金件、车身内外装饰件、车身附件、座椅以及通风、暖气、冷气、空气调节装置等,载货汽车还包括货厢和其他设备。

汽车车身壳体结构型式可分为骨架式、半骨架式和无骨架式三种。

骨架式:具有完整的骨架(或构架),车身蒙皮固定在装配好的骨架上。

半骨架式:只有部分骨架(如单独的支柱、拱形梁、加固件),部分骨架彼此直接相连或者借助蒙皮板彼此相连。

无骨架式:没有骨架而利用蒙皮板相互连接时所形成的加强筋来代替骨架。

货车车身多采用骨架式非承载车身结构。

客车车身一般分为轻便客车、中型客车车身。轻便客车车身要求有较好的流线形以减少驾驶时的空气阻力。中型客车均采用闭式的厢式车身,以提高有效载客面积。

轿车车身多为无骨架和半骨架式。目前,在高级轿车上．为保证良好的乘坐舒适性以及减轻底盘振动和噪声对车身的影响，多采用非承载式的车身，车身借助橡胶软垫固装在车架上。中级轿车车身有采用非承载式的，有采用承载式结构的。普通轿车和微型轿车则普通采用承载式的车身。近年来，为减轻客车的自重，降低车身高度，中级轿车也倾向于采用承载式车身。

公共汽车车身采用厢式外形，由于尺寸较大，形状较规则，易于构成完整的空间受力系统，固大多采用骨架式，这种结构最适于做成承载式结构。

④汽车的保养及维修

汽车的保养和维修，是为了确保车辆在使用中有良好的技术状况和较长的使用期限。

a. 保养。

保养除每日（每班）进行以检试、清洁为主的例行保养外，还规定有一级保养、二级保养、三级保养。

一级保养的主要任务是以紧固、润滑为中心，并清除车辆在行驶一定里程后出现的薄弱环节，保证车辆仍具有继续正常行驶的技术条件。

二级保养的主要任务是以检查、调整为中心，较为深入、细致地对车辆进行全面的检查和调整。其目的是使车辆能在以后较长的时期内有良好的运行性能。二级保养是在车辆行驶一段较长的里程后进行的，一般需中断运输生产。

三级保养以总成解体清洗、检查、调整为中心。

b. 维修。

汽车维修的目的，是为了迅速恢复其在使用过程中由于机构的自然磨损、故障和其他损伤而丧失了的工作能力。维修也分为三级，即大修、中修、小修。

小修是一种维护性修理，是对车辆的个别部件和总成在工作中临时出现故障所必须进行的修理。

中修是一种平衡性修理，是在两次大修之间。对某些零件和总成进行一次计划性修理，以使其使用期限趋于平衡，延长大修间隔里程。

大修是将各总成拆散成零件，对其进行清洗、检验和分类，然后更换不可修的零件，修复需要修理的零件，后把合乎要求的零件按规定的技术标准装配、试验，以达到恢复汽车技术性能的目的。

任务 2　水路运输设备概述

1. 水路运输认知

水路运输是利用船舶、排筏和其他浮运工具，在江、河、湖泊、人工水道以及海洋上运送旅客和货物的一种运输方式。

水路运输按其航行的区域，大体上可划分为远洋运输、沿海运输和内河运输三种形式。远洋运输通常是指除沿海运输以外所有的海上运输。沿海运输是指几个邻近海区间或本海区内的运输。内河运输是在江、河、湖泊、水库及人工水道上从事的运输。

(1)水路运输的优点

①运费低廉：水运主要利用江、河、湖泊和海洋的“天然航道”来进行。水上航道四通八达，通航能力几乎不受限制，而且投资省。

②运量大：水上运输可以利用天然的有利条件，实现大吨位（万 t 以上）、长距离的运输，非常适合于大宗货物的运输。

③通过能力强：利用天然航道完成运输，航道四通八达，一般较少受自然条件的限制。

④易于开展国际贸易：海上运输将世界各地港口联系在一起，是发展经济和友好往来的主要交通工具。

（2）水路运输的缺点

①速度慢：轮船在水中行驶，阻力较大，速度提高比较困难。

②适应性差，受气候影响大：水路运输，尤其是内河运输，极易受到港湾和航道水深、航道走向、季节性缺水、冬季冰冻、风浪等气候和水文条件的限制。

③货物直达性较差：如果托运人或收货人不在航道上，就要依靠公路或铁路运输进行转运。

水路运输因其具有以上特点，所以适合大宗货物、散装货物以及集装箱货物的运输，长距离的干线运输以及国际货物运输。

水路运输是我国综合运输体系中的重要组成部分，其具有点多、面广、线长的特点，通过内河运输和海洋运输，将内陆经济腹地与世界联通，使处于运输交汇口的港口城市产生了极为广阔的应用前景。联江通海的水路运输线路长，沿线的站点多，为腹地的经济建设提供了量大价廉的运输服务，对国民经济的发展起到了重要作用。

地球表面积 51 100 万 km^2，其中海洋约占总表面积的 71%，海洋运输具有极其重要的地位。它是增进人类全球性经济联系的纽带，是沟通联系各个国家和地区的主要运输方式，尤其是国际贸易和国际货物运输的最主要手段。在 21 世纪的今天，在航空人不能解决大批量货物运输的现实情况下，量大价廉和较为便捷的海上运输仍将是联系全球性经济贸易的主要方式，承担着全球性、区域间的货物运输，成为世界经济全球一体化和区域化服务的主要运输纽带。目前，世界贸易总运量的 75%以上是利用海洋运输来完成的。我国对外贸易运输中 90%以上的货物运输是通过海洋运输实现的。

2. 水路运输设备类型

水路运输系统由船舶、港口、各种基础设施和服务设施组成。

水路运输的主要技术设备包括：船舶（以及驳和舟、筏等）、航道、港口、通信、导航等设施。

港口是水运生产的一个重要环节。船舷的装卸、补给、修理工作和船员的修整等都要在港口进行。因此，可以说港口是水运工作的关键所在。不论河港或海港，其最基本的功能就是为船舶进行装卸搬运工作。

为保证水上运输工作的顺利进行，还有许多部门密切协同，相互支援，如有船舶的燃料、淡水和生活物资的供应部门，通信导航部门，业务代理与理货公司，甚至还有发生海难后的救援打捞机构等。所有上述各系统汇合起来才能组成完整的水运系统；而一般地讲，可以认为水上运输的组成主要是船和港。

（1）航道

航道是供船舶航行的水道。

以组织水路运输为目的的多规定或设置的船舶航行通道，称为航道。随着运输生产与科学技术的发展，船舶尺度的增大，船舶运行密度的增加和纵横水运网的逐步形成，现代水上航道已不仅是天然航道，而是包括人工运河、进出港航道以及保证航行安全的航行标志系统和现代通信导航设备系统在内的工程综合体。

①航道的种类

a. 海上航道。

海上航道属于自然水道，其通过能力几乎不受限制。每一海区的地理、水文情况都反映在该区的海图上。船舶每次的运行都根据海图，结合当时的气候条件、海况和船舶本身的技术性能进行计算并在海图上标出。经过人们千百年来的努力和探索，加上现代化导航技术的应用，全世界各国地区间的海上航道已基本为人们所了解和掌握。

随着船舶吨位的增加，一些海峡或狭窄水道会对通航船舶产生一些限制条件，如位于新加坡、马来西亚和印度尼西亚之间的马六甲海峡，为确保安全，防止海上污染，三国限定通过海峡的油轮吨位不得超过22万t，龙骨下水深度必须保持3.35 m(11 ft)。

b. 内河航道。

内河航道大部分是利用天然水道加上引航的航标设施构成的。内河航道与海上航道相比，其通行条件是有很大差别的，反映出不同的通航水深(如各航区水深不同)、不同的通行时间(如有的区段不能夜行)和不同的通行方式(如单向或双向过船)等。因此，在进行综合规划时，还应考虑航道分级和航道标准化。航道分级有利于从安全角度对船舶进行管理;航道和过船建筑物的标准化则是实现船型及港口设备标准化，形成现代化高效运输系统的前提条件。同时，大多数内河自然水道还需考虑航运、发电、灌溉、防洪、和渔业的综合利用与开发，在发展内河航运而涉及航道问题时，还应注意与其他国民经济部门协调配合。

c. 人工航道。

人工航道是指由人工开凿、主要用于船舶通航的河流，又称运河。人工航道一般都开凿在几个水系或海洋的交界处，可以使船舶缩短航行路程，降低运输费用，方便人们生产和生活，扩大船舶航行的范围，进而形成一定规模的水运网络。一些著名的国际通航运河对世界航运的发展和船舶尺度的限制影响很大，其中主要有苏伊士运河、巴拿马运河和基尔运河。我国有世界上最古老、最长的人工运河——京杭大运河，全长1 794 km，流经北京、天津、河北、山东、江苏、浙江等省市，从内陆将海河、黄河、淮河、长江、钱塘江五大水系沟通，是我国国内水运的大动脉。正是由于这种特殊的重要作用，两千年来人们一直在对大运河进行整治和扩建。

②航道的航行条件

海上航道的通过能力一般不受限制，故此，本处着重讲解内河航道的航行条件。影响航道通行能力的主要因素有:航道的深度、宽度、转弯半径、水流速度、潮汐及季节性水位变化，过船建筑尺度以及航道的气象条件及地理环境。这些因素对港口建设、船型选择及运输组织往往具有决定性影响。为了保证船舶正常安全航行和获得一定的运输效益，航道必须具备一定的航行条件。

a. 足够的航道深度。

航道水深是河流通航的基本条件之一，它常常是限制船舶吨位和通过能力的主要因素。

航道深度是指全航线中所具有的最小通航保证深度，它取决于航道上关键性的区段和浅滩上的水深。航道深浅是选用船舷吃水量和载重量的主要因素。航道深度增加，可以航行吃水深、载重量大的船舶，但是增加航道深度，必然会使整治和维护航道的费用增高。因此设计航道深度时，应全面考虑。一般表示为:富余水深，应根据河床土质、船舶类型、航道等级来确定。一船砂纸河床可取0.2～0.3 m，砾石河床可取0.3～0.5 m。

b. 足够的航道宽度。

航道宽度视航道等级而定。通常单线航行的情况极少，双线航行最普遍，在运输繁忙的航线上还应考虑三线航行，一般表示为：航道宽度＝同时交错的船队或船舷宽度之和＋富余宽度。富余宽度一般采用“同时交错的船队或船舶宽度之和”的 1.5～2.5 倍。天然河流的河面常为水深的许多倍，加之水下的岸坡也较平缓，因此河流的宽度对航行的限制很少。对于人工开挖的航道和船闸的宽度就需要详细考虑，以求出航行船舶与航道的合理配合方案。

c. 适宜的航道转弯半径。

航道转弯半径是指航道中心线上的最小曲率半径。一般航道最小转弯半径不得小于最大航行船舶长度的 4～5 倍。若河流转弯半径过小，将造成航行困难，应加以整治。若受自然条件限制，航道最小转弯半径不得小于船舶长度的 3 倍，而且航行时要特别谨慎，防治事故。

d. 合理的航道许可流速。

航道许可流速是指航道上的最大流速。船舶航行时，上水行驶和下水行驶的航线往往不同，下水就流速大的主流行驶，上水则尽量避开流速大的水区而在缓和区内行驶。航道上的流速不易过大，如果流速过大，上水行驶的船舶必须加大马力才能通过，这样就不经济了。

e. 符合规定的水上外廓。

水上外廓是保证航行船舶水面以上部分通过所需要的高度和宽度。水上外廓的尺度按航道等级来确定。通常一、二、三、四级航道上的桥梁等建筑物的净空高度，取 20 年一遇的洪水期最高水位来确定；五、六级航道则取 10 年一遇的洪水期最高水位来确定。

上述对航道的要求中，侧重于航行的角度，最主要的是航道水深，因为无论江河湖海和水库，只要有足够的水探，船舶航行一般没有大的问题。对于上述这些自然条件，通常认为改变的部分较少，更多的还是尽量去适应，即在大多数情况下总是根据航道条件来设计港口、选择船舶和组织运输。

此外，航行还要求航道的冰冻期要短，同时不能有水下障碍。

(2)航标

①航标的定义

航标即助航标志，以特定的形状、颜色、灯光、音响或无线电信号等，用以帮助船舶定位、引导船舶安全航行、表示警告和指示障碍物的人工标志，如图 3.15 所示。

图 3.15　航标

为了保证进出口船舶的航行安全，需要在港口和航线附近的海岸设置航标。航标的主要功能是：定位，为航行船舶提供定位信息；警告，提供碍航物和其他航行警告信息；交通指示，根据交通规则指示航行方向；指示特殊区域，如锚地、测量作业区、禁区等。永久性的航标位置、特征、灯质（灯火的颜色、高度、射程、闪频等）、信号等已载入各国出版的航标和海图。

②航标的分类

按照工作原理，可分为有视觉航标、音响航标与无线电航标。

按照结构形状，可分为灯塔、灯桩、立标、灯船、浮标和灯浮标等。

按照设置地点，可分为海区航标和内河航标。

海区航标建立在沿海和河口地段，引导船舶沿海航行及进出港口航行；内河航标是设在江、河、湖泊、水库航道上的助航标志，用以标示内河航道的方向、限界和碍航物，为船舶航行指示安全航道。

a. 海区航标。

海区航标是指在海上的某些岛屿、沿岸及港内重要地点所设置的航标，分为视觉航标、音响航标和无线电航标三种。

(a)视觉航标是指白天以形状、颜色和外形，夜间以灯颜色、发光时间间隔、次数、射程及高度来显示，能使驾驶人员通过直接观测并迅速辨明水域，确定船位，安全航行，是使用最多最方便的航标。常见的视觉航标有灯塔、灯桩、立标、灯船、浮标、系碇设备和各种导标。

(b)音响航标是能发出规定响声的助航标志。它可在雾、雪等能见度不良的天气中向附近的船舶表示有碍航物或危险，包括雾号、雾笛、雾锣、雾哨、雾炮等，通常指雾号，即下雾时按照规定的识别特征发出的音响信号。一般听程仅为几海里。根据工作原理分为气雾号、电雾号与雾情探测器。

(c)无线电航标是指利用无线电波的传播特性向船舶提供定位导航信息的助航设施，包括无线电指向标、无线电导航台、雷达应答标、雷达指向标和雷达反射器。

b. 内河航标。

内河航标的主要作用是准确标出江河航道的方向、界限、水深和水中障碍物，预告洪讯，指挥狭窄和急转弯水道的水上交通，引导船舶安全航行。

内河航标一般分为三等。在航行发达的河道上设置一等航标，由岸杆和浮标交互组成，夜间全部发光，保证船舶昼夜都能从一个航标看到次一个航标；在航运较为发达河段上设置二等航标，它的密度较一等为稀，夜间只有主航道上的航标发光，亮度也较弱；在航运不太发达的河段上设置三等航标，密度稀，夜间不发光，船舶只能利用航标和天然参照物在白天航行。

内河航标的种类很多，各国不尽相同。我国目前分为三类，即航行标志、信号标志和专用标志，共计 19 种。

(a)航行标志。用于标示内河安全航道的方向和位置等，有过河标（如图 3.16 所示）、接岸标（如图 3.17 所示）、导标、过河导标、首尾导标、桥隧标等 6 种。例如，过河标，标示跨河航道的起点或终点，引导由对岸驶过来的船舶过河，同样引导沿本岸驶过来的船舶，在标志达到本船正横的时候驶往对岸；接岸标，标示沿着河岸的航道，指示船舶继续沿着本岸行驶。

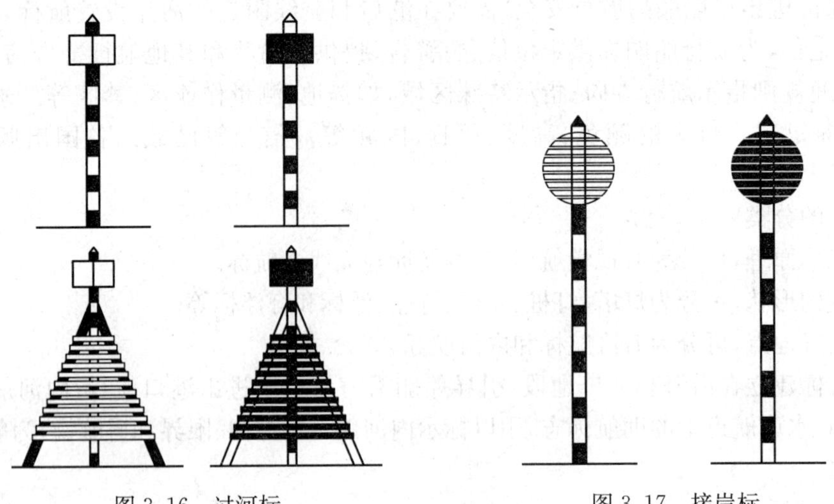

图 3.16　过河标　　　　　　图 3.17　接岸标

(b)信号标志。用于标志航道深度、架空电线和水底管线位置,预告风讯,指挥弯曲狭窄航道的水上交通,有水深信号杆、通行信号杆、鸣笛标、界限标、电缆标、横流浮标、风讯信号杆等 7 种。例如,水深信号杆设在浅滩两端航岛附近的江岸上,以指示该航道的水深;通行信号杆设在船舶对驶向有危险的狭窄航道、单孔通行的桥梁、急弯、船闸和其他临时封锁河段的两端,利用信号指挥上下船舶安全通过;电缆标标示该标附近有过江电缆,指示船舶注意安全并警告船舶在此不要抛锚。

(c)专用标志。用于指示内河中有碍航行安全的碍航物,有三角浮标、浮鼓、棒形浮标、灯船、左右通航浮标、泛滥标等 6 种。

我国确定江河左、右岸的原则是:面向江河下游,左手一侧的河岸为左岸,反之为右岸。左岸的航标,标顶漆白色,标杆漆黑白相间的横纹,夜间发白光或绿光;右岸航标,标顶漆红色,标杆漆红白相间的横纹,夜间发红光。

当船舶由下游驶向上游时,左舷(即河流右岸)应是红浮标,右舷应是白浮标。见到接岸标,船舶应贴近该岸航行;遇过河标,应转向另一岸航行;在狭窄航道航行时,信号台发出了准许通行的信号,才能通过;浅水航道处的信号杆标示出了该处最浅水深,若船舶吃水超过此数值,则应停驶,采取减载措施,减少船舶吃水深度,然后通过。

(3)港口

港口是水运生产的一个重要环节。船舶的装卸、补给、修理工作和船员的休整等都要在港口进行。因此,港口是水运工作的关键所在。任何形式的港口,其基本的功能就是水路运输中停靠船舷、装卸货物和上下旅客的场所。

①港口的作用

港口是一个国家或地区的门户,是交通运输的枢纽,是对外贸易的重要通路。港口具有运输、工业和商业等多种功能,是一个国家和地区的重要经济资源。

港口是具有一定面积的水域和陆域,是水陆运输工具的衔接点,又是水运货物的集散地。港口除了供船舶停靠使用外,还为船舶提供补给、修理等技术服务和生活服务。为了客货的疏运,还必须与陆路交通相接。如今,为了快速转运集装箱等价值较高的货物,国外有些港口已经把水上运输和航空运输连接在一起了。

任何形式的港口，其基本的功能就是水路运输中停靠船舷、装卸货物和上下旅客的场所。

②港口的分类

a. 按用途分类。

(a)商港：主要供旅客上下和货物装卸转运的港口，以一般商船和客货运输为服务对象的港口，也称贸易港。其中又可分为一般商港和专业商港。一般商港即为用于旅客运输和装卸转运各种货物的港口，如上海港、天津港等；专业港是指专门进行某一种货物的装卸、堆存作业的港口，如秦皇岛港主要以煤炭和石油装卸为主。

(b)渔港：专为渔船服务的港口。渔船在这里停靠，并卸下捕获物冷藏加工，同时进行淡水、冰块、燃料及其他物资的补给，如舟山的定海港。

(c)工业港：固定为某一工业企业服务的港口，它专门负责该企业的原料、物资和产品的装卸转运工作，如上海地区的宝山钢铁总厂码头等。

(d)军港：专供海军舰船使用的港口，如旅顺港等。

(e)避风港：供大风情况下船舶临时来避风的港口。这里一般很少有完善的停靠设施，通常仅有一些简单的系靠设备。

b. 按地理位置分类。

(a)海港：在自然地理条件和水文气象方面具有海洋性质，而且是为海船服务的港口。它又可细分为：海湾港，是指位于海湾内，常有岛屿等天然屏障作保护，不需要或只需要较少的人工防护即可防御风浪的侵袭，如旅顺港；海峡港，是指处于大陆和岛屿或岛屿与岛屿之间的海峡地段上的港口，如湛江港；河口港，是指位于入海河流河口地段的港口，如上海港。

(b)河港：位于沿河两岸，并且具有河流水文特性的港口，如武汉港。

(c)湖港与水库港：是指位于湖泊和水库岸边的港口。

(d)运河港：为运河上的港口，如徐州港。

c. 按潮汐的影响分类。

(a)开敞港：港内水位潮汐变化与港外相同的港口。

(b)闭合港：在港口入口处设闸，将港内水域与外海隔开，使港内水位不随潮汐变化而升降，保证在低潮时港内仍有足够水深的港口，如伦敦港。

(c)混合港：兼有开敞港池和闭合港池的港口，如比利时安特卫普港。

d. 按地位分类。

(a)国际性港：主要靠泊来自世界各国港口的船舶的港口，如上海港、鹿特丹港。

(b)国家性港：主要靠泊往来于国内港口的船舶的港口。

(c)地区性港：主要靠泊往来于国内某一地区港口的船舶的港口。

③港口的组成

港口由水域和陆域两大部分组成。水域是供船舶进出港以及在港内运转、锚泊和装卸作业使用的，因此要求它有足够的水深和面积，水面基本平静，流速和缓，以便船舷的安全操作；陆域是供旅客上下船以及货物的装卸、堆存和转运使用的，因此陆域必须有适当的高程、岸线长度和纵深，以便在这里安置装卸设备、仓库和堆场、铁路、公路以及各种必要的生产、生活措施等。

a. 港口水域。

水域是港口最主要的组成部分,港口的水域主要包括港池、锚地和航道。

(a)港池。

港池一般指码头附近的水域。它需要有足够深度和宽广的水域,供船舷靠窝操作。对于河港或与海连通的河港,一般不需要修筑防波堤坝。对于开敞海岸港口,为了阻挡海浪或泥沙的影响,保持港内水面的平静与水深,必须修筑防波堤坝。

(b)锚地。

它是供施工船舶抛锚候湖、等候位、避风、办理进出口手续、接受船舷检查或过驳装卸等停泊的水域。锚地要求有足够的水深,锚地的底质一般为平坦的沙土或亚泥土,使锚具有较大的抓力,而且远离礁石、浅滩等危险区。锚地离进出治航道要有一定距离,以不影响船舶进出为准,但又不能离进出港航道太远,以便于船舶进出港操作。

(c)航道。

此处航道指的是船舶进出港航道,为保证安全同行,航道必须有足够的深度和宽度,弯曲度不能太大。

b. 港口陆域。

凡是在港口范围的陆地面积统称为陆域。一般可将陆域分为以下几个部分:

(a)码头与泊位。

供船舷停靠,以便旅客上下、货物装卸的水工建筑物称为码头。码头前沿线通常即为港口的生产线,它也是港口水域和陆域的交接线。码头线的布置有多种形式,有的与岸线平行,称为顺岸码头(如图 3.18 所示);有的与岸线正交或斜交,称为突堤码头(如图 3.19 所示)。前者多用于河港,后者多出现在海港,以便在有掩护的范围内形成较多的曲折岸线,可以布置更多的码头泊位。

图 3.18 顺岸码头

所谓“泊位”,即供船舶停泊的位置。一个泊位即可供一艘船舶停泊,而不同的船型其长度是不一样的,所以泊位的长度依船型的大小而有差异,同时还要留出两船之间的距离,以便于船舶系解绳缆。一个码头往往同时要停泊几艘船,即要有几个泊位,因此码头线长度是由泊位数和每个泊位的长度来决定的。

码头前沿的水深一定要满足船舶吃水,并应考虑到船舶装卸和潮汐变化的影响,留有足够富余的水深。

图3.19 突堤码头

(b)仓库和堆场。

仓库和堆场是供货物装船前和卸船后短期存放使用的。多数较贵重的件杂货都在仓库内堆放保管;只有那些不怕风吹雨淋的货物(如矿石、建材等)可放入露天堆场或货棚内,这种散堆装货物的堆场常常远离市区和其他码头,以免对环境污染。

在有旅客运输的港口,还需专门设立客运码头。在邻近码头的附近建有客运站,供旅客候船休息以及购买船票、存取行李之用。客运站周围通常需留有一定场地,供市内交通在此接转旅客以及布置各种服务网点使用。

(c)铁路及道路。

货物在港口的集散除了充分利用水路外,主要需依靠陆路交通,因此铁路和公路系统是港口陆续上的重要设施。当有大量货物用铁路运输时,需设置专门的港口车站。在这里货物列车可以进行编组或解体,并配有专门的机车,将车辆直接送往码头前沿或库场的装卸线;装卸完毕后再由机车取回送往港口车站编组。在没有内河的海港,铁路是主要的疏运方式,港口生产与铁路部门有密不可分的关系,如我国的秦皇岛港、大连港、青岛港等。

港内道路与港外公路应该有很好的连接,对于有集装箱运输的港口,道路系统尤为重要。港区内的道路要能通往码头前沿和各库场,回路要通畅,进口与出口常常分开设置,并尽可能减少与铁路线或装卸线的平面交叉,以减少相互件的干扰。

(d)起重运输机械。

现代港口装卸工作基本是由各式各样的机械来完成。用来起吊货物的机械称为起重机械(如图3.20所示);用于搬运货物的机械称为运输机械。他们在港口可进行:对船舶施行装卸作业;对火车和汽车施行装卸作业;在船舱内进行各种搬运、堆码和拆垛等工作;在库场上进行起重、搬运、堆码、拆垛等工作。常见的机械如浮式起重机(如图3.21所示),简称起重船、浮吊,它是安装在专用船上的臂架起重机。有的浮吊可以自己运行,有的则需拖轮来拖带,其各工作机构要由岸上供电驱动。装卸桥如图3.22所示,其基本结构与门式起重机相似,所不同的是前者比后者跨距更大,不仅适用于铁路车辆场地,而且可以进行船—车—场多种作业,常常是一机多能,它以装卸散货为主,多用抓斗作业。

图 3.20　门式起重机

图 3.21　浮式起重机

图 3.22　装卸桥

(e)辅助生产设施。

为维护港口的正常生产秩序，保证各项工作得以顺利进行，港口还需要在陆域上配备一些辅助设施，如给排水系统，输电、配电系统，燃料供应站，工作船基地，各种办公用房，维修工程队，船舶修理站等设施。

c. 港口水工建筑物。

水工建筑物是指建筑物的大部分处于水中或经常与水接触。这类建筑物要遭受海水的侵蚀等有害作用，因此对它们的结构和材料有特殊的要求，这类建筑物应该异常坚固又经久耐用。根据各种不同的用途，港口水工建筑物可分为防护建筑物、码头建筑物、护岸建筑物三大种类。

(a)防护建筑物。

防护建筑物多数用在海港，以防止波浪对港内的冲击，也有的用来防止泥沙、流冰进入港内。这种建筑物在水域外围的深海中，要经受巨大的波浪和冲击力，因此要建造的既稳定又坚固，规模往往很大，以便能阻抗深水海浪的侵袭。

(b)码头建筑物。

码头是港口的主要组成部分，码头建筑物也是港口的主要水工建筑物。

现代码头由主体结构和附属设备两部分组成。主体结构的上部有胸墙、梁、靠船构件等；

下部有墙身、基础或板桩、桩基等。附属设备主要是系船柱、护木、系网环、管沟、门扣和铁路轨道以及路面等。

(c)护岸建筑物。

港口陆域和水域的交接地带，除停靠船舶的码头岸线外，其他未被利用的天然岸坡因经常遭受着潮汐、水流和波浪的作用，若边坡土质比较松软，非常容易被冲涮而引起坍塌。由于对岸边的破坏，影响陆域及其上面建筑物的安全，同时也会影响水域的深度，因此要对这些岸边进行加固，这就是护岸建筑物的作用。最常见的护岸建筑物有护坡和护墙。

(4)船舶

在水运的主要技术装备中，船舶用于运载旅客和货物以及从事其他水上活动，是实现水运过程不可缺少的技术工具。

由于人类社会生产和生活需要以及科学技术发展的结果，当今船舶种类繁多，广泛用于国防、交通运输、生活、科研和贸易等方面。船舷有多种分类，可按用途、航行区域、航行状态、推进方式、推进装置和船体材料及船体数目等分类。按用途分类，作为军事用途的称为军舰或舰艇；而用于交通运输、渔业、工程及研究开发的称为民用船舶，其中主要为客船和货船两大类。

①船舶的分类

a. 客船。

客船是用来载运旅客及其行李并兼带少量货物的运输船舶。纯粹载客不装货物的船舶是很少的。以载客为主兼运--部分货物的船舶叫做客货船。图 3.23 所示为现代客船，图 3.24 为大型沿海客货船。

图 3.23 现代客船

图 3.24 “长征号”客货船

对客船的要求是安全可靠，具有良好的适航性和居住条件，较快的航行进度。客船都是用于定期定点的航线，客船有远洋客船、近海客船、沿海客船和内河客船之分。远洋客船的排水量一般都在万 t 以上；近海客船的排水量约为 5 000～10 000 t；沿海客船的排水量一般在 5 000 t 以下；内河客船更小些。

为了保证旅客的安全，船体结构必须设双层底，客船上有足够的救生设备，如救生艇、救生筏、救生圈和救生衣等。对防火要求也有严格的规定，如对要求较高的客船上的舱室设备、家具和床上用品等需经防火处理。此外，客船上还有完善的通信、照明设备，有的还设有空气调节系统。对于要求较高的客船，为了使船舶在海洋中航行平稳，船上装有减摇水舱或减摇鳍等装置。

客船的造型要美观大方，客船上层建筑庞大，有的多达七到八层甲板，一般的内河船舶也有五层甲板。上层建筑物内除有住舱外，还有供旅客用的餐厅、浴室、盥洗室、诊疗室、阅览室和小卖部，并有宽敞的甲板走廊供旅客活动。大型的远洋客船还设置休息室、文娱活动和体育活动室、电影放映室、露天游泳池和室外运动场等。

中小型沿海客船的航速一般为16～18节，大型高速客船的航速大约20节以上。

客船与其他交通工具比较，具有客运量大、费用低、比较安全，旅客占用的活动面积大等优点。可是近年来远程航空客机迅速发展，渐渐取代了远洋客船的地位，远洋客船的客运量相形之下已有所下降。

b. 货船。

货船是专门担负水上运输各种货物任务的船只。它又包括以下几种类型：

(a)杂货船。

杂货船有普通型杂货船和多用途杂货船之分。普通型杂货船是装载一般包装、袋装、箱装和桶装的一般货物。图3.25所示为远洋杂货船。杂货船在运输船中占有较大的比重。一般所说的万吨级货船，是指它的载重量在1万t或1万t以上，而其总载重量和满载排水量则还要大得多。

图3.25　远洋杂货船

万吨杂货船一般都是双层甲板船，有4～6个货舱，每个货舱的甲板上有货舱口，货舱口上装有能起重5～20 t的吊货杆。有些船上还备有起吊重货的重型吊杆，起重能力可达60～150 t。有些货船上为了提高装卸效率，装有回转式的起吊车。

近年来发展了一种多用途的杂货船，它既可运载一般的包装杂货，又可装运散货和集装箱货等。这种货船比装运单一货物的一般杂货船适应性大、运输效率高，从而提高了运营经济性。

(b)散货船。

散货船(如图3.26所示)是专门用来装运煤、矿砂、盐、谷物等散装货物的船舶，与杂货船不同的地方是它运输的货物品种单一，货源充足，装载量大。依照不同的散货品种，装卸时可采用大抓斗、吸粮机、装煤机、皮带输送机等专门的机械。不像杂货船那样装的是包装或箱装等杂货，规格大小不一，理货时间长，运输效率低。因此，散货船比杂货船的运输效率高，装卸速度快。

图 3.26 散货船

散货船的特点是,驾驶室和机舱都设在尾部;货舱口比杂货船的货舱口大;内底板和舷侧用斜边板连接,使货物能顺利地向舱中央集中;有较多的压载水舱,作为空载返航时压载之用。散货船都为单甲板船,甲板下面两舷与舱口边做成倾斜的顶边舱,它可以限制散货向左右两舷移动,防止船的稳定性变坏。

运输单一货物的散货船虽然具有优点,但也存在一个问题,就是多数散货船的货运是单向的,在回程时免不了有空载返航的损失。为了提高船舶的利用率,于是出现了矿—油和矿—油—散货等两用和三用船。对于多数的散货船,结构上是要采取独特的设计以适应运输不同货物的需要。

(c)集装箱船。

集装箱船是用来专门装运规格统一的标准货箱的船舶,如图 3.27 所示。各种货物在装船前已装入标准货箱内,在装、卸过程中不再出现成千上万的单件货物,便于装卸。由于集装箱运输提高了运输效率,减轻了劳动强度,加速了车船周转,加快了货物送达,减少了运营费用,降低了运输成本,因此,集装箱船在近几十年来发展很快。根据国际标准化组织(ISO)公布的统一规格,集装箱一般都是用 20 ft 和 40 ft 两种。20 ft 集装箱被定义为统一标准箱(Twentyfoot Equivalent Unit,简称 TEU)。

图 3.27 集装箱船

集装箱船的特点是船形尖瘦，航速高，舱口尺寸大，便于装卸。

集装箱船按装载情况来分有三大类：

ⓐ全集装箱船，全部货舱和上甲板均可装载集装箱，舱内装设有格栅，以适于集装箱的堆放，适应于货源充足而平衡的航线。

ⓑ半集装箱船，这种船舶一部分货舱设计成专供装载集装箱，另一部分货舱可供装载一般杂货，这种船舶适应于集装箱联运业务不太多或货源不太稳定的航线。

ⓒ兼用集装箱船，又称集装箱两用船，既可装载集装箱也可装其他包装货物、汽车等。这种船舶在舱内各有简易的可拆装设备，当不装运集装箱而要装运一船杂货时，可将其拆下。

(d)载驳船。

类似于集装箱运输方式的，还有载驳船。它是将货物预先装载在特制的统一的货驳上，由载驳船将货驳运至目的地后，卸至水面，由拖船施走。所以，其装卸效率比集装箱船又有提高。图 3.28 和图 3.29 为两种类型的载驳船。

图 3.28 “拉希”型载驳船

图 3.29 “西比”型载驳船

(e)滚装船。

滚装船是有专用的货船将载货汽车或拖车直接从船的大舱里开到码头或由码头直接开进大舱里，进行装卸货，效率大大地提高。有的短途运输滚装船，它的大舱口内装载汽车，上层甲板上还可载运旅客。图 3.30 为滚装船。

图 3.30 滚装船的剖视图

(f)油船。

油船是专门运载石油类液货的船只。它在外形上和布置上很容易与一般的干货船区别开来。油船上层建筑和机舱设在尾部,上甲板纵中部位,布置纵通全船的输油管和步桥。石油分别装在各个密封的油船内,油船在装卸石油时是用油泵和输油管输送的,因此它不需要起货吊杆和起货机,甲板上也不需要大的货舱开口。

油船各油舱内装有蒸汽加热管路,当温度低时,石油的黏度增加不容易流动。有了加热管,加温舱内的石油就能较易流动,便于装卸。

油船的机舱多设在尾部,这样可以避免浆轴通过油舱时可能引起的轴隧漏油和挥发出可燃气体引起爆炸的危险。此外,机舱设在尾部,烟囱排烟时带出的火星向后吹走,不致落入油舱的通气管内而引起火灾。

油船船体结构通常是单层甲板、单层低结构,但目前也有双层低结构的油船。

在液货船中,还有专门运载液化气的运输船,这种船舶上装有特殊的高压液舱。先把天然气或石油气体液化,再用高压泵打入液舱内。液舱一般分薄膜液舱和环型液舱,这种船结构复杂。液化天然气在运输途中要蒸发,可把这部分蒸发的天然气送到锅炉去燃烧,减少损耗,所以液化天然气船的动力装置都选用蒸汽轮机。

除此之外,还有少数散装植物油、化工液货等的船舶,这些船和油船一起统称为液体货船。

(g)冷藏船。

冷藏船是专门运输鲜活易腐货物的船舶。例如,装运新鲜的鸡、鸭、鱼、肉、蛋、水果、蔬菜和冷冻食品等。冷藏船就像一座水上活动的冷库。

冷藏船按所装货物的品种不同,要求不同的冷藏温度。因此对冷藏舱和冷藏装置有一定的要求。

专用的冷藏船航速较高,一般在22节以上,船的吨位不大,通常在数百吨到数千吨。有些客船上也兼载冷藏鲜货。

c. 其他船舶。

(a)渡船。

在交通运输船中,除了上述的大型船舶以外,还有作为短途运输的渡船。渡船用于江河两岸或海峡、河口、岛屿间的运输,这类船舷航程较短,船上的设备也比较简单。

渡船按用途可分为旅客渡船、汽车渡船和列车渡船。城市的对江渡船,有的一小时内要来回好几次,并且江面上各种船舶来往频繁,靠离码头时间极短,要求船舷有灵活的操纵性。还有航行于市区和岛屿之间的短途客船,如香港九龙和香港岛之间的天星渡轮就是属于渡船一类的客船,它的航程仅几小时,船上只设旅客座位不设铺位。

双体旅客渡船是一种比较新型的渡船,它是在两条相同尺寸的船体中间用联桥结合起来的,每个片体各装一个主机和推进器,行驶时同时运转。

双体船不但适用于旅客渡船,也适用于汽车渡船、工程船、渔船、海洋调查船和钻探船等。双体船也存在一些缺点,两个片体间的联结结构比较复杂,在波浪中航行摇摆过快,平时的维修保养费用过高等。双体船目前只适用于中小型的船舶。

列车渡船在我国使用的历史较久,如过去行驶于南京至浦口间的“上海”号和“金陵”号列车渡船。这类船的甲板上铺设有轨道,可同时装裁数十节车,船的头部和尾部都装有螺旋桨,靠离码头操纵灵活。首尾和两舷有平衡水舱,用以调节纵倾和横倾。

汽车渡船通常是首尾对称的方形船，驾驶室设在舷侧高处，便于驾驶人员观察和控制。这种船甲板宽敞平坦，两端有跳板，在靠岸时放下跳板，使汽车能迅速上下。大型的汽车渡船可装载汽车数百辆，这类渡船航线较长，航速较高，兼可载运旅客。

(b)驳船。

驳船是一种专供沿海、内河、港内驳载和转运物资的吨位不大的船舶，船上设备比较简单，本身没有起货设备，其载重量从几十吨到几百吨，大型的货驳也有数千吨级的，驳船一般为非机动的，本身没有推进装置(少数有推进器的驳船称为机械驳)，移动或航行时需要用拖船拖带或推船顶推。驳船用于驳运大型货船上装卸的货物，或者组成驳船船队运输货物。

驳船船队可以航行于狭窄的水道和浅水航道，并可按运输货物的品类随机编组，适应内河各港口货物运输的需要。驳船的优点是：船的结构和设备简单、造价低、管理维修费用低、船的利用率高等。所以，驳船在内河运输中占有重要地位，在我国长江干线和其他内河航线的货物运量中，驳船运输占有较大的比重。

②船舶的基本构造

在使用过程中，船舶承受各种外力及自然条件的侵袭，不应损坏、翻沉或产生不应有的变形，所以必须有足够的强度、良好的航行性能和完善的设备与装置。一般运输船舶有船体、上层建筑、动力装置、船舶设备等组成部分。

a. 船体。

船体是指主甲板以下部分，它是一个直接承受静水压力、浮力、波压力、冲击力、货载及本身重量等各种外力的空间结构。在此空间内形成船舶的各个舱室(船员舱室、工作舱室和营业舱室)。

b. 上层建筑。

船舶主甲板以上，由一舷伸至另一舷的围壁建筑物称为上层建筑。上层建筑位于水密的连续甲板以上，它包括船楼和甲板室。

上层建筑作为驾驶室、工作室、船员和旅客的住室和生活用船室或安装船舶上某些设备之用。上层建筑承受风浪的局部压力和局部载荷，当其超过一定长度时，对其结构的要求应加强。

c. 动力装置。

船舶动力装置是保证船舶推进及其他需要提供各种能源的全部动力设备的总称。主要由推进装置、辅助装置、船舶管系、甲板机械及自动化设备组成。

(a)推进装置是船舶动力装置中的主要部分，包括主机、推进器等。

(b)辅助装置是产生除推进装置所需要能量以外的其他各种能量的设备，包括船舶发电站、辅助锅炉装置等。

(c)船舶管系。为了安全运转和船员、乘客生活需要，船舷上设有船底水排泄系统、压载系统、灭火系统、生活用水系统、通风系统、冷暖系统等。

(d)甲板机械是为了保证船舶航向、停泊及装卸货物所设置的机械设备，如锚泊机械、操舵机械和起重机械等。

(e)自动化设备用以实现动力装置的远距离操纵与集中控制，以改善船员工作条件，提高工作效率及减少维修工作量，主要由对主、辅机及其他机械设备进行遥控、自动调节、监测、报警等设备组成。

d. 船舶设备。

为了操纵船舶、装卸货物和安全救护，船舶配备的舵、锚、系缆、起货和救生五类设备，统称为船舶设备。

③船舶的修理

船舶在营运过程中由于船体锈蚀、零件磨损、事故损坏等原因，需要进行修理，以保持良好的航行性能。船舶可按规定的周期进厂进行大、中、小修，也可按检修、小修、坞修三级修船制进行修理。

船舶修理过程如下：待修船舶进厂后，先在修船码头前停靠，将机械设备拆下，送至车间内修理，船体则用专门的设备升举出水，支承在支墩上，进行船体水下部分的修理。水下部分修好后，再到修船码头前修理船体水上部分并安装修好的机械设备，然后经过检测后出厂。如不需拆卸大型机械设备，则待修船舶进厂后直接上墩。

任务 3 航空运输设备概述

1. 航空运输认知

航空运输是指使用航空器运送人员、行李、货物和邮件的一种运输方式。

我国的航空运输体系已经形成了航空公司、机场、管理局（航管部门）为主体的基本格局。

航空运输是交通运输体系的一个重要组成部分。航空运输是长距离旅行，特别是国际、洲际旅行的主要方式。它和其他交通运输方式分工协作、相辅相成，共同满足社会对运输的各种要求。随着社会经济的发展、人民生活水平的提高、工作节奏的加快，航空运输将越来越普及。航空运输促进了全球经济、文化的交流和发展，它使国际经济、文化、科技交流往来方便快捷，有利于国家或地区间的相互协作、共同发展，有利于经济发达国家或地区到经济不发达国家或地区的投资与开发。

航空运输本身是国家经济领域的一个重要行业，除了自身的经济效益外，还带动了一批相关产业的发展，如旅游业等。

航空运输具有以下特点：

（1）速度快

航空运输在各种运输方式中运输速度最快，其时速高达 1 000 km/h 左右，这是航空运输最大的特点和优势。同时，飞行的距离越长，所能节省的时间也越多，快速的优势也显而易见。因而航空运输适用于中长距离的旅客运输、邮件运输和精密、贵重或鲜活易腐物品的运输。

（2）机动性大

飞机在空中运行，受航线条件限制的程度相对较小，可跨越地理障碍将任何两地连接起来。航空运输的这一优点使其成为执行救援、急救等紧急任务中必不可少的手段。

（3）舒适、安全

现代民航客机平稳舒适，且客舱宽敞、噪声小．机内有供膳、视听等设施，旅客乘坐的舒适程度较高。随着科技进步和管理的不断改善，航空运输的安全性比以往已经大大地提高。

（4）基本建设周期短、投资少

发展航空运输的设备条件是添置飞机和修建机场。这与修建铁路和公路相比，建设周期短、占地少、投资省、收效快。

航空运输的主要缺点是飞机机舱容积和载重量都比较小，运载成本和运价比地面运输高。飞机飞行往往要受气象条件限制，因而影响其正常起降及准点性。此外，航空运输速度快的优点在短途远输中难以显示。

航空运输因其具有的以上特点，所以，其适合运输鲜活易腐货物、附加值高，运输承担能力强的货物以及紧急需要的物资。

2. 航空运输设备类型

航空运输体系包括飞行航线、机场、通信与导航设备和飞机四个部分。这四个部分有机地结合，在空中交通管理系统的协调和管理下，分工协作，共同完成航空运输的各项业务活动。

(1)飞行航线

飞机航线是航空运输的线路，分固定航线与非固定航线。固定航线用于定期航班飞行；非固定航线用于临时性的航空运输或通用航空运行。

①航路

民航运输服务是航空器跨越天空在两个或多个机场之间的飞行。为了保障飞行安全，必须在机场之间的空中为这种飞行提供相对固定的飞行线路，使之具有一定的方位、高度和宽度，并且在沿线的地面设有无线电导航设施。这种经政府有关当局批准的、使飞机能够在地面通信导航设施指挥下沿具有一定高度、宽度和方向，在空中作航载飞行的空域，就称为航路。它分为两部分：一是航站区空域，供飞机进出机场用；二是航线空域，用于连接各航站区。我国航路由空军划定，经国务院和中央军委批准。各部门飞机经申请批准后在指定航路上飞行。

在欧美国家，航路空城高度层分为三种：一是低空航路空域，宽 16 km，高度在平均海拔 4 423 m 以下；二是中空航路空域，宽 26 km，高度在平均海拔 4 423～7 320 m 之间；三是高空航路空域，宽度没有规定，高度在平均海拔 7 320 m 以上，专供喷气飞机使用。我国民用航路的宽度规定为 20 km。

目前主要有三种飞行规则：

a. 一般飞行规则，它是在任何空域中均要遵守的规则。如保护地面人员和防止污染的规定，避免飞机相撞，右行规则和航空器导航等的规定等。

b. 目视飞行规则(VFR)，它是在符合限制规定的天气条件下航空器应遵守的规则。这种飞行是指在可以看清地形和其他航空器或可以被观察到的基础上进行的飞行。

c. 使用仪表飞行气象条件(IMC)时，则需要采用第三种规则，即仪表飞行规则(IFR)，即当天气条件低于目视飞行限制或在某种规定的空域中飞行时航空器要遵守的规则。

②航线

航空公司在获得航空运输业务经营许可证之后，可以在允许的一系列站点(即城市)范围内提供航空客、货、邮运输服务。航线是航空公司开辟的从甲地航行到乙地的营业路线。航线由飞行的起点、经停点、终点、航路、机型等要素组成。对于航空公司来说，设计航线或安排航班，尤其是在能力紧张的主要枢纽机场安排航班是一个复杂的问题。

开辟新航线，必须考虑航路的地理条件和气象条件，有利于飞机运输飞行安全，也应考虑航线站点地区的经济水平，因其决定着客货运量和航空运输市场的发展潜力。同时，新航线的建立，还必须充分考虑与其他航线的衔接、地面交通的综合运输能力，以便航空运输的客货集散。

③航段

航段通常分为旅客航段(简称航段)和飞行航段(通常称为航节)。旅客航段指能够构成旅客航程的航段。例如,北京—上海—旧金山航线,旅客航程有三种可能:北京—上海、上海—旧金山和北京—旧金山。飞行航段是指航班飞机实际飞行的航段,例如,北京—上海—旧金山航线,飞行航段为北京—上海和上海—旧金山。

④航班

按照民航管理当局批准的民航运输飞行班期时刻表、使用指定的航空器、沿规定的航线在指定的起讫经停点停靠的客、货、邮运输飞行服务,称为航班。航班用航班号标识其具体的飞行班次。我国的民航飞行航班号一般采用两个字母的航空公司代码加4位数字组成。航空公司代码由民航总局规定公布。后面4位数字的第一位代表航空公司的基地所在地区,第二位表示航班的基地外终点所在地区,第三、四位表示这次航班的序号,单数为由基地出发向外飞的去程航班,双数表示飞回基地的回程航班。例如,航班号CAl482,CA指中国国际航空公司,l为该航空公司所在民航地区管理局的数字代码,4为此航班飞抵的终点站所在民航地区管理局的数字代码,82为具体航班号。

航班安排应考虑以下因素:

a. 利用率和载运率。由于民航飞机成本昂贵,高利用率和高载运率是很重要的现代从事远程运输的宽体飞机来说,盈亏平衡的载运率大致在70%左右。

b. 可靠性。飞行的可靠性直接决定着正点率,而飞机的利用率又直接决定于载运率和正点率两个因素。

c. 远程航班时间。由于大多数机场离市中心有一定距离,在安排航班时应考虑在始发、中途及目的地机场的离港与进港时间,保证万一航班出现延误时有一定的回旋余地。

d. 短程航班的便利性。短程航班运送着大量公务旅行者,离、进港时间至关重要。应保证当天上下班时间前后能完成往返。

e. 机组作业与换乘。对所有航班来说,要考虑维修、地面与空中作业、机组工作时间等方面的可行性;远程航班要考虑中途的短暂停留及机组的换乘问题。

f. 飞机运营与检修。不同飞机类型均要安排使用与维护计划。如波音747可连续运营130 h,此后需要进行8 h的保养,如包括进入维修和牵引时间,可能要导致12 h的停运。此外,每三周要有24 h的进一步保养,每三个月要进行一次大检修等。

g. 市场状况。主要指离、进港时间以及同其他交通方式的衔接、客房的保证率等。尤其是为面向中途换乘旅客的航班,要考虑到大部分旅客不愿意在机场作长时间的中途停留。

h. 季节变化。季节变化尤其要考虑某些旅游地点的航班以及假期间的航班。

i. 起降费定价政策。调整费用是影响需求的重要方面,如用价格政策来分散高峰,对黄金时间的经营收取额外费用作为补偿等。

⑤民用航空运输飞行的形式

a. 定期航班:根据班机时刻表,按规定的航线,定机型、定日期、定时刻飞行。

b. 包机飞行:它指根据包机单位需要,在现有航线上或以外进行的飞行。

c. 加班飞行:它是根据需求状况增加的飞行。

根据飞行的起讫点,航线可以分为国际航线和国内航线两大类。国际民用航空运输协会(International Aviation Transport Association,简称IATA)每半年一次的夏季和冬季航班安排会有 100 多个国家国际航空运输协会的成员参加，讨论在全世界范围内的航班表。

(2)机场

机场是提供飞机起飞、着陆、停驻、维护、补充给养及组织飞行保障活动的场所，也是旅客和货物的起点、终点或中转点，也是航空运输系统中机场、航空公司、用户三大部分的相互作用点。机场是由供飞机使用的部分(包括飞机用于起飞降落的起飞区和用于地面服务的航站区)和供旅客、接运货物使用的部分(包括办理手续和上下飞机的航站楼、地面交通设施及各种附属设施)组成。机场是航空运输系统的一个实体组成部分，机场是飞机航行的经停站，也是终点站。

机场、飞机和航路构成了民用航空运输系统。从交通运输角度看，民航运输机场是空中运输和地面运输的转接点。它一方面要面向空中，送走起飞的飞机、迎来着陆的飞机；另一方面要面向陆地，供客、货和邮件进出。机场可实现运输方式的转换。民用运输机场的基本功能是为飞机的运行服务，为旅客、货物及邮件的运输服务以及其他方面的服务。

①机场的分类

a. 按服务对象划分，可分为军用机场、民用机场和军民合用机场。

民用机场又分为商业运输机场、通用航空机场以及用于科研、生产、教学和运动的机场。民用机场还可分为地方机场与国家机场。大型民航运输机场又称为“航空港”。

b. 按航线性质划分，可分为国际航线机场(国际机场)和国内航线机场。

国际航线机场有国际航班进出，并设有海关、边防检查(移民检查)、卫生检疫和动植物检疫等政府联检机构。国际机场又分为国际定期航班机场、国际不定期航班机场和国际定期航班备降机场。

国内航线机场是专供国内航班使用的机场。我国的国内航线机场包括地区航线机场。地区航线机场是指我国内地城市与港、澳等地区之间定期或不定期航班飞行使用的机场，并设有相应的类似国际机场的联检机构。

c. 按机场在民航运输网络系统中所起作用划分，可分为枢纽机场、干线机场和支线机场。

国内、国际航线密集的机场称为枢纽机场。在我国内地，枢纽机场仅北京、上海、广州三大机场。干线机场是指各直辖市、省会、自治区首府以及一些重要城市或旅游城市(如大连、厦门、桂林和深圳等)的机场，共有 30 多个。干线机场连接枢纽机场，空运量较为集中。而支线机场则空运量较少，航线多为本省区内航线或邻近省区支线。

d. 按机场所在城市的性质、地位划分，可分为Ⅰ类机场、Ⅱ类机场、Ⅲ类机场和Ⅳ类机场。

(a)Ⅰ类机场，即全国经济、政治、文化大城市的机场，是全国航空运输网络和国际航线的枢纽，运输业务繁忙，除承担直达客货运输外，还具有中转功能。北京、上海、广州三城市机场均属于此类机场，亦为枢纽机场。

(b)Ⅱ类机场，即省会、自治区首府、直辖市和重要的经济特区、开放城市和旅游城市或经济发达、人口密集城市的机场，可以建立跨省、跨区域的国内航线，是区域或省区内民航运输的枢纽，有的可开辟少量国际航线，亦为干线机场。

(c)Ⅲ类机场，即国内经济比较发达的中小城市或一般的对外开放和旅游城市的机场，除开辟区域和省区内支线外，可与少量跨省区中心城市建立航线，故也可称为次干线机场，如青岛、温州、三亚等机场。

(d)Ⅳ类机场，即省、自治区内经济比较发达的中小城市和旅游城市或经济欠发达、但地面交通不便城市的机场，航线主要是在本省区内或连接邻近省区。这类机场也可称为支线机场。

e. 按旅客乘机目的划分，可分为始发/终程机场、经停（过境）机场和中转（转机）机场。

始发/终程机场中，始发和终程旅客占旅客的大多数，始发和终程的飞机或掉头回程架次比例很高。目前国内机场大多属于这类机场。

中转机场中，有相当大比例的旅客下飞机后，立即转乘其他航线的航班飞往目的地。

除上述几种划分机场类别的标准外，从安全飞行角度考虑还须确定备降机场。备降机场是指在飞行计划中事先规定的，当预定着陆机场不宜着陆时，飞机可前往着陆的机场。在我国，备降机场是由民航总局事先确定的。起飞机场也可以是备降机场。

②机场的构成

一般可将机场分为空侧（airside）和陆侧（1andside）两部分。空侧（又称对空面或向空面）是受机场当局控制的区域，包括飞行区、站坪以及相邻地区和建筑物，进入该区域是受控制的。陆侧是为航空运输提供各种服务的区域，是公众能自由进出的场所和建筑物。航站楼是这两部分的分界处。

从系统角度而言，大型机场系统主要由飞行区、航站区及进出机场的地面交通系统三部分构成。

民航机场与其他交通运输港站相比，有一些不同，如占地面积大、位置选择要求高，而且还包括相应的空域。机场必须要有足够的面积容纳飞行区和航站区，同时要求平坦开阔；由于噪声影响以及为长远发展考虑，机场应适当远离城市市区。机场的位置选择不仅应满足占地面积的要求，还应考虑周围地势、海拔高度、气象（尤其是风向）、相邻机场距离和方位、附近居民区和工业区状况、陆上客货运输工具进出机场的方便程度等。对净空区域的要求是机场特有的，是飞机安全和有序起降的基本条件。为此，机场在新建和迁建时，场址选择必须考虑上述要求。

a. 飞行区。

飞行区是机场内用于飞机起飞、着陆和滑行的区域，通常还包括用于飞机起降的空域在内。飞行区主要包括跑道、滑行道和停机坪等，它的各部分的宽度、坡度和间距必须同飞机性能、驾驶员技术和天气条件等相适应。飞行区由跑道、滑行道、停机坪三部分组成。

(a)跑道。

跑道是机场工程的主体。机场的构形主要取决于跑道的数目、方位以及跑道与航站区的相对位置。跑道是供飞机起降的一块长方形区域。它提供飞机起飞、着陆、滑跑以及起飞滑跑前（和着陆滑跑后）运转的场地。因此，跑道必须要有足够的长度、宽度、强度、粗糙度、平整度以及规定的坡度。跑道数目取决于航空运输量的大小，跑道方位主要与当地风向有关。

跑道系统由跑道的结构道面、道肩、防吹坪、跑道安全地带等组成，它们与起飞及着陆有直接关系，构成了起飞着陆区。

(b)滑行道。

滑行道是机场内供飞机滑行的规定通道。滑行道的主要功能是提供从跑道到航站区和维修库的通道，使已着陆的飞机迅速离开跑道，不与起飞滑跑的飞机相干扰，并尽量避免延误随即到来的飞机着陆。此外，滑行道还提供了飞机由航站区进入跑道的通道。滑行道可将性质不同的各功能分区（飞行区、航站区等）连接起来，使机场最大限度地发挥其容量潜力并提高运行效率。滑行道应以实际可行的最短距离连接各功能分区。

滑行道系统主要包括：主滑行道、进出滑行道、飞机机位滑行通道、机坪滑行道、辅助滑行道、滑行道道肩及滑行带。

主滑行道又称干线滑行道，是飞机往返于跑道与机坪的主要通道，通常与跑道平行。

进出（进口或出口）滑行道又称联络滑行道（俗称联络道），旨在使着陆飞机尽快脱离跑道，大多与跑道正交。快速出口滑行道与跑道的夹角介于 25°～45°之间，最好取 30°。飞机可以较高速度由快速出口滑行道离开跑道，不必减到最低速度。出口滑行道距跑道入口的距离取决于飞机进入跑道入口时的速度（进场速度）、接地速度、脱离跑道时的速度、减速度以及出口滑行道数量、跑道与机坪的相对位置。出口滑行道数量应考虑高峰时运行飞机的类型及每类飞机的数量。一般在跑道两端各设置一个进口滑行道。对于交通繁忙的机场，为防止前面飞机不能进入跑道而妨碍后面飞机的进入，则通过设置等待坪、双滑行道（或绕行滑行道）及双进口滑行道等方式解决，为确定起飞顺序提供了更大的灵活性，也提高了机场的容量和效率。滑行道应有足够的宽度。由于滑行速度低于飞机在跑道上的速度，因此滑行道宽度比跑道宽度要小。

为了保证飞机的滑行安全，通常在滑行道两圈对称地设置道肩，而且还要向两例延伸一定的距离，延伸部分连同滑行道（机位滑行道除外）统称为滑行带；交通通道间及其与邻近障碍物间也必须有足够的间距。

（c）停机坪。

停机坪也可称为“试车坪”或“预热机坪”，通常设置于邻近跑道端部。活塞式飞机可在此做起飞前的最后检查。等待起飞机坪应能容纳 2～4 架飞机。停机坪（特别是客货机坪）供飞机长时间停放、满载滑进滑出，其受裁条件与跑道端部相近，因此其厚度亦应与跑道端部相等。

停机坪包括站坪、维修机坪、隔离机坪、等候机位机坪等，停机坪上设有供飞机停放的划定位置，即机位。航站楼空侧所设停机坪称作站坪，可供飞机滑行、停住机位、停靠门位以便上下旅客、行李和货邮及加油。站坪包括客机坪和货机坪。

b. 航站区。

航站区是飞行区与机场其他部分的交接部。航站区设备包括航站楼、助航设施、地面活动引导和管制系统、地面特种车辆和场务设备等。航站区系统包括旅客航站系统、机坪门位系统、机场维护与管理系统等。图 3.31 为一个小型机场航站区平面图。

图 3.31　小型机场航站区平面图

(a)航站楼。

航站楼(主要指旅客航站楼,即候机楼)是航站区的主体建筑物。航站楼的设计,不仅要考虑其功能,还要考虑其环境、艺术氛围及民族(或地方)风格等。航站楼一侧连着机坪,另一侧又与地面交通系统相联系。旅客、行李及货邮在航站楼内办理各种手续,并进行必要的检查以实现运输方式的转换。旅客航站楼基本功能是安排好旅客和行李的流程,为其改变运输方式提供各种设施和服务,使航空运输安全有序。旅客航站楼的基本设施包括:车道、公共大厅、安全检查设施、政府联检机构、候机大厅、行李处理设施(行李分检系统和行李提取系统)、机械化代步设施(人行步道,自动扶梯等)、登机桥和旅客信息服务设施等。

大型机场的旅客航站楼还设有特许商业经营和服务设施。因此,航站楼不仅是民航的营运中心,而且还是商业中心。旅客航站楼设有机场和航空公司的办公机构和特许经营部门。旅客可分为:离港旅客、到港旅客、中转旅客和经停旅客;又可分为国际旅客和国内旅客。组织好各类人员的流程,避免相互交叉和干扰是十分必要的。

(b)助航设施。

为了满足驾驶员的目视要求,保证飞机的安全起飞、着陆、滑行,应在跑道、滑行道、停机坪及相关区域内设置助航设施,包括仪表助航与目视助航设施。

空中交通管理系统是为了保证航空器飞行安全及提高空域和机场飞行区的利用效率而设置的各种助航设备和空中交通管制机构及规则。助航设备分仪表助航设备和目视助航设备。仪表助航设备是指用于航路、进近(又叫进场,指飞机在机场上空由地面管制人员指挥对准跑道下降的阶段,飞机需要按规则绕机场飞行后直接对准跑道、减速、放下襟翼和起落架)、机场的管制飞行的装置,包括通信、导航、监视(雷达)等。目视助航设备是指用于引导飞机降落、滑行的装置,包括灯光、信号、标志等。空中交通管制机构通常按区域、进近、塔台设置。空中交通管制规则包括飞行高度层配备,垂直间隔、水平间隔(侧向、纵向)的控制等。管制方式分程序管制和雷达管制。

(c)地面活动引导和管制系统。

地面活动引导和管制系统是指由助航设备、设施和程序组成的系统。该系统主要是使机场能安全地解决运行中提出的地面活动需求,即防止飞机与飞机、飞机与车辆、飞机与障碍物、车辆与障碍物以及车辆之间的碰撞等。该系统可以是简单的,如能见度良好、交通量不大的小机场可用目视标记牌和一套机场交通规则;也可以是复杂的,如低能见度和(或)交通繁忙的大机场。

(d)地面特种车辆和场务设备。

进出港的飞机都需要一系列的地面服务,这些服务往往都是由工作人员操作各种车辆或设备[包括牵引车、电源车、气源车、空调车、加油车(加油井、加油栓)、清洗车、食品车、污水车、垃圾车、除胶车、行李车、升降平台、客梯车、摆渡车、接地装置等]来完成。为了保证飞机在飞行区内正常运行,机场应配备维护、检测设备(清扫车、吹雪车、推雪车、割草机、道面摩擦系数测试车等)以及驱鸟设备等。

救援与消防设施是机场规划与建设中不可忽视的组成部分。根据现代救援和消防实践经验,为保证在最短的时间内做出反映,可采用两种车辆来处理机场航空器事故:一是快速介入车辆(RIV),它是一种小型轻便车,加速能力强,速度快,可在困难地面上行驶;二是大型救援车辆,可根据需要装载灭火材料,其最高时速可达 100 km,运行时速可达 80 km,具有一定的清障能力及通过洼地和积水障碍物所需要的牵引和浮游特性。

c. 进出机场的地面交通系统。

进出机场的地面交通系统通常是公路，也包括铁路、地铁(或轻轨)和水运码头等。其功能是把机场和附近城市连接起来，将旅客和货邮及时运进或运出航站楼。进出机场的地面交通系统的状况直接形响空运业务。

机场地面交通包括出入机场交通和机场内交通两部分。机场内交通设施包括：供旅客、接送者、访问者、机场工作人使用的公用通道，供特准车辆出入的公用服务设施和非公用服务道路。出入机场的地面交通不仅要为旅客服务，还要为接送者和机场工作人员服务。目前大中型运输机的巡航速度一般在 900 km/h，故国内航线的乘机时间基本上在 1～3 h 范围。由于机场通常离市区较远，如果旅客从出发地到机场的时间超过乘机时间，航空运输快速的优点将会因地面交通的阻滞而抵消一部分。因此，要从整体上考虑出入机场的地面交通的规划。

出入机场的主要交通方式有五种：

(a)私人小汽车，它是大多数发达国家旅客常用的交通形式。

(b)出租汽车。

私人小汽车和出租汽车这两种方式较为灵活和方便，但机场需要修建较大的停车场，乘客出行费用与机场建设费用均较高。

(c)机场班车，包括小型面包车及大客车，可提供机场与指定地点(如旅馆、饭店)间的交通。

(d)公共汽车，车辆载客效率高，费用省，对机场工作人员较合适，但乘客携带行李不便，受非机场旅客干扰较大。

(e)市郊与轻轨铁路系统，即将机场与市区通过轻轨铁路系统相连，如英国伯明翰的市郊铁路、东京羽田机场的单轨铁路系统等。它通常不受道路交通的影响，正点率高，但终点站可能离航站楼较远，旅客步行距离较长。

从各种方式的特性来看，当客运量大(如年运输量在 1 000 万人以上)时才宜采用轻轨交通系统。目前我国机场主要有公共汽车、民航班车和出租车等方式。

(3)通信与导航设备

①通信设备

民航客机用于和地面电台或其他飞机进行联系的通信设备包括：高频通信系统(HF)，甚高频通信系统(VHF)和选择呼叫系统(SELCAL)。

a. 高频通信系统(HF)。

一般采用两种制式工作，即调幅制和单边带制，以提供飞机在航路上长距离的空与地或空对空的通信。它工作在短波波段，频率范围一般为 2～30 MHz。由通信控制盒、通信收发信机、天线耦合器和音频选择盒组成。

b. 甚高频通信系统(VHF)。

一般采用调幅方式工作，主要提供飞机与地面塔台、飞机与飞机之间近距离视线范围的话音通信，其工作于超短波波段，频率范围一般为 l13～135.795 MHz。由通信控制盒、通信收发信机、天线和音频选择盒组成。

c. 选择呼叫系统(SELCAL)。

选择呼叫指地面塔台通过高频或甚高频通信系统对指定飞机或一组飞机进行联系。当被呼叫飞机的选择呼叫系统收到地面的呼叫后，指示灯亮、钟响，告诉飞行员地面在呼叫本飞机。由选择呼叫控制盒、选择呼叫译码器和终生装置组成。

②导航设备

民航客机的导航主要依赖于无线电导航系统，主要的设备有：甚高额全向无线电信标/测距仪系统（VOR/DME）、无方向性无线电信标系统（NDB）、仪表着陆系统（ILS）等。

a. 甚高频全向无线电信标/测距仪系统（VOR/DME）。

甚高频全向无线电信标（VOR）是一种近程无线电导航系统。1949 年被 ICAO 采用为国际标准航线的无线电导航设备。它由地面发射台和机载设备组成。地面设备通过天线发射从 VOR 台到飞机的磁方位信息，机载设备接收和处理该信息，并通过有关指示器指示出飞机到 VOR 台的磁方位角。根据长短，一条“空中航道”可以设置多个 VOR 台。这样飞机可以从一个航路点到另一个航路点沿预定航道飞行。机载 VOR 由接收机、控制盒、天线和指示器组成。

测距仪（DME）是为驾驶员提供距离信息的设备，1959 年，它成为 ICAO 批准的标准测距系统。它由机载测距仪和地面测距信标台配合工作，一般情况下，地面测距台与 VOR 台安装在一起，形成极坐标近程定位导航系统，它是通过询问应答方式来测量距离的。工作方式是：机载测距仪的发射电路产生脉冲“询问”信号，通过天线发射出去；测距信标台收到这一信号后，发射相应的“应答”信号；机载测距仪在接收到应答信号后，即可根据询问脉冲和应答脉冲之间的时间延迟，计算出飞机到测距信标台之间的直线距离。

b. 无方向性无线电信标系统（NDB）。

无方向性电信标系统（NDB），即导航台，是用来为机上无线电罗盘提供测向信号的发射设备。根据要解决的导航任务，导航台可以设置在航线上的某些特定点、终端区和机场。航线上导航台，可以引导飞机进入空中走廊的出、入口，或到某一相应的导航点以确定新的航向。终端区的导航台，用来将飞机引导到所要着陆的机场，并保证着陆前机动飞行和穿云下降，也用来标志该机场的航线出口位置。机场着陆导航台，用来引导飞机进场，完成机动飞行和保持着陆航向。

无线电罗盘，又称自动定向机（ADF），是一种用途广泛的机载无线电导航设备，各种飞机、直升机都普遍装备。其结构简单，使用方便，易于利用专用的 NDB 电台以及地区性的民用广播电台的信号，测量飞机与地面导航台的相对方位。

c. 仪表着陆系统（ILS）。

仪表着陆系统，1949 年被 ICAO 确定为飞机标准进近和着陆设备，它能在气候恶劣的条件下，给驾驶员提供引导信息，保证飞机安全进近和着陆。

③监视设备

目前实施空中交通监视的主要设备是雷达，它是利用无线电波发现目标，并测定其位置的设备。雷达系统一般分为两种类型：一次雷达（包括气象雷达、航行雷达、多普勒雷达及监视雷达）和二次雷达。

a. 一次监视雷达。

一次监视雷达的工作方式是依靠目标对雷达天线所辐射的射频脉冲能量的反射而探测目标的，由发射部分、接收部分、天线部分和显示部分组成。

b. 二次监视雷达。

二次雷达的工作方式与一次雷达不同，它是由地面二次雷达——询问器与机载应答机配合，采用问答方式工作的。地面二次雷达发射机产生询问脉冲信号由其天线发射；机载应答器在接收到询问信号后发射相应的应答信号，在进行一系列处理后获得所得的飞机代码等信息。

在同时装备一、二次雷达的空中交通管制系统中，通常二次雷达的天线安装在一次雷达天线的上方，二者同步扫掠，协同工作。

二次雷达的地面部分包括发射电路、编码器及接收电路等；机载应答机包括接收电路、译码器、编码器和发射电路等。二次雷达工作于L波段，其询问发射频率为1 030 MHz，接收频率为1 090 MHz，作用距离与配合工作的一次雷达相适应，但发射功率远低于一次雷达。

(4)飞机

所有飞行器可以分为航空器和航天器，前者是大气飞行器，而后者是空间飞行器(如火箭、航天飞机、行星探测器等)。

航空器是指可以从空气的反作用(但不包括从空气对地球表面的反作用)中取得支撑力的机器，可分为轻于空气的航空器(如气球、飞艇等)与重于空气的航空器(飞机与各种直升机、滑翔机、旋翼机等)；还可分为固定翼航空器[产生升力的翼面固定在机身上，这一类航空器又可分为飞机(有动力)和滑翔机(无动力)两类]和旋翼航空器(产生升力的翼面在飞行时相对于机身是运动的，宜升机目前是最常见的旋翼航空器)。

航空器按其用途可分为民用航空器和国家航空器。国家航空器系指用于执行军事、海关、警察飞行任务的航空器。民用航空器主要有民用飞机和民用直升机。民用飞机主要是指民用的客机、货机和客货两用飞机。

①飞机的分类

a. 按构造分类。

按不同的构造可将飞机分为不同的类型。

按机翼数目，飞机一般可分为双冀机和单翼机。

按发动机类型可分为活塞发动机及螺旋桨组飞机和喷气式飞机。

按发动机数目可分为单发动机飞机、双发动机飞机、三发动机飞机和四发动机飞机。

按旅客过道数目，大多数客机的客舱内只有一个旅客过道，若客舱内有两个旅客过道，则称其为宽体(或双通道)客机。

此外，还可按尾翼位置或数量、机身数量分类。

b. 按用途分类。

由于飞机的性能、构造和外形基本上是由用途来确定的，故按用途分类是最主要的分类方法之一。现代飞机按用途主要可分为军用机和民用机两类，另有一类专门用于科研和试验的飞机，可称为研究机。下面主要介绍民用机。

(a)旅客机：用于运载旅客和邮件，联络国内各城市与地区，或国际城市。旅客机可按大小和航程进一步分为：洲际航线上使用的远程(大型)旅客机(如图3.32所示)、国内干线上使用的中程(中型)旅客机、地方航线(支线)上使用的近程(轻型)旅客机。目前各国使用的旅客机大都是亚音速机。超音速旅客机有两种，其最大巡航速度约为2倍音速。中型旅客机使用较广泛，既有喷气式的，也有带螺旋桨的，如“三叉戟”客机。

图 3.32 旅客机(空客 A380 型)

(b)货机:用于运送货物,一般载重较大,有较大的舱门,或机身可转折,便于装卸货物,如图 3.33 所示。货机修理维护简易,可在复杂气候下飞行。

图 3.33 货机

(c)教练机(民用):用于训练民航飞行人员,一般可分为初级教练机和高级教练机。

(d)农业机、林业机:用于农业喷药、施肥、播种、森林巡逻、灭火等。大部分属于轻型飞行。

(e)体育运动机:用于发展体育运动,如运动跳伞等,可作机动飞行。

(f)多用途轻型飞机:这类飞机种类与用途繁多,如用于地质勘探、航空摄影、空中游览、紧急救护、短途运输等。

农、林业机、体育运动机、多用途轻型飞机均属于通用航空(General Aviation)范畴。在美、英等国,通用航空一般指既不同于军用航空、也不属于定期民用客货运输的航空活动。

c. 按性能特点分。

按最大飞行速度分为:亚音速(即飞机飞行速度与音速之比或称马赫数 M 小于 0.75)、跨音速(M 在 0.75~1.2 之间)、超音速(M 在 1.2~5.0 之间)、超超音速(M 大于 5.0)飞机。亚音速飞机又可进一步分为低速飞机(飞行速度在 400 km/h 以下)和高亚音速飞机,目前使用的喷气式客机大多数属于高亚音速飞机。

按起落地点可分为:陆上飞机、雪(冰)上飞机、水上飞机、两栖飞机和舰载飞机。

按起落方式可分为:滑跑起落式飞机和垂直/短距起落式飞机。

按飞机的航程不同可分为:短程飞机、中程飞机和远程飞机。短程飞机的航程一般在1 000 km以内;中程飞机的航程在3 000 km左右;远程飞机的航程为11 000 km左右,足以完成中途不着陆的洲际跨洋飞行。短程飞机一般用于支线飞行,所以又称支线飞机;中、远程飞机多用于国内干线和国际航线,因此又称干线飞机。

②飞机的构造

飞机对结构材料和构造精度要求很高,同时,飞机零部件多,装配工作量大、难度也大。从原理上看,飞机构造应满足下列要求:

a. 空气动力要求:最佳飞行性能要求阻力小、举力大,具有良好的空气动力外形,能保证空气动力外形的精确度和表面质量。

b. 重量、强度和刚度要求:要求在保证强度和刚度要求下,重量最轻,同时,飞机的耐"疲劳"能力也要大。这里,强度是指飞机构件在受力时抵抗破坏的能力。刚度是指受力时抵抗变形(即形状与尺寸的改变)的能力。疲劳则是指构件受到外力的反复、多次、大小和方向变化的作用时,构件虽无明显的永久变形,但某些薄弱部分产生的细小裂痕迅速扩大而被破坏的现象。

c. 使用维护要求:包括使用中便于检查、维护和修理,员工有良好的工作条件。军用机与民用机的构件还应有较大的生存力,这里,军用机的生存力是指构件被炮火击中时仍能受力和飞行的能力,民用机的生存力则是指构件抗锈蚀的能力。

d. 工艺和经济要求:在满足生产条件、数量和质量基础上,制造容易,成本低廉。

飞机由机体、推进装置、飞机系统和机载设备四个基本部分组成。

a. 机体。

飞机机体由机翼、机身、尾翼组、起落装置等组成,如图 3.34 所示。现代民用飞机机体除起落架外一般都是以骨架为基础加蒙皮的薄壁结构,其特点是强度高、刚度大、重量轻。

图 3.34　飞机机体结构示意图

(a)机翼。

机翼是为飞机飞行提供举力的部件,如图 3.35 所示。飞机在平衡飞行时,受到四个力的作用:举力、阻力、拉(推)力与重力。这些外力称为"外载荷",它们会使飞机的某些部件产生变形,而飞机内部会产生一种抵抗变形的内力。这些载荷加到机翼上,会使机翼产生弯曲、扭转、剪切、拉伸和压缩五种变形。因此,要求构件必须有足够的强度、刚度和抗疲劳能力来抵抗这种变形以保证空气动力外形的精确度。

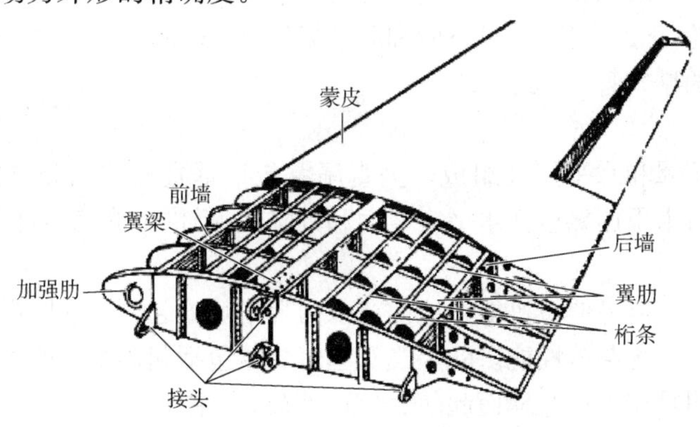

图 3.35 飞机机翼构造图

机翼还作为油箱和起落架舱的安放位置。机翼的翼形是流线型的,上表面凸起弯曲大,下表面弯曲小或是平面。机翼的前缘和后缘加装了很多改善或控制飞机气动性能的装置,这些装置包括副翼、襟翼、缝翼和扰流板等。副翼是飞机的主操纵面之一,位于机翼后缘外侧(远离机身),一对副翼总是以相反的方向偏转,使一侧机翼的升力增加而另一例机翼的升力减小,从面使飞机滚转。襟翼和前缘缝翼都是增加飞机起飞降落时的升力的装置,以缩短飞机的起降滑跑距离。扰流板是铰接于机翼上表面的金属薄板,打开时分离上翼面的气流,造成机翼上的升力下降、阻力增加。在空中扰流板可以协助副翼使飞机滚转,在地面扰流板可起减速板的作用。民用飞机的燃油箱大多位于机翼内。

(b)机身。

机身是飞机的主体,它左右对称并呈流线形。机身用来装载人员、货物、燃油、武器、各种装备和其他物资。它还用于连接机翼、尾翼、起落架和其他有关构件,将飞机的各部件连接为整体,如图 3.36 所示。大型客机机身由机头、前段、中段、后段和尾锥组成。

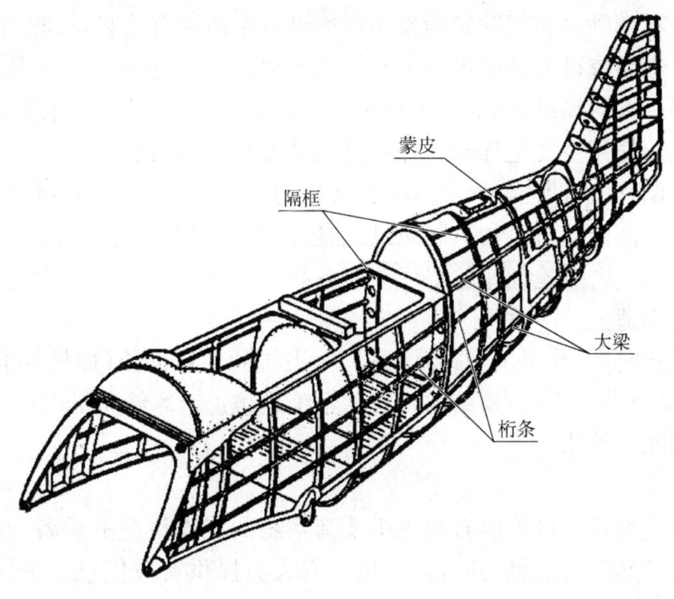

图 3.36 飞机机身构造图

机头主要是雷达天线和整流罩；前段和中段为气密增压舱，空间被地板分成上、下两部分，上部为驾驶舱和客舱，下部为货舱、设备舱和起落架舱；后段主要安装尾翼及部分设备；尾锥主要是辅助动力装置的排气管。

(c)尾翼组。

尾翼组由垂直尾翼和水平尾翼组成。垂直尾翼包括垂直安定面和方向舵，提供方向(航向)稳定性和操纵性；水平尾翼包括水平安定面和升降舵，提供俯仰稳定性和操纵性。

(d)起落装置。

飞机起落装置的功能是使飞机能在地面或水面上平顺地起飞、着陆、滑行、移动和停放，吸收着陆撞击的能量以改善起落性能。陆上飞机起落装置包括起落架与改善起落性能的装置两部分。起落架的作用是使飞机在地而起落、滑行、停放，它主要由受力结构、减震器、机轮和收放机构组成，现代飞机的起落架都是可收放的，可以大大减小飞机阻力，也有利于飞机姿态的控制。

b. 推进装置。

航空发动机是飞机的动力装置，也称为推进装置。飞机发动机有多种类型，民用飞机主要采用的是活塞式发动机和燃气涡轮发动机。

活塞式发动机是以汽油作燃料的一种四冲程内燃机。按冷却方式，活塞式发动机可分为液冷式和气冷式两种。活塞发动机的气缸数目最多可达 28 个或更多，最大功率近 4 000 马力。航空活塞发动机要求重量轻、尺寸小、马力大、油耗低。

涡轮喷气发动机转速高，推力大，适合高速飞行，使用范围可从近音速到超过音速 2～3 倍。但这种发动机低速飞行时油耗大，不经济。螺旋桨活塞式发动机一般在时速不超过 700 km 时采用。在时速 600～800 km 时也可采用涡轮螺旋桨喷气发动机。涡轮螺旋桨发动机广泛适用于各种运输机、客机、反潜机及中远程轰炸机。

c. 飞机系统。

飞机系统包括飞机操纵系统、液压传动系统、燃油系统、空调系统、防冰系统等。

飞机操纵系统将驾驶员在驾驶舱内发出的操纵命令传给有关装置、驱动舱面、改变和控制飞行姿态。飞机操纵系统可分主操纵系统和辅助操纵系统。主操纵系统是对升降舵、方向舵和副翼 3 个主要操纵面的操纵，辅助操纵系统指对调整片、增举装置和水平安定面等的操纵。

液压传动系统的作用主要是传动和控制操纵系统和起落架系统等。

燃油系统用于储存飞机所需的燃油，并在飞机的不同飞行状态和工作条件下按要求的压力和流量连续可靠的向发动机供油。同时，燃油还可以冷却飞机上的有关设备和平衡飞机。

现代飞机都采用气密座舱加座舱空气调节系统以抵御飞机在高空飞行时的低压、缺氧和低温给人体带来的不适。

飞机在高空飞行时，大气温度都在 0 ℃以下，飞机的迎风部位(如机翼前缘、尾翼前缘、驾驶舱挡风玻璃、发动机进气道等)易结冰。防冰系统是防止结冰给飞机飞行带来危害。它的作用包括防止结冰和除去结冰。

d. 机载设备。

机载设备主要是为驾驶员提供有关飞机及其系统的工作情况的设备，通过机载设备驾驶员能随时得到飞行所必需的信息，并可为飞机维修人员提供有关信息。现代大型运输机驾驶舱内的机载设备包括飞行和发动机仪表、导航、通信和飞行控制等辅助设备。机载设备随着飞机性能不同而有所区别。

③飞机运营与检修

不同飞机类型均要安排使用与维护计划。如波音747可连续运营120 h,此后需要进行8h的保养。此外,每三周要有24 h的进一步保养,每三个月要进行一次大检修等。

任务4　管道运输设备概述

1. 管道运输认知

管道运输已有约130余年的历史。作为输送原油和成品油最主要的方式之一,管道运输的发展与能源工业(尤其是石油工业)的发展密切相关。现代管道运输起源于1865年美国宾夕法尼亚的第一条原油管道。我国的管道网建设则始于20世纪50年代末期新疆建成的全长为147 km、管径为150 mm的克拉玛依至独山子输油管道。20世纪60年代以后,随着我国石油工业的蓬勃发展和大庆、胜利等油田的建设,管道运输得到了较大发展,并形成了以(大)庆铁(岭)、铁(岭)大(连)、铁(岭)秦(皇岛)、东(营)黄(岛)和鲁(山东临邑)宁(江苏仪征)五大干线为主的全国原油长输管道系统。

随着油气管道运输的发展,各国注意到管道运输方式的诸多优点,因而促进和刺激了粒状物料的桨体管道运输,从而加快了矿产资源的并发、降低了运输成本、避免了精矿的输出设施(铁路或公路)的昂贵投资。粒状物料的浆体管道输送,是以水为载体输送粒状物料。

管道运输具有以下特点:

(1)运营费低、能耗小

管道运输方式是流体和浆体的输送方式,不存在铁路或公路运输方式所需的牵引机车、汽车和车厢的非物料额外能耗,只要克服流体或浆体在管道内的摩擦阻力和提升,即可完成运输作业,没有铁路或公路所需的车辆维护检修费用以及铁路、公路的维护检修费用,因此管道运输力式的能耗最小、运有费最低。

(2)输送系统简单、基建投资少

管道运输系统最简单,主要包括加压设施(泵站或压气站)、输送管道(干线管道和分配管网)和辅助设施(原油加热、气体净化、调节储罐、浆体制备、浆体脱水),因而基建投资少。

(3)建设速度快、施工同期短

由于输送系统简单、工程量相对其他运输方式较少。

(4)受地形条件的限制少

管道运输方式不同于铁路或公路运输力式,对地形没有严格的限制,甚至没有限制。因而管线线路没有铁路或公路的迂回曲折问题,易于克服地形障碍,输送路径最短。

(5)可以实现连续输送

铁路运输或公路运输存在空载回程,而管道运输是连续不断地进行输送,不存在空载回程。

(6)安全可靠、作业率高

管道运输方式几乎可不停顿地进行全年输送,不受气候的影响,不存在铁路运输或公路运输物料的损耗、可实现封闭式输送。

(7)占地少、有利于环境保护和生态平衡

运输管道绝大部分为埋设,占地少,受气候变化的影响小,不污染环境、有利于生态平衡。

管道运输的主要缺点是运送速度慢、运输品种单一、流向固定、灵活性差、运输过程中容易出现渗漏等情况。此外,其对技术的要求较高。

管道运输因其具有的以上特点,所以,其适合定点、量大、单向的流体(或以流体为运输载体的固体粒料)货物运输。

2. 管道运输设备类型

(1)输油管道的组成及设备

长距离输油管道由输油站和管线两大部分组成,如图 3.37 所示。输送轻质油或低凝点原油的管道不需加热,油品经一定距离后,管内油温等于管线埋深处的地温,这种管道称为等温输油管,它无须考虑管内油流与周围介质的热交换。对易凝、高黏油品,不能采用这种方法输送,因为当油品黏度极高或其凝固点远高于管路周围环境温度时,每公里管道的压降将高达几个甚至几十个大气压,这种情况下,加热输送是最有效的办法。因此,热独输送管道不仅要考虑摩阻的损失,还要考虑散热损失,输送工艺更为复杂。

①输油站:包括首站、末站、中间输油站。

输油管道的起点称为首站,其任务是集油,经计量后加压向下一站输送,故首站的设备除输油机泵外,一般有较多的油罐。输油管道沿途设有中间泵站,其任务是对所输送的原油加压、升温。中间站的主要没备有输油泵、加热炉、阀门等设备。输油管道末站接受输油管道送来的全部油品,供给用户或以其他方式转运,故末站有较多的油罐和准确的计量装置。

②输油管道的线路(即管线)部分包括:管道、沿线阀室、穿越江河、山谷等的设施和管道阴极防腐保护设施等。为保证长距离输油管道的正常运营,还设有供电和通信设施。

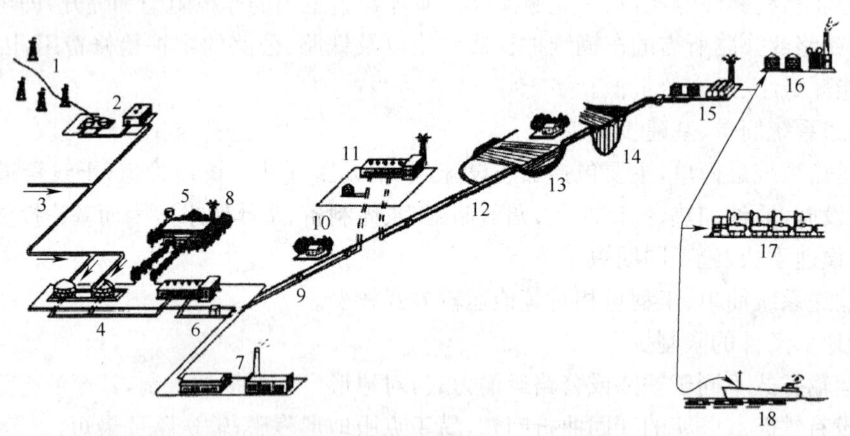

图 3.37　长距离输油管道组成

1—井场;2—转油站;3—来自油田的输油管;4—首站罐区和泵房;5—全线调度中心;6—清管器发放室;7—首站的锅炉房、机修厂等辅助设施;8—微波通信塔;9—线路阀室;10—管道维修人员住所;11—中间输油站;12—穿越铁路;13—穿越河流的弯管;14—跨越工程;15—末站;16—炼厂;17—火车装油栈桥;18—油轮装油码头

(2)输气管道的组成及设备

长距离气体管道一般由干线输气管道、首站、压气站(压缩机站)、中间气体接收站、中间气

体分输站、末站、清管站、干线截断阀室、线路上各种障碍物的穿跨越段等部分组成。此外，还包括通信与仪表自动化两个辅助系统。

从管网的角度而言，输气管道系统主要由矿场集气管网、干线输气管道(网)、城市配气管网以及与此相关的站、场等设备组成。这些设备从气田的井口装置开始，经矿场集气、净化及干线输送，再经配气管网送到用户，形成一个统一的、密闭的输气系统(如图 3.38 所示)。

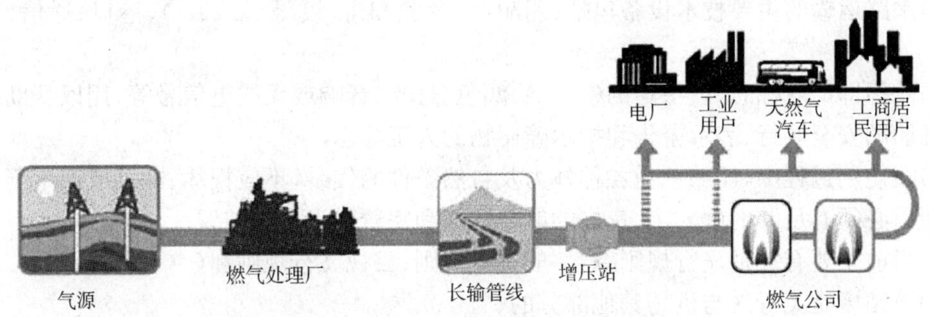

图 3.38　输气管道系统组成

(3)固体浆料管道的组成及设备

固体料浆管道的基本组成部分与输气、输油管道大致相同，但还有一些制浆、脱水干燥设备。以煤浆管道为例，整个系统包括煤水供应系统、制浆厂、干线管道、中间加压泵站、终点脱水与干燥装置。固体料浆管道设备可分为三个不同组成部分：浆液制备厂、输送管道、浆液后处理系统。

复习思考题

1. 名词解释

(1)公路运输：

(2)汽车：

(3)水路运输：

(4)港口：

(5)航空运输：

(6)航班：

(7)管道运输：

2. 填空题

题号	(1)	(2)	(3)	(4)	(5)
填空					
题号	(6)	(7)	(8)	(9)	(10)
填空					
说明	将正确答案填入题号所对应的下方空格内				

(1)公路是一种线形工程构造，主要包括路基、(　　)、桥梁、涵洞、隧道以及交通标志、路面标线和其他辅助建筑物等。

(2)交通标志就是把(　　)、交通禁令、交通指示和指路等交通管理与控制法规用文字、图形或符号形象化地表示出来,设置于路旁或公路上方,预示前方公路的状况或事故发生的状态的交通控制设施。

(3)汽车的类型虽然很多,各类汽车的总体构造有所不同,但它们的基本组成是一致的,都由发动机、底盘、(　　)和电气设备四大部分组成。

(4)水路运输的主要技术设备包括:船舶(以及驳和舟、筏等)、(　　)、港口、通信、导航等设施。

(5)航标即助航标志,以特定的(　　)、颜色、灯光、音响或无线电信号等,用以帮助船舶定位、引导船舶安全航行、表示警告和指示障碍物的人工标志。

(6)在使用过程中,船舶承受各种外力及自然条件的侵袭,不应损坏、翻沉或产生不应有的变形,所以必须有足够的(　　)、良好的航行性能和完善的设备与装置。

(7)目前主要有三种飞行规则有:一般飞行规则、目视飞行规则和(　　)。

(8)航站区是飞行区与机场其他部分的(　　)。

(9)飞机由机体、(　　)、飞机系统和机载设备四个基本部分组成。

(10)长距离输油管道由输油站和(　　)两大部分组成。

3. 识图题

题号	(1)	(2)	(3)	(4)	(5)
填空					
题号	(6)	(7)	(8)	(9)	(10)
填空					
说明	将图形的准确学名填入题号所对应的下方空格内				

序号	图　形	序号	图　形
(1)		(2)	
(3)		(4)	

续上表

序号	图 形	序号	图 形
(5)		(6)	
(7)		(8)	
(9)		(10)	

4. 判断题

题号	(1)	(2)	(3)	(4)	(5)
填空					
题号	(6)	(7)	(8)	(9)	(10)
填空					
说明	在正确观点题号的下面空格内划"√",错误观点题号的下面空格内"×"				

(1)从广义来说,公路运输即是指汽车运输。

(2)公路站场是公路运输办理客、货运输业务及保管、保修车辆的场所,它是汽车运输企业的技术基地,又是基层生产单位,是公路运输网点的重要组成部分。

(3)路面标线按形式可分为连续实线、间断线和箭头指示线等三种形式,其颜色采用白色或黄色。

(4)不论河港或海港,其最基本的功能就是为船舶进行装卸搬运工作。

(5)内河航道包括利用天然水道以及人工开凿的水道。

(6)兼用集装箱船可装载集装箱也可装其他包装货物、汽车等。

(7)机场、飞机和航路构成了民用航空运输系统。

(8)机场是航空运输系统的一个实体组成部分,机场是飞机航行的经停站,也是终点站。

(9)飞机构造要求飞机的重量越轻越好,同时,飞机的耐“疲劳”能力也要大。

(10)粒状物料的浆体管道输送,是以水为载体输送粒状物料。

5. 简答题

(1)汽车按用途是如何分类的?汽车发动机有哪几种主要类型?

(2)我国公路按行政等级可以分为哪几种?按技术等级可以分为哪几种?

(3)水路运输主要分为几种类型?

(4)港口按用途可以分为哪几种?

(5)集装箱船有哪些特点?集装箱船按装载情况可以分为哪几类?

(6)机场由哪几部分构成?各部分的构造和作用是什么?

(7)民用飞机按用途是如何分类的?

(8)管道运输的特点有哪些?

6. 阐述题

(1)简述公路交通管理的原则和内容。

(2)简述航道通行的必要条件。

(3)简述航班安排的原则。

(4)以煤浆运输为例,简述固体浆料管道运输流程。

项目实操考核评价

以学生个人为单位施行考核。

	讨论并制定煤炭运输方案			讨论并制定海鲜运输方案			得分
	自评	同学评	教师评	自评	同学评	教师评	
学生 1							
学生 2							
学生 3							
学生 4							
学生 5							

说明:

1. 每人总分为 100 分。

2. 每人每项为 50 分制,计分标准为:参加讨论但不积极 1~15 分,参加讨论但未制定方案 16~30 分,积极讨论但方案不完善 31~40 分,积极讨论且方案较完善 41~50 分。

3. 采用分层打分制,建议权重计为:自评分占 0.2,同学评分占 0.3,教师评分占 0.5,然后加权算出每名同学在本实验中的综合成绩。

项目4　仓储设备运用

仓储活动是物流领域的一个中心环节，在物流领域中起着重要的作用，被称为“物流的支柱”，它的基本功能包括货物的保管功能、调节供需功能、调配货物的运输功能、实现货物的配送功能。它的基本活动包括货物的储存、保养、维护和管理。仓储活动离不开仓储机械设备的支持，随着仓储功能要求的进一步提高，仓储的性能也在不断地提升，并出现了大量的新型设备，如适合大型配送中心使用的高层货架和堆垛起重机等。

仓储设备是指仓库进行生产和辅助生产作业以及保证仓库及作业安全所必须的各种机械设备的总和，即完成仓库中接货、理货、集装、堆垛、仓储、搬运、出货等各物流作业环节相关设备和辅助设备的总称。仓储设备一般应包括托盘、货架、堆垛机、仓储衡器等。

仓储设备是有效实现仓储作业的技术包装，是企业仓储能力大小的直接反映。科学有效地应用仓储机械设备，加强仓储机械设备的管理，是保证仓库高效、低耗、灵活运行的关键。企业应根据储存货物的周转量大小，储备时间的长短、储备货物的种类及有关的自然条件，广泛应用先进仓储技术，合理配置仓储机械设备，为有效进行仓库作业创造效益。

项目描述

学习目标	器材工具	教学建议	课时计划
①了解常用仓储设备的原理 ②认识并掌握仓储设备的主要类型 ③掌握手动堆垛机的操作 ④在作业中培养学生的团队精神	①手动堆垛机 ②普通仓储用托盘 ③仓储货架 ④仓储用的相关辅助仪表	①条件允许时，尽量在实训室和多媒体教室中实施教学 ②设备操作注意事项应参照设备说明书	8学时，其中理论教学4学时，实践操作2学时，项目考核2学时

项目任务

办理一批箱装货物的仓储入库业务。不同类型的仓库拥有不同的仓储设备，一般而言，只有将各类仓储设备的操作有机结合，才能提高库内作业的工作效率。因而其操作应涉及如下工作环节：

(1)货物验收。

(2)根据货物包装规格和数量，选取恰当规格的托盘。

(3)货物组托。

(4)指引货架上的货位,选取存货的堆垛机。

(5)搬运存货。

(6)归还设备。

初识常用仓储设备

图　示	说　明
 托盘(Pallet)	托盘是在承载面和支撑面间夹以纵梁,构成可集装物料,可使用叉车或搬运车等进行作业的货盘(ISO/R455 定义) 托盘,一般是指平托盘。根据作业机械和用途的不同,其结构种类也不同。按其材质的不同,有木制、塑制、钢制、竹制、纸制、塑木复合等
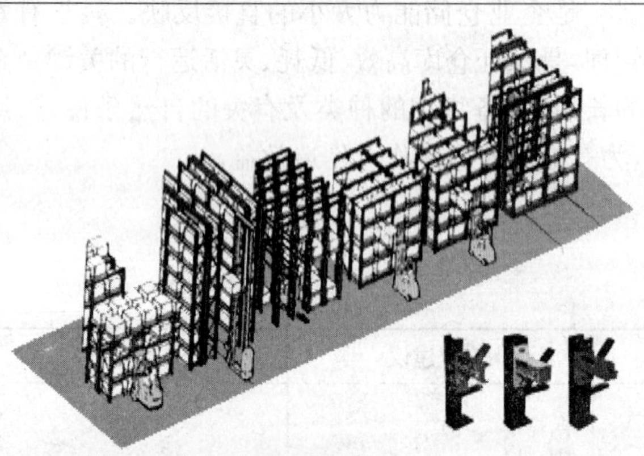 货架(Rack)	货架是由立柱片、横梁和斜撑等构件组成,用于存放货物的结构件 根据货架的使用范围不同,货架及其货架系列大致可分为 10 类
 堆垛机(Rack Fork)	堆垛机又称高架叉车或高架装卸车,即叉车向运行方向两侧进行堆垛作业时,车体无须做直角转向,而使前部的门架或货叉做直角转向及侧移,这样作业通道就可大大减少,提高了面积利用率;此外,高架叉车的起升高度比普通叉车要高,一般在 6 m 左右,最高可达 13 m,提高了空间利用率

续上表

图 示	说 明
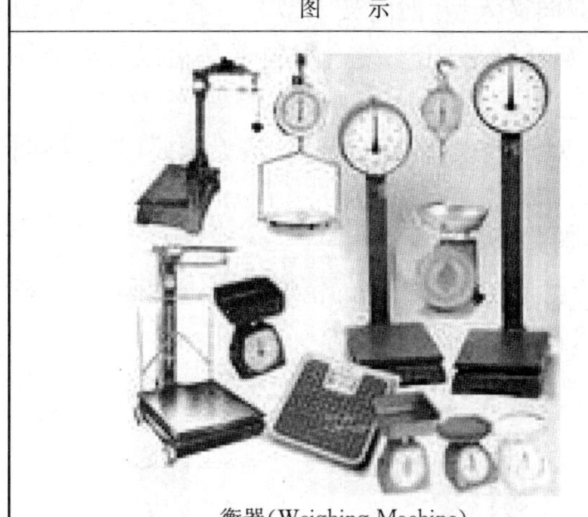 衡器(Weighing Machine)	衡器(Weighing Machine),指称量物体重量的器具,如秤、天平等 衡器按结构原理可分为机械秤、电子秤、机电结合秤三大类,机械秤又分为杠杆秤(包括等臂杠杆秤也即狭义的天平、不等臂杠杆秤)和弹簧秤。衡器还可按衡量方法分为非自动衡器和自动衡器。衡器的主要品种有天平、杆秤、案秤、台秤、地中衡、地上衡、轨道衡、皮带秤、邮政秤、吊秤、配料秤和装袋秤等

任务1 托盘运用

1. 托盘认知

托盘(Pallet)是用于集装、堆放、搬运和运输的放置作为单元负荷的货物和制品的水平平台装置。一般用木材、金属、纤维板、PP塑料制作,便于装卸、搬运、存放单元物资和小数量的物品。

通过使用托盘,物品以集装单元的形式进行装卸、搬运、存储、运输等物流活动的作业方式,极大地提高了作业效率。使用托盘还可以与叉车、堆垛机等企业物流,形成功能强大的物流单元化作业系统。此外,用托盘堆码货物可以大幅度增加仓库利用率。

一般来说,一个国家托盘的拥有总数是衡量这个国家物流现代化运作水平高低的标志之一。有关资料显示,美国的托盘拥有量为15亿～20亿个,人均占有7～8个;日本的托盘拥有总量已接近10亿个,人均占有4～5个;澳大利亚、欧洲等国家和地区的托盘化运输应用也非常广泛。与国外相比,我国托盘应用水平的差距很大,据有关行业组织调查,截至2013年底,我国正规托盘拥有总量仅1.9亿个左右,人均不到0.2个。

2. 托盘类型

目前在物流业中使用的托盘多种多样,根据不同的标准有着不同的分类方法。

(1)按结构特征分类

托盘按结构特征,可分为平托盘、柱式托盘、箱式托盘、轮式托盘、特种专用托盘、滑板托盘、植绒内托等多种形式。

①平托盘(Composite Material Pallet)

平托盘几乎是托盘的代名词,它是以两种或两种以上的不同材料经过一定的处理产生化学变化得到的材料为原材料加工制造的托盘,如图4.1所示。

平托盘使用范围最广,利用数量最大,通用性最好。

平托盘又可细分为三种类型:

a. 根据台面分类。有单面形、单面使用型、双面使用型和翼型等四种。

b. 根据叉车叉入方式分类。有单向叉入型、双向叉入型、四向叉入型等三种。

c. 根据材料分类。木制平托盘、钢制平托盘、塑料制平托盘、复合材料平托盘以及纸制托盘等五种。

平托盘的主要参数为:长/宽/高/长宽高误差/对角线误差/额定载荷/最大堆码层数/挠曲度/表面防滑系数。

②柱式托盘(Post Pallet)

柱式托盘是在平托盘基础上发展起来的,其特点是在不压货物的情况下可进行码垛(一般为四层),多用于包装物料、棒料管材等的集装,如图 4.2 所示。

图 4.1 平托盘

图 4.2 柱式托盘

柱式托盘,还可以作为可移动的货架、货位;不用时,还可叠套存放,节约空间。近年来,在国外推广迅速。

柱式托盘的主要参数为:外形尺寸(长×宽×高)。

③箱式托盘(Box Pallet)

箱式托盘是在平托盘基础上发展起来的,多用于散件或散状物料的集装,金属箱式托盘还用于热加工车间集装热料。一般下部可叉装,上部可吊装,并可进行码垛,如图 4.3 所示。

柱式托盘的主要参数为:外形尺寸(长×宽×高)。

④轮式托盘

轮式托盘的基本结构是在柱式、箱式托盘下部装有小型轮子。这种托盘不但具有一般柱式、箱式托盘的优点,而且可以利用轮子做短距离移动,如图 4.4 所示。

图 4.3 箱式托盘

图 4.4 轮式托盘

柱式托盘的主要参数为：外形尺寸（长×宽×高）。

⑤特种专用托盘

特种专用托盘用于特殊场合，如航空货运或行李搬运时使用的航空托盘、能支撑和固定立放平板玻璃的玻璃集装托盘、专门装运标准油桶的异型平托盘、专门用于装放长尺寸材料的托盘、轮胎专用托盘等，如图4.5所示。

⑥滑板托盘（Slip Sheet）

滑板托盘在一个或多个边上设有翼板的平板。用于搬运、存储或运输单元载荷形式的货物或产品的底板，如图4.6所示。

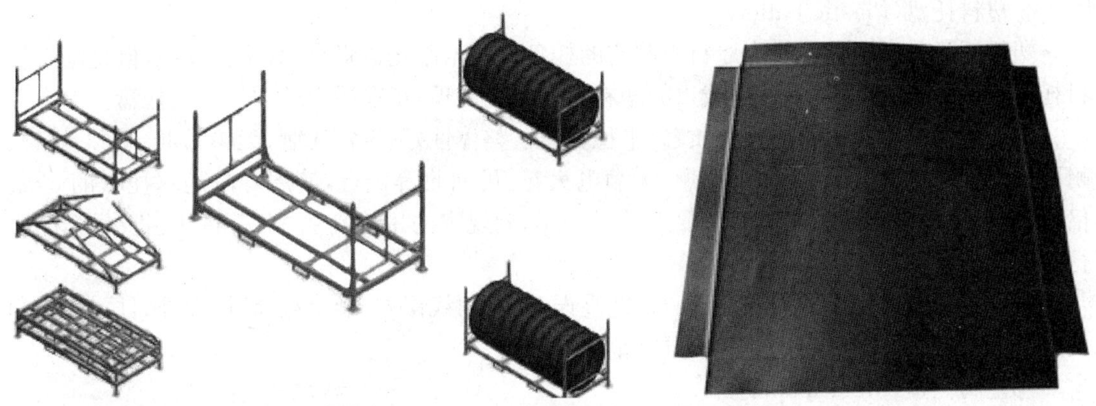

图4.5 特种专用托盘　　图4.6 滑板托盘

滑板托盘分类：单翼滑板（One-tab Slip Sheet）——一边设翼板的滑板；对边双翼滑板（Two-tab Slip Sheet-opposite）——两条对边设翼板的滑板；临边双翼滑板（Two-tab Slip Sheet-adjacent）——两条相邻边设翼板的滑板；三翼滑板（Three-tab Slip Sheet）——在三个相邻边设翼板的滑板；四翼滑板（Four-tab Slip Sheet）——在四个边设翼板的滑板。

滑板托盘的主要参数：长/宽/高/长宽高误差/对角线误差/额定载荷/最大堆码层数/挠曲度/表面防滑系数。

⑦植绒内托

植绒内托是一种采用特殊材料的吸塑托盘，将普通的塑料硬片表面粘上一层绒质材料，从而使托盘表面有种绒质的手感，用来提高包装品档次。如图4.7所示。

图4.7 植绒内托

(2)按制造材料分类

托盘按照制造所使用的材料，可分为木托盘、竹托盘、塑料托盘、金属托盘、钢托盘、纸托盘、蜂窝托盘、复合托盘、免熏蒸托盘、塑木托盘、模压托盘等多种形式。

①木托盘（Wood Pallet）

木托盘是以天然木材为原料制造的托盘。现在使用最广泛，因为其价格便宜、结实。其优点是精确度高、不易变形，用高强度螺钉加固，不会起钉，牢固性好。

木托盘的主要参数：长/宽/高/长宽高误差/对角线误差/额定载荷/最大堆码层数/挠曲度/表面防滑系数。

②竹托盘(Bamboo Pallet)

竹托盘是以天然竹为原材料经过加工制作的托盘，是未来托盘的发展趋势，是最能代替木材的材料；因其比强度高，故其性价比非常高。同时也是一中免熏蒸的材料，出口不受ISPM15的限制。其优点是价格低廉、性价比高；绿色新材料，与环保概念一脉相传；防水、防霉、防虫。缺点：外观整洁度有待提高，边角易出现毛刺；对于我们这个人口森林占有率如此低的国家来说，竹托盘代替木托盘绝对是利国利民。

竹托盘的主要参数：长/宽/高/长宽高误差/对角线误差/额定载荷/最大堆码层数/挠曲度/表面防滑系数。

③塑料托盘(Plastic Pallet)

塑料托盘是以工业塑料为原材料制造的托盘。比木制托盘贵点，载重也较小，但是随着塑料托盘制造工艺的进步，一些高载重的塑料托盘已经出现，正在慢慢的取代木质托盘。

塑料托盘与木托盘相比具有质轻、平稳、美观、整体性好、无钉无刺、无味无毒、耐酸、耐碱、耐腐蚀、易冲洗消毒、不腐烂、不助燃、无静电火花、可回收等优点，使用寿命是木托盘的5～7倍；是现代化运输、包装、仓储的重要工具，是国际上规定的用于食品、水产品、医药、化学品等行业储存必备器材。

塑料托盘的主要参数：长/宽/高/长宽高误差/对角线误差/额定载荷/最大堆码层数/挠曲度/表面防滑系数/托盘使用环境的温度范围。

④金属托盘(Metal Pallet)

金属托盘是以钢、铝合金、不锈钢等材料为原材料加工制造的托盘。其优点是结实耐用；缺点是易腐蚀，价格较高。

金属托盘的主要参数：长/宽/高/长宽高误差/对角线误差/额定载荷/最大堆码层数/挠曲度/表面防滑系数/防锈防腐处理/防静电处理。

⑤钢托盘

钢托盘采用镀锌钢板或烤漆钢板，100%环保，可以回收再利用，资源不浪费。特别是用于出口时，不需要熏蒸、高温消毒或者防腐处理。其优点是符合国际环保法规；轻量化；稳定的包装性能；100%回收兼具回收利益；防水防潮及防锈；利边利角；灵活(四方向的插入设计，无形中提高空间利用和操作的方便性，而且其坚固的底版设计亦符合输送滚输和自动包装系统使用)等。

⑥纸托盘(Paper Pallet)

纸托盘是以纸浆、纸板为原料加工制造的托盘。随着整个国际市场对包装物环保性要求的日益提高，为了达到快速商检通关以实现快速物流的要求，托盘生产商们成功研制出高强度的纸托盘。其特点：全纸质，强度高，规格可以随客户要求定制。

纸托盘的主要参数：长/宽/高/长宽高误差/对角线误差/额定载荷/最大堆码层数/挠曲度/表面防滑系数/耐水浸泡时间/使用环境的湿度范围。

⑦蜂窝托盘

蜂窝的六边形结构是蜜蜂的杰作，它以最少的材料消耗构筑成坚固的蜂巢、它的结构具有非凡的科学性。蜂窝纸板就是仿造蜂巢的结构，以纸为基材，用现代化的机电合一生产出一种蜂窝状的新型材料。

蜂窝托盘质轻、强度高、刚度好，并具有缓冲、隔振、保温、隔热、隔声等性能。同时它的成本低，适用性广，广泛应用于包装、储运、建筑业，车船制造业、家具业等，以替代木材、泥土砖、发泡聚苯乙烯(EPS)等，对减少森林砍伐，保护生态环境具有重大意义。

⑧复合托盘(Composite Material Pallet)

复合托盘是以两种或两种以上的不同材料经过一定的处理产生化学变化得到的材料为原材料加工制造的托盘。其特点：质轻、强度高、刚度好。

复合托盘的主要参数：长/宽/高/长宽高误差/对角线误差/额定载荷/最大堆码层数/挠曲度/表面防滑系数。

⑨免熏蒸托盘

免熏蒸复合托盘集传统木质包装和纸质包装优点于一身。产品表面平整，免熏蒸、免商检载重高防水无毒，可以承载任何出口产品。其外观和性能大大优于过去曾大量使用的天然木质包装，有利于提高出口产品的档次，并且可以减少熏蒸商检等复杂的程序和手续，提高工作效率，促进外贸出口。

免熏蒸包装产品的特点是不需要烦琐的商检及熏蒸手续，可以直接通关出口，而且与其他同类产品相比具有坚固结实、承重力强、外形美观、价格便宜等优势，是目前出口包装物的最佳选择。

⑩塑木托盘

塑木托盘由采用国际最先进的专利技术生产的塑木材料，通过组装而成的各种规格、尺寸的托盘、垫板。它综合了木托盘和塑料托盘及钢制托盘的优点而基本摒弃了其不足，价格却低于其他各类托盘；产品具有强度高、韧性好、不变形、不吸潮、不霉蛀、抗腐蚀、耐老化、易加工、低成本、可回收、无污染等优点。

⑪模压托盘

模压托盘采用秸秆纤维、果木纤维、改性脲荃胶、石蜡等原材料经过1 500 t压力轧机，200 ℃高温一次模压成型；无需动植物检验检疫，完全符合欧美国家进口检疫制度，可直接出口使用。

模压托盘具有优化设计、结构合理、整体性能好，符合世界环保要求，可以降解，防水、防虫、防白蚁、防腐蚀、不易燃烧，承载力强、不易变形，可多次重复使用，使用寿命长，四向进叉，堆垛存放节约空间，重量轻、外形美观等优点。

(3)按主要规格分类

托盘的规格是指托盘的长与宽，通常用长×宽来表示。因为托盘的长与宽及其乘积面积，会涉及货物在托盘上的堆码，也涉及与运输工具内容尺寸和内容面积的配合，因此十分为物流界所重视。

国内托盘的规格除机械工业系统使用JB 3003—1981规定的800 mm×1 000 mm和500～800 mm两种规格的托盘外，1996年，中国交通部科研院又提出将ISO6780：1988《联运通用平托盘主要尺寸及公差》等效采用为中国托盘的国家标准。以后，原国家技术监督局以GB/T 2934—1996标准系列文号批准并发布了这个等效标准，其中包括了1 200 mm×1 000 mm、1 200 mm×800 mm、1 140 mm×1 140 mm及1 219 mm×1 016 mm四个托盘规格。

2012年10月11日，托盘标准化协议得到了国家质量监督检验检疫总局和中国国家标准化管理委员会的批准，于2013年3月1日起正式在全国范围内实施，最终选定1 200 mm×1 000 mm、1 100 mm×1 100 mm两种规格作为我国托盘国家标准，并优先推荐使用1 200 mm×

1 000 mm 规格，以提高我国物流系统的整体动作效率。

(4)其他集装器具类型

与托盘类似的集装单元器具还有物流台车、集装袋、集装箱等。

①物流台车(Roll Pallet)

物流台车是在平托盘、柱式托盘或网箱托盘的底部装上脚轮而成，既便于机械化搬运，又宜于短距离的人力移动。适用于企业工序间的物流搬运；也可在工厂或配送中心装上货物运到商店，直接作为商品货架的一部分，如图 4.8 所示。

②集装袋(Flexible Freight Bag)

集装袋又称柔性集装箱，是集装单元器具的一种，配以起重机或叉车，就可以实现集装单元化运输。它适用于装运大宗散状粉粒状物料。它的特点是结构简单、自重轻、可以折叠、回空所占空间小、价格低廉，如图 4.9 所示。

图 4.8 物流台车

图 4.9 集装袋

集装袋使用形式有重复使用型和一次使用型，形状有圆桶形、方形、圆锥形、折叠形，提升方式有顶面、底面、侧面提升，材料有橡胶、塑料、帆布等，充填重量有 0.5 t、1.0 t、1.5 t、2.0 t、2.5 t、3 t，容积有 500 m^3、640 m^3、840 m^3、1 000 m^3、1 250 m^3、1 500 m^3、1 750 m^3、2 000 m^3 等多种。

③集装箱(Container)

根据国际标准化组织(ISO)TC/04 委员会的定义，凡具备下列条件的运输容器，可称为集装箱：

a. 具有足够的强度，能长期反复使用。

b. 中途转运时，不用搬动箱内的货物，可整体转载。

c. 备有便于装卸的装点，能进行快速装卸。

d. 便于货物的装入和卸出。

e. 具有 1 m^3 以上的内部容积。

集装箱这一术语一般不包括车辆和一般包装。

集装箱实物图如图 4.10 所示。

图 4.10 集装箱

集装箱一般可分为:杂货集装箱(通用集装箱)、散料集装箱、框架集装箱、冷藏集装箱、保温集装箱、罐状集装箱等。国标对集装箱的参数有明确规定:GB 1413——集装箱外部尺寸、极限偏差和额定重量;GB 1834——通用集装箱最小内部尺寸;GB 1835——集装箱角件的技术要求;GB 1836——集装箱的标记代号;GB 1992——集装箱名词术语;GB 3220——集装箱吊具的尺寸和起重量系列。

3. 托盘使用

托盘的正确使用应该做到包装组合码放在托盘上的货物并加上适当的捆扎和裹包,便于机械装卸和运输,从而满足装卸、运输和储存的要求。

(1)托盘的载重质量

每个托盘的载重质量应小于或等于 2 t。为了保证运输途中的安全,所载货物的重心高度,不应超过托盘宽度的三分之二。

(2)托盘货物的码放方式

根据货物的类型、托盘所载货物的质量和托盘的尺寸,合理确定货物在托盘上的码放方式。托盘的承载表面积利用率一般应不低于80%。托盘的码放行称组托,组托一般具有重叠式[平行式,如图4.11(a)]、纵横交错式[如图4.11(b)]、旋转交错式[如图4.11(c)]、正反交错式[如图4.11(d)]等四种方式。

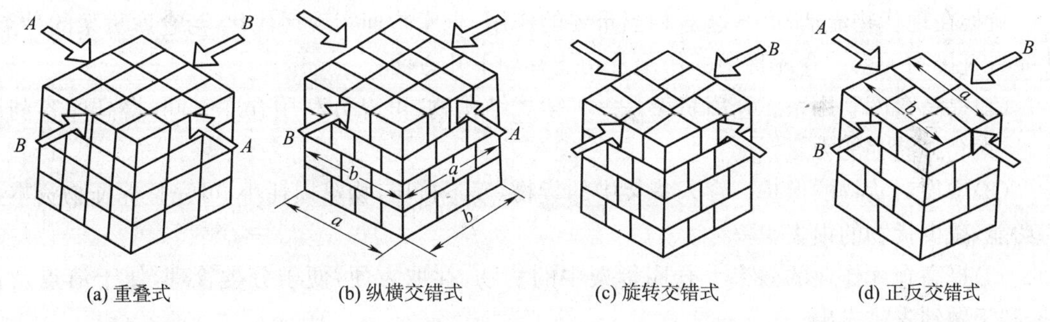

图4.11 组托图

对于托盘货物的码放有如下要求:

①木质、纸质和金属容器等硬质直方体货物单层或多层交错码放,拉伸或收缩膜包装。

②纸质或纤维质类货物单层或多层码放,用捆扎带十字封合。

③密封的金属容器等圆柱体货物单层或多层码放,木质货盖加固。

④需进行防潮、防水等防护的纸制品、纺织品货物单层或多层交错码放,拉伸或收缩膜包装货增加角支撑,货物盖隔板等加固结构。

⑤易碎类货物单层或多层码放,增加木质支撑隔板结构。

⑥金属瓶类圆柱体容器或货物单层垂直码放,增加货框及板条加固结构。

⑦袋类货物多层交错压实码放。

(3)托盘承载货物的固定方式

托盘承载货物的固定方式主要有捆扎、胶合束缚、拉伸包装,并可相互配合使用。

(4)托盘承载货物防护与加固

托盘承载的货物进行固定后，仍不能满足运输要求的应该根据需要选择防护加固附件。加固防护附件由纸质、木质、塑料、金属或者其他材料制成。

(5)托盘与叉车、货架等配合使用的注意事项

①液压车和叉车在使用托盘过程中，叉齿之间的距离应尽量放宽至托盘的进叉口外缘，进叉深度应大于整个托盘深度的 2/3 以上。

②液压车和叉车在使用托盘运动过程中，应保持匀速度进退和上下，避免急刹、急转引起托盘受损、造成货物倒塌。

③托盘上货架时，应保持托盘在货架横梁上的平稳放置，托盘长度应大于货架横梁外径 50 mm 以上。

任务2 货 架 运 用

1. 货架认知

仓库货架的概念一般来说就是指存放货物的架子。在仓库设备中，货架是专门用于存放成件物品的保管设备。货架在物流及仓库中占有非常重要的地位，随着现代工业的迅猛发展，物流量的大幅度增加，为实现仓库的现代化管理，改善仓库的功能，不仅要求货架数量多，而且要求具有多功能，并能实现机械化，自动化要求。

货架在现代物流活动中，起着相当重要的作用，仓库管理实现现代化，与仓库货架的种类、功能有直接的关系。仓库货架的作用及功能有如下几方面：

(1)提高仓库利用率。仓库货架是一种架式结构物，可充分利用仓库空间，提高库容利用率，扩大仓库储存能力。

(2)增加对货物的保护。存入货架中的货物，互不挤压，物资损耗小，可完整保证物资本身的功能，减少货物的损失。

(3)提高仓库作业的效率。仓库货架中的货物，存取方便，便于分类管理，便于清点及计量，利于做到先进先出。

(4)提高存储的质量。保证存储货物的质量，可以采取防潮、防尘、防盗、防破坏等措施，以提高物货物存储质量。

(5)便于实现先进管理方式。很多新型货架的结构及功能有利于实现仓库的机械化及自动化管理。

2. 货架类型

目前在物流业中使用的货架多种多样，根据不同的标准有着不同的分类方法。

(1)按照货架载重量分类

货架按载重量可以分为重型货架、中型货架和轻型货架三种。

①重型货架。每层货架载重量在 500 kg 以上，主要用于大型货物的存放，如图 4.12 所示。

②中型货架。每层货架载重量在 150～500 kg，主要用于中型货物的存放，如图 4.13 所示。

图 4.12 重型货架

图 4.13 中型货架

③轻型货架。每层货架载重量在 150 kg 以下，主要用于小型货物的存放，如图 4.14 所示。

(2)按照货架结构形式分类

货架按结构形式，常见的大致可以分为层格式货架、抽屉式货架、重力式货架、托盘式货架、驶入式货架、驶入/驶出式货架、移动式货架、悬臂式货架、阁楼式货架、高层货架等。

①层格式货架。该货架每格原则上只能放一种物品，不易混淆；其缺点是层间光线暗，存放数量少；主要用于规格复杂、多样，必须互相间隔开的物品，如图 4.15 所示。

图 4.14 轻型货架

图 4.15 层格式货架

②抽屉式货架。该货架主要用于存放中小型模具，通常每层承载量小于 500 kg；重型抽屉式货架可用于存放特重型模具和货物；可存放比较贵重或怕尘土，怕湿的小件物品，如图 4.16 所示的两种。

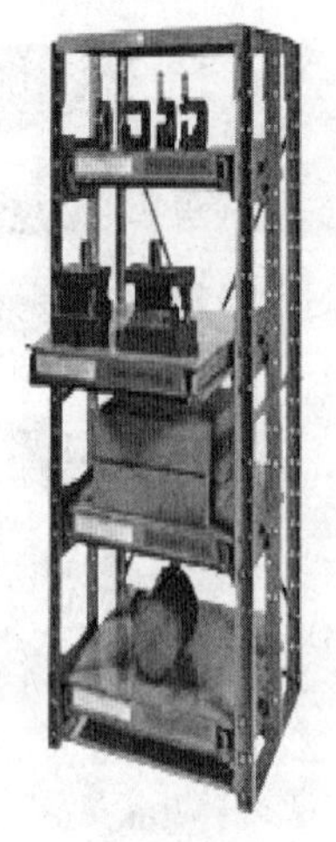

图 4.16　抽屉式货架

③重力式货架。该货架单位库房面积存储量大;固定了出入库位置,减少了出入库工具的运行距离;专业、高效、安全性高;保证货物先进先出;主要用于大批量少品种储存货物的存放或配送中心的拣选作业中,如图 4.17、图 4.18 所示。

图 4.17　重力式货架(一)

图 4.18　重力式货架(二)

④托盘式货架。该货架利于货物保管;实现机械化存取作业;高仓容利用率;出入库可做到先进先出,如图 4.19 所示。

⑤驶入式货架。该货架仓容利用率高,库容利用率可达 90%;托盘质量和规格要求较高。托盘长度需在 1 300 mm 以上;不保证先进先出;适合于大批量少品种,对先进先出要求不高或批量存取的货物存储,如图 4.20 所示。

⑥驶入/驶出式货架。该货架仓容利用率高;保证先进先出;托盘质量和规格要求较高;适合于大批量少品种的货物存储,如图 4.21 所示。

⑦移动式货架。该货架减少了通道数,地面使用率达 80%;存取方便,可先进先出;建造成本较高,维护比较困难;主要适用于仓库面积有限,但数量较多的货物的存储,如图 4.22 所示。

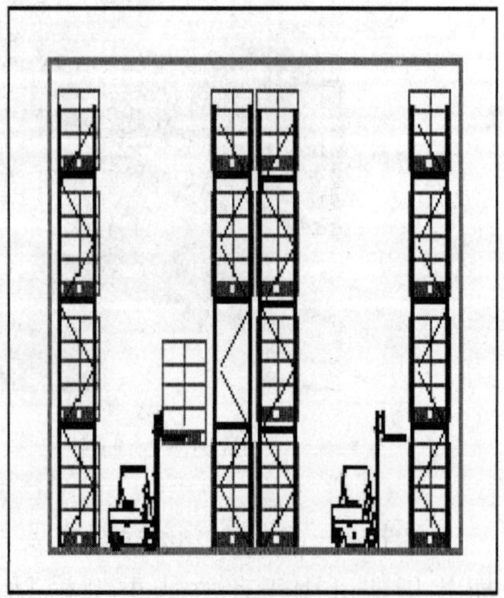

图 4.19　托盘式货架

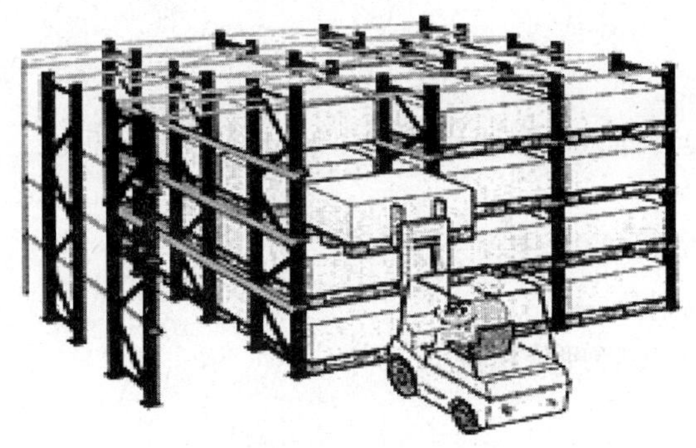
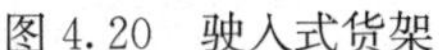

图 4.20　驶入式货架

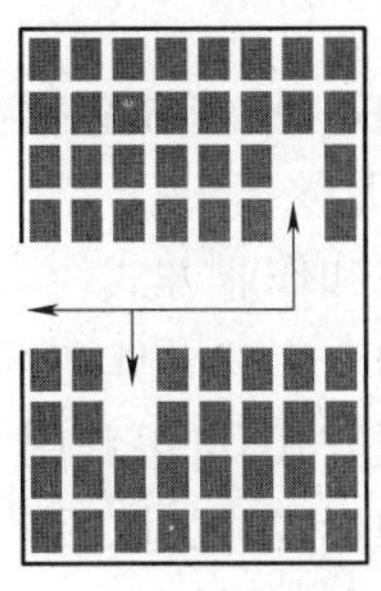
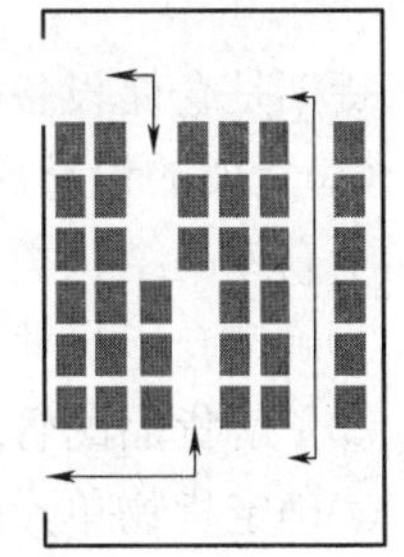

图 4.21　驶入/驶出式货架

⑧悬臂式货架。该货架适用于长形物料和不规则物料的存放；适用于人力存取操作，不便于机械化作业，如图 4.23 所示。

图 4.22　移动式货架

图 4.23　悬臂式货架

⑨阁楼式货架。该货架有效增加空间利用率；上层不适合重型搬运设备行走；存取作业效率低；用于仓库场地有限而存放物品品种很多的仓库；用于存放储存期较长的中小件货物，如图 4.24 所示。

⑩高层货架。该货架使仓库利用率高；货架刚度和精度要求高；适合自动化仓库，配合巷道堆垛机的使用，如图 4.25 所示。

图 4.24　阁楼式货架

图 4.25　高层货架

3. 货架使用

货架是仓储设备的基础，应注意把握货架设计、选用、使用等诸多环节的要求和原则。

(1)货架的设计原则

①仓库的结构类型和作业方式。

②确定仓库尺寸和仓库的总体布置、区域划分。

③了解货品的管理方式，可以利用 ABC 分类管理分析法。

④确定货物单元的形式、尺寸、重量。

⑤确定机械搬运设备型号及参数。

⑥系统的平面规划。

(2)货架的选型原则

选择货架应把握如下的几条原则：

①适应性原则。货架的核心作用是存放货物，因此首先应适应所存放货物的品种、规格和性能的要求，能满足物品先入先出的原则要求；同时，货架应适合配套仓储设备的存取作业；另外，对于存放危险品的货架应有特殊的保障措施。

②可靠性原则。货架的强度和刚度要满足载重量的要求，并有一定的安全余量，防止因货架损坏导致货损；还应增加高层货架的防护措施。

③经济性原则。货架是仓库的重要组成部分，应满足低成本、高效益的原则，尽量选用普通货架，也可考虑使用专用货架。

(3)货架的使用原则

①防超载。货品存放的每层重量不得超过货架设计的最大承载。

②防超高超宽。货架层高、层宽已受限制，卡板及货物的尺寸应略小于净空间 100 mm。

③防撞击。叉车在运行过程中，应尽量轻装轻放。

④防头重脚轻。应做到高层放轻货，底层放重货的原则。

⑤货架上方有摆放货物时，操作人员尽量不要直接进入货架底部。

⑥防止用不标准的地台板(卡板)在货架上使用，川字底最适合。

⑦防止取货人员踩在底层货架取高层的货品，取高层货物建议使用登高车。

⑧仓储货架应保持一定的间距，便于存货和取货。

特殊说明：如有发现货架的横梁和立柱有严重损坏，应及时通知厂家更换。

(4)仓储式超市货架的使用管理

仓储式超市越来越多，其既具有仓储的功能，还具有销售的功能。在进行产品的货架陈列时，要注意不同类别的产品集中摆放，尽量做到分门别类。如果产品是水平方式摆放，那么同一品牌、不同规格的产品应该在两边摆放；如果是垂直摆放，那么同一个品牌、不同规格的产品应上下摆放。这样陈列的目的是为了建立一个巩固的品牌封面，强化品牌的视觉冲击力。

在进行产品生动化陈列的时候，销售人员要始终注意，竞争品牌在货架上必定有其相应的陈列位置，正确的选择是：没有必要把竞争品牌撤离货架，而应该做到：争取到比竞争品牌更有优势的位置，陈列面积至少应与产品的市场占有率相当。

成功的货架管理应该达到如下标准：

①将目标产品分销到目标零售店内。

②分销新产品到目标零售店。

③店内产品陈列经常能得到有效的改进。

④产品必须保持清洁、整齐摆放。

⑤轮转货架上的产品，把老产品摆放于货架前，新产品摆放于货架后(先进先出)。

⑥产品正面应向前摆放。

⑦增加合理的陈列面并使用公司的助销品。

⑧防止假冒、仿制产品摆放在旁边。

⑨零售价格管理到位。

⑩执行黄金陈列标准。

管理好库房货架在提高工作效率的同时，还可以增加货架的使用寿命，所以应正确使用和管理货架。

任务3 堆垛机运用

1. 堆垛机认知

堆垛机又叫堆高车、高架叉车或高架装卸车，是指用货叉或串杆攫取、搬运和堆垛或从高层货架上存取单元货物的专用起重机。它是一种常用的仓储物料搬运机械设备。

堆垛机是立体仓库中的主要起重运输设备，是随立体仓库发展起来的专用起重机械设备。运用这种设备的仓库最高可达40多米，大多数在10～25 m之间。堆垛机的主要用途是在立体仓库的巷道间来回穿梭运行，将位于巷道口的货物存入货格，或将货格中的货物取出运送到巷道口。这种设备只能在仓库内运行，还需配备其他设备使货物出入库。

使用堆垛机具有如下的优点：

(1)作业效率高。堆垛起重机是立体仓库的专用设备，具有较高的搬运速度和货物存取速度，可在短时间内完成出入库作业，目前堆垛起重机的最高运行速度可以达到500 m/min。

(2)提高仓库利用率。堆垛起重机自身尺寸小，可在宽度较小的巷道内运行，同时适合高层货架作业，可提高仓库利用率。

(3)自动化程度高。可与计算机自动分配货位系统有机配合使用，实现远程控制，作业过程无须人工干预，自动化程度高，便于管理。

(4)稳定性好。堆垛机精度高，具有多项保护功能，具有较高的可靠性，工作时具有良好的稳定性，有效降低货物破损率。

2. 堆垛机类型

根据不同的标准，堆垛机有着不同的分类方法。

(1)按结构特点分类

按照结构特点的不同，堆垛机一般可分为桥式堆垛起重机和巷道式堆垛起重机(又称巷道式起重机)两种。

①桥式堆垛起重机。该设备是在桥式起重机的基础上结合叉车的特点发展起来的。在从起重小车悬垂下来的刚性立柱上有可升降的货叉，立柱可绕垂直中心线转动，因此货架间需要

的巷道宽度比叉车作业时所需要的小。这种起重机支承在两侧高架轨道上运行，除一般单元货物外还可堆运长物件。起重量和跨度较小时也可在悬挂在屋架下面的轨道上运行，这时它的起重小车可以过渡到邻跨的另一台悬挂式堆垛起重机上。立柱可以是单节的或多节伸缩式的。单节立柱结构简单、较轻，但不能跨越货垛和其他障碍物，主要适用于有货架的仓库。多节伸缩式的一般有 2～4 节立柱，可以跨越货垛，因此也可用于使单元货物直接堆码成垛的无架仓库。起重机可以在地面控制，也可在随货叉一起升降的司机室内控制。

桥式堆垛起重机额定起重量一般为 0.5～5 t，有的可达 20 t，主要用于高度在 12 m 以下、跨度在 20 m 以内的仓库。

②巷道式堆垛起重机。巷道式堆垛起重机由起升机构、运行机构、货台司机室和机架等组成。起升机构采用钢丝绳或链条提升。机架有一根或两根立柱，货台沿立柱升降。货台上的货叉可以伸向巷道两侧的货格存取物品，巷道宽度比货物或起重机宽度大 15～20 cm。货叉一般为三节伸缩式，用齿轮齿条传动或链传动实现伸缩。这种起重机大多在地面上的一根钢轨上运行，水平轮装在顶部；高度不大时也可以悬挂在巷道顶部的工字钢下翼缘上运行，水平轮装在下部；起重量较小时，可直接在货架顶部铺设的轨道上运行。起重量一般在 2 t 以下，最大达 10 t。起升速度为 15～25 m/min，有的可达 50 m/min。起重机运行速度为 60～100 m/min，最大达 180 m/min。货叉伸缩速度为 5～15 m/min，最大已达 30 m/min。升降、运行和货叉伸缩动作一般都设有慢速挡，以保证工作平稳和停靠准确。

巷道式堆垛起重机采用电力驱动，其控制方式有：a. 手动控制；b. 半自动控制，即起升和运行机构都是由人操纵来改变速度，但在制动时机构能使货叉自动对准货格；c. 自动控制，起重机备有自动认址系统。手动和半自动控制用得最多。自动控制主要用在出库、入库频率较高的仓库。当自动控制在中心控制室进行时必须设置信号传输系统，将起重机检测到的地址和其他信息传送给中心控制室，同时将各种控制信号从中心控制室传送给起重机。

由于起重机在狭窄的巷道内高速运行，且司机随货台升降，因此除起重量限制器和行程开关等一般的起重机安全装置外，还装有：a. 在钢丝绳或起重链断裂时能抓住货台的安全钳；b. 下降失控超速保护装置；c. 升降和运行接近极限位置时的强迫换速开关；d. 钢丝绳松弛时自动切断电源的保护装置。自动和半自动控制的起重机还设置有其他相应的安全装置。

巷道式堆垛起重机专用于高架仓库。采用这种起重机的仓库高度已达 45 m 左右。起重机在货架之间的巷道内运行，主要用于搬运装在托盘上或货箱内的单元货物；也可开到相应的货格前，由机上人员按出库要求拣选货物出库。

(2)按动力特点分类

按照动力特点的不同，堆垛机一般可分为全电动堆垛机、半电动堆垛机和手动堆垛机三种。

①全电动堆垛机，适用于狭窄通道和有限空间内的作业，是高架仓库、超市、车间装卸和堆垛托盘化货物的理想工具。本机型大都采用电脑程序控制、无级变速，钢精制宽视野门架最大起升高度可达 6 m 的可选配踏板，如图 4.26 所示。

②半电动堆垛机，适用于狭窄通道和有限空间内的作业，是高架仓库、车间装卸堆垛托盘化高效率的理想设备。本机型行走轻便快捷，简易，有近似全电动堆高车的功能，如图 4.27 所示。

图 4.26 全电动堆垛机

图 4.27 半电动堆垛机

③手动堆垛机,也称手动装卸车、手推液压堆高车,是利用人力推拉运行的简易式插腿式叉车。其起升机构有:手摇机械式、手动液压式和电动液压式三种,适用于工厂车间、仓库内效率要求不高,但需要有一定堆垛、装卸高度的场合。其载重量为 500～1 000 kg,起升高度为 1 000～3 000 mm,货叉最低离地高度≤100 mm,如图 4.28 所示。

(3)按行走特点分类

按照行走特点的不同,堆垛机一般可分为有轨堆垛机、无轨堆垛机和堆垛机器人三种。

①有轨堆垛机(Stacker Crane)是在高层货架的窄巷道内作业的起重机,可大大提高仓库的面积和空间利用率,是自动化仓库的主要设备,如图 4.29 所示。

图 4.28 手动堆垛机

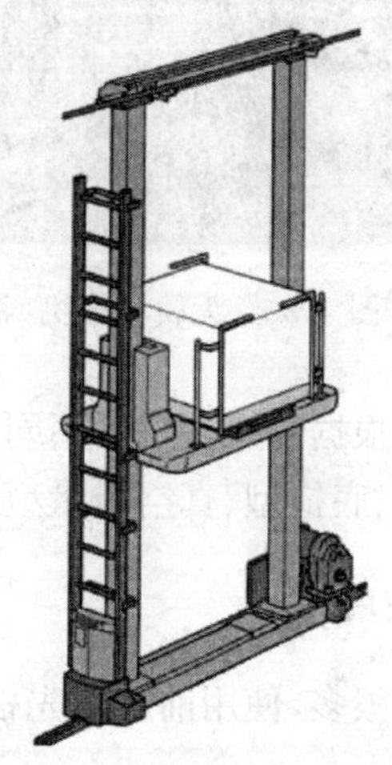

图 4.29 有轨堆垛机

其主要参数为:

仓库高度:6～24 m;最大仓库高度 40 m。

最大运行速度:80 m/min(标准型)200 m/min(高速型)。

最大起升速度:20 m/min(标准型)50 m/min(高速型)。

最大货叉伸缩速度:12 m/min(标准型)50 m/min(高速型)。

有轨堆垛机多种多样,按照用途的不同可分为单元型、拣选型、单元—拣选型三种;按照控制方式的不同可分为手动、半自动和全自动三种；按照转移巷道方法的不同可分为固定式、转移式和转移车式三种；按照金属结构的形式可分为单立柱和双立柱两种。

②无轨堆垛机(Rack Fork)又称三向堆垛叉车，即叉车向运行方向两侧进行堆垛作业时，车体无须做直角转向，而使前部的门架或货叉做直角转向及侧移，这样作业通道就可大大减少，提高了面积利用率；此外，高架叉车的起升高度比普通叉车要高，一般在 6 m 左右，最高可达 13 m，提高了空间利用率，如图 4.30 所示。

无轨堆垛机一般可分为托盘型和拣选型。托盘单元型：由货叉进行托盘货物的堆垛作业。其中一种：司机室地面固定型，起升高度较低，因而视线较差；另一种：司机室随作业货叉升降型，起升高度较高、视线好。拣选型：无货车作业机构，司机室和作业平台一起升降，由司机向两侧高层货架内的物料进行拣选作业。

③堆垛机器人(Robot Palletizer)。堆垛机器人是能将不同外形尺寸的包装货物，整齐地、自动地码(或拆)在托盘上的机器人。为充分利用托盘的面积和码堆物料的稳定性，机器人具有物料码垛顺序、排列设定器，如图 4.31 所示。

图 4.30　无轨堆垛机

图 4.31　堆垛机器人

堆垛机器人根据码垛机构的不同，可以分为多关节型、直角坐标型；根据抓具形式的不同可以分为侧夹型、底拖型、真空吸盘型。此外，堆垛机器人还可分固定型和移动型。

3. 堆垛机使用

堆垛机种类很多，使用前应首先根据其作业特点进行恰当选型，同时按照使用说明书进行正确操作。

(1)恰当选型

使用前，要掌握堆垛机的技术性能参数，从而掌握其工作能力。一般应根据使用的场合、作业性质、作业量的大小、各作业环节之间的配套衔接等因素进行选择堆垛机。

①额定载重量的确定。一般应以堆垛机在工作过程中可能遇到的最大起吊物的重量来确定，在使用过程中，堆垛机不允许超载运行，因此，在选择该参数时应留有一定的裕量。

②起升高度的选择。首先应符合国家关于起重机的起升高度标准系列，根据使用过程中堆垛机所要堆放货物的最低货位标高和最高货位标高来选择相适宜的堆垛机。另外，起升高

度还要受到仓库高度的限制。

③跨度的选择。跨度是针对桥式堆垛机而言的，是桥式堆垛机的两条轨道之间的距离。它要根据一台桥式堆垛机供几条巷道使用，由巷道的总宽度和货架的总宽度来确定其跨度的大小。

(2)手动堆垛机操作

手动堆垛机目前在仓库中仍广泛使用，使用手动堆垛机（也称手动装卸车、手推液压堆高车）完成取货任务，首先要做好如下准备工作：

①检查设备完好。比如手摇起升机构运行良好，调整两根前叉间距，使之与托盘叉孔间距适宜，行使轮行使、转向灵活。

②制订一份简练的搬运任务单，并指定好搬运线路。

③货架上有盛装货物的指定托盘，卸货区腾出了足够放置托盘的位置。

从立体货架的货位中取货搬运到指定作业区货位的操作：

双手紧握手柄→推至货架前→检查并将空气阀拧至紧闭位置→手动摇杆，加强液压，待前叉至适当高度→推动叉车，使前叉紧贴托盘底部叉入→手动摇杆，加强液压，待前叉离开货位水平线约 2～3 cm→回拉装卸机→推至目的地→慢松空气阀，缓缓减压，货物缓慢落在指定作业区货位→装卸车归位→结束。

将指定作业区货位的货物存放到立体货架的指定货位的操作，与以上路线方向相反，操作方法相似，不作赘述。

在直行搬运过程中，注意双手用力均衡，保证叉车直线运行。

直角转弯搬运的操作流程同上。搬运路线由直线与直角转弯构成。

注意直角转弯时，以所转方向的前端行驶轮为基准，当行驶至前轮对准托盘上同向的叉孔时，然后以该轮为圆心，前端另一轮与之构成的线段为半径，转 90°直角，使这一前轮也对准托盘的另一叉孔，最后再直线运行，直到插入托盘叉孔的适当位置。

直角转弯的操作技巧在操作人员的两只手上，与转向同向的那只手压稳托盘手柄，另一只手轻推，方使托盘前叉顺利转动 90°。

任务4 仓储衡器运用

1. 仓储衡器认知

衡器（Weighing Machine），称量物体重量的器具，是物流仓储的主要辅助设备，如秤、天平等。

衡器是在商品的交换过程中产生和发展的。人类最早使用的衡器是原始天平。约在公元前 5000 年，埃及就已使用等臂天平秤。

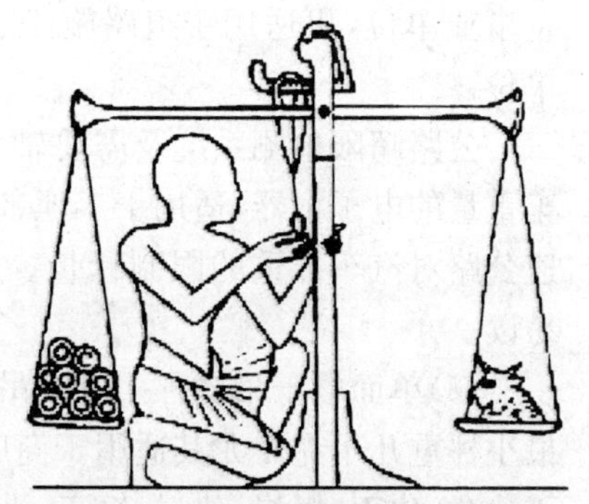
图 4.32 古埃及等臂天平秤

如图 4.32 所示，它是在简易杠杆中点设一支点，在杠杆一端（图中右端）的盘（钩）上放置被测物，在另一端（图中左端）的盘上逐个放置形状、质量一样的物体，当这种装置平衡时，就意味着两边的质量相等，并可从左端物体的个数推定右端被测物的质量。

中国的度量衡制始于公元前 2500 年的“黄钟”律。据记载,“度本于黄钟之长,量本于黄钟之仑,权衡本于黄钟之重”。黄钟器已失传。夏代,中国始用权衡作为称重器具。权相当于砝码,衡指杠杆。杠杆正中有一小孔用作支点,在杆的两端各悬有挂钩,一边挂被称物,一边挂权。每一副权衡都有一组权。权的重量逐一递增,以称不同重量。汉代出现木质杆秤,此后一直沿用了 2000 多年。

2. 仓储衡器类型

仓储衡器主要衡量仓储物品的质量、数量、规格的设备,也包括衡量仓库温度、湿度、通风条件等环境指标的仪器。由于仓储管理的特殊性,如果没作特别说明,仓储衡器一般是指衡量仓储物品的各种称量设备。

仓储衡器按结构原理可分为机械秤、电子秤、机电结合秤三大类,机械秤又分为杠杆秤(包括等臂杠杆秤也即狭义的天平、不等臂杠杆秤)和弹簧秤。衡器还可按衡量方法分为非自动衡器和自动衡器。衡器的主要品种有天平、杆秤、案秤、台秤、地中衡、地上衡、轨道衡、皮带秤、邮政秤、吊秤、配料秤和装袋秤等。

(1)电子台秤。电子台秤主要用于需要经常移动的称量场所,其最大秤量小于 1 t 货物称量,尤其适用于商店、集贸市场、仓库管理等有贸易结算要求的计量。广泛应用于冶金、化工、煤炭、建材、轻工、港口、交通、电力、仓储等部门小称量和精密配料的场所,可高效率地完成对需称量货物的计量和监控。

如图 4.33 所示,这种电子台秤采用不锈钢秤盘及铝合金构造,坚固耐用大型背光液晶屏幕显示器,字高 25 mm,可倾斜设计充、插电两用式切换选择,产品具有充放电保护装置,使用寿命长。多种秤重单位显示功能公斤、英磅、TL,开机单位随意选择,方便实用,具有字幕自动照明、自动关机省电功能选择(5、10、30、60 min),具有自动校正功能,具有检校秤之功能,可设定 HI、LO、OK(上/下限)三点警示功能,可依环境干扰程度选择软件滤波之功能,更稳定、精确,可选购 RS-232 接口,可连接计算机及列表机。

(2)电子汽车轴重秤。电子汽车轴重秤采用轴计量方式,可对各类载重汽车进行准确计量,不受车体、吨位限制,准确度等级为三级,有多种不同型号方便用户选择。

如图 4.34 所示,由于本设备独特的结构形式,优良的内部配置,使其除计量准确外,更具备移动方便、安装快捷、经久耐用等其他称重产品无可比拟的优势,不仅适用于各类厂矿企事业单位,更适用于道路施工、基础施工、基础设施建设等流动性强、作业条件差的施工单位。

公路超限检测系统及需要轴计量单位对汽车进行单轴或轴组计量后,通过累加得到整。车重量的电子衡器,适用于工地、矿山、修路企业,仓储企业,物资运输,低价物资的计量以及高速公路对汽车载重的限制计量。安装简便、基础投资费用少、搬迁方便、采用数字显示直观易读。

(3)单面电子吊钩秤。电子吊钩秤主要用于需要经常移动的称量场所,其最大秤量 30 t,最小秤重几千克。尤其适用于商店、集贸市场、仓库管理等有贸易结算要求的计量。广泛应用于冶金、化工、煤炭、建材、轻工、港口、交通、电力、仓储等部门计量称量和精密配料的场所,可高效率地完成对需称量货物的计量和监控。

如图 4.35 所示，这种单面电子吊钩秤采用特殊钢构造，坚固耐用，大型荧光屏幕显示器，字高 40 mm，可倾斜设计。充、插电两用式切换选择，产品具有充放电保护装置，使用寿命长。具有字幕自动照明、自动关机省电功能选择(5、10、30、60 min)。

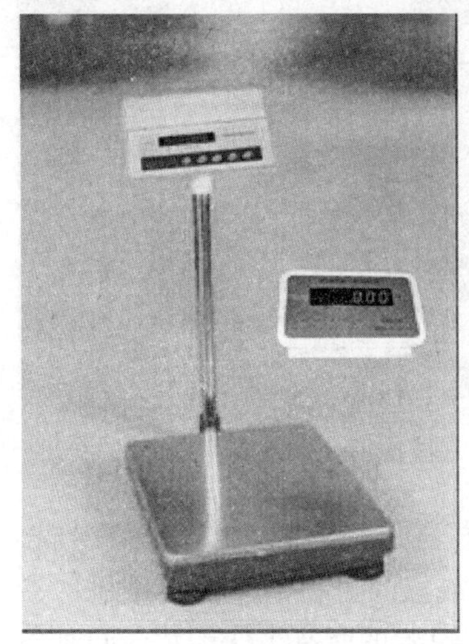

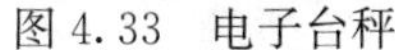

图 4.33 电子台秤

图 4.34 电子汽车轴重秤

图 4.35 单面电子吊钩秤

(4)仓储式包装秤。仓储式包装秤应用先进的微电子技术、构成完备的控制系统，对生产过程进行控制和管理。实用技术先进：采用返回行程可调气缸，可以通过调节气缸后端的调节螺栓调整给料速度，使给料迅速、可靠，大大提高包装秤的工作效力。仓储式包装秤适合于颗粒类物料，如饲料、玉米、小麦、谷物类、化工原料、医药原料等(如物料有腐蚀性，应作特别说明)。

如图 4.36 所示，这种仓储式包装秤具有如下特点：

①超速包装。给料方式采用粗给料(自落形式)＋细给料(振动给料)相结合的给料方式，大大提高了包装速度，可达 300～800 包/h。

②静音操作。系统采用独特的秤斗开门机构，有效减小开关门时的冲击与振动，大大降低系统工作所产生的噪声。

图 4.36 仓储式包装秤

③环保功能。环保秤内部特设回风吸引系统——除尘柜，提高物料纯度，避免粉尘及有毒物料对人体侵害(按需配置)。

④耐寒功能。耐寒秤特设多功能干燥过滤器，内带自动排水阀，排出积水，避免机器在 0 ℃以下结冰，阻碍机器正常运转。安装过滤器后设备可在零下 40 ℃环境下正常工作。

(5)储备式灌装秤。储备式灌装秤可任意设置灌装重量，可设置为总重灌装、自动去皮净重灌装、总重和自动去皮净重复合灌装；具备通信接口(RS485)，可与计算机通信，实现计算机管理；具有防震抗冲击、抗电磁干扰功能，结构合理。自动灌装秤重时，储备式灌装秤具有自动关闭、操作简单的优点，是液化气站和化工企业定量灌装液态物质的首选计量器具。

如图 4.37 所示，这种储备式灌装秤具有开机自动捉零功能；电子秤即可显示灌装设定值，读数清晰；灌装完毕有灯光及提示符闪烁显示提示；具有统计(累计)功能，可统计灌装数和灌装量;具有通信接口和密码锁定功能;有自动灌装和随机灌装功能。

(6)皮带秤。如图 4.38 所示,该皮带秤称重桥架采用无杠杆全悬式设计,电阻应变是传感器采用平台型,具有特殊应变补偿,单件结构形式,安装非常容易,不需要维护。秤架无物料堵塞和堆积,由此产生零点漂移的可能性不复存在,系统稳定性好,该秤架适应皮带宽度范围为 500~1 200 mm。

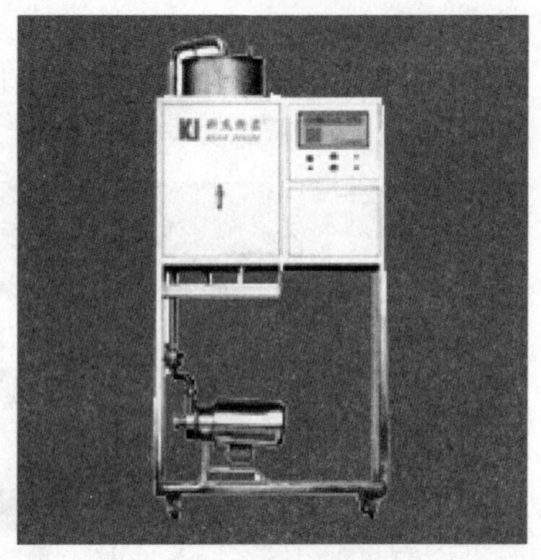

图 4.37 储备式灌装秤

这种皮带秤秤架采用无杠杆全悬浮式结构,单托辊;无摩擦橡胶耳轴支承,防腐蚀、防潮、抗振动;称重传感器为拉式,调整方便、灵活、可靠、精度较高;抗侧向、水平分力,减少皮带跑偏和落料偏移对精度的影响。

(7)电子散料秤。如图 4.39 所示,该秤由进料机构、称量机构、计算机控制系统等组成。计算机控制系统有数据设置键和显示仪表,数据设置键可设置或修改进料值。仪表可显示参量号、单次称量值、累计称量值、累计称量次数、故障报警代码及设置的所有工作参数。同时备有通信接口可与计算机联网并与计算机集中管理控制。

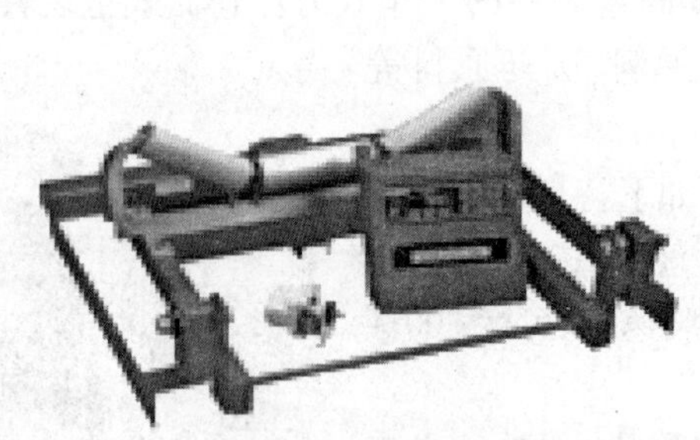

图 4.38 皮带秤

图 4.39 电子散料秤

这种电子散料秤物料通道全部为圆形,保证流料、卸料干净;有特制的橡胶软连接,密封性能好,安装拆卸方便;可适用于建材、化工饲料、冶金等行业;连续动态称重多种物料、工作性能可靠。规格:LCS-10 t、LCS-20 t、LCS-30 t。

(8)自动检重秤。自动检重秤可进行检重、分选、流水线称量等,如图 4.40 所示。自动秤作为检重秤使用,主要用于对自动化包装流水线中通过的包装产品进行在线动态称重,可以检测并剔除重量不符合要求的产品,是产品质量的保证。自动秤作为分选秤使用,可对上游产品(如包装箱,物品,物体等)作为重量鉴别分选。相接自动化流水线上,快速、简便,节省劳力,提高效力。

自动秤作为动态秤使用,可用于屠宰厂、超市、前店后坊,快速称重不宜等量的物体,配套其他设施(如条码打印机、不干胶打印机、标签打印等相关产品)使用,现代化物流成为现实。

自动秤可用在食品、粮食、制药、包装、化工等一切大工业自动化流水作业中。配套后续(如剔除、分类、报警、警示、打码、喷字等)设备,生产过程的快速性、准确性提高。

自动秤与电脑配套,生产过程中的智能化、人性化更加体现。

(9)液压叉车秤。液压搬运车秤采用交直流两用电源 ,秤体表面喷塑处理,结构坚固,秤台上任意位置均称量准确。秤台由液压手动搬运机构和称重元件组成,如图 4.41 所示。

图 4.40 自动检重秤

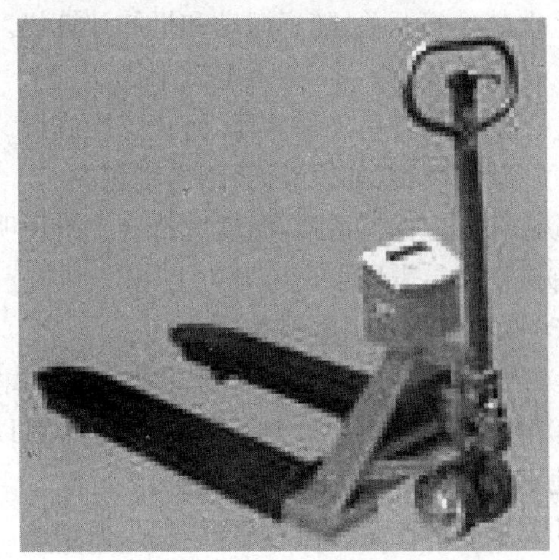

图 4.41 液压叉车秤

液压驱动秤台升降,人工推行车辆运行,特别适用铁路、公路、商贸、工矿等物流作业中的货物的称量。最大称重为 1 t,秤台尺寸为 1 150 mm×580 mm×(85～200)mm、1 220 mm×700 mm×(85～200)mm。

3. 仓储衡器使用

仓储衡器主要由承重系统(如秤盘)、传力转换系统(如杠杆传力系统)和示值系统(如刻度盘)三部分组成。由于计算机与信息技术的发展,现代衡器系统还涉及控制计算机和数码显示装置等。在使用过程中,应针对不同的构成部分特点加强维护,正确使用。

(1)系统维护

①衡器安装后,应妥善保存说明书、合格证、安装图等资料,并经当地计量部门或国家认可的计量部门检定合格后,方可投入使用。

②系统加电前,必须检查电源的接地装置是否可靠;下班停机后,必须切断电源。

③衡器使用前应检查秤体是否灵活,各配套部件的性能是否良好。

④称重显示控制器须先开机预热,一般为 30 min 左右。

⑤为保证系统计量准确,应有防雷击设施,衡器附近电焊作业时,严禁借秤台作零线接地用,以防损坏电器元件。

⑥对于安装在野外的地中衡,应定期检查基坑内的排水装置,避免堵塞。

⑦要保持接线盒内干燥,一旦接线盒内有湿空气和水滴浸入,可用电吹风吹干。

⑧为保证衡器正常计量,应定期对其进行校准。

⑨吊装计量重物时,不应有冲击现象;计量车载重物时,不应超过系统的额定秤量。

⑩汽车衡轴载与传感器容量、传感器支点距离等因素有关。一般汽车衡禁止接近最大秤量的铲车之类的短轴距车辆过衡。

⑪司磅操作人员和仪表维护人员均需熟读说明书及有关技术文件才能上岗操作。

(2)计算机维护

①保证计算机接地系统良好。

②严禁频繁开关、随意搬动和拆卸计算机。

③计算机要远离水源、强电磁干扰。

④严禁随意使用外来软盘,防止感染病毒。

⑤严禁用硬物(如螺丝刀)敲击键盘。

⑥机房内应保持清洁,温度应符合主机说明书要求。

⑦操作人员需经培训后方可上岗。

(3)称重显示控制器保养

①经常检查各接线是否松动、折断,接地线是否牢靠。

②称重显示控制器长期不用时(如一个月以上),应根据环境条件进行通电检查,以免受潮或其他不良气体侵蚀影响可靠性。

③称重显示控制器避免靠近热源、振动源。

④使用环境中不应有易燃易爆气体或粉尘。

⑤在称重显示控制器的同一相线上不得接感性负载,如门铃等。

⑥称重显示控制器长期不用、更换保险丝、移动位置或清除灰尘等情况时,务必切断电源。

⑦称重显示控制器如发生故障时应迅速断电,然后通知专业部门及人员进行检查整理,用户不得随意拆开机箱,更不得随意更换内部零件。

⑧司磅人员和仪表维修人员均需通过专门培训才能从事操作和维修。

(4)秤台维护

①秤台四周间隙内不得卡有石子、煤块等异物。

②经常检查限位间隙是否合理,限位螺栓与秤体不应碰撞接触。

③连接件每半年进行一次保养,支承头部涂上黄油。

④禁止在秤台上进行电弧焊作业,若必须在秤台进行电弧焊作业。请注意下列几点:断开信号电缆与称重显示控制器的连接;电弧焊的地线必须设置在被焊部位附近,并牢固接触在秤体上;切不可以使用传感器成为电弧焊回路的一部分。

复习思考题

1. 名词解释

(1)仓储设备:

(2)托盘:

(3)货架:

(4)堆垛机:

2. 填空题

题号	(1)	(2)	(3)	(4)	(5)
填空					
说明	将正确答案填入题号所对应的下方空格内				

(1)仓储作业的基本活动包括货物的(　　)、保养、维护和管理。

(2)仓储设备一般应包括(　　)、货架、堆垛机、仓储衡器等。

(3)货架按结构形式,常见的大致地可以分为(　　)货架、抽屉式货架、重力式货架、托盘式货架、驶入式货架、驶入/驶出式货架、移动式货架、悬臂式货架、阁楼式货架、高层货架等。

(4)每个托盘的载重质量应小于或等于(　　)吨。为了保证运输途中的安全,所载货物的重心高度,不应超过托盘宽度的三分之二。

(5)按照行走特点的不同,堆垛机一般可分为(　　)堆垛机、无轨堆垛机和堆垛机器人三种。

3. 识图题

题号	(1)	(2)	(3)	(4)	(5)
填空					
题号	(6)	(7)	(8)	(9)	(10)
填空					
说明	将图形的准确学名填入题号所对应的下方空格内				

序号	图　形	序号	图　形
(1)		(2)	
(3)	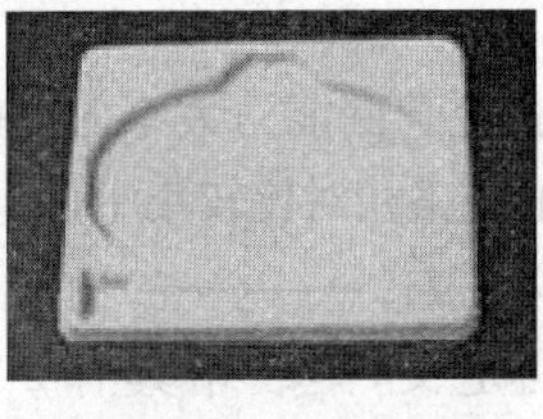	(4)	 COSCO
(5)	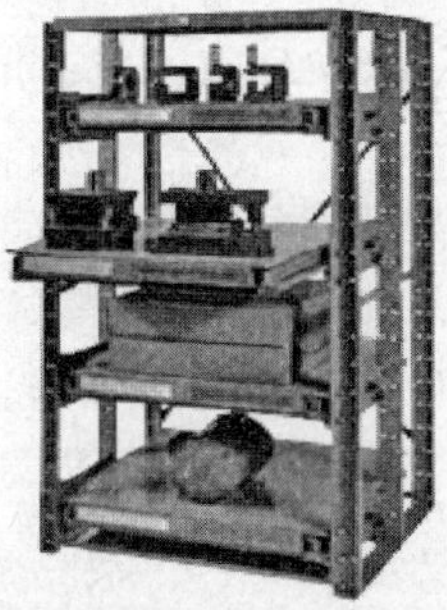	(6)	

续上表

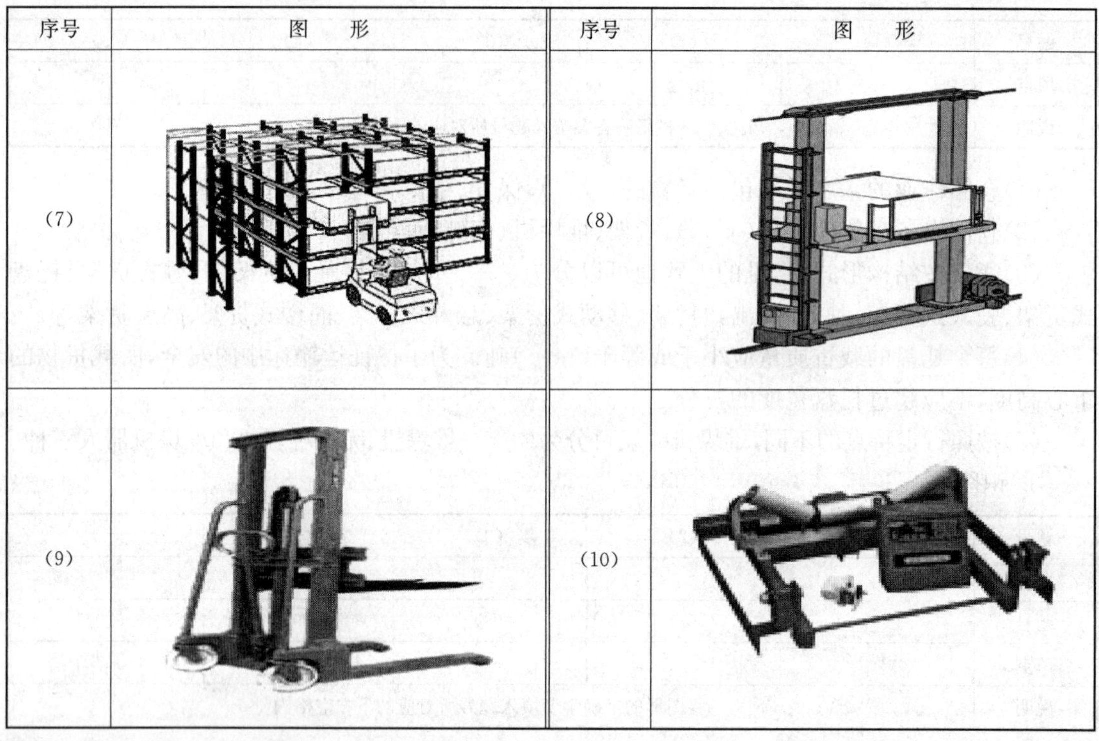

序号	图　形	序号	图　形
(7)		(8)	
(9)		(10)	

4. 判断题

题号	(1)	(2)	(3)	(4)	(5)
选项					
说明	在正确观点题号的下面空格内划“√”,错误观点题号的下面空格内划“×”				

(1)仓储活动是物流领域的一个中心环节,在物流领域中起着重要的作用,被称为“物流的支柱”,它的基本功能包括货物的保管功能、调节供需功能、调配货物的运输功能、实现货物的配送功能。

(2)仓储设备是有效实现仓储作业的技术包装,是企业仓储能力大小的直接反映。

(3)目前流通中的托盘规格比较杂乱,其中塑料托盘的规格相对比较集中,主要是1 100 mm×1 100 mm和800 mm×1 000 mm,约占塑料托盘的50%左右。

(4)根据国际标准化组织(ISO)TC/04委员会的定义,集装箱具有2 m^3以上的内部容积。

(5)衡器按结构原理可分为机械秤、电子秤、机电结合秤三大类。

5. 简答题

(1)货架的功能有哪些?

(2)使用堆垛机具有哪些优点?

6. 阐述题

(1)简述货架的使用原则。

(2)简述托盘与叉车、货架等配合使用的注意事项。

项目实操考核评价

以学生个人为单位施行考核。

	从入库存理货区到货架存货作业			从货架到流通加工区取货作业			得　分
	自评	同学评	教师评	自评	同学评	教师评	
学生 1							
学生 2							
学生 3							
学生 4							
学生 5							

说明：

1. 每人总分为 100 分。

2. 每人每项为 50 分制，计分标准为：不会操作计 1～15 分，基本不会操作计 16～30 分，操作较好计 31～40 分，操作很好记 41～50 分。

3. 采用分层打分制，建议权重计为：自评分占 0.2，同学评分占 0.3，教师评分占 0.5，然后加权算出每名同学在本实验中的综合成绩。

项目5　装卸设备运用

所谓装卸是指随着货物的运输和保管而附带发生的作业，具体来说，是指在物流过程中对货物进行装卸、搬运移送、堆垛拆垛、放置取出、分拣配送等作业。装卸活动与搬运活动相伴相生，是在一定区域范围内以改变货物的存放状态、存储位置为主要目的的活动，广泛发生于货场、码头、仓库等物流节点，是物流运作的一个核心环节。为提高工作效率，在装卸作业中使用了许多不同种类的设备，这些设备一般包括起重机、装卸机、升降台等。

项目描述

学习目标	器材工具	教学建议	课时计划
①了解各类机械设备的基本组成和工作原理 ②认识并掌握装卸设备的主要类型 ③了解使用装卸设备的注意事项 ④在作业中培养学生的团队精神	①港口码头作业视频 ②铁路货场作业视频	①条件允许时，尽量在实训室和多媒体教室中实施教学 ②设备操作注意事项应参照设备说明书	6学时，其中理论教学4学时，实践与考核2学时

项目任务

组织学生参观某铁路货场（或以视频代替），认识常用的装卸设备，掌握其主要类型，讨论装卸设备的安全部件使用要求。因而其操作应涉及如下工作环节：

(1)组织参观某一铁路货场或观看相应视频。

(2)列举并分析常用装卸设备的类型。

(3)分组讨论装卸设备的安全部件的使用要求。

初识常用装卸设备

图　示	说　明
 起重机(Crane)	起重机是一种间歇式、可循环运动的物流机械,以实现货物的垂直升降为主,同时可以实现货物的水平位移,以满足货物的装卸及附属作业的要求
 装卸机(Loader-unloader)	装卸机是指为了提高货物的卸装效率,主要对箱装、袋装等包装货物,或者不加包装而成堆堆放的各种块状、料状、粉状等散货,进行以装卸作业为主的机械系统
 升降机(Aerial Work LT)	升降机,也称为升降台,是一种垂直运送人或物的起重机械,也指在工厂、自动仓库等物流系统中进行垂直运输的设备。升降台上往往还装有各种平面输送设备,作为不同高度输送线的连接装置。升降台一般采用液压驱动,故也称液压升降台
 铁路装卸设备(Railway Handling Equipment)	铁路装卸机械是铁路运输生产的重要设备,是起重机、装卸机和升降机在铁路货运中的具体运用,一般按照铁路货物性质可分为散堆装货物装卸机械、成件包装货物机械、长大笨重货物和集装箱装卸机械等

任务1　起重机运用

1. 起重机认知

起重机(Crane)属于起重机械的一种,是一种做间歇式、循环运动的机械。起重机的一个工作循环包括取物装置从取物地把物品提起,然后水平移动到指定地点降下物品,接着进行反向运动,使取物装置返回原位,以便进行下一次循环。

起重机通常由起升机构(使物品上下运动)、运行机构(使起重机械移动)、变幅机构和回转机构(使物品做水平移动),再加上金属机构、动力装置、操纵控制及必要的辅助装置组合而成。起升机构是起重机的基本工作机构,大多由吊挂系统和绞车组成,也有通过液压系统升降重物的。运行机构用以纵向水平运移重物或调整起重机的工作位置,一般由电动机、减速器、制动器和车轮组成。变幅机构只配备在臂架型起重机上,臂架仰起时幅度减小,俯下时幅度增大,分平衡变幅和非平衡变幅两种。回转机构用以使臂架回转,由驱动装置和回转支承装置组成。金属结构是起重机的骨架,主要承载件(如桥架、臂架和门架)可为箱形结构或桁架结构,也可为腹板结构,有的可用型钢作为支承梁。

2. 起重机类型

起重机械有很多的分类,按照不同的标准,可对起重设备进行不同的分类。

(1)按功能和结构特点分类

起重机械按其功能和结构特点大致可以分为四类。

①轻小型起重设备

轻小型起重设备(如图5.1所示)的特点是轻便、结构紧凑、动作简单,作业范围投影以点、线为主。轻小型起重设备一般只有一个升降机构,只能使重物做单一的升降运动。这一类起重机包括千斤顶、滑车、手(气、电)动葫芦、绞车等。电动葫芦常配有运行小车与金属构架以扩大作业范围。

②桥式类起重机

桥式类起重机的特点是可以使挂在吊钩或其他取物装置上的货物在空间实现垂直升降或水平位移。桥式类起重机包括起升机构,大、小车运行机构。依靠这些机构的配合动作,可使货物在一定的空间内起升和搬运,如图5.2所示。

图5.1　轻小型起重设备

图5.2　桥式类起重机

桥式类起重机的主要类型包括桥式起重机、龙门起重机、装卸桥、冶金桥式起重机、缆索起重机等。其中，龙门起重机（龙门吊）又分为轨道龙门起重机和轮胎龙门起重机。龙门起重机具有场地利用率高、作业范围大、适应面广、通用性强等特点，在仓库、货场、车站、港口、码头等场所，担负着货物的装卸搬运作业，是企业生产经营活动中实现机械化、自动化的重要生产力。龙门起重机在铁路货场的应用十分普遍。

③臂架式起重机

臂架式起重机的特点与桥式类起重机基本相同。臂架式起重机包括起升机构、变幅机构、旋转机构。依靠这些机构的配合动作，可使货物在一定的空间内起重和搬运。臂架式起重机多装设在车辆上或其他的运输（移动）工具上，这样就构成了运行臂架式旋转起重机。臂架式起重机包括汽车式起重机、轮胎式起重机、塔式起重机、门座式起重机（如图 5.3 所示）、浮式起重机、铁路起重机等。

④升降机

升降机（如图 5.4 所示）的特点是重物或取物位置只能沿导轨升降。升降机虽只有一个升降机构，但在升降机中，还有许多其他附属装置，所以单独构成一类。升降机包括电梯、货梯、升降船等。

图 5.3　门座式起重机

图 5.4　升降机

（2）按安装方式分类

起重机按安装方式的不同可以分为履带起重机、汽车起重机、轮胎起重机、越野轮胎起重机、全地面起重机、特种起重机等。

①履带起重机

履带起重机（如图 5.5 所示）是将起重作业部分装在履带底盘上，行走依靠履带装置的流动式起重机，可以进行物料起重、运输、装卸和安装等作业。履带起重机具有起重能力强、接地比压小、转弯半径小、爬坡能力大、不需支腿、带载行驶、作业稳定性好以及桁架组合高度可自由更换等优点。该类起重机在电力、市政、桥梁、石油化工、水利水电等建设行业应用广泛。

②汽车起重机

汽车起重机将起重机安装在通用或专用汽车底盘上，底盘性能等同于同样整车总重的载货汽车，符合公路车辆的技术要求，因而可在各类公路上通行无阻。这种起重机一般备有上、下车两个操纵室，作业时必须伸出支腿保持稳定。起重量的范围很大，为 8～1 000 t，底盘的车轴数为 2～10 根。此类起重机是产量最大,使用最广泛的起重机类型,如图 5.6 所示。

图 5.5　履带起重机

图 5.6　汽车起重机

③轮胎起重机

轮胎起重机是将起重部分安装在特制的充气轮胎底盘上的起重机。上下车合用一台发动机,行驶速度一般不超过 30 km/h,车辆宽度也较宽。该类起重机不宜在公路上长距离行驶。具有不用支腿吊重及吊重行驶的功能,适用于货场、码头、工地等移动距离有限的场所的吊重作业,如图 5.7 所示。

④越野轮胎起重机

越野轮胎起重机(如图 5.8 所示)是 20 世纪 70 年代发展起来的一种起重机,其吊重功能与轮胎起重机相似,也可进行不用支腿吊重及吊重行驶,所不同的是底盘的结构形式及由独特的底盘结构所带来的行驶性能的提高。这种起重机的发动机均装在底盘上,底盘有两根车轴及四个大直径的越野花纹轮胎。四个车轮均为驱动轮及转向轮,当在泥泞不平的工地上转移工位时,四个车轮都传递动力,即四轮驱动,以提高通过泥泞地面及不平路面的能力。当在平坦路面以较快速度行驶时,只用前轴或后轴的两个车轮驱动,以减少能耗。在起重机的随机文件中,用 4×4 表示四轮驱动,4×2 表示 4 个车轴中有两个车轮是驱动轮。该类起重机适合狭小的场地作业。可实现连续无极变速,在路面阻力突变的情况下发动机也不会熄火,因而极大地方便了司机的操作,可以说越野轮胎起重机是一种性能扩展了的、强力而灵活的轮胎起重机。

图 5.7　轮胎起重机

图 5.8　越野轮胎起重机

⑤全地面起重机

全地面起重机是一种兼有汽车起重机和越野起重机特点的高性能设备,具有行驶速度快、多桥驱动、全轮转向、三种转向方式、离地间隙大、爬坡能力强，可不用支腿吊重等功能，是一种极有发展前途的设备。但价格较高，对使用和维护水平要求较高。该类起重机既能像汽车起重机一样快速转移、长距离行驶，又可满足在狭小和崎岖不平或泥泞场地上作业的要求，如图 5.9 所示。

图 5.9 全地面起重机

⑥特种起重机

特种起重机(如图 5.10 所示)是为完成某种特定作业而研制的专用起重机，如为机械化部队实施战术技术保障用的、装在越野汽车或装甲车上的起重抢救车；为处理交通事故用的公路清障车等，均属此类。

图 5.10 特种起重机

⑦铁路起重机

铁路救援起重机(如图 5.11 所示)通常是指在铁路线上运行，从事装卸作业以及铁路机车车辆脱轨、颠覆等事故救援的臂架型起重机，常用的有定长臂式和伸缩臂式两种。铁路起重机作为一种铁路专用起重设备，因其能顺铁路线运动，承担沿线各种环境下的起重作业，具有很好的机动性和适应性。随着铁路和相关技术的不断发展，铁路起重机也不断发展。在我国，铁路起重机自 20 世纪 50 年代以来从最初铁路货物装卸的起重机械发展成为能处理铁路行车脱轨事故、排除线路障碍、铁路建设施工的关键起重设备，在保证铁路安全运行和铁路建设中发挥着极为重要的作用。

除此以外，起重机还有多种分类方法。例如，按取物装置和用途分，有吊钩起重机、抓斗起重机、电磁起重机、冶金起重机、堆垛起重机、集装箱起重机和援救起重机等；按运移方式分，有固定式起重机、运行式起重机、自行式起重机、拖引式起重机、爬升式起重机、便携式起重机、随车起重机等；按驱动方式分，有支承起重机、悬挂起重机等；按使用场合分，有车间起重机、机器房起重机、仓库起重机、储料场起重机、建筑起重机、工程起重机、港口起重机、船厂起重机、坝顶起重机、船上起重机等。

图 5.11　铁路伸缩臂起重机

3. 起重机使用

使用起重机，必须了解其技术参数、工作级别、安全装置。

(1)起重机的技术参数

起重机的技术参数是表征起重机的作业能力，是设计起重机的基本依据，也是所有从事起重作业的人员必须掌握的基本知识。

起重机的基本技术参数主要包括起重量、起升高度、跨度(属于桥式类起重机)、幅度(属于臂架式起重机)、机构工作速度、生产率和工作级别等。其中臂架式起重机的主要技术参数中还包括起重力矩等，对于轮胎、汽车、履带、铁路起重机，其爬坡度和最小转弯(曲率)半径也是主要技术参数。

国家标准 GB/T 6974.1—2008《起重机术语 第一部分：通用术语》中介绍了中国目前已生产制造与使用的各种类型起重机械的主要技术参数(标准的术语名称)、定义及示意图，现摘录一部分。

①起升载荷参数

起重机的起升载荷参数示例如图 5.12 和表 5.1 所示。

a. 有效起重量，指吊挂在起重机可分吊具上或无此类吊具，直接吊挂在固定吊具上的起升的重物质量 m_{PL}。如起重机在水电站起吊闸门或从水中吊起重物，在考虑有效起重量时还应计算水流的负压或水的吸附作用所产生的力。

b. 可分吊具，用于起吊有效起重量，且不包含在起重机的质量之内的质量为 m_{NA} 的装置。可分吊具能方便地从起重机上拆下并与有效起重量分开。

c. 净起重量，指吊挂在起重机固定吊具上起升的重物质量 m_{NL}。质量 m_{NL} 是有效起重量 m_{PL} 和可分吊具质量 m_{NA} 之和，即 $m_{NL}=m_{PL}+m_{NA}$。

d. 固定吊具，能吊挂净起重量，并永久固定在起重挠性下端的质量为 m_{FA} 的装置。固定吊具是起重机的一部分。

e. 起重挠性下起重量，指吊挂在起重机起重挠性下端起升的重物质量 m_{HL}。质量 m_{HL} 是有效起重量 m_{PL}、可分吊具质量 m_{NA} 和固定吊具质量 m_{FA} 之和，即 $m_{HL}=m_{PL}+m_{NA}+m_{FA}$。

f. 起重挠性件，指从起重机上垂下，例如从起重小车或臂架头部垂下，并由起升机构等设备驱动，使挂在其下端的重物升降的质量为 m_{HM} 的钢丝绳、链条或其他设备。起重挠性件是起重机的一部分。

g. 总起重量 m_{GL}，指直接吊挂在起重机上，例如挂在起重小车或臂架头部上的重物的质量 m_{GL}。质量 m_{GL} 是有效起重量 m_{PL}、可分吊具质量 m_{NA}、固定吊具质量 m_{FA} 和起重挠性件质量 m_{HM} 之和，即 $m_{GL}=m_{PL}+m_{NA}6+m_{FA}+m_{HM}$。

h. 额定起重量，指在正常工作条件下，对于给定的起重机类型和载荷位置，起重机设计能起升的最大净起重量。

i. 最大起重量，指额定起重量的最大值。

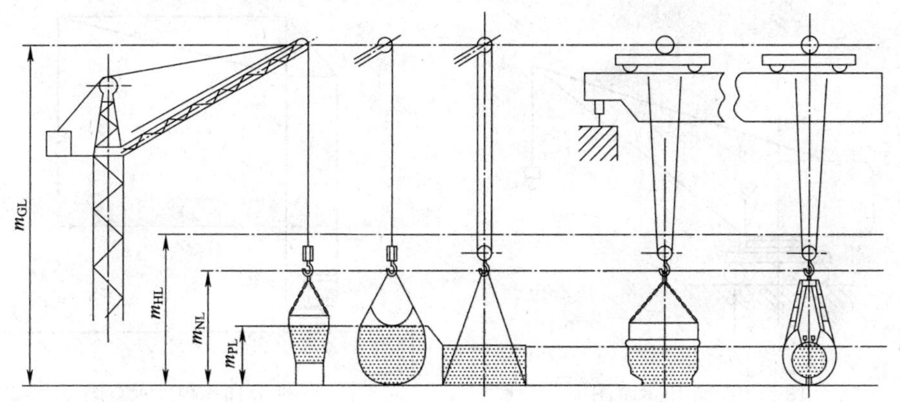

图 5.12　起重机起升载荷术语应用示例图

表 5.1　起重机起升载荷术语应用示例表

<table>
<tr><td rowspan="4">总起重量 m_{GL}</td><td colspan="3">起重挠性件质量 m_{HM}</td><td colspan="3">从臂架头部垂下的起升钢丝绳</td><td colspan="2">从起重小车垂下的起升钢丝绳</td></tr>
<tr><td rowspan="3">起重挠性下起重量 m_{HL}</td><td colspan="2">固定吊具 m_{FA}</td><td>吊钩滑轮组</td><td>吊钩滑轮组</td><td>下滑轮</td><td>下滑轮</td><td>下滑轮</td></tr>
<tr><td rowspan="2">净起重量 m_{NL}</td><td>可分吊具 m_{NA}</td><td>料斗与链条</td><td>网扣</td><td>钢丝绳吊具</td><td>电磁吸盘与链条</td><td>抓斗</td></tr>
<tr><td>有效起重量 m_{PL}</td><td>料斗与物料</td><td>网扣内物料</td><td>包装箱与内含物</td><td>碎铁块</td><td>抓斗内物料</td></tr>
</table>

②载荷参数

a. 起重力矩 M，指幅度 L 和与之相对应的载荷 Q 的乘积，如图 5.13 所示。

b. 起重倾覆力矩 M_A，指载荷中心线至倾覆线的距离 A 和与之相对应的载荷 Q 的乘积，如图 5.14 所示。

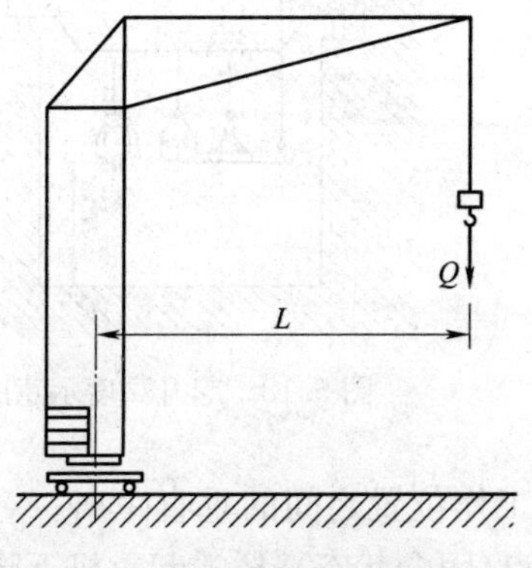

图 5.13　起重力矩示意图

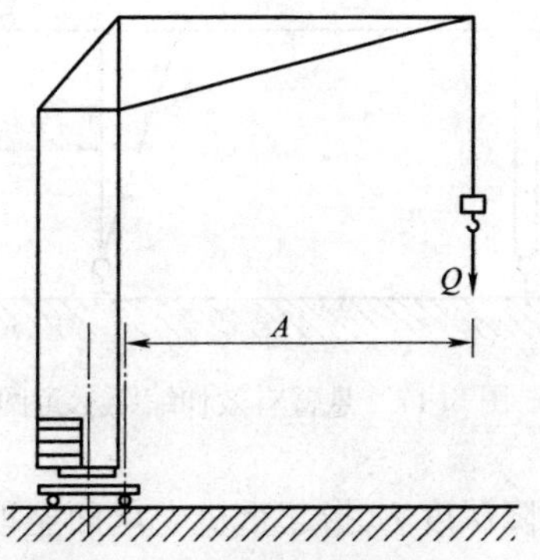

图 5.14　起重倾覆力矩示意图

c. 总质量 m_{tot}，包括压重和平衡重以及按规定量加足的燃料、油品、润滑剂和水在内的起重机质量。

d. 轮压 P，指起重机一个车轮作用在轨道或地面上的最大垂直载荷，如图 5.15 所示。

③线性参数

a. 幅度 L，指起重机置于水平场地时，从其回转平台的回转中心线至取物装置(空载时)垂直中心线的水平距离，如图 5.16 所示。

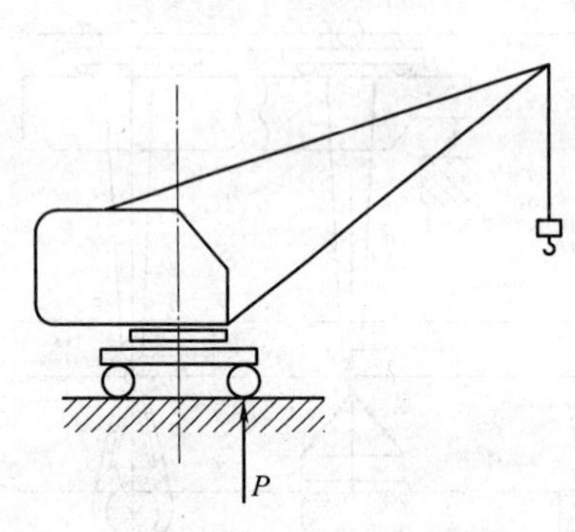

图 5.15　轮压示意图

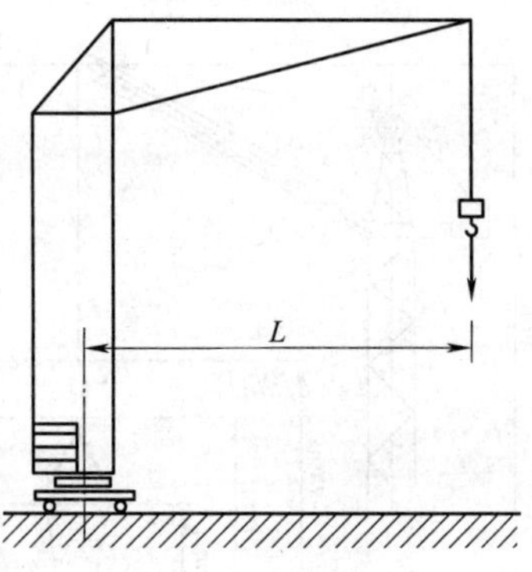

图 5.16　幅度示意图

b. 悬臂有效伸缩距 l，指离悬臂最近的起重机轨道中心线至位于悬臂端部取物装置中心线的最大水平距离，如图 5.17 所示。

c. 起升高度 H，指起重机支承面至取物装置最高工作位置之间的垂直距离。对于吊钩和货叉，量至其支承面；对于其他取物装置，量至其最低点(闭合状态)；对于桥式起重机，起升高度应从地平面量起，测定起升高度时，起重机应空载至于水平场地上，如图 5.18 所示。

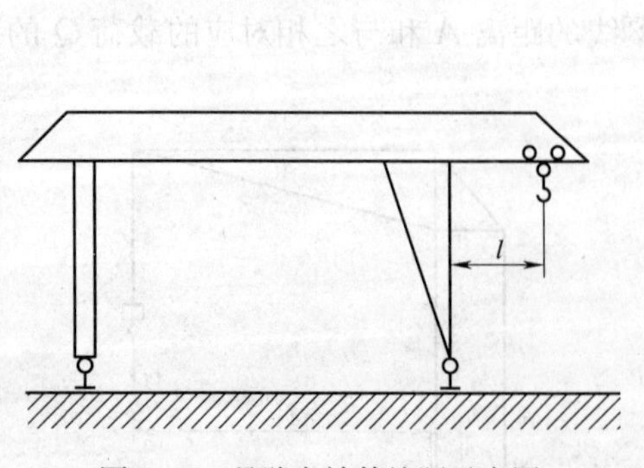

图 5.17　悬臂有效伸缩距示意图

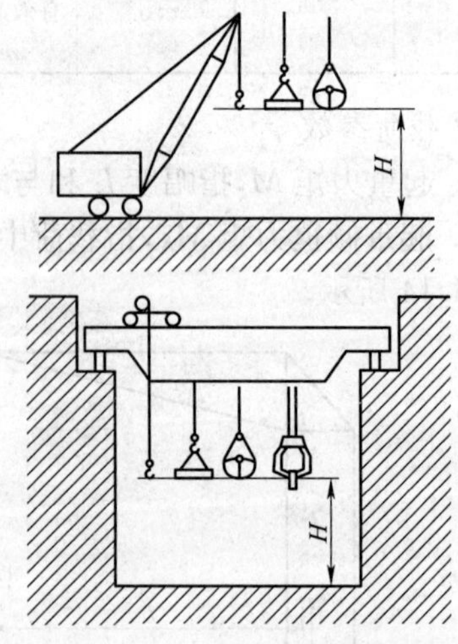

图 5.18　起升高度示意图

d. 下降深度 h，指起重机支承面至取物装置最低工作位置之间的垂直距离。对于吊钩和货叉，量至其支承面；对于其他取物装置，量至其最低点(闭合状态)；桥式起重机下降深度应从地平面起。测定其下降深度，起重机应空载置于水平场地上方，如图 5.19 所示。

e. 起升范围 D，指取物装置最高和最低工作位置之间的垂直距离（$D=H+h$），如图 5.20 所示。

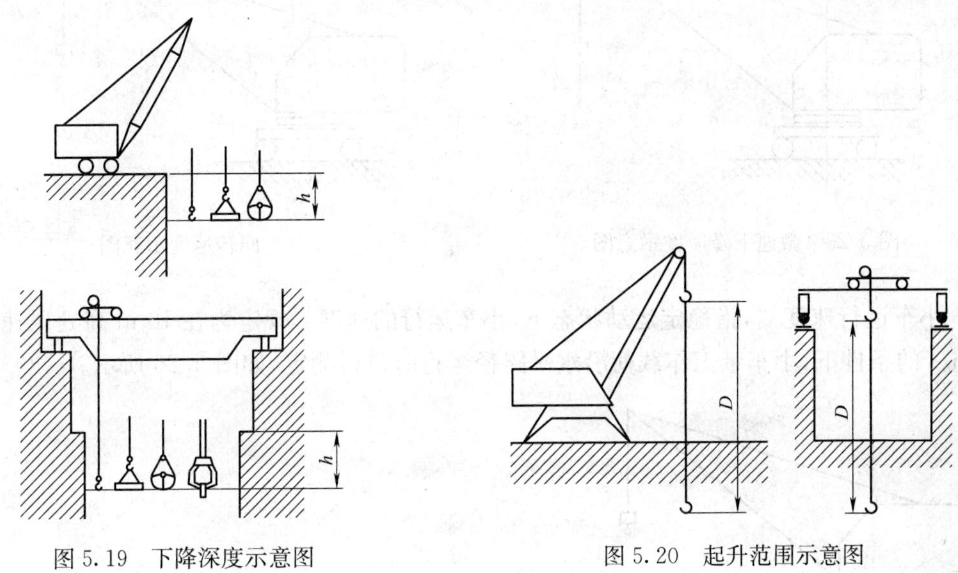

图 5.19　下降深度示意图　　　　图 5.20　起升范围示意图

f. 起重机轨面高度 H_0，指从地面（底层面）至起重机钢轨轨道顶面的垂直距离，如图 5.21 所示。

④运动速度参数

a. 起升（下降）速度 v_n，指在稳定运动状态下，工作载荷的垂直位移速度，如图 5.22 所示。

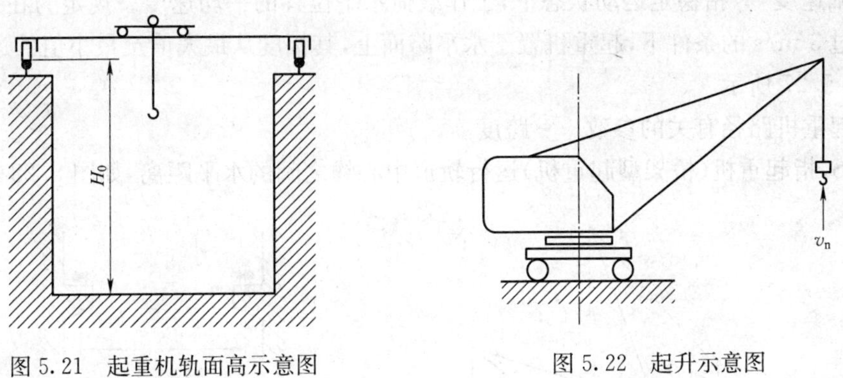

图 5.21　起重机轨面高示意图　　　　图 5.22　起升示意图

b. 微速下降速度 v_m，指在稳定运动状态下，进行的安装或堆垛最大工作载荷时能实现的最低下降速度，如图 5.23 所示。

c. 回转速度 ω，指稳定状态下，起重机转动部分的回转角速度。规定为在 10 m 高处风速不超过 3 m/s 的条件下，起重机置于水平场地上，带工作载荷、幅度最大时进行测定，如图 5.24 所示。

d. 起重机（大车）运行速度 v_k，指在稳定运动状态下，起重机运行的速度。规定为在 10 m 高处风速不超过 3 m/s 的条件下，起重机带工作载荷沿水平路径运行时进行测定，如图 5.25 所示。

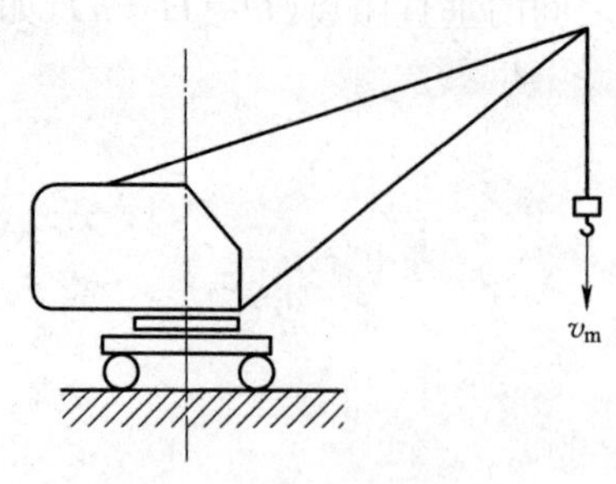

图 5.23　微速下降速度示意图

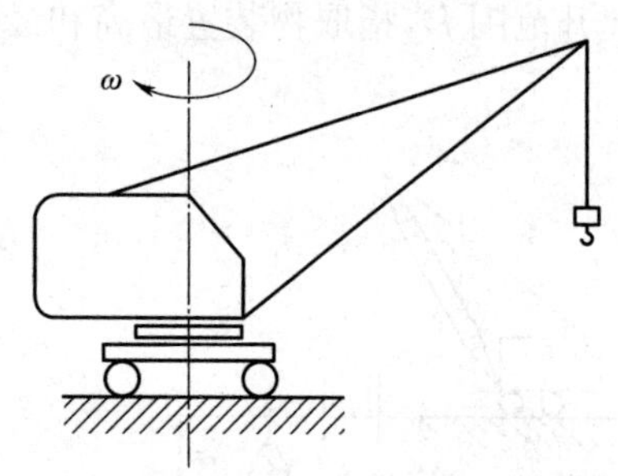

图 5.24　回转速度示意图

e. 小车运行速度 v_t，指稳定运动状态下，小车运行的速度。规定为在 10 m 高处风速不超过 3 m/s 的条件下，小车带工作载荷沿水平路径运行时进行测定，如图 5.26 所示。

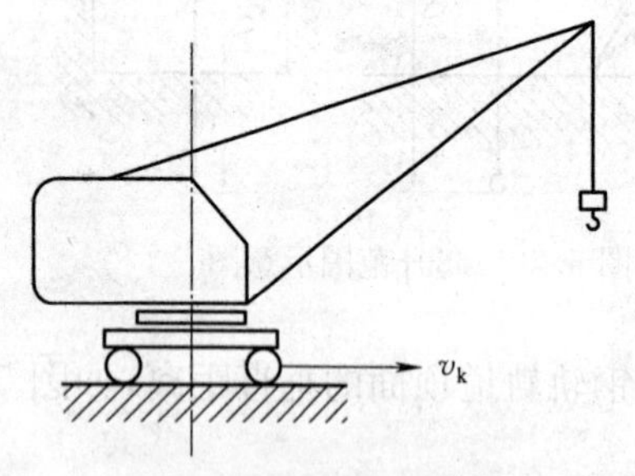

图 5.25　运行速度示意图

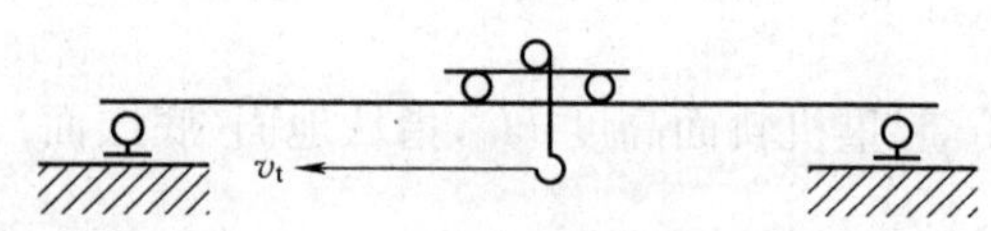

图 5.26　小车运行速度示意图

f. 变幅速度 v_r，指稳定运动状态下，工作载荷水平位移的平均速度。规定为在 10 m 高处风速不超过 3 m/s 的条件下，起重机置于水平路面上，其幅度从最大值至最小值的过程中进行测定，如图 5.27 所示。

⑤与起重机路径有关的参数——跨度

跨度 S，指起重机(桥架型起重机)运行轨道中心线之间的水平距离，如图 5.28 所示。

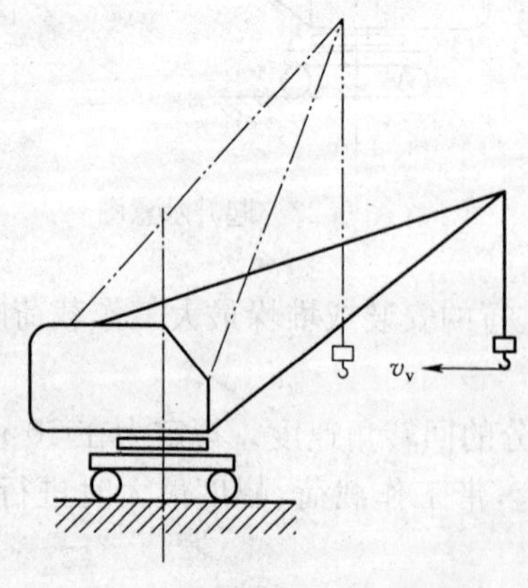

图 5.27　变幅速度示意图

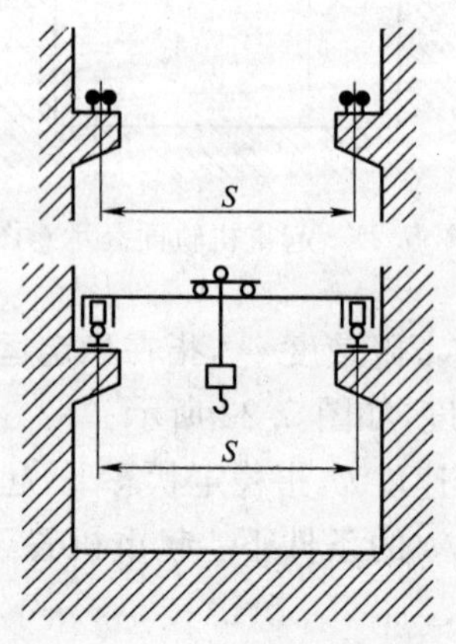

图 5.28　跨度示意图

⑥一般性参数

a. 工作级别。

考虑起重机起重量和时间的利用程度以及工作循环次数的特性。

b. 起重机限界限。

起重机靠近构筑物工作时，安全作业条件所限定的空间，其边界线只有取物装置在进行搬运作业时才能逾越，如图5.29所示。

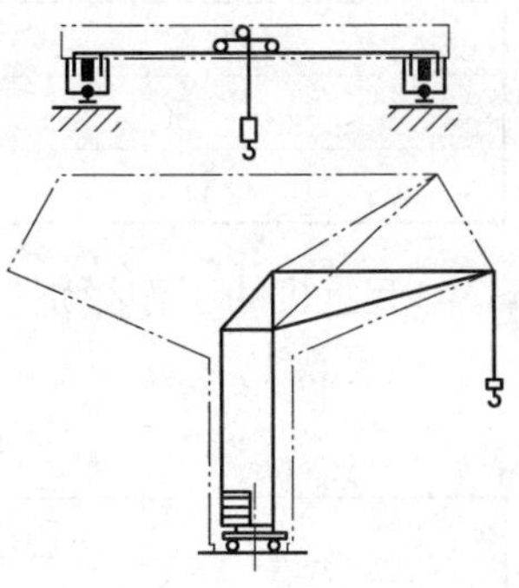

图5.29 起重机限界限

(2)起重机的工作级别

起重机的工作级别的大小高低是由两种能力所决定的，其一是起重机的使用频繁程度，称为起重机利用等级；其二是起重机承受载荷的大小，称为起重机的载荷状态。

①起重机的利用等级

起重机在有效使用寿命期间有一定的工作循环总数。起重机作业的工作循环是从准备起吊物品开始，到下一次起吊物品为止的整个作业过程。工作循环总数表征起重机的利用程度，是起重机分级的基本参数之一。工作循环总数是起重机在规定的使用寿命期间所有工作循环次数的总和。

确定适当的使用寿命时，要考虑经济、技术和环境因素，同时也要涉及设备老化的影响。工作循环总数与起重机的使用频率有关。为了方便起见，工作循环总数在其可能范围内，分成10个利用等级(U_0～U_9)，见表5.2。

表5.2 起重机利用等级

利用等级	总的工作循环次数 N	附　注
U_0	1.6×10^4	不经常使用
U_1	3.2×10^4	
U_2	6.3×10^4	
U_3	1.25×10^5	
U_4	2.5×10^5	经常轻闲地使用
U_5	1.6×10^5	经常中等地使用
U_6	1×10^6	不经常频繁地使用
U_7	2×10^6	频繁地使用
U_8	4×10^6	
U_9	$>4\times10^6$	

②起重机载荷状态

载荷状态是起重机分级的另一个基本参数，表明起重机的主要机构——起升机构受载的轻重程度。载荷状态与两个因素有关：一个是实际起升载荷G与额定载荷G_n之比(G/G_n)，另一个是实际起升载荷G的作用次数N与工作循环总数N_n之比(N/N_n)。表示G/G_n和N/N_n关系的线图称为载荷谱。起重机的载荷状态见表5.3。

表5.3 起重机的载荷状态

载荷状态	名义载荷谱系数 K_F	说　明
Q1——轻	0.125	很少起升额定载荷，一般起升轻微载荷
Q2——中	0.25	有时起升额定载荷，一般起升中等载荷

续上表

载荷状态	名义载荷谱系数 K_F	说　明
Q3——重	0.5	经常起升额定载荷，一般起升较重载荷
Q4——特重	1.0	频繁起升额定载荷

起重机的工作级别用符号 A 表示，其工作级别分为 8 级，即 A1～A8。起重机的工作级别，见表 5.4。

表 5.4　起重机的工作级别

载荷状态	名义载荷谱系数 K_F	利用等级										
			U_0	U_1	U_2	U_3	U_4	U_5	U_6	U_7	U_8	U_9
Q1——轻	0.125			A1	A2	A3	A4	A5	A6	A7	A8	
Q2——中	0.25		A1	A2	A3	A4	A5	A6	A7	A8		
Q3——重	0.5	A1	A2	A3	A4	A5	A6	A7	A8			
Q4——特重	1.0	A2	A3	A4	A5	A6	A7	A8				

为便于广大起重作业人员了解和掌握起重机适用的工作级别，而列举了以下各种起重机的工作级别，见表 5.5。

表 5.5　起重机工作级别举例

起重机形式			工作级别
桥式起重机	吊钩式	电站安装及维修用	A1～A3
		车间及仓库用	A3～A5
		繁重工作车间及仓库用	A6、A7
	抓斗式	间断装卸用	A6
		连续装卸用	A6～A8
	冶金专用	吊料箱用	A7、A8
		加料用	A8
		铸造用	A6～A8
		铸造用	A7、A8
		淬火用	A7、A8
		夹钳、脱锭用	A8
		揭盖用	A7、A8
		料耙式	A8
		电磁铁式	A6～A8
门式起重机		一般用途吊钩式	A3～A6
		装卸用抓斗式	A6～A8
		电站用吊钩式	A2、A3
		造船安装用吊钩式	A3～A5
		装卸集装箱用	A5～A8

续上表

起重机形式		工作级别
装卸桥	料场装卸用抓斗式	A7、A8
	港口装卸用抓斗式	A8
	港口装卸集装箱用	A6～A8
门座起重机	安装用吊钩式	A3～A5
	装卸用吊钩式	A5～A7
	装卸用抓斗式	A6～A8
塔式起重机	一般建筑安装用	A2～A4
	用吊罐装卸混凝土	A4～A6
汽车、轮胎、履带、铁路起重机	安装及装卸用吊钩式	A1～A4
	装卸用抓斗式	A4～A6
甲板起重机	吊钩式	A4～A6
	抓斗式或电磁吸盘式	A6、A7
浮式起重机	装卸用吊钩式	A5、A6
	装卸用抓斗式	A6、A7
	造船安装用	A3～A6
缆索起重机	安装用吊钩式	A3～A5
	装卸或施工用吊钩式	A5～A7
	装卸或施工用抓斗式	A6～A8

(3)起重机安全保护装置

为了确保起重作业安全可靠，起重机装有较完善的安全装置，以便在意外的情况下，起到保护机件或提醒操作人员注意，从而起到安全保护作用。

①液压系统中各溢流阀

液压系统中各溢流阀可抑制回路中的异常高压，以防止液压油泵及马达的损坏，并防止处于过载状态。

②吊臂变幅安全装置

当不测事故发生，吊臂变幅油缸回路中的高压软管或油管爆裂或切断时，液压回路中的平衡阀就起作用，锁闭来自油缸下腔的工作油，使吊臂不致下跌，从而确保作业的安全性。

③吊臂伸缩安全装置

当不测事故发生，吊臂伸缩油缸回路中的高压软管或油管爆裂或切断时，液压回路中的平衡阀就起作用，锁闭来自油缸下腔的工作油，使吊臂会自动缩回，从而确保作业的安全性。

④高度限位装置

吊钩起升到规定的高度后，碰触限位重锤，打开行程开关，“过绕”指标灯即亮，同时切断吊钩起升、吊臂伸出、吊臂伏到等动作的操作而确保安全。这时只要操纵吊钩下降，吊臂缩回或吊臂仰起(即向安全方操作)等手柄时，使限位重锤解除约束，操作即恢复正常。在特殊的场合，如仍需要做微量的过绕操作，可按下仪表盒上的释放按钮，此时限位的作用便解除，但此时的操作必须十分谨慎小心，以防发生事故。

⑤支腿锁定装置

当不测事故发生，通往支腿垂直油缸的高压软管或油管破裂或切割时，液压系统中的双向液压锁能封锁支腿、封锁油缸两腔的压力油，使支腿不缩或甩出，从而确保起重作业的安全性。

⑥起重量指示器

起重量指示器设置在基本臂的合侧方（即操纵室的右侧面），操作者坐在操作室内便能清楚地观察到，能准确地指示出吊臂的仰角及对应工况下起重机允许的额定起重量。

⑦起重特性表

设置在操纵室内前侧下墙板上，该表列出了各种臂长和各种工作幅度下的额定起重量和起重高度，以便操作时查阅。起重作业时，切不可超过表中规定的数值。为了确保起重作业安全可靠，起重机装有较完善的安全装置，以便在意外的情况下，起到保护机件或提醒操作人员注意，从而起到安全保护作用。

任务 2　装卸机运用

1. 装卸机认知

装卸机是指为了提高物品卸装效率，主要对箱装、袋装等包装物品，或者不加包装而成堆堆放的各种块状、料状、粉状等散货，进行以装卸作业为主的机械系统。

装卸机是一种重要的物流设备，在物流活动中既可以结合行业特点独立使用，比如常见的装卸桥、卸煤机、卸车机、卸船机、集装箱装卸机、蔗木装卸机、砖用装卸机和新型的多功能装卸机等，都属独立使用，也可以安装在物流生产线上，与其他相关设备构成系统综合使用。使用装卸机，可以使物品翻转码放、直接装车、卸车，大大节约人力成本，降低物品装卸中的货损货差，从而有效降低物流成本，提高工作质量。

2. 装卸机的类型

目前，在物流业中使用的装卸机多种多样，主要有袋式装卸机、螺旋装卸机、翻车机、取料机等，还出现了一些新型的装卸机械。

(1)常用的装卸机

①袋式装车机

袋式装车机（如图 5.30 所示）主要由中间卸袋机构和特殊端部溜槽及胶带机组成。粉状物经包袋机成袋后，经过称重装置和辊道输送机送到胶带输送机上，再根据装车情况由分袋器和特殊端部溜槽，将袋送到不同的装车机上，然后由装车机直接装到汽车上。目前，袋式装车机在水泥行业中应用较多。

②螺旋卸车机

螺旋卸车机（如图 5.31 所示）主要由大车行走机构、螺旋起升机构、螺旋旋转机构、电气控制系统及钢结构组成，具有跨双道线卸车的能力。螺旋旋转机构完成卸车，主要通过螺旋体的旋转，螺旋叶片迅速将车箱内的两侧推出；大车行走机构用于平时的整机行走和工作时的水平进给；起升机构可将螺旋旋转机构侧向折起、落下和工作时垂直进给。通过以上机构螺旋体具备旋转运动、水平进给和垂直进给运动，实施机械化卸车作业。目前螺旋卸车机主要广泛应用于煤炭、冶金、化工、建材等行业进行煤炭、砂子、石灰等散料的卸车作业。

图 5.30　袋式装车机

图 5.31　螺旋卸车机

③翻车机

翻车机(如图 5.32 所示)是具有机械化自动化的、高效低耗的一种大型卸车机械,一般由执行机构、拨车机、迁车台、推车机等单机设备组成。翻车机常用来翻卸铁路敞车所装运的散粒物料,广泛应用于火力发电厂、港口、冶金、煤炭焦化等大型现代化企业。

④取料机

取料机(如图 5.33 所示)一般指斗堆取料机,也称斗轮机,是现代化工业中连续装卸散状物料的一种重要设备,其功能是向料场堆料或从料场取料。取料机主要用于港口、码头、冶金、水泥、钢铁厂、焦化厂、储煤厂、发电厂等大宗散料(如矿石、煤、焦炭、矿石等)存储料场的堆放、提取作业。

图 5.32　翻车机

图 5.33　取料机

(2)新型装卸机

近年来,又不断出现一些新型装卸机。

①货车货物自动装卸机

货车货物自动装卸机,是在货车两侧车箱尾部设有固定支承架,货物支承板上设有货物支承架,固定支承架两侧侧臂与货物支承架两侧侧臂之间均通过两个连杆活动连接,它们构成了两个平行四边形连杆机构;货物支承架两侧侧臂与货物支承板之间通过斜拉钢索活动连接;在固定支承架底部设有由液压泵、电动机、油箱、液压缸、活塞组成的液压传动系统,绳索绕在与活塞相连的滑轮上，绳索的一端穿过固定支承架左侧臂顶部并与货物支承架左侧臂顶部连接，绳索的另一端穿过固定支承架右侧臂顶部并与货物支承架右侧臂顶部连接。货车货物自动装卸机装卸货物方便，装卸过程平稳，不需人力提升和卸货，省时省工。它体积小、结构紧凑、安装方便，适用于各类厢式货车。

②袋装货物装卸机

袋装货物装卸机，适合将袋装的化肥或水泥从堆放处装上运输车辆。装卸机安装在带有行走轮和门式框架的底盘上，装卸机前端装有包装袋搓起送入装置，中间部分是皮带输送装置，尾端装有包装袋码放卸载装置，前端的搓起送入装置和尾端的码放卸载装置上均装有可由手工操控进行三维活动的把手。操控灵活方便，效率高，可大大减少装卸工人的数量，减轻工人的劳动强度。

③散物装卸机

散物装卸机，由支撑物、轨道、小车和提升装置组成。支撑物和大地固定；在支撑物上焊接有轨道，小车通过固定在轨道顶端的电动机牵引沿轨道上、下滑行。当小车内装满散物时，使用者通过提升装置，使电动机牵引小车沿轨道向上滑行，滑至一定高度，小车翻转或小车侧面打开，将车内散物倒出，然后沿轨道向下滑行至初始位置。散物装卸机可广泛应用于住宅区、饭店、机关的固态或液态垃圾清运、河道废弃物清运及动物高空喂料等。

3. 装卸机使用

下面以螺旋卸车机为例，介绍装卸机的使用。

(1)螺旋卸车机主要结构及工作原理

螺旋卸车机由大车架(包括主梁、端梁、螺旋升降)、平台、走台梯子、操纵室、大车运行机构、螺旋旋转机构、螺旋起升机构等组成。螺旋卸车机设有螺旋旋转机构，由电动机经链条带动螺旋叶轮旋转。通常设有两组叶轮，每组叶轮以中心为界，一半为左旋，一半为右旋，叶轮旋转时车箱内的物中间向两侧输送，输到地沟内。通常地沟内设有带式输送机，由输送带运走。螺旋机构的升降依靠螺旋升降机构的电动机带动链轮，通过链条使下挡轮处链吊环与下挡轮一起上升，上升到使上挡轮相遇与限位开关相碰，即停止起升，起升架上的上挡轮沿大车架升降滑架移动，滑架上部呈圆弧形，当左右螺旋旋转机构的上挡轮进入滑架圆弧范围内，螺旋机构开始向上抬起。过车时抬到最高，卸料时渐渐放低，当一个车箱卸完后，螺旋机构也应提升到最高处。

(2)螺旋卸车机操作规程

①启动前检查

a. 螺旋卸车机作业时必须由两人进行，一人操作、一人配合，操作人应经培训合格后才能上机操作。

b. 检查大车行走轨道上无障碍物，轨道无变形，各行走轮必须与轨面完全接触。

c. 检查螺旋体应完好，无变形，无杂物缠绕，螺旋驱动装置力矩保护装置处于良好状态。

d. 检查钢构架的联结及固定螺丝不应有任何松动，支架不应有开焊、变形及损坏现象。

e. 检查电气开关应完好，各接点应无严重烧损，电缆应完好，电源滑线、受电装置有无变形或损坏。

f. 检查提升机构链条松紧是否得当，链销有无脱落，检查滑块、导轨配合间隙是否正常。

g. 检查各减速机油位是否正常，有无漏油现象，检查电动机、减速机、联轴器的地脚螺丝和连接螺丝完整紧固。

h. 检查各制动器的闸瓦间隙，制动是否可靠，检查大车行走两制动器的制动状态要一致。

i. 检查各操作把手、按钮均应在空挡位置或停止位置。

j. 检查随车运行的照明装置是否完好，电源指示灯是否正常。

k. 各部检查完结后，进行空转试运，试验大车行走、升降动作螺旋旋转（尤其注意行车及螺旋大臂升降抱闸动作灵活），并监听各运转部分声音无异常。

l. 联系清扫人员，打开车厢侧门，火车车厢内应无人。

m. 开车前必须鸣铃报警。

②螺旋卸车机运行规程

a. 接到货运人员卸车命令后，确认机车已脱离重车，铁鞋已固定好待卸车辆，人员就位，做好卸车前的一切准备工作，将操作室门关闭。

b. 合上电源开关，将控制电源开关合上，观察灯光信号显示是否正常。

c. 启动警告电铃，以通知周围无关人员离开，将螺旋升至最高停放位置。

d. 开动大车前要观察是否有运煤机车通过，行车范围内有无障碍物，确认后将大车开动到指定卸车位置。

e. 调整大车和小车位置，使螺旋头纵向及横向位置都处于车厢中间，两端距车厢距离相等。

f. 操作螺旋机构，同时使螺旋旋转开始下降，螺旋头吃料深度应小于旋头直径，行走卸完一层后，再降至下一层，往返直至卸完。

g. 行走至车厢端部时，操作行走把手置于空挡位置，避免螺旋体与车厢碰撞。

h. 反向行车与螺旋旋转配合继续卸煤，如此循环反复，直至卸车结束，扫底时左右螺旋保持水平状态。

i. 当一节煤车卸完之后，螺旋旋转停止，大车开到车厢中间位置，两螺旋升到最高位置后再移动到另一节待卸煤车，直至卸完整批火车。

③螺旋卸车机的停止

a. 操作旋转启停按钮停止螺旋旋转，大车开到车厢中间位置。

b. 操作升降把手将左右螺旋提升至最高位置，然后将螺旋升降把手恢复至空挡位置。

c. 操作行走把手将卸车机停至指定位置，停止大车行走，同时操作把手恢复至空挡位置。

d. 按下总电源停止按钮。

④卸车机作业完毕后的检查

a. 检查提升机构链条磨损情况，若磨损锈蚀严重时报告有关部门进行处理。

b. 检查螺旋体磨损、紧固情况，需要进行处理的需报告相关部门进行处理。

c. 作业过程中出现的机械、电器情况，虽不影响操作，但也要立即向有关部门报告及时处理。

⑤运行注意事项

a. 螺旋卸车机必须由指定的司机操作，其他人员一律禁止操作。

b. 严禁酒后上车操作。

c. 卸车前卸车司机必须给信号或铃声与站台其他人员及司机取得联系，重车未停稳前，卸车机不允许工作。

d. 安全设施不齐全，不许开车，并及时通知检修人员或电工处理。

e. 螺旋上升时，应马上进入三挡或四挡，螺旋下降时，只能开一挡，严禁开其他挡数，否则严重损坏提升机构。

f. 操作应平稳，螺旋吃煤不可过深，以免烧毁电机或损坏其他部件。

g. 在卸煤中如遇有铁块、石块、木块、钢丝绳等杂物时，应立即停止作业，做好安全措施，清除杂物后方可继续作业。

h. 禁止螺旋旋转机构两个电机同时启动，螺旋旋转正常后方可带负荷。

i. 卸煤前必须看清楚煤车上是否有人工作，严禁人工和卸车机在同一车厢卸煤，也不准将卸车机从人头顶上开过。

j. 车内煤已卸完，螺旋升起离开后即时给信号，给铃之后，无配合人员通知，清扫人员不得进入车厢内清扫车底。

k. 人工卸车或清扫车底时，严禁开车经过卸车工正在工作的车厢。

l. 禁止两台卸车机同时在一个车厢内工作。

m. 禁止开快车卸煤。

n. 禁止频繁使用升降机构卸煤。

o. 作业时禁止将螺旋升降、大车行走操作把手直接打到反向。

p. 作业时螺旋体禁止接触车帮边沿摩擦运行。

q. 运行中禁止把头伸向窗外或门外。

r. 禁止在卸煤工作中进行检修维护工作。

(3)常见故障原因及处理

①螺旋卸煤机在运行中转动部分发生震动、松动、异响、温度异常升高等现象时，应停下卸煤机，检查处理。

②运行中发生电气设备冒烟、起火有焦臭味时，应立即停下卸煤机，检查原因，并报告当值班长联系检修人员处理。

③当操作开关失灵时，立即拉开刀闸，通知当值班长联系检修人员处理。

④制动器工作时冒烟或发出焦臭味时，应立即停机，制动轮温度不得超过 200 ℃。

⑤螺旋卸车机常见的故障处理见表 5.6。

表 5.6　螺旋卸车机常见的故障处理

现　象	故障原因	消除措施
制动器失灵不能刹住车、螺旋断开电源时滑行距离较大	a. 杠杆系统活动关节卡住 b. 润滑油滴入制动轮上 c. 制动带过分磨损 d. 弹簧张力不足 e. 制动轮与制动带间隙过大	a. 将关节处滴润滑油活动 b. 用煤油清洗制动轮及制动带 c. 更换新制动带 d. 调整弹簧 e. 将其间隙调整到 0.8～1 mm
制动器不能打开，造成升降或行走迟缓、电动机发热	a. 制动轮与制动带间隙过小 b. 制动带粘在带有污垢的制动轮上 c. 活动关节不灵活 d. 弹簧张力过大 e. 电力液压推动器不动作： Ⅰ. 油液使用不当 Ⅱ. 推动器缺油 Ⅲ. 小马达不转	a. 将其间隙调整到 0.8～1 mm b. 用煤油清洗制动轮和制动带 c. 滴润滑油，消除卡滞 d. 调整弹簧 e. 调整电力液压推动器： Ⅰ. 根据室外温度变换油液 Ⅱ. 补充油液到规定位置 Ⅲ. 检查电气部分消缺

续上表

现　象	故障原因	消除措施
运行不平稳	a. 安装不当,不同轴 b. 基础刚性差,松动 c. 偶合器或电机或工作机轴承损坏 d. 弹性块或弹性盘磨损	a. 重新找正 b. 检查并拧紧基础螺栓,增强刚性 c. 根据噪声和振动判断,若损坏则更换 d. 更换失效弹性块或弹性盘
达不到额定转速	a. 电动机故障或连接不正确 b. 电动机卡死 c. 电动机消耗功率过大 d. 充液量过多,电动机无法达到额定功率 e. 充液量过少	a. 检查电动机的电流、转速和消耗的功率 b. 检查电动机,消除卡死原因 c. 检查功率消耗,并核算是否超过标准数值 d. 检查充液量;放出适量的油 e. 检查充液,量按规定量充液
大车啃轨、起动时振动	a. 一侧制动器失灵 b. 一侧或一个大车车轮驱动器电机烧 c. 行走轨道变形	a. 检修制动器 b. 更换电机 c. 检修或更换轨道

(4)维护保养

①日常保养

日常保养由操作者进行,应做好下述工作:清除电气设备外部灰尘、清洁操纵室和机身上的灰尘、油污;手测电机、电力液压推杆制动器、控制器触头、电阻器等发热情况;检查制动器间隙是否合适;检查轴承温升,联轴器紧固件是否牢固;检查链条磨损和润滑情况;检查安全装置是否灵敏、可靠。

②一级保养

除进行日常保养的内容外,应每月进行一次一级保养,应给滚动轴承加油,检查所有电气设备的绝缘情况,清除电气设备内部灰尘、污物,观察电机炭刷滑环磨损情况;对减速机,电动液压制动器油缸的油量进行检查、更换或补充。检查控制器、电阻器、接线座螺栓是否紧固等。

③二级保养

二级保养由检修工承担,每季度或半年进行一次,保养内容包括一级保养的内容,增加检查大车走轮磨损情况,检查金属结构件油漆损坏情况,对损坏的部分进行修复。

任务3　升降机运用

1. 升降机认知

升降机最早的出现应追溯到古代的中国及欧洲各国,当时都有以辘轳等工具垂直运送人和货物。现代的升降机是19世纪蒸汽机发明之后的产物。1845年,第一台升降机诞生,当时使用的液体为水。1853年,美国人艾利莎·奥的斯发明自动安全装置。

在近代我们用来升降货物的是一种木质梯子,用起来很不方便,攀登时比较危险。中国首个安装升降机的城市是上海。1907年,六层高的汇中饭店安装了两台奥的斯升降机。国内生产的升降机,产品型号各异,提升高度有4 m、6 m、18 m甚至达百米不等。选用国内外先进液压、马达、泵站系统、液压系统防爆装置和液压自锁装置,具有设计新颖、结构合理、升降平衡、操作简单、维修方便等其他产品不可替代的优点,广泛用于厂房维护、工业安装、设备检修物业管理、仓库、航空、机场、港口、4S店、车站、机械、化工、医药、电子、电力等高空设备安装和检修,使用相当广泛,而且不用机房,有无井道均可安装使用。

升降机的发展正在处于一个高峰状态,由于大多数厂家或者个人为了提高场地的利用率,更多地选择了多层建筑,由此也需要一种装置来方便上下提升下降货物。由于普通电梯造价高,承载力较低,不适合装载几十吨或者几百吨的货物,所以开发出了高承载力的液压升降机来辅助生产和货物运输。升降机即安全又具有超大的负载能力,而且维修方便,使得这一特殊产业有了更快的发展。

升降机,也称升降台,是一种垂直运送人或物的起重机械,也指在工厂、自动仓库等物流系统中进行垂直输送的设备。升降机上往往还装有各种平面输送设备,作为不同高度输送线的连接装置。升降机一般采用液压驱动,故也称液压升降机。除作为不同高度的货物输送外,还广泛应用于高空的安装、维修等作业。

升降机自由升降的特点目前已经广泛运用于市政维修,码头、物流中心货物运输,建筑装潢等,安装了汽车底盘、蓄电池车底盘等能自由行走,工作高度空间也有所改变,具有质量轻、自行走、电启动、自支腿、操作简单、作业面大,特别是能够跨越障碍进行高空作业等 360°自由旋转优点。

最近升降机产品改为柴油机、电动机两用旋转式升降机,又研制、生产出电瓶车载高空作业平台升降台,其特点是利用蓄电池驱动、蓄电池升降、无极变速,使高空作业更安全、更方便,噪声大大降低且环保节能。

2. 升降机类型

根据不同的标准,升降机有着不同的分类方法。

(1)按升降机构分类

按照升降机结构的不同,可分为剪叉式升降机、升缩式升降机、套缸式升降机、铝合金(立柱)式升降机、曲臂式升降机(折臂式的更新换代)、升缩臂式升降机。

①剪叉式升降机

剪叉式升降机分为移动剪叉式升降机、固定剪叉式升降机;其中移动式的又分为牵引式、自行走人工牵引式、全自行式三大类。

剪叉式升降机是用途广泛的高空作业专用设备,主架采用高强度锰钢矩形管精工制造,剪叉式构造可供多人同时作业,具有较高的稳定性。四轮移动方便,承载能力强,并设有各方面安全保护装置,安全可靠。

剪叉式升降机适合于机场候机楼、飞机抢修,车站、码头、商场、体育场馆、小区物业、厂矿车间等较大范围的高空连续作业。部分产品具有自动行走的功能,能够在不同工作状态下,快速、慢速行走,只需一个人在空中便可操作机器连续完成上下、前进、后退、转向等动作。剪叉式升降机如图 5.34 所示。

②升缩式升降机

升缩式升降机,动力采用液压源,链条传动,安全可靠,移动轻便,具有造型美观、体积小、质量轻、升降平衡等优点。主控制升降方式为电动(手动),上下控制,还可以根据需要加装遥控装置。升降平台占用空间小,重量轻,可在各房间或楼梯口间随意移动。升缩式升降机广泛应用于工厂、宾馆、餐厅、车站、机场、影剧院、展览馆等场所,是保养机具、油漆装修、调换灯具、电器、清洁保养等用途的最佳安全器械,如图 5.35 所示。

图 5.34 剪叉式升降机

图 5.35 升缩式升降机

③套缸式升降机

套缸式升降机为多级液压缸直立上升，液压缸高强度的材质和良好的机械性能，塔形梯状护架，使升降台有更高的稳定性。即使身处 20 m 高空，也能感受其优越的平稳性能。套缸式升降机应用于厂房、宾馆、大厦、商场、车站、机场、体育场等场所，主要用于电力线路、照明电器、高架管道等安装维护，高空清洁等单人工作的高空作业，如图 5.36 所示。

④铝合金(立柱)式升降机

铝合金(立柱)式升降机，整体采用高强度铝型材精制而成，如图 5.37 所示。由于型材强度高，具有造型美观、体积小、重量轻、结构紧凑、移动方便、升降平台平稳、操作方便、安全可靠等优点，令高空作业更方便快捷，能够快速、慢速行走，可调速，是现代企业高效安全生产之理想高空作业设备，主要分为单立柱铝合金、双立柱铝合金、多柱铝合金升降机。

铝合金(立柱)式升降机具有造型美观、体积小、重量轻、升降平稳、安全可靠等优点。它轻盈的外观，能在极小的空间内发挥最高的举升能力。立柱升降系统，具有载量大，稳固性强，平台面积大，推行方便等特点。

图 5.36 套缸式升降机

图 5.37 铝合金(立柱)式升降机

⑤曲臂式升降机

曲臂式升降机(如图 5.38 所示)是折臂式升降机的更新换代产品。能悬伸作业、跨越一定的障碍或在一处升降可进行多点作业;360°旋转,平台载重量大,可供两人或多人同时作业并可搭载一定的设备;升降平台移动性好,转移场地方便,外型美观。曲臂式高空作业平台按照臂展方式可分为直臂和曲臂两种,多用于船厂等高度要求较高的场所,此类机器安全性较好,移动方便,但是成本很高。曲臂式升降机广泛用于工厂、自动仓库、停车场、市政、车站、机场、影剧院、展览馆、码头、建筑、装修、物流、电力、交通、石油、化工、酒店、体育馆、工矿、企业等的高空作业及维修。

⑥升缩臂式升降机

升缩臂式升降机移动方便,有的采用折臂结构,更显紧凑。工作台既可以升高又可以水平延伸,还可以旋转。易于跨越障碍物到达工作位置,适用于库内、场物等空中作业,如图 5.39 所示。

图 5.38 曲臂式升降机

图 5.39 升缩臂式升降机

(2)按移动方式分类

升降机按照移动方法的不同,可分为固定式升降机、自行式升降机、车载式升降机、牵引式升降机、拖拉式升降机等。

①固定式升降机

固定式升降机(如图 5.40 所示)是一种升降稳定性好,不能移动只能固定进行作业,使高空作业变得轻而易举。可根据不同的工作要求和使用环境,可配置不同的工作台形式、动力形式、控制方式和其他附加配件。固定式升降机主要用于生产流水线间或楼层间的货物运送;物料上线、下线;工件装配时调节工件高度;高处给料机送料;大型设备装配时部件举升;大型机床上料、下料;仓储装卸场所与叉车等搬运车辆配套进行货物快速装卸等。

②自行式升降机

自行式升降机(如图 5.41 所示)具有行走及转向驱动功能,不需人工牵引,不需外接电源移动灵活方便,能够在不同工作状态下,快速、慢速行走,只需一个人操作便可在空中连续完成上下、前进、后退、转向等所有动作。作业高度可达 12 m,载重 300 kg,围栏可水平延伸,极大地扩展了作业范围,适合工厂车间、广场大堂机场、园区等高空作业。

图 5.40 固定式升降机

图 5.41 自行式升降机

③车载式升降机

车载式升降机(如图 5.42 所示)是为提高升降机的机动性,将升降机固定在蓄电池搬运车或货车上,接取汽车引擎动力,实现车载式升降机的升降功能,以适应厂区内外的高空作业。车载式升降机广泛应用于宾馆、大厦、机场、车站、体育场、车间、仓库等场所的高空作业,也可作为临时性的高空照明、广告宣传等。

④牵引式升降机

牵引式升降机(如图 5.43 所示)使用汽车或拖车牵引,移动迅速、方便,结构紧凑。采用新型优质型钢,强度高,重量轻,直接接入交流电或采用车自身动力启动,架设速度快,具有伸缩臂,工作台既可升高又可延伸,还可 360°旋转,易于跨越障碍物到达工作位置,是理想的高空作业设备。

图 5.42 车载式升降机

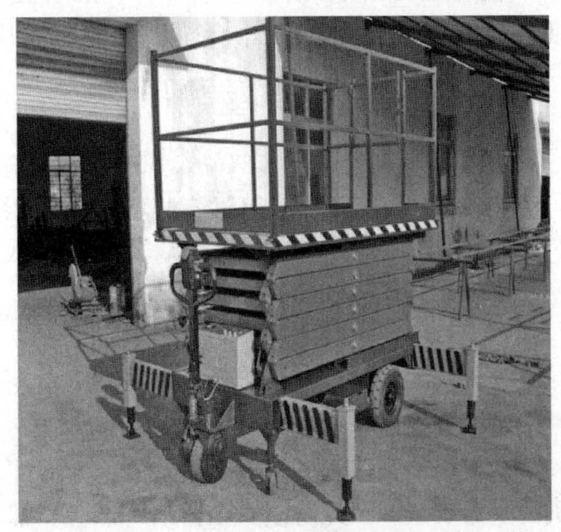
图 5.43 牵引式升降机

⑤拖拉式升降机

拖拉式升降机(如图 5.44 所示)具有车身小、运转灵活等特点，能在狭窄通道中工作，适用于货物升高移动。拖拉式升降机控制部分安装于手柄上部，操作简易，控制机构灵活、可靠、安全。具有超负荷自动卸荷装置及满载下限速装置，以便有效保护车架等主要部分。纯手工操作，具有平稳、灵活、轻便无磁场与火花的特点，适用于车间厂房、仓库、超市、电梯等狭窄通道中使货物升高移动。

图 5.44　拖拉式升降机

3. 升降机使用

升降机在使用过程中始终应把握安全第一的原则，注意出品合格，定期保养，并要重点注意对液压系统和安全部件进行保养。

(1)使用要求

升降机在出厂前均已检验调试，各项技术指标达到设计要求，使用时只需接通电源，液压、电气系统不需调整。升降机在使用中要注意，必须放置在坚实平整的地面上，以防工作时倾翻。按下“上升”或“下降”按钮，使工作台升降。如果工作台不动，应立即停机进行检查。发现电动升降机工作压力过高或声音异常时，应立即关机检查，以免机械遭受严重破坏；每月定期检查轴销工作状态，如发现轴销、螺丝松脱，一定要锁紧，以防轴销脱落造成事故。液压油应保持清洁，每 6 个月更换一次；维修保养和清扫升降机时，务必要撑起安全撑杆。

(2)定期保养

①每月保养

升降台保养时人员进入升降台内部工作，必须吊住升降机，防止升降台突然下降而造成人员伤亡。

a. 检查滚轮、中间轴及轴承；油缸销轴及轴承；臂架铰轴及轴承等润滑度和磨损情况。

b. 上述各部件加注润滑油，延长轴承使用寿命。

c. 检查液压油质和油位。升降台升至最高时液压油面应高出油箱底 40～50 mm。液压油油色变暗，油质发黏，或油中有砂砾等异物时，应及时更换液压油。升降台的液压系统应用 32 号液压油。

②年终保养

a. 检查液压和管道连接部位。管道有破损应马上更换；连接部位有松动时拧紧管接头。

b. 卸下并拆开下降阀，用压缩空气将阀芯吹净后重新装上。

c. 把油箱中的液压油全部放尽打开油箱，取出吸油过滤器，洗净后放回油箱，按原位安装。油箱中重新注满新油。

(3)安全部件

升降机的安全部件及使用要求如下：

①防坠安全器

防坠安全器是施工升降机上重要的一个部件，要依靠它来消除吊笼坠落事故的发生，保证乘员的生命安全。因此防坠安全器出厂试验非常严格的，出厂前由法定的检验单位对它进行转矩的测量，临界转速时测量，弹簧压缩量的测量，每台都附有测试报告，组装到施工升降机上后进行额定载荷下的坠落试验，而使用中的升降机都必须每三个月就要进行一次坠落试验。

对出厂两年的防坠安全器(防坠安全器上出厂日期),还必须送到法定的检验单位进行检测试验,以后每年检测一次。防坠安全器好坏只能通过试验和送检才能判断好坏,日常运行中是无法确定其是否好坏的,对那些超期服役的防坠安全器,早些送检和定期试验为好,才能将恶性事故防患于未然。

②安全开关

升降机的安全开关都是根据安全需要设计的,有围栏门限位、吊笼门限位、顶门限位、极限位开关、上下限位开关、载重防断绳保护开关等。杜绝吊笼装载长东西、吊笼内放不下需伸出吊笼外,更不允许人为取消门限位或顶门限位,严格要求升降机维护和操作人员定期检查各种安全开关的安全可靠性。

③齿轮、齿条的磨损更换

有些升降机的作业环境条件恶劣,水泥、砂浆、尘土不可能消除干净,齿轮与齿条的相互研磨,齿都磨尖了仍然还在使用。为了安全起见,必须经常检查,必要时必须更换新配件。

④暂载率

升降机频繁作业,利用率高,应考虑电机的间断工作制问题,也就是常说的暂载率的问题(有时叫负载持续率,FC=工作周期时间/负载时间×100%,其中工作周期时间为负载时间和停机时间)。坚决不允许传动系统润滑不良或运行阻力过大,超载使用,或作频繁的启动。

⑤缓冲器

缓冲器是施工升降机安全的最后一道防线。它必须设置,而且必须有一定的强度,能承受升降机额定载荷的冲击,且起到缓冲的作用。

⑥楼层停靠安全防护门

升降机各停靠层应设置停靠安全防护门。如果不按要求设置,在高处等候的施工人员很容易发生意外坠落事故。在设置停靠安全防护门时,应保证安全防护门的高度不小于1.8 m,且层门应有联锁装置,在吊笼未到停层位置,防护门无法打开,保证作业人员安全。

⑦基础围栏

根据GB 10055之规定,基础围栏应装有机械联锁或电气联锁,机械联锁应使吊笼只能位于底部所规定的位置时,基础围栏门才能开启,电气联锁应使防护围栏开启后吊笼停车且不能起动。

⑧钢丝绳

钢丝绳主要品种包括磷化涂层钢丝绳、镀锌钢丝绳和光面钢丝绳。各部位的钢丝绳绳头应采用可靠连接方式,如浇筑编织、锻造并采用楔形坚固件,如采用U形绳卡不得少于3个,绳卡数量和绳卡间距与钢丝绳直径有关,与绳径匹配的绳卡数为:钢丝绳直径<10 mm、10~20 mm、21~26 mm、28~36 mm,对应的最少绳卡数目分别为3、4、5、6。

绳卡的间距不小于钢丝绳直径的6倍,绳头距最后一个绳卡的长度不小于140 mm,并须用细钢丝捆扎,绳卡的滑轮放在钢丝绳工作时受力一侧,U形螺栓扣在钢丝绳的尾端,不得正反交错设置绳卡,钢丝绳受力前固定绳卡,受力后要再紧固。

⑨吊笼顶部控制盒

GB 10055规定,吊笼顶部应设有检修或拆装时使用的控制盒,并具有在多种速度的情况下只允许以不高于0.65 m/s的速度运行。在使用吊笼顶部控制盒时,其他操作装置均起不到作用。此时吊笼的安全装置仍起保护作用。吊笼顶部控制应采用恒定压力按钮或双稳态开关进行操作，吊笼顶部应安装非自行复位急停开关，任何时候均可切断电路，停止吊笼的动作。

⑩过压、欠压、错断相保护

过压、欠压、错断相保护装置是在当出现电压降、过电压、电气线路出现错相和断相故障时，保护装置动作，施工升降机停止运行。升降机应在过欠压、错断相保护装置可靠有效的情况下方可载人运物。

(4)常见故障处理

①升降机升不起或上升力弱

a. 溢流阀压力调节不符合要求，调整压力到要求值。

b. 油缸内泄检查或更换油缸组件。

c. 换向阀卡紧或内泄检查或更换阀组件。

d. 油面过低、进油滤油器堵塞，加足油，清洗滤油器。

e. 供油泵有毛病，检查或更换泵。

②松土器升降不起或上升力弱

a. 溢流阀压力调节不符合要求，调整压力到要求值。

b. 油缸内泄，见上项 b、c、d、e 的排除方法。

c. 换向阀卡紧或内泄。

d. 油面过低、进油滤油器堵塞。

e. 供油泵有毛病。

f. 单向阀泄漏，检查单向阀芯与阀座磨损坏情况，单向阀弹簧是否疲劳、变形等。

③操作杆沉重

a. 操作杆机构有毛病，检查、调整、更换不合格零件；清洗阀件；检查液压油清洁度。

b. 控制阀阀芯卡紧(制造、安装问题，污物问题)。

④液力变矩器无力

a. 液力油量不足。

b. 调压不当。

c. 背压不足。检查变矩器油质量(是否误用液压传动用油)，用量，检查变矩调压阀、背压阀及其调定压力值。

⑤动力换挡失灵

a. 快回阀、减压阀、动力变速阀、换向阀出现卡死、内泄漏。

b. 油污染严重，检查阀卡死原因并作相应排除，过滤或更换液力油。

c. 油温升高过大，检查冷却器是否有毛病，检查液力油的质量。

任务 4 铁路装卸设备运用

1. 铁路装卸设备认知

我国铁路常用的装卸机械大部分属于起重运输机械。起重运输机械是进行起重运输作业的各种机械的总称，通常分为起重机械和运输机械两大类。铁路装卸机械按其技术性能可分为间歇作用机械和连续作用机械。间歇作用机械是在一定时间内只能进行一次装车、卸车过程或搬运过程的机械；连续作用机械是连续不间断地装卸或搬运货物的机械。起重机械是一种间歇动作的机械，它的工作特征是周期性的。运输机械属连续作用机械，是以连续、稳定的流水方式输送货物。

铁路货物装卸以人身安全、铁路交通安全、机械设备安全、货物安全和车辆安全为重点，以作业标准化为载体，通过安全风险研判预警、现场防控和重点问题专项整治，实现对装卸安全风险的全过程，全面提升装卸安全风险管控水平。铁路货物装卸以机械化、自动化、信息化为发展方向，以确保安全为前提，应用安全可靠、技术先进、经济适用、节能环保的装卸机械、属索具和配套设施，提升铁路货物装卸安全技术保障水平。

2. 铁路装卸设备类型

铁路运输的货物按其货物的性质一般分为散堆装货物、成件包装货物、长大笨重货物和用集装箱装运的货物。装卸机械应根据货物品类、装卸作业量等选用。

(1)散堆装货物装卸机械

散堆装货物通常是指成堆运输不计件的货物，如煤、砂、矿石等，它们在铁路货运量中占有较大比例，并且占用着相当数量的车辆及装卸劳动力。散堆装货物装卸机械宜根据年作业量、集疏运方式、货场布置、用地情况、运营费用及环评要求等因素选用。根据散堆装货物的特性，要求机械的装卸效率要高，要能进行整列或成组装卸；在装卸过程中，对车辆的损伤小；此外，对环境的污染程度小。

散堆装货物机械化装卸作业一般采用链斗式装(卸)车机、螺旋式卸车机、抓斗起重机、单斗装载机、气力输送装置、滑坡仓、漏斗仓、翻车机等。这里结合本章内容，介绍链斗式装(卸)车机、螺旋卸车机、抓斗起重机、翻车机。

①链斗式装(卸)车机

链斗式装车机和卸车机主要用于装砂、卸煤，故俗称装砂机和卸煤机。它的工作机构是由斗式提升机和带式输送机共同组成，并装有类似起重机的升降、走行机构，所以又叫做联合装卸机，如图 5.45 所示。

图 5.45　链斗式卸车机

链斗式装车机和卸车机主要由钢结构、斗式提升机、带式输送机提升机构、走行机构、电气设备、电缆卷绕装置和司机室等部分组成。各机构由电动机分别驱动，均能独立运转。

链斗式装车机常设在装卸线的一侧，在装车机的走行轨道之间设有储料坑。装车机作业时，斗式提升机通过提升机构下降至料坑内，料斗挖取物料并提升到一定高度后，倾倒在带式输送机上，由输送机将物料输送到敞车或其他车辆内。

链斗卸车机工作时，提升机构将带有两排料斗的斗式提升机降至待卸敞车或其他车辆内，斗式提升机转动时，料斗自行挖取车内物料，并将其提升到一定的高度后倾倒在带式输送机上，然后由输送机将物料输送至卸车机的一侧。与此同时，卸车机的走行机构沿着车辆的长度方向移动，于是就把车内绝大部分货物卸出。

装车机和卸车机无论在工作原理、结构形式或外形轮廓上，均无原则上的差异。两者之间的主要区别在于：卸车机的整体高度要较装车机为大；卸车机上的带式输送机长度大并可逆转，以达到向线路两侧卸货的目的，这在装车机上是不需要的；卸车机上的斗式提升机由于是从车内卸货，所以其轮廓长度短，料斗数目也较少，这样卸车机斗式提升机和提升机构的驱动功率均比装车机要小；另外卸车机没有挡板也不配料槽，不少卸车机又陆续增加了清车底装置和除尘设备，这是装车机所没有的。

②螺旋卸车机

螺旋卸车机（如图 5.46 所示）是利用螺旋输送机的工作原理而制成的，但它没有料槽，螺旋式卸车机主要是用来卸散粒物料，如煤、砂、石等。螺旋直接插入待卸敞车的物料中，当螺旋转动时，物料被推挤向敞车的一侧，并由下侧门卸车。它卸大块物料的性能要优于链斗式卸车机。

图 5.46　螺旋卸车机

常用的螺旋卸车机有桥型和门型两种。在铁路、港口，为适应平道和高架线的卸车作业而采用的是门型螺旋卸车机。目前在铁路上使用较多的有两边带倾斜带式输送机的门型螺旋卸车机和用于高架线路上的门型螺旋卸车机两种结构形式，后一种螺旋式卸车机，只适合于在具有高架线路的货场上使用，所以广泛推广受到限制。而两边带倾斜带式输送机的门型螺旋卸车机，无论在平道或高架线路上均可作业，且可避免堵塞线路，所以使用范围较广。

③抓斗起重机

带有抓斗的起重机中，最普遍采用的有轨道起重机和履带起重机，在作业固定的地方可用桥式类型起重机。

当采用轨道起重机时，必须在货堆与装车线之间铺设一条起重机走行线。因而减少了场地的有效面积，并增加了投资。利用履带起重机要比轨道起重机有更大的机动性，因为它可以沿装车线停留在任何位置上进行作业，而不受行驶线路的限制，如图 5.47 所示。

为了提高抓斗起重机的生产率，一方面需进行合理的组织工作，及时地送入空车和取出重车，尽量减少起重机的移动和回转角度；另一方面要正确地选择抓斗，使其达到满载。此外，还应将货物加以归集，尽可能地堆成大垛，以便进行抓取。

抓斗本身的重量对于起重机的生产率有很大影响，显然抓斗的自重大，会降低起重机的有效起重量；但在相同的条件下，抓斗愈重，则充满系数大，因为在将抓斗降落到货物上时，插入货物的深度取决于抓斗的自重。为了保证使抓斗能够充分插入货物内，以便更好地抓取货物和将抓斗装得更满，应当根据各种货物的性质，采取不同的抓斗重量。

当散堆装货物到达量不大时，宜采用抓斗起重机卸车，因为大多数铁路货场都备有起重机，装上抓斗可用于散堆装货物的卸车，拆除抓斗后，能装卸其他货物，从而扩大了起重机的使用范围。采用抓斗起重机卸车时，必须特别注意车辆的防护，由于抓斗的重量较大，即使对车辆的轻微撞击，也容易损坏墙板和骨架；其次要合理选择抓斗的形式和规格，以保证达到所需要的作业能力。

④翻车机

翻车机指一种用来翻卸铁路敞车散料的大型机械设备，可将有轨车辆翻转或倾斜使之卸料的装卸机械。翻车机是将车辆旋转或倾斜至一定角度，而使货物从车内卸出。如图 5.48 所示，翻车机分转筒式、侧卸式、端卸式和复合式四种。

图 5.47 抓斗起重机

图 5.48 翻车机

a. 转筒式翻车机

转筒式翻车机将载货敞车推入形似转筒的金属构架内夹紧后，由驱动装置使转筒旋转 140°～170°，车内的散状物料在自重作用下卸入地下料仓。如果车辆具有旋转车钩，不需将货车脱钩就能将整列货车逐节卸车，作业能力可达 8 000 t/h。转筒式翻车机应用最广。

b. 侧卸式翻车机

侧卸式翻车机以摇架代替转筒，车辆在摇架上被夹紧后，随同摇架绕上方的轴旋转 140°～170°后卸车。由于旋转时摇架和车辆的重心升高，驱动功率和结构重量有所增加，但不需建造地下料仓。

c. 端卸式翻车机

端卸式翻车机将车辆推上卸车平台并夹紧后，驱动装置使卸车平台绕与车轴平行的轴旋转 50°～70°，物料由端部车门卸出。这种翻车机结构较简单，但只适用于带活动端墙或端部开门的车辆。

d. 复合式翻车机

复合式翻车机适用于棚车卸料。货车推上卸车平台并夹紧后，二者同向一侧倾斜 15°～20°，然后在车辆的纵向平面内，前后各倾 1 次，倾角约 40°，3 次倾斜动作即可使车内物料由中门卸尽。

翻车机的生产率很高，每翻卸一辆车仅需 1～2 min，并且需要的管理人员和辅助人员较少（一般为 3～5 人）。但车辆在翻转过程中会产生轴箱漏油及零件脱落等现象；当货物的湿度或黏性较大时，还会造成一部分货物黏附在车体上而不能卸净；此外，修建和制造翻车机及其配套设备需要相当大的投资和基建工程。因此，它主要用于散堆装货物卸车量大、并且货源稳定的大型冶金企业和港口码头。

(2)成件包装货物装卸机械

成件包装货物由于具有品类多、性质复杂、重量和大小不一、包装形式多样、运输和保管的条件不同、批量小、作业环节多等特点，对装卸机械提出了不同的要求。在设计和选用成件包装货物的装卸机械时，一般要求机械的外形尺寸和自重应尽可能地小，轻便灵活，能保证比较顺利地出入棚车或仓库等，其起重能力不宜过大；同时所选用的装卸机械能连续地完成装卸、搬运及堆码作业，并能自动攫取、提升和卸放货物，尽力减少辅助作业所需要的人力和时间；能够减轻司机的劳动强度，提高作业效率。

叉车基本上能满足上述要求。但采用叉车作业的基本条件之一是必须使货物集装化，以便充分发挥叉车的起重能力，缩短装卸时间，并且有效地利用车辆和仓库的空间。输送机也可以用于装卸成件包装货物，还可采用机动搬运车、牵引车和挂车。这些机械一般用在需要把大量而分散的货物集结到一起，且搬运距离较长的场所。叉车、输送机、搬运车及牵引车等相关内容将会在本书项目 6 为大家详细介绍。

(3)长大笨重货物和集装箱的装卸机械

长大笨重货物通常指大型机器、建筑设备、钢材、原木等，具有长、大、重、结构和形状复杂的特点。铁路货场内所使用的起重机分为桥式类型和旋转类型两大类。在桥式类型起重机中，由于龙门起重机比桥式起重机更适宜于货场的作业条件，故在铁路货场中，常采用龙门起重机进行长大笨重货物的装卸作业。

中型和大型集装箱与笨重货物在装卸作业方法上基本类似。当运量不大时，往往把集装箱装卸作业场地设置在笨重货物作业场地的延续部分，甚至在同一场地内，使用同一种装卸机械进行作业。在集装箱作业量较大的货场，按方向或到达站实行分区作业。1 t 集装箱一般选用 1 t 内燃叉车或电瓶叉车作业。5 t 及其以上集装箱采用门式起重机或旋转起重机进行装卸作业，还可采用叉车、集装箱跨运车等对集装箱进行搬运和堆码作业。叉车、集装箱跨运车等相关内容将会在本书项目 6 为大家详细介绍。

图 5.49　桥式起重机

①桥式起重机

桥式起重机（如图 5.49 所示）由桥架和起重小车组成。桥架沿铺设在桥墩上的轨道前后运行，起重小车依靠小车运行机构沿上部主梁左右运行，加上使货物上下运动的起升机构，就能将货物运至其跨度内的任意位置。

根据桥架结构的不同，桥式起重机可分为单梁和双梁两种。单梁桥式起重机主梁强度和刚度较小，通常起重量在10 t以下，跨度为5～15 m。双梁桥式起重机的应用范围较广，其技术参数的变动范围也较大，因此在构造上亦相应有多种具体形式。在铁路货场采用的双梁桥式起重机的主要技术参数的取值范围通常为：起重量为10～30 t，跨度为10.5～31.5 m，起升高度为12～16 m，起升速度为8～20 m/min，小车走行速度为40～45 m/min，大车走行速度为80～120 m/min。

桥式起重机的主要优点是起重量大、速度快、效率高，广泛地用于工厂车间搬运物品。在早期的大型铁路货场，几乎都配以桥式起重机。但由于桥式起重机必须在装卸作业场地修建桥墩，这种固定建筑的钢材消耗量大，建筑工艺要求较高，占地大，不仅建造费用较高，而且给货场改建或扩建带来困难；同时桥墩妨碍汽车进入场地，在作业上不够方便；另外，由于只能在跨度范围内布置货位，货位面积较小。因此，铁路货场新配备的装卸机械中，已很少采用桥式起重机，而代之以龙门起重机。

②龙门起重机

龙门起重机（如图5.50所示）主要用于铁路货场装卸长大笨重货物和集装箱，配以抓斗还可用于装卸散堆装货物。龙门起重机与桥式起重机相比较，龙门架具有两条支腿，可沿铺设在地面上的轨道运行，不需要建造高架桥墩，因而建造费用低；不影响货场改扩建，且能充分利用货位；作业范围大，作业方便。另外，龙门起重机还具有构造简单、制造方便，作业效率高、稳定性好等优点。

龙门起重机按用途可分为一般用途起重机、抓斗起重机、集装箱起重机和其他用途起重机。集装箱起重机专门用于集装箱货场进行堆码和装卸作业，按其行走部分不同可分为轮胎式和轨道式。

图5.50 龙门起重机

③旋转起重机

在货运量不大或作业地点经常变化时，宜采用运行式旋转起重机，旋转起重机属于臂架式起重机。如履带式起重机、汽车起重机、轮胎起重机等。履带式起重机、汽车起重机、轮胎起重机的工作特点在本项目任务1中已做详细介绍。

履带起重机可在路面不良的情况下作业，稳定性好，可不打支腿进行作业，但运行速度很低（一般不超过4～6 km/h），并且在行驶时会损坏路面；另外，维修操作也比较复杂，配件不易解决，在使用中受到了一定限制。汽车起重机具有汽车的行驶通过性能，机动灵活，行驶速度高，特别适合于流动性大、不固定的作业场所。轮胎起重机稳定性好，并能在平坦的地面上吊货行驶，但走行速度较低，所以适合于固定在一个货场内作业。

3. 铁路装卸设备使用

装卸工作是现代物流的重要环节和构成要素，也是铁路货运的重要组成部分。装卸能力不足将制约铁路货运能力的提高，装卸工作质量好坏直接影响铁路运输安全、效率、效益和服务质量。铁路运输货物主要的装卸机械包括门（桥）式起重机、臂架式起重机、装载机、装（卸）车机等起重机械设备，均属于特种设备。因此，在使用的过程中，必须严格按照铁路装卸作业标准作业，都要进行严格的安全管理与维护，以保证作业的安全与设备的使用寿命。因在本项目前几个任务中已对部分装卸机械的使用做过详细介绍，这里将以货物的性质分类，介绍散堆装货物装卸机械、长大笨重货物和集装箱的装卸机械、成件包装货物装卸设备在使用过程中的注意事项。

（1）散堆装货物装卸机械

①装（卸）车机

a. 作业前，用铁鞋将车辆固定，检查车底有无漏洞或堵挡物，粒度超过 200 mm 的石块、煤块应搬出或击碎，防止损坏料斗。冬季货物冻结，应先将冻层破碎再进行作业。

b. 作业前，应确认皮带机上无人员或其他异物，依次开动皮带机、链斗机、大车走行及卷扬机构，停止时依相反顺序操作。

c. 作业时，链斗机构不得碰触车体，刮板落到底时卷筒钢丝绳不得松弛。

d. 作业完毕，应将装卸车机停放在固定位置，刮板提升至最高位置，实施防风制动。

②抓（扒）料机

a. 轮胎式抓（扒）料机作业前应撑起支腿，整机支撑平稳牢固。

b. 长距离行走时，应使主动轮在后方，料（铲）斗距地面 1 米左右，上下坡时料（铲）斗距地面 0.2～0.3 m，顺线路行驶时，应平行于线路。履带式机械的履带边缘距作业车不小于 2 m，转弯时应选取大半径路线。

c. 作业中，禁止人员在料（铲）斗、动臂、履带或轮胎上站立或坐卧；禁止人员在料（铲）斗、动臂和斗杆下面停留或通过；前进或后退时，禁止同时进行回转动作；行驶或回转时，料（铲）斗要离地面、工作面或车帮 0.5 m 以上；禁止急剧回转；抓（扒）料机机体及其工作装置不得碰撞车辆，料（铲）斗不得伸入车辆下方作业。

d. 作业完毕停放时，应将上部平台复位制动，将斗杆、动臂与料（铲）斗收回，料斗全部张开、铲斗垂直于地面放置。

③装载机

a. 作业场地应无凹坑、尖石，避免轮胎打滑或被扎破。

b. 铲料时，铲斗要受力均匀，不得使负载集中于一侧。行驶中，铲斗应离地 400 mm 左右。铲斗在最高位置，严禁长距离行驶。

c. 带负荷行驶时，不准急转弯和急刹车。倒车时要注意瞭望，鸣笛警示。超过 40°转弯时，速度不得超过 5 km/h。

d. 不得用铲斗撞击物体或顶推车辆；推力作业时，铲斗应位于 1.5 m 以下，全开至 0°～15°。满载后不要过度升举铲斗、以防装载物向后倾洒。使用反铲工作时，避免弯折动臂或损伤铲尖。

e. 装火车的装载机须安装具备存储、打印功能的称重装置，装车点应配备与装载机额定载重量相近的标定装置，每班作业前进行标定，偏差超过2%应停止使用。

(2)长大笨重货物和集装箱的装卸机械

①当桥、门式起重机的电源电压降超过额定电压的7%时，应降低额定负荷30%作业，当电压波动超过±10%时应停止作业。大车、小车运行接近终点时应减速，不得以限位开关代替控制器停车，不得以紧急开关代替停止按钮。电阻调速的起重机，大于或等于额定起重量60%的货物降落时，应以最高挡位放下。作业完了，应开到指定地点停放，门式起重机应将小车停在支腿上方(司机室随小车移动除外)，桥式起重机小车停在司机室同侧。吊钩升到上部极限位置，不得悬挂任何物体。各控制器恢复"0"位，切断总电源，实施防风措施，关好门窗，锁闭司机室。

②起重机械作业，应做到"十不吊"：

a. 超重或埋藏地下物不吊。

b. 非信号人员指挥或信号不明不吊。

c. 重量不明不吊。

d. 吊钩没对准货物重心(歪拉斜拽)不吊。

e. 未试吊不吊。

f. 简化挂索、捆绑不牢不吊。

g. 6 m以上长大货物无牵引绳或司索钩不吊。

h. 货物上有人，有浮摆物或钩连其他货物不吊。

i. 吊索夹角过大不吊(不宜超过90°)。

j. 金属尖锐楞角货物吊索无衬垫不吊。

③集装箱专用门式起重机除执行上述规定外，还应：

a. 切换吊具后，应先试吊，检验确认制动器可靠后，方准继续作业。

b. 在通电情况下，禁止插上或拔下吊具电源插头。

c. 作业完毕，将吊具调为20 ft状态，并上升到上部极限位置。

④集装箱减摇吊具除执行集装箱专用门式起重机规定外，还应：

a. 更换20 ft、40 ft减摇吊具，应先断电、再摘下防摇绳、后拔下吊具电缆插头。加挂另一吊具时，应先挂防摇绳、后插吊具电缆插头、再通电。待起升钢丝绳绷紧、辅助人员退出2 m外后，司机方可调紧防摇绳、开始作业。

b. 起吊集装箱前，司机应注意观察吊具开闭锁标牌或信号指示灯，确定锁闭良好后方可起升。起升接近上限位500 mm左右时，改为低速挡，禁止用起升限位或旋转限位作停止开关使用。

c. 吊起的集装箱往司机室一侧运行时，应防止碰撞司机室；40 ft集装箱调整方向时，应防止刮碰起重机扶梯。

⑤旋转臂架式起重机。

a. 轮胎式起重机作业地面应平整，坚实不沉陷。作业时，支腿要使机架处于水平位置，回转支承面的倾斜度不应超过1.5%，禁止单侧支腿作业。

b. 电动轨道起重机作业时，电缆线不得落在走行轨上，在弯道或坡道上作业时，按规定减少负荷使用。

c. 作业时禁止快速换向或转向(抓斗、电磁吸盘除外)。禁止采用自由坠落方式降落大于该吊杆角度额定起重量30%的货物。

d. 作业时,升降和旋转两个动作不得与变幅同时进行。负荷超过额定起重量70%时,只允许操作一个动作。

e. 作业完毕,起重臂应恢复定位、平行于线路停放,不得侵入建限。

⑥汽车吊除执行旋转臂架式起重机上述规定外,还应:

a. 工作场地和行驶路径应与线路、沟渠、基坑保持安全距离。起吊货物时应撑起支腿,遇松软或不平地带,支腿要用结实木块或钢板垫平。

b. 起重量应按其特性曲线执行,严禁超负荷。禁止吊货行驶。调整支腿须在无载荷时进行。

c. 行驶或非工作状态停放时,起重臂、支腿要复位。

(3)成件包装货物装卸机械

① 多台叉车行驶会车时,应空车让重车,下坡车让上坡车;进出棚车作业时,应让出棚车的车先行。

② 叉车在站台上行驶应距站台边沿0.3 m以上,不得长距离倒车行驶(叉运货物遮挡司机视线时除外)。负重时上坡正向行驶,下坡倒向行驶。叉车行驶中,不准载人(司机除外),货叉距地面0.2～0.3 m。

③在棚车内作业外侧无站台时,车门开度不得超过叉车宽度,否则应加以防护。内侧车门处要铺坡度不大于20%的渡板。车内地板腐朽残破时,要铺垫钢板。

④货叉下不得有人。叉取易碎、贵重或易倒塌的货物时要用安全绳,并有人辅助。

⑤叉车不得在5%以上坡道上作业,不得在10%以上坡道上转向,下坡时严禁熄火滑行。电瓶叉车禁止同时进行2个动作。

⑥叉车作业要做到“五不叉”:

a. 货物重心超过货叉的载荷中心,使纵向稳定性降低时不叉。

b. 单叉偏载不叉。

c. 货物堆码不稳不叉。

d. 叉尖可能损坏货物时不叉。

e. 超重或重量不明不叉。

⑦皮带输送机输送成件货物时,间隔不得少于1 m。袋装货物要有人接肩,禁止抛摔。输送堵塞时,须停机顺袋,严禁在运转的皮带输送机上整理货物。皮带输送机移动或作业时,上面不准有人,不准从皮带输送机上方或下方穿越。

(4)其他相关要求

①司索人员作业时必须配戴符合国家标准的安全帽。根据货物重量、形状选择专用索具或直径、长度适用的吊索。对长大笨重、不规则及箱装类货物,应根据重心位置、索点标记加索。重心、索点不明时,应在货运员指导下或经收(发)货人确认后再加索。起吊时应站在安全地点,与货物保持2 m以上的退让余地;起吊长大、易滑、柔性货物时,两端(侧)禁止站人。禁止站在货物上或车内死角处。向车内吊装长大货物,退让余地不足3 m时,人员不得预先进入车内;待货物进入车内降至离车地板0.5 m以下,司索人员方可进入车厢。吊装8 m以上

长大货物，货物进入车厢前，车内禁止留人。吊卸 8 m 以上长大货物，司索完毕，人员离开后方可起吊。出入车厢应从车梯上下或使用自备轻便人梯，车上车下使用的工具要传递。装卸长 8 m 以上的宽体货物时，应开启中门，供车内作业人员上下。

②指挥人员应佩戴明显标志，站在使司机和工组其他人员都易看清的位置，发出的指挥信号必须清晰、准确。当跟随负载运行指挥时，应指挥司机使负载避开人员和障碍物；当指挥人员不能同时看清司机和负载时，须增设中间指挥人员以便逐级传递信号。负载降落前，指挥人员须确认降落区域安全，方可发出降落信号。起重指挥可使用手势信号、音响信号或无线对讲。司机接到任何人员的紧急停止信号，均须立即停车。

③各类箱装货物和双起重吊环的机床类货物，加索时吊索夹角不得大于 90°；在货物底部加索时，吊索夹角不宜小于 40°，禁止单根绳起吊（装有单个起重吊环的电机除外）。多件重叠起吊时，要验证包装强度和堆垛稳定性，保证货物安全。对易滚（滑）货物要采取有效防滑措施后方可起吊。

④每次作业的第一钩及起吊重量达到 80%额定起重量时，须试验制动性能。每次加索，待吊索绷紧后，应检查有无拧扭死角，确认吊索平顺、钩头垂直与重心对正，吊起 0.2 m 后停车检查，确认货物无异状，方可继续运行。

⑤校正悬空货物位置时，货物底面距作业人员站立位置高差 1.5 m 以下且距落货位置高差 0.5 m 以下时可用手扶，但不得用肩、身推靠；高差超过上述规定时应用司索钩或牵引绳。6 m 以上长大货物须拴牵引绳。

⑥原木、钢管等易滚动货物，装入车中或码放地面要有衬垫以形成抽绳间隙，确认货物码放稳固、无滚动和倒塌危险后再摘索，不得强力抽取被压住的绳索。

⑦各类装卸机械、工索具及配套设施应进行日常交接检查，装卸机械应进行动车试验，确认机械各部位（安全装置、动力、制动、操纵系统，音响、照明装置，绝缘、紧固、润滑情况等）、属索具和整机外观状态是否良好，禁止带病作业。

⑧电动机械应检查电压表、电流表、控制器、防风装置（含防风制动器、风速仪、锚定装置、端挡、夹轨器）、安全保护装置（滑触线断线保护器、限位开关、超载限制器、舱口开关、紧急开关）等是否良好，试车检查各工作机构是否正常。

桥门式起重机还应检查关键受力部件是否良好、连接是否可靠，吊钩是否符合安全规定，滑轮有无破损，钢丝绳磨损、断丝是否超限，防风制动器是否有效，电气联锁是否良好，司机室和电器间门窗玻璃有无损坏或漏雨。

卸车机、装车机还应检查料斗螺栓、链条销轴是否变形松动，卷扬机构联结紧固情况及钢丝绳缠绕情况。

工索具要检查各部位是否完整，有无变形、开焊；销轴是否润滑、有无窜动；集装箱吊具旋锁是否完好，转动是否灵活到位，指针是否准确。

复习思考题

1. 名词解释

(1)起重机：

(2)装卸机：

(3)升降机:

2. 填空题

题号	(1)	(2)	(3)	(4)	(5)
填空					
说明	将正确答案填入题号所对应的下方空格内				

(1)起重机按功能和结构特点,分为轻小型起重设备 、桥类式起重机、(　　)、升降机。

(2)目前,常用的装卸机有袋式装车机、(　　)、翻车机、取料机等。

(3)翻车机分(　　)、侧卸式、端卸式和复合式四种。

(4)长大笨重货物通常指大型机器、建筑设备、钢材、原木等,具有长、大、重、结构和形状复杂的特点。这类货物的装卸作业一般选择门、桥式起重机或(　　)。

(5)5 t 及其以上集装箱采用(　　)进行装卸作业,还可采用叉车、集装箱跨运车等对集装箱进行搬运和堆码作业。

3. 识图题

题号	(1)	(2)	(3)	(4)	(5)
填空					
题号	(6)	(7)	(8)	(9)	(10)
填空					
说明	将图形的准确学名填入题号所对应的下方空格内				

序号	图　形	序号	图　形
(1)		(2)	
(3)		(4)	

续上表

序号	图 形	序号	图 形
(5)		(6)	
(7)		(8)	
(9)		(10)	

4. 判断题

题号	(1)	(2)	(3)	(4)	(5)
选项					
说明	在正确观点题号的下面空格内划“√”，错误观点题号的下面空格内“×”				

(1)起重机的起升高度指起重机支承面至取物装置最高工作位置之间的垂直距离。

(2)散堆装货物机械化装卸作业一般采用桥、门式起重机、螺旋起重机等设备。

(3)起重机额定起重量指在正常工作条件下，对于给定的起重机类型和载荷位置，起重机设计能起升的最大净起重量。

(4)翻车机指一种用来翻卸铁路敞车散料的大型机械设备，可将有轨车辆翻转或倾斜使之卸料的装卸机械。

(5)旋转臂架起重机作业时禁止采用自由坠落方式降落大于该吊杆角度额定起重量30%的货物。

5. 简答题

(1)升降机是如何分类的?

(2)起重机械作业,应做到“十不吊”。“十不吊”具体指什么?

6. 阐述题

(1)起重机及其机构的工作级别划分的依据是什么?我国实行的起重机及其机构的工作级别是如何划分的?

(2)简述升降机的定期保养方法。

项目实操考核评价

以学生个人为单位实行考核。

	列举常见装卸设备的类型			讨论装卸设备安全部件使用要求			得　分
	自评	同学评	教师评	自评	同学评	教师评	
学生 1							
学生 2							
学生 3							
学生 4							
学生 5							

说明:

1. 每人总分为 100 分。

2. 每人每项为 50 分制,计分标准为:不会操作计 1～15 分,基本不会操作计 16～30 分,操作较好计 31～40 分,操作很好记 41～50 分。

3. 采用分层打分制,建议权重记为:自评分占 0.2,同学评分占 0.3,教师评分占 0.5,然后加权算出每名同学在本实验中的综合成绩。

项目6　搬运设备运用

搬运设备是实现物品空间位置转移变化的硬件基础，搬运设备有很多种，适合不同运输能力、不同物品种类的多样化要求。搬运环节是物流作业的核心环节，合理地选用搬运设备是实现物流作业合理化的重要保证。常见的搬运设备包括手动搬运车、叉车、自动引导车、连续输送机等。

项目描述

学习目标	器材工具	教学建议	课时计划
①了解常用的搬运设备 ②认识并掌握搬运设备的主要类型 ③掌握手动托盘托运车、自动导引车、连续输送机的操作 ④在作业中培养学生的团队精神	①手动托盘托运车 ②平衡重式电平叉车 ③自动导引车 ④滚道式或带式连续输送机 ⑤普通托盘若干	①条件允许时，尽量在理论实践一体化教室或实训室和多媒体教室中实施教学 ②设备操作注意事项应参照设备说明书	8学时，其中理论教学4学时，实践操作2学时，项目考核2学时

项目任务

将某一配送中心流通加工区内的指定托盘集装的货物，搬运至出库理货区。其操作应涉及如下工作环节：

(1)按照作业、结合搬运对象的特点，选用适当的搬运设备。

(2)应用选定的设备将指定的货物按照路线要求搬运至出库理货区。

(3)在出库理货区内进行正确码堆。

初识搬运设备

图　示	说　明
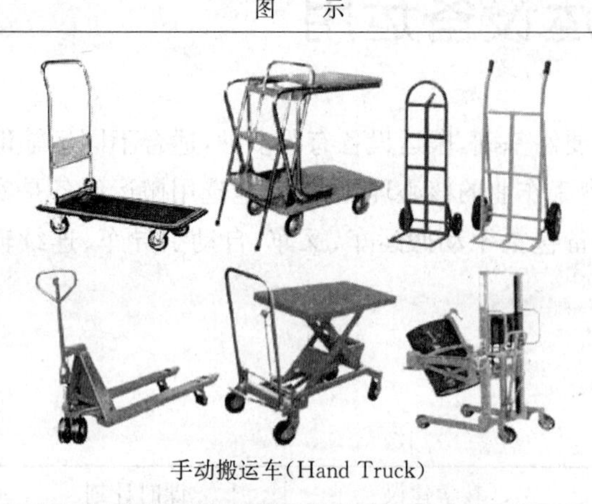 手动搬运车(Hand Truck)	手动搬运车也称人力搬运车,是一种以人力为主,在路面上从事水平运输的搬运车
 叉车(Forklift)	叉车又称铲车、叉式装卸车,是装卸搬运机械中最常用的具有装卸、搬运双重功能的机械,国际标准化组织 ISO/TC110 称其为工业车辆,是指对成件托盘货物进行装卸、堆垛和短距离运输作业的各种轮式搬运车辆
  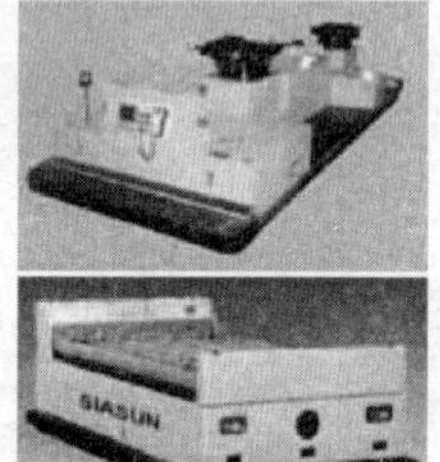 自动导引车(Automated Guided Vehicle)	自动导引车(Automated Guided Vehicle,简称 AGV),通常也称为 AGV 小车,指装备有电磁或光学等自动导引装置,能够沿规定的导引路径行驶,是具有安全保护以及各种移载功能的运输车
 连续输送机(Weighing Machine)	连续输送机是以连续、均匀、稳定的输送方式,沿着一定的线路从装货点到卸货点输送散料和成件包装货物的机械装置,简称输送机 输送机在现代物流系统中,特别是在港口、车站、库场、货栈内,承担大量货物的运输,同时也是现代化立体仓库中的辅助设备,它具有把各物流站衔接起来的作用

任务 1　手动搬运车运用

1. 手动搬运车认知

广义的手动搬运车也称为人力搬运车，是一种以人力为主，在路面上从事水平运输的搬运车。这是最古老，但至今仍是应用最广泛的搬运设备之一。手动搬运车具有轻巧灵活、易操作、回转半径小、价格低等优点，广泛使用于车间、仓库、站台、货场等处，是短距轻小货物的一种方便而经济的搬运工具。随着手动液压、电动液压技术的应用，并与托盘运输相结合，手动搬运车已成为车间、仓库、站台、货场等最常见的搬运方式。

手动搬运车的始祖是手推车。手推车是人力推、拉的搬运车辆。手推车有独轮、两轮、三轮和四轮之分。独轮车可在狭窄的跳板、便桥和羊肠小道上行驶，能够原地转向，倾卸货物十分便利。常用的两轮车有搬运成件物品的手推搬运车(又称老虎车)、架子车和搬运散状物料的斗车等。三轮手推车中有一个、四轮手推车中有两个可绕铅垂轴回转的回转脚轮。这种回转脚轮在运行中能随着车辆运动方向的改变而自动调整到运行阻力最小的方向。不同用途的手推车有不同的车体结构。通用四轮手推车多半有一个载货平台。专用手推车则结构繁多、有的车体制成箱形，适于搬运重量轻而便于装卸的物品；有的车体伸出托架，便于安放杆、轴和管子等零件；有的车体形状完全与货物吻合，如气瓶车；有的十分小巧，可以折叠，便于携带；有的为便于装卸桶装液体、纸卷等筒状货物，车体上有两条扁钢形成低矮斜面，以利于筒状物滚上滚下，如筒状货物装卸车。现代手推车都装有滚动轴承，车轮用实心轮胎或充气轮胎。手推车以造价低廉、维护简单、操作方便、自重轻等优点，广泛应用在机动车辆不便使用的地方工作，在短距离搬运较轻的货物时十分方便。

狭义的手动搬运车是特指在使用时将其承载的货叉插入托盘孔内，由人力驱动液压系统来实现托盘货物的起升和下降，并由人力拉动完成搬运作业的人力搬运车。它是托盘运输工具中最简便、最有效、最常见的装卸、搬运工具，广泛应用于物流、仓库、工厂、医院、学校、商场、机场、体育场馆、车站机场等，可以极大地提高工作效率，减轻工人的劳动强度。

2. 手动搬运车类型

目前在物流业中使用的手动搬运车多种多样，主要有以下几类：

(1)杠杆式手推车(Hand Truck)

二轮杠杆式手推车(如图 6.1 所示)是最古老的、最实用的人力搬运车，具有轻巧、灵活、转向方便等特点，但因靠体力装卸、保持平衡和移动，所以仅适合装载较轻、搬运距离较短的场合。为适合现代的需要，目前还采用自重轻的型钢和铝型材作为车体；车轮阻力小且耐磨，车体可折叠、便携。

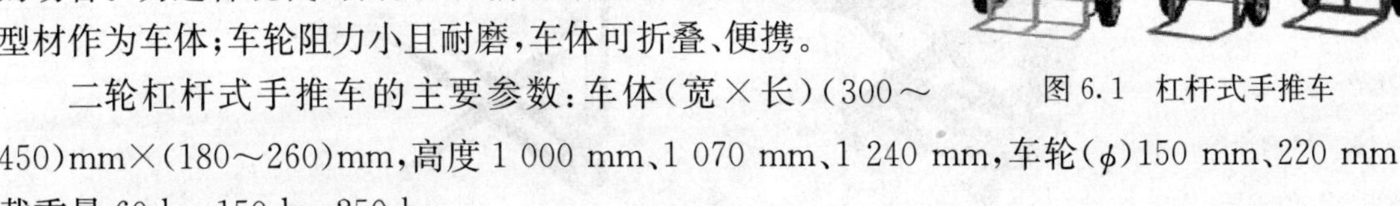

图 6.1　杠杆式手推车

二轮杠杆式手推车的主要参数：车体(宽×长)(300～450)mm×(180～260)mm，高度 1 000 mm、1 070 mm、1 240 mm，车轮(ϕ)150 mm、220 mm，载重量 60 kg、150 kg、250 kg。

(2)手推台车(Platform Truck)

手推台车(如图 6.2 所示)是一种以人力为主的搬运车。轻巧灵活、易操作、回转半径小，广泛应用于车间、仓库、超市、食堂、办公室等，是短距离运输轻小物品的一种方便而经济的搬运工具。一般，每次搬运量为 5～500 kg，水平移动 30 m 以下，搬运速度小于 30 m/min。

手推台车主要有平台式手推台车（单栏平台式、双栏平台式、多层平台式等）和天平式手推台车（适用长大物料）两类，其主要参数：动载重/静承重 500～2 000 kg/4×(500～2 000)kg。

图 6.2 手推台车

(3)登高式手推台车(Ascerding Dispath Trolley)

当人需要向较高的货架内存取轻小型的物料时，可采用带梯子的登高式手推台车（如图 6.3 所示），以提高仓库的空间利用率，适用于图书、标准件等仓库进行拣选、运输作业。

(4)手动托盘搬运车(Manual Pallet Trucks)

手动托盘搬运车（如图 6.4 所示）在使用时，将其承载的货叉插入托盘孔内，由人力驱动液压系统来实现托盘货物的起升和下降，并由人力拉动完成搬运作业。它是托盘运输中最简便、最有效、最常见的装卸、搬运工具。

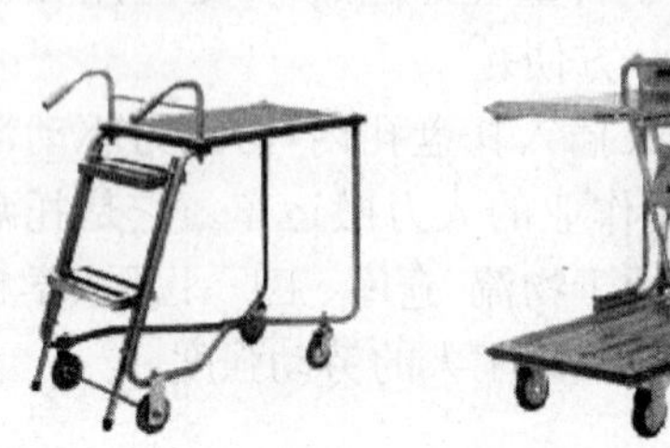

图 6.3 登高式手推台车

图 6.4 手动托盘搬运车

(5)手动液压升降平台车(Scissor Lift Table)

手动液压升降平台车（如图 6.5 所示）是采用手压或脚踏为动力，通过液压驱动使载重平台做升降运动的手推平台车。可调整货物作业时的高度差，减轻操作人员的劳动强度。

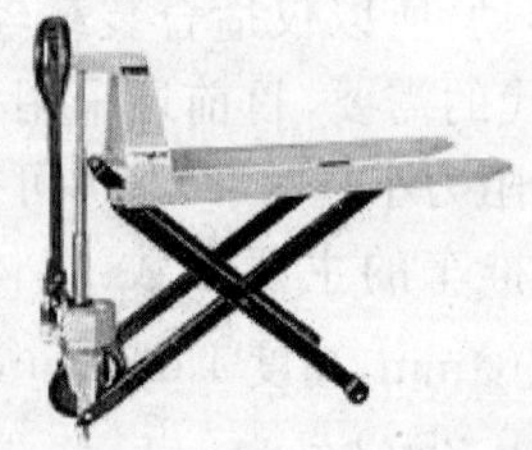

图 6.5 手动液压升降平台车

(6)手推液压堆高车(Manual Hydraulic Stacker)

手推液压堆高车是利用人力推拉运行的简易式插腿式叉车,其起升机构包括手摇机械式(如图6.6所示)、手动液压式(如图6.7所示)和电动液压式(如图6.8所示)三种,适用于工厂车间、仓库内效率要求不高,但需要有一定堆垛、装卸高度的场合。其主要参数为:载重量500～1 000 kg,起升高度1 000～3 000 mm货叉离地高度≤100 mm。

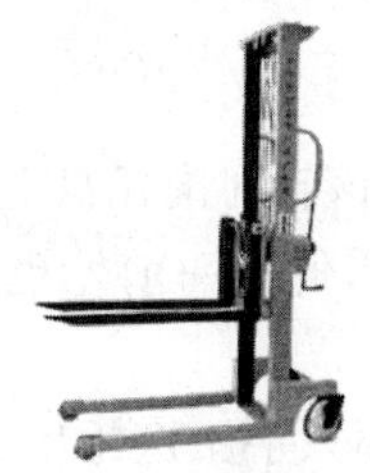

图6.6 手摇机械式

图6.7 手动液压式

图6.8 电动液压式

(7)其他手动搬动车类型

其他的手动搬动车如手推式购物车、手推与手提两用型购物篮等,如图6.9所示。

图6.9 其他手动搬动车

3. 手动搬运车使用

手推车、手推台车和超市购物车(篮)的使用比较简单,手动液压堆高车的使用已在项目4中进行了重点介绍,这里以手动托盘搬运车为例,来介绍手动搬运车的使用方法。

(1)准备工作

在使用前,首先要做好如下几个方面的准备工作:

①检查设备完好。比如气门开关良好,调整两根前叉间距,使之与托盘叉孔间距适宜,行驶轮行驶、转向灵活。

②制订一份简练的搬运单,并指定好搬运线路。

③入货区货物已集中到指定的托盘上,卸货区腾出了足够放置托盘的位置。

(2)操作方法与流程

使用中主要由直线搬运和转弯搬运两种路线的搬运模式。其操作方法与流程如下:

①直线搬运

双手紧握手柄→推至承载货物的托盘下→按下气门开关→将手柄上下摆动,加强液压,至托盘离开地面3～5 cm→推或拉至目的地→还原空气开关→前叉落地→托盘摆正→手动托盘搬运车归位→结束。

在搬运过程中，注意双手用力均衡，使手动托盘搬运车保持直线运行。

手动托盘搬运车在使用时将其承载的货叉插入托盘孔内，由人力驱动液压系统来实现托盘的起升和下降，并由人力拉动完成搬运作业。手动叉车是托盘运输中最简便、最有效、最常见的装卸、搬运工具。

②直角转弯搬运

操作流程同直线搬运。搬运路线由直线与直角转弯构成。

直角转弯时，应以所转方向的前端行驶轮为基准，当行驶至离该轮对准托盘上同向的叉孔时，然后以该轮为圆心，前端另一轮与之构成的线段为半径，转 90°，使这一前轮也对准托盘的另一叉孔，最后再直线运行，直到插入托盘叉孔的适当位置。

直角转弯的操作技巧在于操作人员的两只手，与转向同向的那只手压稳托盘手柄，另一只手轻推，方使托盘前叉顺利转动 90°。

任务2 叉车运用

1. 叉车认知

叉车又称铲车、叉式装卸车，是装卸搬运设备中最常用的具有装卸、搬运双重功能的机械。国际标准化组织 ISO/TC110 叉称其为工业车辆，是指对成件托盘货物进行装卸、堆垛和短距离运输作业的各种轮式搬运车辆。

叉车广泛应用于港口、车站、机场、货场、工厂车间、仓库、物流中心和配送中心等，并可进入船舱、车厢和集装箱内进行托盘货物的装卸、搬运作业，是托盘运输、集装箱运输必不可少的设备。

叉车在物流系统中扮演着非常重要的角色，是物料搬运设备中的主力军，广泛应用于车站、港口、机场、工厂、仓库等国民经济各部门，是机械化装卸、堆垛和短距离运输的高效设备。自行式叉车出现于 1917 年。第二次世界大战期间，叉车得到发展。我国从 20 世纪 50 年代初开始制造叉车。特别是随着中国经济的快速发展，大部分企业的货物搬运已经脱离了原始的人工搬运，取而代之的是以叉车为主的机械化搬运。因此，在过去的几年中，我国叉车市场的需求量每年都以两位数的速度增长。

叉车是目前使用比较广泛的一种物流设备，在物流作业现场使用叉车可以大幅度提高效率，减轻工人劳动强度。其工作特点主要有：

①功能多样

叉车是典型的功能集成型物流设备，同时具有装卸和搬运的双重功能，可以实现作业对象向多个方向的搬运操作。

②灵活性强

叉车具有外形尺寸小、重量轻、转弯半径小、运行机动灵活的特点，可以在较小的作业区域内灵活调度，具有非常广阔的应用范围。

③通用性强

叉车可以实现“一车多用”，通过配合使用叉车、夹持器等各种属具，可以实现不同种类、不同形状、不同尺寸的货物的搬运装卸作业。

④易于维护

叉车简单实用，相对于大型自动立体仓库等设备，叉车的维护非常简单。

2. 叉车类型

叉车是物流活动中使用最为广泛的设备，叉车根据不同的标准有着不同的分类方法，大致可以从动力装置、结构功能、叉具变形等几个角度进行分类。

(1)按照动力装置分类

叉车按动力装置的不同，可以分为内燃式叉车、电动式叉车、双动力叉车、手动液压叉车四种。

①内燃式叉车

内燃式叉车以内燃机为动力，一般采用柴油、汽油、液化石油气或天然气发动机作为动力，载荷能力1.2～8.0 t，作业通道宽度一般为3.5～5.0 m。由于其动力性和机动性好，适用范围非常广泛，通常用在室外、车间或其他对尾气排放和噪声没有特殊要求的场所。由于燃料补充方便，因此可实现长时间的连续作业，而且能胜任在恶劣的环境下(如雨天)工作。

②电动式叉车

电动式叉车以电动机为动力，蓄电池为能源。承载能力为1.0～8.0 t，作业通道宽度一般为3.5～5.0 m。其特点是结构简单，机动灵活，环保性好。主要不足表现在动力持久性差，需要专用的充电设备，行驶速度不高，对路面要求高。因此，电动式叉车主要适用于室内作业的场合，广泛应用于室内操作和其他对环境要求较高的工况，如医药、食品等行业。

③双动力叉车

双动力叉车同时具有内燃、电动两种动力，其载重范围和行走距离与内燃式叉车类似，室内室外均可适用。一般情况下首先使用电动机作为动力源，电力不足或行走距离较长时，方使用内燃机提供动力。

④手动液压叉车

手动液压叉车以人力作为动力，并使用液压传动进行省力。其承载能力为0.5～2.0 t，车体紧凑、移动灵活、自重轻、环保性能好，在室内广泛使用。

(2)按照结构功能分类

叉车按结构功能不同，又可分为平衡重式叉车、插腿式叉车、前移式叉车、侧面式叉车、低位拣选叉车、高位拣选叉车、集装箱叉车、跨运车、油桶搬运叉车和防爆叉车等多种类型。

①平衡重式叉车

平衡重式叉车(如图6.10所示)是叉车中机动性最高的叉车，也是目前使用最广泛的叉车，占叉车总量的80%。其货叉位于叉车的前部，为平衡货物重量产生的倾翻力矩，保持叉车的纵身稳定性，在叉车的后部装有平衡重。

平衡重式叉车需要较大的作业空间，对货物体积没有要求，动力较大，有较强的地面适应能力和爬坡能力，适用于室外作业。

②插腿式叉车

插腿式叉车(如图6.11所示)的两条腿向前伸出，支撑在很小的车轮上，货物的重心落到车辆的支撑平面内，稳定性好，没有平衡重。一般由电动机驱动，蓄电池供电。其特点是起重量小(一般在 2 t 以下),结构简单,外形小巧,但速度低,对地面要求高,适用于通道狭窄的仓库内作业。

图 6.10 平衡重式叉车

图 6.11 插腿式叉

③前移式叉车

前移式叉车(如图 6.12 所示)有条前伸的支腿,货物重心落到车辆的支撑平面内,稳定性很好。其承载能力为 1.0～2.5 t,门架可以整体前移或缩回,缩回时作业通道宽度一般为 2.7～3.2 m,提升高度最高可达 11 m 左右,常用于仓库、车间内中等高度的堆垛、取货作业。

④侧面式叉车

侧面式叉车(如图 6.13 所示)的门架和货叉在车体的一侧。采用柴油发动机作为动力,承载能力为 3.0～6.0 t。在不转弯的情况下,具有直接从侧面叉取货物的能力,主要用来在窄通道内作业,或叉取长条形的货物,如木条、钢筋等。

图 6.12 前移式叉车

图 6.13 侧面式叉车

⑤低位拣选叉车

低位拣选叉车(如图 6.14 所示)通常配备一个三向堆垛头,叉车不需要转向,货叉旋转就可以实现两侧的货物堆垛和取货,通道宽度为 1.5～2.0 m,提升高度可达 12 m。叉车的驾驶室始终在地面不能提升,考虑到操作视野的限制,主要用于提升高度低于 6 m 的工况。

⑥高位拣选叉车

与低位拣选叉车类似,高位拣选叉车(如图 6.15 所示)也配有一个三向堆垛头,通道宽度为 1.5～2.0 m,提升高度可达 14.5 m。其驾驶室可以提升,驾驶员可以清楚地观察到任何高度的货物,也可以进行拣选作业。高位拣选叉车在效率和各种性能都优于低位拣选叉车,因此该车型已经逐步替代低位拣选叉车。高位拣选叉车主要适用于多品种少量入出库的特选式高层货架仓库。

图 6.14　低位拣选叉车

图 6.15　高位拣选叉车

⑦集装箱叉车

集装箱叉车(如图 6.16 所示)采用柴油发动机作为动力,承载能力为 8.0～45.0 t,一般分为空箱堆高机、重箱堆高机和集装箱正面吊,应用于集装箱搬运,如集装箱堆场或港口码头作业。

⑧跨运车

跨运车(如图 6.17 所示)是用于码头前沿和堆场水平搬运和堆码集装箱的专用机械。跨运车以门形车架跨在集装箱上,由装有集装箱吊具的液压升降系统吊起集装箱,进行搬运,并可以集装箱堆码二三层高,是集装箱装卸设备中的主力机型,通常承担由码头前沿到堆场的水平运输以及堆场的集装箱堆码工作。由于跨运车具有机动灵活、效率高、稳定性好、轮压低等特点,得到普遍的应用。尤其是采用跨运车作业对提高码头前沿设备的装卸效率十分有利。

图 6.16　集装箱叉车

图 6.17　跨运车

⑨油桶搬运叉车

油桶搬运叉车(如图 6.18 所示)是在普通叉车基础上增加了油桶夹具和翻转器械而构成的。常用的有手动机械式油桶搬运车、手动液压式油桶搬运车、手动液压过磅式油桶搬运车(起升高度方便使用台秆称量)、手动液压升降倾斜式油桶搬运车(均可单桶、轻型双桶、重型双桶、四桶与 1～5 t 叉车配套使用)、半电动油桶搬运车(电升手翻型、电升电翻型)。

⑩防爆叉车

防爆叉车(如图 6.19 所示)是指带有防爆装置、具有隔爆功能的叉车。防爆叉车广泛应用于石油、化工、制药、轻纺、军工、油漆、颜料、煤炭等工业部门及港口、铁路、货场、仓库等含有爆炸性混合物的场所进行装卸、堆码和搬运作业。

图 6.18　油桶搬运叉车

图 6.19　防爆叉车

(3)按照属具变形分类

叉车除了使用货叉作为最基本的工作属具外，还可以根据需求开发配装多种可换属具，如侧移装置、环卫属具、夹抱器、旋转器、桶夹、串杆、吊钩、货斗等。常见叉车属具的主要部件有固定部件——支架、工作装置、工作油缸、胶管卷进卷出装置，简易属具——起重臂、串杆、油桶钳等。

货叉是叉车最普通的工作属具，此外，铲斗、叉套、吊杆、平抱夹、旋转抱夹、挑杆、桶夹、推出器、圆木夹、起重臂、可横移的货叉或侧移器、倾翻货叉、前移叉、全自动起升货叉都是属于叉车属具。

叉车按属具变形的不同，可分为货叉、起重臂、夹持器、集装箱吊具、串杆、间距可调式货叉、铲斗、推拉器、倾翻叉等多种形式。

①货叉

货叉(如图 6.20 所示)是叉车最常用的属具，是叉车重要的承载构件。货叉形状呈 L 形，水平段用来叉取并承载货物。如果搬运体积大、质量轻的大件货物，需要用加长货叉或在货叉上套装加长套。

②起重臂

起重臂(如图 6.21 所示)通常采用的是变幅吊架，通过移动吊钩来吊取货物，幅度变化越大，起重量越小。

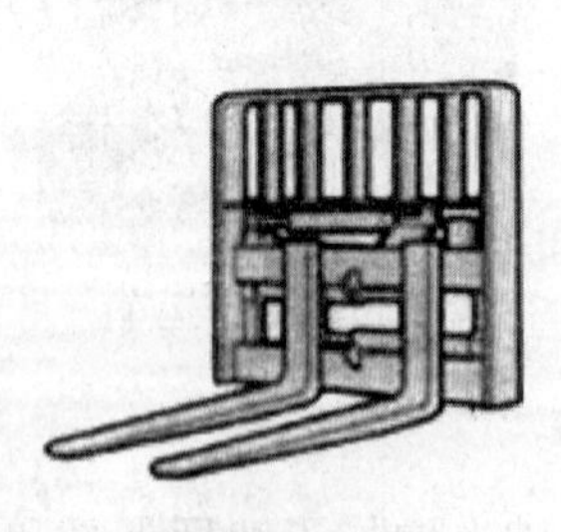

图 6.20　货叉

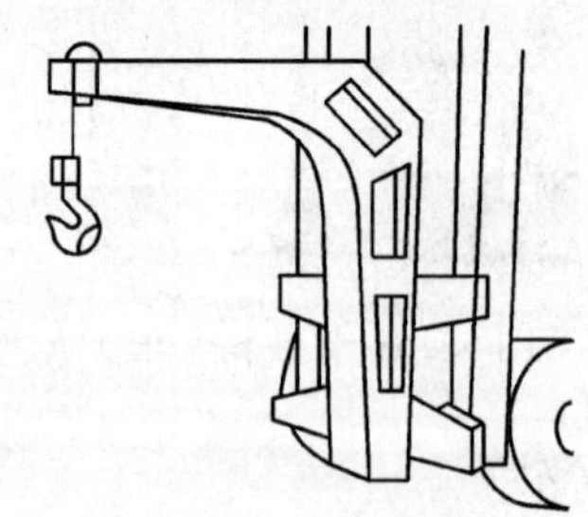

图 6.21　起重臂

③夹持器

夹持器(如图 6.22 所示)由两个夹臂组成，通过夹臂夹持货物，实现无托盘作业。夹持器的夹臂有直角形和圆弧形两种。直角形夹臂的内侧为平面，适合于搬运箱类和软包。圆弧形夹臂的内侧为弧面，适合于搬运筒形货物和卷材。

④集装箱吊具

集装箱吊具(如图 6.23 所示)是集装箱叉车用于搬运集装箱的专用属具，包括定位机构、夹持机构等几个部分。

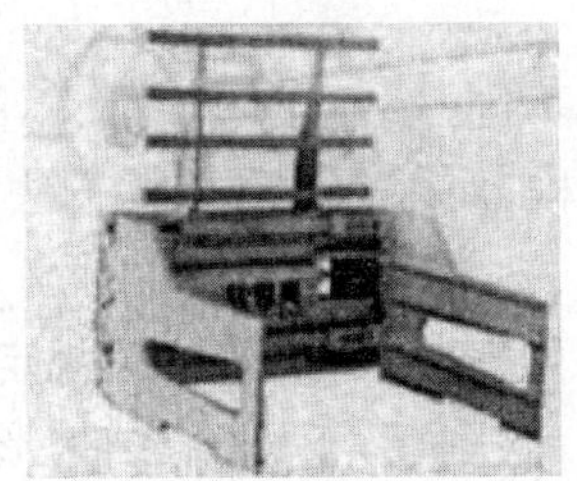

图 6.22　夹持器

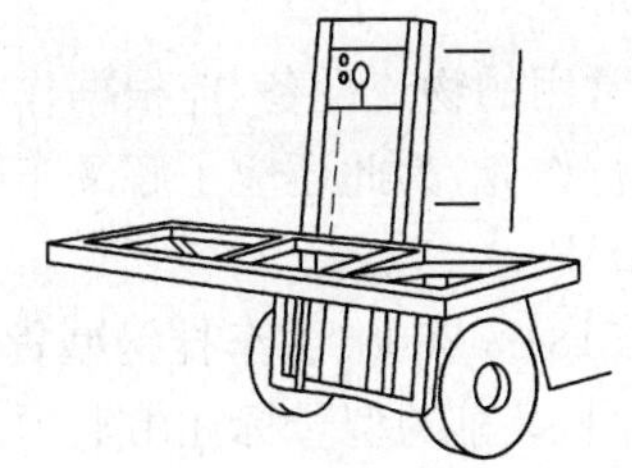

图 6.23　集装箱吊具

⑤串杆

对于空心的筒状货物可以用串杆(如图 6.24 所示)进行搬运,串杆主要适用于形状不规则、具有中空部分的货物。

⑥间距可调式货叉

间距可调式货叉(如图 6.25 所示)的两个货叉之间的间距可以通过液压装置进行调节,适用于不便于底部货叉插入的货物的搬运。

图 6.24　串杆

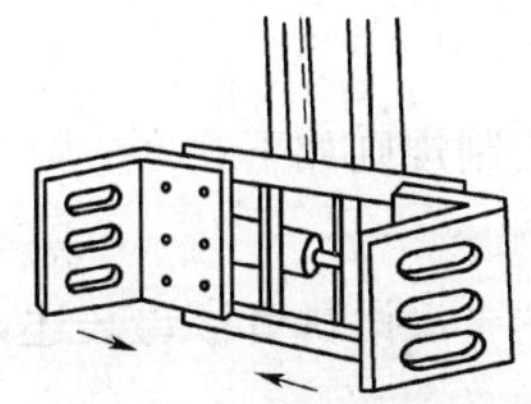

图 6.25　间距可调式货叉

⑦铲斗

铲斗(如图 6.26 所示)适合于散装货物的搬运。

⑧推拉器

推拉器(如图 6.27 所示)是可以将货物连同滑板一起进行装卸的属具。

⑨倾翻叉

货物的存储位置不完全与地面水平时,可以使用倾翻叉(如图 6.28 所示)叉取货物,以便提高作业效率。

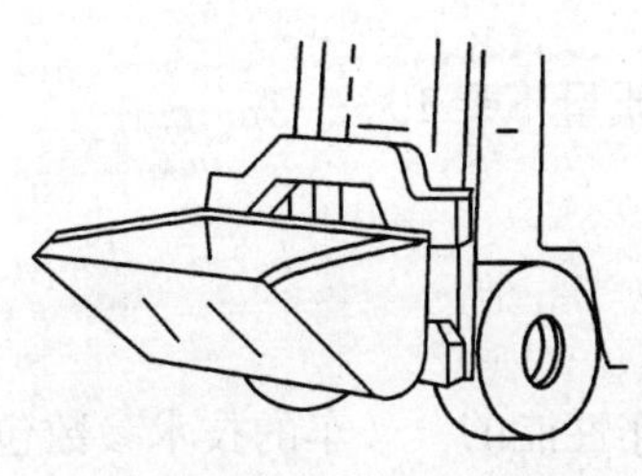

图 6.26　铲斗

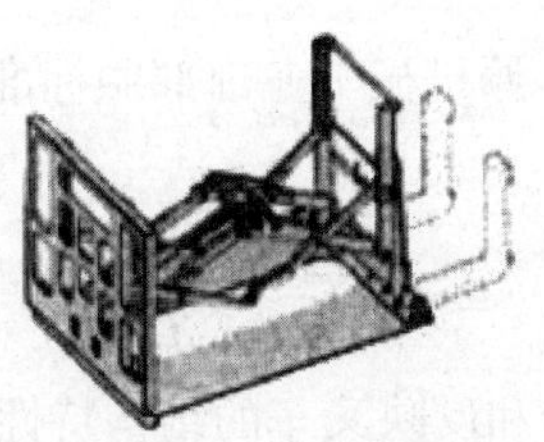

图 6.27　推拉器

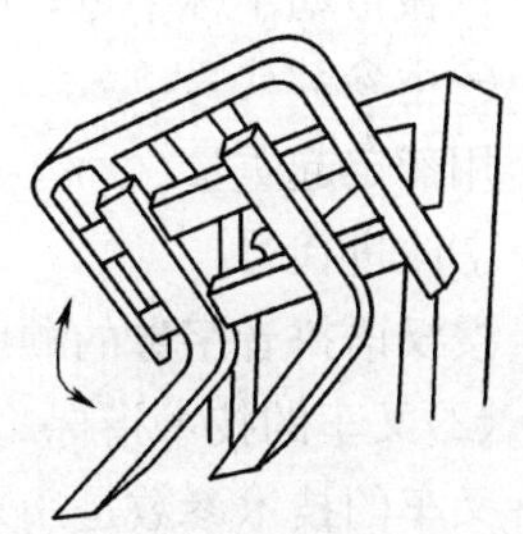

图 6.28　倾翻叉

3. 叉车使用

叉车是最为常用的物流设备，应根据作业对象的不同，选取不同型号、不同使用性能和技术指标的叉车进行作业，为此还应了解叉车的基本结构、使用方法和维护方法。

(1)叉车的型号

根据 GB/T 5184—2008《叉车挂钩型货叉和货叉架安装尺寸》等相关规定，叉车的型号按类、组、型原则编制，叉车的型号标注由七项内容组成：厂牌、叉车代号、结构形式代号、动力类型代号(用燃料代号表示)、传动形式代号、主参数代号和改进代号。

叉车型号的编制规则如图 6.29 所示。

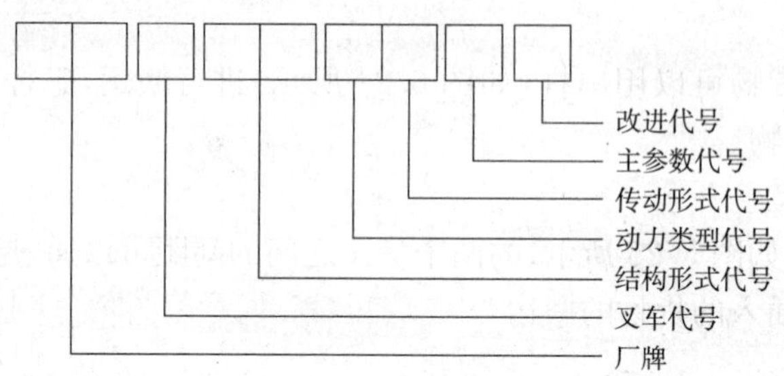

图 6.29　叉车型号编制示意图

叉车型号的编制规则如下：

①厂牌

有的企业用两个汉语拼音字母表述，有的用两个汉字表示，厂牌由厂家自定。

②叉车代号

用叉车的汉语拼音第一个字母 C 表示。

③结构形式代号

P 表示平衡重式，C 表示侧叉车，Q 表示前移式，B 表示底起升高度插腿式，T 表示插入插腿式，Z 表示跨入插腿式，X 表示集装箱叉车，K 表示通用跨车，KX 表示集装箱跨车，KM 表示龙门跨车。

④动力类型代号

汽油机标字母为 Q，柴油机标字母为 C，液态石油气机标字母为 Y。

⑤传动类型代号

机械传动不标字母，动液传动标字母 D，静液传动标字母 J。

⑥主参数代号

用额定起重量(t) * 10 表示，原机械工业部部颁标准起升质量不乘 10。

⑦改进代号

按汉语拼音字母的顺序表示。

(2)叉车的技术指标

叉车的技术参数是用来说明和反映叉车的结构特性和工作性能的。叉车的技术参数包括性能参数、尺寸参数及质量参数。

叉车的性能参数包括最大起升高度、载荷中心距、门架倾角、满载最大起升速度、满载最大运行速度、牵引力、满载爬坡度、最小转弯半径、直角堆垛的最小通道宽度、90°交叉通道宽度等。

叉车的尺寸参数包括最小离地间隙、轴距、前后轮距、外廓尺寸等。

叉车的质量参数包括额定起升质量、整备质量等。

叉车的技术指标及含义如下：

①额定起升质量 m_e

额定起升质量指用货叉起升货物时，货物重心至货叉垂直段前壁的距离不大于载荷中心距时，允许起升货物的最大质量。

额定起升质量系列有 0.5 t、0.75 t、1.0 t、1.5 t、2.0 t、3.0 t、4.0 t、5.0 t、8.0 t、10 t、12 t、15 t、16 t、20 t、25 t、32 t、40 t。

②载荷中心距 c

载荷中心距指在货叉上放置标准形状的额定起升质量的货物，在确保叉车纵向稳定时，其重心至货叉垂直段前壁间的水平距离。

③最大起升高度 H_{max}和自由起升高度

最大起升高度指叉车在平坦坚实的地面上，满载、轮胎气压正常、门架直立、货物升至最高时，货叉水平段的上表面至地面的垂直距离。

自由起升高度指在不改变叉车的总高的情况下货叉可能起升的最大高度。

④门架倾角

门架倾角是指无载叉车在平坦、坚实的地面上，门架相对其垂直位置向前和向后倾斜的最大角度。

门架前倾角 α：作用是便于叉取和卸放货物。

门架后倾角 β：作用是当叉车带货行驶时防止货物从货叉上滑落。

⑤最大起升速度 υ_{hmax}

最大起升速度通常指叉车在坚实的地面上满载时，货物举升的最大速度。

⑥最大运行速度 υ_{amax}

最大运行速度一般指叉车满载时，在干燥、平坦、坚实的地面上行驶时所能达到的最大速度。

⑦满载最大爬坡度 i_{max}

满载最大爬坡度指叉车满载时，在干燥、坚实的路面上，以低速挡等速行驶所能爬越的最大坡度。

⑧最小离地间隙 h_{min}

最小离地间隙指除了车轮以外车体最低点与地面的间隙。

⑨最小转弯半径 R_{min}

最小转弯半径指叉车在空载低速行驶、转向轮处于最大偏转角时，瞬时转向中心距叉车最外廓点之间的距离。

⑩直角堆垛最小通道宽度

直角堆垛最小通道宽度指能够满足叉车在货堆间的直线通道上作 90°转弯进行叉取作业时，所需要的最小通道宽度值。

⑪直角交叉最小通道宽度

直角交叉最小通道宽度指叉车能够顺利通过垂直交叉通道的最小通道宽度。

⑫最大牵引力

轮周牵引力:原动机发出的扭矩,经减速传动装置,最后在驱动轮轮周上产生的切向力。

拖钩牵引力:轮周牵引力在克服叉车行驶时本身遇到的外部阻力后,在叉车尾部的拖钩上剩余的牵引力。

⑬自重和自重利用系数

自重指加满油、水后叉车本身的重量。

自重利用系数指起重量与载荷中心距的乘积与叉车自重的比值。

⑭其他技术参数

除上述参数外,还有外形尺寸、前后桥负荷、轮压、轴距和轮距等。

(3)叉车的主要性能

叉车的各种技术指标反映了叉车的性能,主要包括:

①装卸性

装卸性指叉车的起重能力和装卸快慢的性能。装卸性能的好坏对叉车的生产率有直接的影响。叉车的起重量大、载荷中心距大、工作速度高,则装卸性能好。

②牵引性

牵引性表示叉车的行驶和加速快慢、牵引力和爬坡能力大小等方面的性能。行驶和加速快、牵引力和爬坡能力大,则引力性能好。

③制动性

制动性表示叉车在行驶中根据要求降低车速及停车的能力。通常以在一定行驶速度下制动距离的大小来加以衡量。制动距离小则制动性能好。

④机动性

机动性表示叉车的灵活性。最小转弯半径小、直角交叉通道宽度和直角堆垛通道宽度小,则机动性好。

⑤通过性

通过性是指叉车克服道路障碍而通过各种不良路面的能力。叉车的外形尺寸小、轮压小、离地间隙大、驱动轮牵引力大,则叉车的通过性能好。

⑥操纵性

操纵性指叉车操作的轻便性和舒适性。如果需要加于各种操作手柄、踏板及转向盘上的力小、驾驶员座椅与各操作件之间的位置布置得当等,则操纵性好。

⑦稳定性

稳定性是指在作业过程中抵抗倾翻的能力,是保证叉车工作安全的重要指标。叉车的稳定性分为纵向稳定性和横向稳定性。平衡重式叉车由于货物重力及惯性力的作用有可能向前纵向倾翻,转弯时离心力可能使叉车横向倾翻。

⑧经济性

经济性主要指叉车的造价和劳动费用,包括劳动消耗、生产率、使用和耐磨程度等。

(4)叉车的典型结构

叉车的种类很多,但其构造基本相似,主要由发动机、底盘(行走机构)、车体、起升机构、液压系统及电气设备等组成。

①发动机

发动机是内燃叉车的动力装置，将燃油的产生的热能转变为机械动力，通过底盘的传动系统和行驶系统驱动叉车行驶，并通过液压系统驱动工作装置，完成货物装卸。

②底盘

底盘用来支撑车身、传递发动机发出的动力，使叉车产生运动，并保证叉车能够正常行驶。底盘由传动系统、行驶系统、转向系统和制动系统组成。

a. 传动系统将发动机发出的动力传给驱动车轮。传动系统由离合器、变速器、万向传动装置和驱动桥等组成。

b. 行驶系统把叉车各总成、部件联结成一个整体，并支撑全车，使之适应行驶和作业需要。

c. 转向系统用以保证叉车能按照驾驶员所操纵的方向行驶，转向系统由转向器和转向转动装置组成。

d. 制动系统用以根据行驶和作业需要降低车速，以至停车。制动系统由制动器和制动传动机构组成。

③车体

叉车的车体与车架合为一体，由型钢组焊而成。置于叉车后部、与车型相适应的铸铁块为配重，其质量根据叉车额定起重量的大小而决定，在叉车载重时起平衡作用，以保持叉车的稳定性。

④工作装置

叉车的工作装置是叉车进行装卸作业的工作部分，承受全部货重，并完成货物的叉取、升降、堆放和码垛等工序。叉车的工作装置由货叉、货叉架、内外门架、起重链条、滚轮、滑轮、起升油缸、倾斜油缸等组成。

⑤液压系统

叉车的液压系统由油箱、齿轮液压泵、多路换向阀、限速阀、液压缸、高低压油管等组成，利用工作液体传递能量的传动机构，即通过油液的压力使工作液压缸产生推力，使货叉升降、门架前后倾并驱动传动的属具或叉车转向机构等，以达到装卸、码垛货物或转向的目的。

⑥电气设备

叉车的电气设备由电源部分(包括蓄电池、发电机和发电机调节器)、用电部分(包括起动机、汽油机的点火系统、照明装置和信号装置)等组成。

(5)叉车的使用方法

叉车的使用步骤及注意事项如下：

①检查车辆

a. 叉车作业前，应检查叉车的外观，加注燃料、润滑剂和冷却水。

b. 检查启动、运转及制动的性能。

c. 检查灯光、音响信号是否齐全有效。

d. 叉车运行过程中应检查压力、温度是否正常。

e. 叉车运行后还应检查外泄漏情况并及时更换密封件。

f. 蓄电池叉车除检查以上内容外，还应按蓄电池车的有关规定检查内容，对蓄电池叉车的电路进行检查。

②起步

a. 起步前，观察四周，确认无妨碍行车安全的障碍后，先鸣笛，后启动。

b. 气压制动的车辆，制动气压表读数须达到规定值方可启动。

c. 叉车在载物启动时，应先确认所载货物已平衡可靠。

d. 启动时须缓慢平衡。

③行驶

a. 行驶时，货叉底端距地面应保持 300～400 mm，门架须后倾。

b. 行驶时，不得将货叉升得太高。进出作业现场或在行驶途中，要注意上空有无障碍物刮碰；载物行驶时，如货叉升得太高，还会增加叉车总体重心高度，影响叉车的稳定性。

c. 卸货后，应先降落货叉至正常的行驶位置后，再行驶。

d. 转弯时，如附近有行人或车辆，应发出信号，并禁止高速急转弯。高速急转弯会导致车辆失去横向稳定而倾翻。

e. 内燃机叉车在下坡时，严禁熄火滑行。

f. 非特殊情况，禁止载物行驶中紧急制动。

g. 载物行驶在超过 7°的坡道和用高于一挡的速度上下坡时，非特殊情况，不得使用制动器。

h. 叉车在运行时，要遵守厂内交通规则，必须与前面的车辆保持一定的安全距离。

i. 叉车运行时，载荷必须处在不妨碍行驶的最低位置，门架要适当后倾。除堆垛或装车时，不得升高载荷。在搬运庞大货物时，货物会挡住驾驶员的视线，此时应倒开叉车。

j. 叉车由后轮控制转向，所以必须时刻注意车后的摆幅，避免出现转弯过急的现象。

k. 禁止在坡道上转弯，也不应横跨坡道行驶。

④装卸

a. 叉载货物时，应按需调整两货叉间距，使两叉负荷均衡，不得偏斜，货物的一面应贴靠挡货架，叉载的重量应符合载荷中心线曲线标志牌的规定。

b. 载物的高度不得遮挡驾驶员的视线。

c. 在进行货物装卸的过程中，必须用制动器制动叉车。

d. 叉车接近或撤离货物时，车速应缓慢平稳，注意车轮不要碾压货物、垫木等，以免碾压物飞起伤人。

e. 用货叉叉取货物时，货叉应尽可能深地叉入载荷下面，还要注意货叉尖不能碰到其他货物或物件。应采用最小的门架后倾来稳定载荷，以免载荷向后滑动。放下载荷时，可使门架少量前倾，以便于安放载荷和抽出货叉。

f. 禁止高速叉取货物和用叉头向坚硬物体碰撞。

g. 叉车作业时，禁止人员站在货叉上。

h. 叉车作业时，禁止人员站在货叉周围，以免货物倒塌伤人。

i. 禁止用货叉举升人员从事高处作业，以免发生高处坠落事故。

j. 不准用制动惯性溜放货物。

k. 不准在码头岸边直接叉装船上货物。

l. 禁止使用单叉作业。

m. 禁止超载作业。

(6)叉车的维护注意事项

对叉车必须定期进行维护。叉车的维护一般分为日常维护、一级维护、二级维护和季节维护。叉车的维护应注意的事项有：

① 检修车辆时，应将变速杆置于空挡，采取制动、掩轮以及支顶起重滑架等防护措施。

② 内燃机叉车在发动机没熄火前，不准加注燃料。

③ 汽油发动机化油器回火故障未排除前，不得行驶叉车。

④ 严禁汽油发动机高压分缸线“吊火”。

⑤ 蓄电池叉车除应遵守上述有关操作规程外，还应遵守蓄电池车的有关安全操作规程。

任务3 自动导引车运用

1. 自动导引车认知

自动导引车（Automated Guided Vehicle，AGV），通常也称AGV小车，是指装备有电磁或光学等自动导引装置，能够沿规定的导引路径行驶，具有安全保护以及各种移载功能的运输车。AGV属于轮式移动机器人（Wheeled Mobile Robot，WMR）的范畴。

AGV是现代物流系统的关键装备，是以电池为动力，装有非接触导向装置、独立寻址系统的无人驾驶自动运输车。AGVS是自动导引车系统，由若干辆沿导引路径行驶，独立运行的AGV组成，AGVS在计算机的交通管制下有条不紊地运行，并通过物流系统软件而集成于整个工厂的生产监控与管理系统中。

按日本JISD6801的定义，AGV是以电池为动力源的一种自动操纵的工业车辆。AGV只有按物料搬运作业自动化、柔性化和准时化的要求，与自动导向系统、自动装卸系统、通信系统、安全系统、管理系统等构成自动导引车系统（Automatic Guided Vehicle System，AGVS）才能真正发挥作用。AGVS则是指AGV在中央控制计算机的管理下协调工作，并同其他物流设备实现高度集成，具备相当的柔性，而且可以通过车载计算机和网上主机与其他设备进行通信的自动化物料输送系统。

我国国家标准《物流术语》中，对AGV及AGVS的定义如下：

AGV指装有自动导引装置，能够沿规定的路径行驶，在车体上具有编程和停车选择装置、安全保护装置以及各种物料移载功能的搬运车辆。

AGVS是多台AGV在控制系统的统一指挥下，组成一个柔性化的自动搬运系统，称为自动导引车系统。

AGV是集人工智能、信息处理和图像处理为一体，涉及计算机、自动控制、信息通信、机械设计、电子技术等多个学科的物流自动化研究和应用的热点之一，是自动化搬运系统、物流仓储系统、柔性制造系统（FMS）和柔性装配系统（FAS）的重要装备。

1913年，美国福特汽车公司使用有轨底盘装配车。1953年，美国Barrett Electric公司制造了世界上第一台采用埋线电磁感应式的跟踪路径自动导向车，也被称作“无人驾驶牵引车”。20世纪70年代中期，具有载货功能的AGV在欧洲得到迅速发展和应用，并被引入美国用于自动化仓储系统和柔性装配系统的物料运输。从20世纪80年代初开始，新的导向方式和技术得到更广泛研究和开发，主要有电磁感应引导、激光引导、磁铁陀螺引导等方式，其中激光引导方式发展较快，但电磁感应引导和磁铁陀螺引导方式也占有较大比例。20 世纪 90 年代以来，AGV 从仅由大公司应用，正向小公司单台应用转变，而且其效率和效益更好。20 世纪 90 年代，全世界已拥有 AGV 达 10 万台以上。

AGV 在我国的研究及应用起步较晚。20 世纪 70 年代后期，北京起重运输机械研究所研制了三轮式 AGV。20 世纪 80 年代后期，北京机械工业自动化研究所为二汽研制了用于立体化仓库中的 AGV。沈阳自动化研究所为金杯汽车公司研制了汽车发动机装配用的 AGV。20 世纪 90 年代，清华大学国家 CIMS 工程中心将从国外引进的 AGV 成功应用于 EIMS 的实验研究，清华大学计算机技术应用系研制了用于邮政中心的 AGV，昆明船舶设备研究所研制了激光导向式 AGV，吉林工业大学为汽车装配线研制了视觉导向 AGV 等。

AGV 能实现柔性运输，使用灵活、运输效率高、节能、工作可靠、无公害、可以改善工作环境。目前，国外的 AGV 已广泛应用于汽车制造业、新闻印刷业、电子工业、机械加工业、家用电器业、自动仓库、图书馆、医院等领域。AGV 在国内也已逐步进入汽车制造、电子加工、自动仓库、图书馆等领域。

AGV 以电池为动力，可实现无人驾驶的运输作业，其主要功能表现为能在计算机监控下，按路径规划和作业要求，精确地行走并停靠到指定地点，完成一系列作业功能。AGV 以轮式移动为特征，较之步行、爬行或其他非轮式的移动机器人具有行动快捷、工作效率高、结构简单、可控性强、安全性好等优势。与物料输送中常用的其他设备相比，AGV 的活动区域无需铺设轨道、支座架等固定装置，不受场地、道路和空间的限制。因此，在自动化物流系统中，最能充分地体现其自动性和柔性，实现高效、经济、灵活的无人化生产，所以人们形象地把 AGV 称作是现代物流系统的动脉。AGV 的工作特点主要有：

(1)自动化程度高

AGV 由计算机、电控设备、电磁感应激光反射板等控制。当某一环节需要辅料时，由工作人员向计算机终端输入相关信息，计算机终端再将信息发送到中央控制室，由专业的技术人员向计算机发出指令，在电控设备的合作下，这一指令最终被 AGV 接受并执行——将辅料送至相应地点。

(2)充电自动化

当 AGV 的电量即将耗尽时，会向系统发出请求指令，请求充电(一般技术人员会事先设置好一个值)，在系统允许后自动到充电的地方“排队”充电。

另外，AGV 的电池的使用寿命很长(2 年以上)，并且每充电 15 min 可工作 4 h 左右。

(3)外形美观

AGV 一般外形美观，观赏度高，从而提高企业的形象。

(4)运行方便

AGV 的体积小巧，占地面积少，能够在各个生产车间或仓库巷道间穿梭往复。

2. 自动导引车类型

自动导引车有着不同的分类方法，在物流管理活动中，可以从导引方式、外形特点、移载装置等不同的角度进行分类。

(1)按导引方式分类

AGV 之所以能够实现无人驾驶，导航和导引对其起到了至关重要的作用，随着技术的发展，目前AGV的主要导航/导引方式包括以下几类：

①电磁导引AGV(Wire Guidance)

电磁导引是较为传统的导引方式之一，目前仍被许多系统采用，是在AGV的行驶路径上埋设金属线，并在金属线加载导引频率，通过对导引频率的识别来实现AGV的导引。其主要优点是引线隐蔽，不易污染和破损，导引原理简单而可靠，便于控制和通信，对声光无干扰，制造成本较低。缺点是路径难以更改扩展，对复杂路径的局限性大。

②磁带导引AGV(Magnetic Tape Guidance)

与电磁导引相近，用在路面上贴磁带替代在地面下埋设金属线，通过磁感应信号实现导引，其灵活性比较好，改变或扩充路径较容易，磁带铺设简单易行，但此导引方式易受环路周围金属物质的干扰，磁带易受机械损伤，因此导引的可靠性受外界影响较大。

③光学导引AGV(Optical Guidance)

在AGV的行驶路径上涂漆或粘贴色带，通过对摄像机采入的色带图像信号进行简单处理而实现导引，其灵活性比较好，地面路线设置简单易行，但对色带的污染和机械磨损十分敏感，对环境要求过高，导引可靠性较差，精度较低。

④激光导航AGV(Laser Navigation)

激光导航是在AGV行驶路径的周围安装位置精确的激光反射板，AGV通过激光扫描器发射激光束，同时采集由反射板反射的激光束，来确定其当前的位置和航向，并通过连续的三角几何运算来实现AGV的导引。

此项技术最大的优点是：AGV定位精确；地面无需其他定位设施；行驶路径可灵活多变，能够适合多种现场环境，它是目前国外许多AGV生产厂家优先采用的先进导引方式。缺点是：制造成本高，对环境要求较苛刻(外界光线、地面要求、能见度要求等)，不适合室外(尤其是易受雨、雪、雾的影响)工作。

⑤惯性导航AGV(Inertial Navigation)

惯性导航是在AGV上安装陀螺仪，在行驶区域的地面上安装定位块，AGV可通过对陀螺仪的偏差信号(角速率)的计算及地面定位块信号的采集来确定自身的位置和航向，从而实现导引。

此项技术在军方较早运用，其主要优点是技术先进，较之有线导引，地面处理工作量小，路径灵活性强。其缺点是制造成本较高，导引的精度和可靠性与陀螺仪的制造精度及其后续信号处理密切相关。

⑥视觉导航AGV(Visual Navigation)

对AGV行驶区域的环境进行图像识别，实现智能行驶，这是一种具有巨大潜力的导引技术，此项技术已被少数国家的军方采用，将其应用到AGV上还只停留在研究中，目前还未出现采用此类技术的实用型AGV。

可以想象，图像识别技术与激光导引技术相结合将会AGV更加完美，如导引的精确性和可靠性、行驶的安全性、智能化的记忆识别等都将更加完美。

⑦直接坐标AGV(Cartesian Guidance)

用定位块将AGV的行驶区域分成若干坐标小区域，通过对小区域的计数实现导引，一般有光电式(将坐标小区域以两种颜色划分，通过光电器件计数)和电磁式(将坐标小区域以金属块或磁块划分，通过电磁感应器件计数)两种形式，其优点是可以实现路径的修改，导引的可靠性好，对环境无特别要求。缺点是地面测量安装复杂，工作量大，导引精度和定位精度较低，且无法满足复杂路径的要求。

⑧GPS(全球定位系统)导航 AGV(Global Position System)

通过卫星对非固定路面系统中的控制对象进行跟踪和制导，目前此项技术还在发展和完善，通常用于室外远距离的跟踪和制导，其精度取决于卫星在空中的固定精度和数量，以及控制对象周围环境等因素。

由此发展出来的是 iGPS(室内 GPS)和 dGPS(用于室外的差分 GPS)，其精度要远远高于民用 GPS，但地面设施的制造成本是一般用户无法接受的。

(2)按外形特点分类

AGV 小车可按照外形特点进行分类，主要类型包括：

①牵引式 AGV

牵引式 AGV 使用最早，包括牵引车和挂车。牵引车只起拖动作用，货物则放在挂车上，多采用 3 个挂车，拖动能力为挂车载重 2～20 t，个别可达 50 t 以上；驱动电动机的功率一般为 0.75～10 kW；蓄电池的容量为 300～1 000 Ah；拖动行走速度为 60～100 m/min，转弯和坡度行走时要适当减低。可用于中等运量或大批运量，运送距离在 50～150 m 或更远。目前牵引式 AGV 多用于纺织工业、造纸工业、塑胶工业、一般机械制造业，车间内和车间外运输。

②托盘式 AGV

托盘式 AGV 车体工作台上主要运载托盘，托盘与车体移载装置不同，有辊道、链条、推挽，升降架和手动形式，适合于整个物料搬运系统处于地面高度时，从地面上一点送到另一点。AGV 只限于取货、卸货，完成即返回待机点，运载重量为 1.5～2.0 t，驱动电动机的功率小于 0.7 kW，蓄电池的容量为 210～400 Ah，行驶车速在直线行走时为 60 m/min，弯路行走 30 m/min，反向与缓行行走为 15 m/min，车上可载 1～2 个托盘。这类车被广泛应用。

③单元载荷式 AGV

单元载荷式 AGV 根据载荷大小和用途，分成不同形式。根据生产作业中物料和搬运方式的特点，采用以单元化载荷的运载车就比较多，适应性也强。一般用于总运输距离比较短、行走速度快的情况。有效载荷可达 0.5～5 t，行走速度为 30～80 m/min。其适合大面积、大重量的货物的搬运，且自成体系，还可以变更导向线路，迂回穿行到达任意地点；而用于小型货物时，由于其最小转弯半径小，通常为 1.5～2.0 m，可运行于活动面积窄小的地段。

④叉车式 AGV

叉车式 AGV 根据载荷装卸叉子方向、升降高低分成各种形式。叉车式 AGV 不需复杂的移载装置，可与其他运输仓储设备相衔接。一般可处理 2～3 t 的货物，可将货物提升到 3～4 m 高，当货架高于 4 m 时，可采用桅架框形结构或伸缩式结构，电气或液压驱动。采用侧叉式 AGV，可使转弯半径减少。货叉可根据货物的形状，采用不同的形式，如对大型纸板、圆桶形货物可采用夹板或特种结构或采用双叉结构。叉车式 AGV 需装设检知器，以防止碰撞，同时为了保持 AGV 有载行走的稳定性，车速不能太快，且搬运过程速度慢。有时由于叉车伸出较长，需活动面积和行走通道较大。

⑤轻便式 AGV

由于轻型载荷和用途日益广泛，而开发出各种形式的轻便式 AGV。这是一种轻小简单、使用非常广泛的 AGV。轻便式 AGV 的体形不大、自重很轻、价格比较低、结构相对也简化许多。由于采用计算机控制,组成的 AGVS 具有相当大的柔性,主要用于医院、办公室、精密轻量部件加工行业。如日本松下电气公司生产的 PW—S10 型 AGV,全高 195 mm,自重 95 kg,可以负载 300 kg 的货物。

⑥专用式 AGV

专用式 AGV 根据用途而分类,如装配用 AGV、特重型货物用 AGV、特长型货物用 AGV、冷库使用的叉车式 AGV、处理放射性货物的专用搬用 AGV、超洁净室使用的 AGV、胶片生产暗房或无光通道使用的 AGV 等。

⑦悬挂式 AGV

日本某些公司把沿悬挂导向电缆行走的搬用车也归入 AGV,多用于半导体、电子产品洁净室,载重为 50～700 kg。这种 AGV 轻型的较多,承重多为单轨,如日本的 Muratec 公司生产的公众空中无人导引运输车。

(3)按移载方式分类

按移载方式的不同,AGV 可分为侧叉式移载、叉车式移载、推挽式移载、辊道输送机移载、链式输送移载、升降台移载和机械手移载等,如图 6.30 所示。

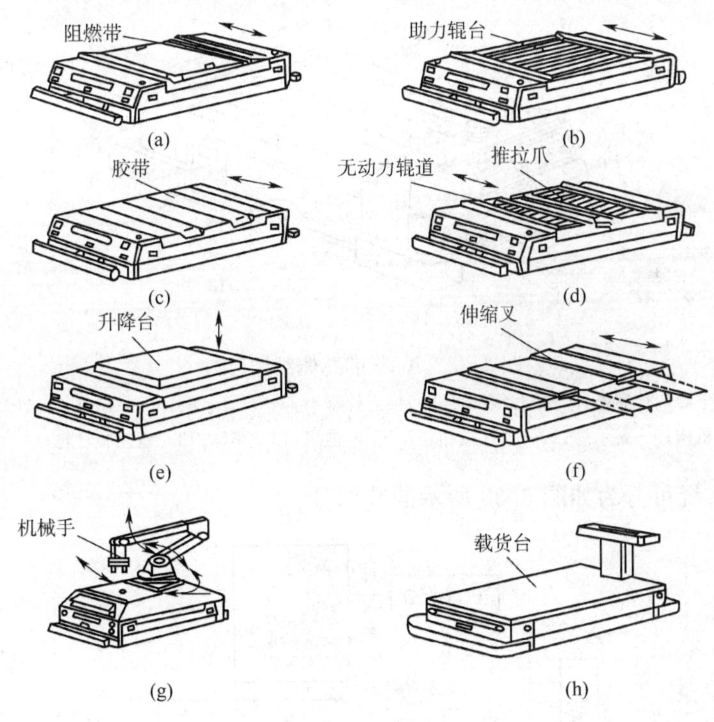

图 6.30 AGV 的移载方式

3. 自动导引车使用

AGV 是目前最为先进的搬运设备,在使用中应了解其基本结构、选用适宜的类型,并按步骤进行合理的操作使用。

(1)自动导引车结构

一般 AGV 的基本结构如图 6.31 和图 6.32 所示。

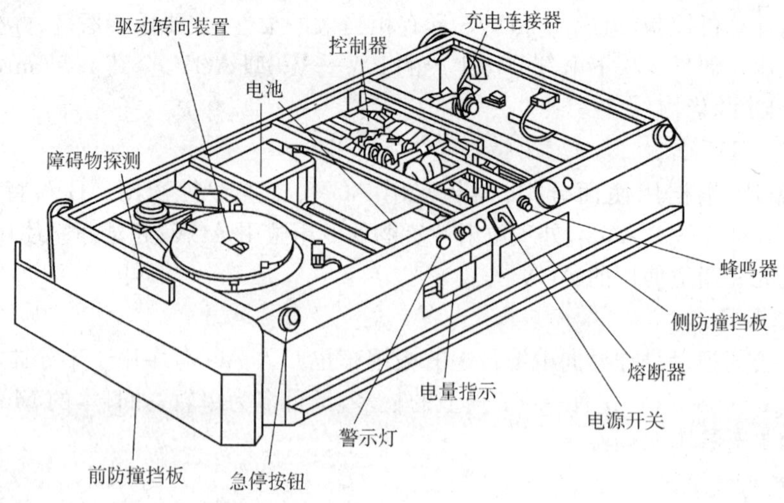

图 6.31　AGV 的总体结构(一)

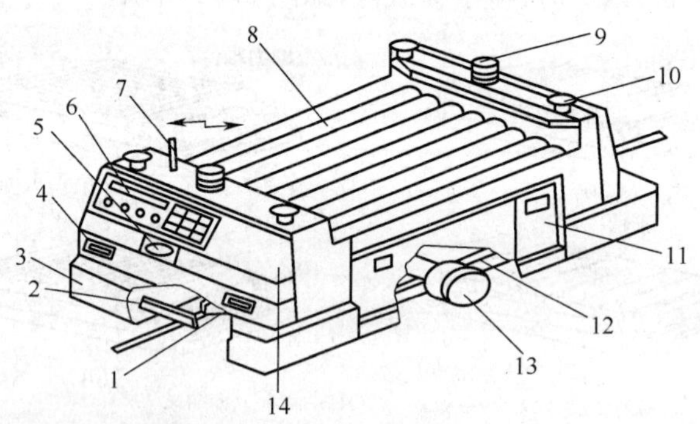

图 6.32　AGV 的总体结构(二)

1—随动轮;2—导向传感器;3—接触缓冲器;4—接近探知器;5—报警音响;6—操作盘;7—外部通信装置;8—自动移载机构;9—警示灯;10—紧停按钮;11—蓄电池组;12—车体;13—差速驱动轮;14—电控装置箱

AGV 的构成系统可分为如图 6.33 所示的几部分。

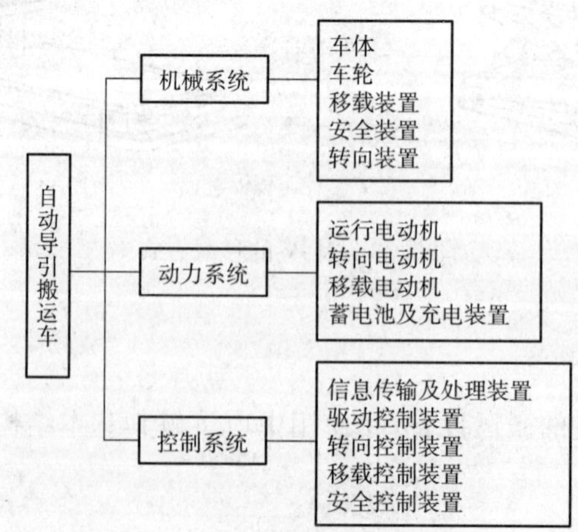

图 6.33　自动引导车的构成系统

AGV 的典型部件包括九个部分，其功能如下：

①车体

车体由车架和相应的机械装置所组成，是 AGV 的基础部分，是其他总成部件的安装基础。

②导向装置

接受导引系统的方向信息通过转向装置来实现转向。

③移载装置

与所搬运货物直接接触，实现货物转载的装置。

④蓄电和充电装置

AGV 常采用 24 V 或 48 V 直流蓄电池为动力。蓄电池供电一般应保证连续工作 8 h 以上的需要。

⑤驱动装置

AGV 的驱动装置由车轮、减速器、制动器、驱动电机及速度控制器等部分组成，是控制 AGV 正常运行的装置。其运行指令由计算机或人工控制器发出，运行速度、方向、制动的调节分别由计算机控制。为了安全，在断电时制动装置能靠机械实现制动。

⑥车上控制器

接受控制中心的指令并执行相应的指令，同时将本身的状态（如位置、速度等）及时反馈给控制中心。

⑦通信装置

实现 AGV 与地面控制站及地面监控设备之间的信息交换。

⑧安全保护装置

安全系统包括对 AGV 本身的保护、对人或其他设备的保护等方面。多重安全保护装置包括主动安全保护装置和被动安全保护装置。

⑨信息传输与处理装置

主要功能是对 AGV 进行监控，监控 AGV 所处的地面状态，并与地面控制站实时进行信息传递。

(2)自动导引车选用

①选用自动导引车应考虑的主要技术参数如下：

a. 额定载重量

额定载重量是 AGV 所能承载货物的最大重量。AGV 的载重量为 50～20 000 kg，以中小型吨位居多。根据日本通产省的调查，目前使用的 AGV 载重量在 100 kg 以下的占 19%，载重量在 100～300 kg 的占 22%，载重量在 300～500 kg 的占 9%，载重量在 500～1 000 kg 的占 18%，载重量在 1 000～2 000 kg 的占 21%，载重量在 2 000～5 000 kg 的占 8%，而载重量在 5 000 kg 以上的数量极少。

b. 自重

自重是指 AGV 与蓄电池加起来的总重量。

c. 车体尺寸

车体尺寸是指车体的长、宽、高外形尺寸。该尺寸应该与所承载货物的尺寸和通道宽度相适应。

d. 停位精度

停位精度指 AGV 到达目的地址处并准备自动移载时所处的实际位置与程序设定的位置之间的偏差值(mm)。这一参数很重要,是确定移载方式的主要依据,不同的移载方式要求不同的停位精度。

e. 最小转弯半径

最小转弯半径指 AGV 在空载低速行驶、偏转程度最大时,瞬时转向中心到 AGV 纵向中心线的距离,是确定车辆弯道运行所需空间的重要参数。

f. 运行速度

运行速度指 AGV 在额定载重量下行驶时所能达到的最大速度,是确定车辆作业周期和搬运效率的重要参数。

g. 工作周期

工作周期是 AGV 完成一次工作循环所需的时间。

②AGV 的选用

AGV 的选用应本着满足工作指标及为将来的发展留下余地的原则,并根据工艺要求、需搬运货物的重量尺寸,选择 AGV 的导引方式、尺寸、承载能力、充电方式,在已有的空间内,按照系统要求,安排最佳物流路线,达到路径最短、简洁流畅的目的,尽量避免干涉,以提高效率,降低运营成本。选择 AGV 应考虑的因素有七个方面:

a. 安全性

安全装置的作用,包括防止 AGV 在运行中出错,也预防运行出错对人员及其运行环境设施产生的影响,安全装置的功用除了保护 AGV 自身安全以及维护 AGV 功能的顺利完成外,还在最大可能的范围内保护人员和运行环境设施的安全。

车身是装配 AGV 其他零部件的主要支撑装置,是运动中的主要部件之一。考虑运行中的 AGV 可能会同人或者其他物体相碰撞,除了操作上的需要,车身的外表不得有尖角和其他凸起等危险部分障碍物接触式缓冲器。为了避免碰撞产生的负面影响,确保运行环境中人和物的安全,在 AGV 的车身上必须设置有障碍物接触式缓冲器。一般障碍物接触式缓冲器设置在 AGV 车身运行方向的前后方,缓冲器的材质具有弹性和柔软性,这样,即使产生碰撞事故,不会对与之碰撞的人和物及其自身造成大的伤害,故障解除后,能自动恢复其功能。缓冲器的宽度,在正常情况下,大于或等于车身宽度,当产生碰撞事故时,缓冲器能及时使 AGV 停车。

障碍物接近检测装置是障碍物接触式缓冲器作用辅助装置,在规定有效作用范围内,AGV 在所有的场合对于确保安全是必不可少的,在此范围内,它将带给 AGV 合适的运行速度,减小惯性,缓慢停车,是先于障碍物接触式缓冲器发生有效作用的安全装置。为了安全起见,障碍物接近检测装置最好是多级的接近检测装置。一般障碍物接近检测装置有两级以上的安全保护设置,如在一定距离范围内,它将使 AGV 降速行驶,在更近的距离范围内,它将使 AGV 停车,而当解除障碍物后,AGV 将自动恢复正常行驶状态。

AGV 的主要功能是解决物料的全自动搬运,除了其全自动运行功能外,还有自动装载和卸载货物的装置,如辊道式 AGV 的辊道、叉车式 AGV 的货叉等。自动装卸货物的执行机构为 AGV 上“动中之动”的结构,其安全保护装置为又一难点,这类结构包括机械和电气两大类。一般在同一辆 AGV 上,机械和电气这两类保护装置都具备,互相关联,同时产生保护作用。如位置定位装置、位置限位装置、货物位置检测装置、货物形态检测装置、货物位置对中结构、机构自锁装置等结构。

为了通知 AGV 的运动状态和唤起周围的注意，AGV 须装备多种警报装置，包括自动运行指示灯（AGV 自动运行时，指示灯亮；AGV 处于非自动运行状态时，指示灯亮灭），警示灯（AGV 由停止状态进入运行状态时，AGV 处于后退运行状态时或 AGV 发生异常时，进行声光报警），左转、右转显示灯（识别 AGV 的左转和右转方向，显示灯相应亮），急停装置（AGV 在突发异常状况下，必须有急停装置维护自身，急停装置位于车身上便于识别、操作的位置，通过“手按”等简单的操作就可实现紧急制动的功能；具有系统联锁保护功能，紧急制动后，只要停止原因的安全性得不到确认，就算已解除异常，AGV 也不会再次启动运行；具有手动控制功能，在异常状况下，操作人员可以通过手动操作 AGV），状态监视装置（监视 AGV 运行状态，特别是当 AGV 发生异常时，能够具有了解该状态及其原因的监视功能）。

b. 扩展性

随着工厂自动化的日益发展，原有自动化系统的可扩展性及灵活性十分重要，电磁导引方式属于传统的方式，技术较成熟，AGV 本身的成本低，工作可靠。但其缺点是需要在运行线路的地表下埋设电缆，施工时间长，费用高，不易变更路线。激光引导方式与电磁引导方式相比，在 AGV 的导引区域内，路径修改、增删、重新规划、定义均可以快速地在计算机上完成，智能化程度高，适应性、灵活性强，路径的扩充和修改更为方便，安装成本低，使用户在调整生产设备、重组生产结构、技术改造和更新等方面无后顾之忧。

c. 定位精确

电磁导引 AGV 的自动控制系统根据这种感应的电磁信号偏差来控制车辆的转向，连续的动态闭环控制能够保证 AGV 对设定路径的稳定自动跟踪。激光导引 AGV 依靠激光扫描器发射激光束，然后接受由四周定位标志反射回的激光束，车载计算机计算出 AGV 当前的位置以及运动的方向，通过和内置的数字地图进行对比来校正方位，在导航式引导方式中，激光导引的定位精度比较高，其缺点是比电磁感应式导引的成本高一些，且在有些使用环境中易受干扰。

d. 故障率和可维护性

在自动化物流系统中，实现高效、低故障的无人化作业，先进可靠的 AGV 是货物搬运作业正确、安全运行的保障。AGV 的硬件结构和软件结构应采用模块化设计方法，便于 AGV 功能模块的集成，并且维护方便，大大降低 AGV 的故障率。AGV 的车体上应具备各种安全装置，另外，软件具备一定的故障检测功能，包括传感器状态、货物状态、取卸货站台状态等，并具备一定自动解决问题的程序分支，如检测到取货站台没有货物，则自动取消当前取货或向计算机管理系统申请到别的站台执行取货。

AGV 内部运行状态信息和错误信息实时显示在 AGV 的车体上配备的车载操作面板和计算机监控界面事件日志，使监控机操作人员及时了解系统运行情况。

e. 基本参数和性能指标

在选择 AGV 时，要考虑的基本参数和性能指标包括 AGV 导引方式、结构形式、通信方式、驱动方式、行走功能、驱动类型、自重（不含电池）、额定承载能力、运行速度、转弯速度、定位速度、停位精度、车体长度、车体宽度、车体高度、轴距、动力电源、蓄电池、电压/容量、充电方式、工作时间、制动方式、报警装置、急停装置、控制系统、安全装置。

f. 经济性和适用性

不同的应用行业，导引方式、功能用途、结构差异以及充电方式等各有不同，这些因素使AGV的价格差别很大，如电磁导引方式的自动导引车的成本较激光导引的AGV低，但缺点是需要在运行线路的地表下埋设电缆，施工时间长，费用高，不易变更路线。此外，AGV的动力电源和充电设备价格也有较大差别，如传统铅酸蓄电池较碱性镍镉电池的初期本较低，工作时间长，但在使用过程中常有溢酸、渗酸及气体酸雾逸出的现象，不仅腐蚀设备，而且污染空气，对城市环境危害极大，工人长期置此环境中，易患呼吸疾病，不利于人身健康。另外，传统铅酸蓄电池的维护困难，需经常加酸、调比重、补充电等，从而大大增加使用成本。镍镉电池为碱性镍镉电池，电解液是氢氧化钾，消耗的是蒸馏水，免维护，无毒无害。应根据企业发展需求选择适合企业自动化物流的AGV。

g. 售后服务

为保证AGV的安全可靠、良好地运行，提供优质全面的售后服务和技术服务至关重要用户售后服务需求信息的收集及处理。接受用户意见来信、电话、传真，迅速给予答复或处理意见，使用户满意。

AGV系统质量反馈信息的收集处理。不定期主动与用户联系，主动地对交付使用的AGV系统工程进行回访，听取用户对工程质量的意见，发现问题及时加以补救和解决。

系统的维护保养和故障维修。为AGV系统的维护保养造册，指导用户技术人员进行保养。当AGV发生故障时，责任部门迅速组织并进行现场故障维修，迅速做出反应。

保证期及保证期后的终身技术服务。为用户提供最新的AGV系统技术信息，为用户提供AGV系统产品及软件版本升级的新建议和技术咨询，确保和延长所供AGV系统和设备的使用寿命周期。

向用户提供及时、全面和高质量的技术服务。对用户有关人员进行设计、安装、维护和操作培训。

(3)自动导引车的操作

不同AGV的具体操作方法各异，但主要操作环节类似下面以搬运机器人AGV(AGV型号:RP-QF-2.5TSQ-TS01)为例介绍说明。

①第一步:AGV上电(登录)操作方法。

在主控制台已经启动并进入调度运行时，可按照以下步骤操作:

a. 打开AGV面板上的带锁电源开关。约40 s后，AGV显示屏显示如图6.34所示的信息。

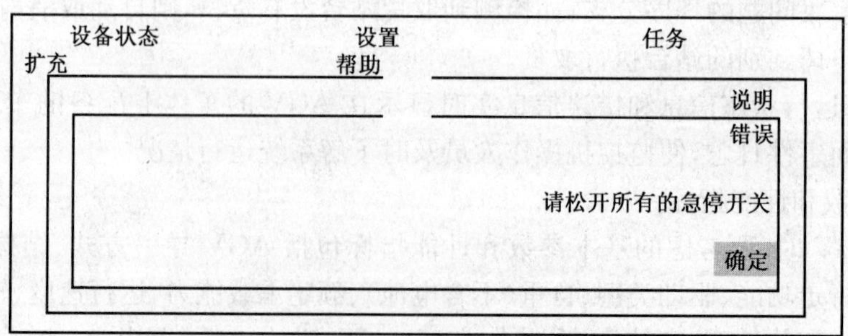

图6.34 开机显示

路径跟踪参数(P:2.5,I:1.5,D:0.1,IL:0.1)。

(b)“其他”包括以下几类。

“小车编号”:1、2、3……

“红外探测”:用于防碰撞,本书中的 AGV 此项目不用。

“更改口令”:现在口令是 3212。

(c)“扩充设置”包括以下几类。

ⓐ“PID 设置”。

速度控制(KP:1,KI:0,KD:1.5,IL:0.001)。

举升控制(KP:60,KI:3,KD:20,IL:100)。

ⓑ“光点跟踪”。

悬链速度。

光点偏差。

位置 2 光点偏差。

ⓒ“前举升参数控制”。

位置 1 高度:在上侧。

位置 2 高度:在下侧。

举升上限。

举升下限。

加速度。

平移高度上限。

平移高度下限。

ⓓ“后举升参数控制”。

位置 1 高度:在上侧。

位置 2 高度:在下侧。

举升上限。

举升下限。

加速度。

平移高度上限。

平移高度下限。

ⓔ“举升速度”。

位置模式速度。

速度模式速度。

复位时的速度:装配结束后复位下降速度。

ⓕ“跟踪距离控制”。

跟踪段停止距离:光靶跟踪距离。

跟踪段报警距离:超程量超过这个距离报警。

ⓖ“PSD 零偏控制”。

X1 零偏。

X2 零偏。

X3 零偏。

X4 零偏。

(d)“结束”。

选择此项,确认退出参数设置状态。

以上参数实际值供参考。

f. 修改参数:用左右键选择对应菜单,上下键选择参数项目。用数字键进行修改。按回车键确认。

g. 选择“结束”菜单项,按回车键。

h. 系统提示是否存储并退出,选择“存盘退出”,数据被存储。并退出参数设置状态。

i. 进行正常上线操作。

⑤第五步:调整链速后在控制台“改变悬链速度”。

修改链速后,该数据要同时修改,且须在 AGV 均不在线时进行。

a. 点击“改变悬链速度”。

b. 链速=工位距离(6.4)/工艺链节拍(min)。

c. 用数字键写入新链速,确认。

d. 将 AGV 逐台进行登录。

⑥第六步:控制台修改发车距离。

a. 选择菜单“选项”。

b. 点击“改变发车延迟”。

c. 输入“修改参数密码”:23970159。

d. 修改试验二工位发车延迟距离,使 AGV 正确位置发车到装配工位。以不干涉轿车车身为准。目前该值为:136。

e. 点击“确认”,发车距离即被修改。

修改这个参数要谨慎判断,小幅度校正,专人监护 2 号站的发车过程,有问题时按急停或踢保险杠停车,切防挂碰车身。

⑦第七步:控制台强制发车。

该操作用于二工位 AGV 向装配工位强制发车,而无须等待自动发车信号。但必须看清发车位置,有把握不挂碰车身时,方可操作。否则应手动发车,并手动控制 AGV 进行三工位装配,装配结束后,重新把 AGV 上线。

a. 进入“操作”菜单。

b. 点击“强制发车”。

二工位的 AGV 将强制发出到装配工位。

⑧第八步:控制台设置有货无货。

该操作用于强行设置 0 号站 AGV 的载货状态。

a. 进入“操作”菜单。

b. 点击“设置有货”,AGV 将提前发车。

点击“设置无货”,待命吊具将提前向充电的 AGV 输送发动机及后桥。

⑨第九步:校正 AGV 舵角。

此操作用于校正 AGV 舵角,在 AGV 舵角跑偏(不走直线)时进行。但要把 AGV 下线后，离开装配区操作。结束后，AGV 重新上线。

a. 按照第四步 a～d，进入参数菜单。

b. 用左右键选择“控制”菜单。

c. 用上下键选择“机械参数”，按回车键。

d. 选择“舵轴零点位置”参数，用数据键修改并确认。

e. 选择“结束”菜单项，按回车键。

f. 系统提示是否存储并退出，选择“存盘退出”，数据被存储，并退出参数设置状态。

g. 自动/手动开关拨到“手动”状态。试验直线行走，观察是否走直线。

h. 如果不走直线，关掉 AGV 电源，重新送电。重新修改试验，直到舵角合适为止。

⑩第十步：控制台停链后的重启。

有时系统可能因为装配距离超过设定长度、跟踪过程中光靶丢失、跟踪过程中急停按钮被按下等原因而通知生产线悬链停止运行，在停链过程中，控制台主窗口处会出现一个对话框，控制台红色信号灯闪烁。此时，可做如下操作：

a. 排除故障原因。

b. 故障排除后，在控制台解除停止悬链的申请，即按回车键确认清除对话框即可。

⑪第十一步：调整 AGV 的速度。

a. 通过控制台调整 AGV 的速度。

方法 1：可以利用工具条上的下拉组合框选择速度。

方法 2：

(a)选择主菜单“选项”。

(b)选择“选项”中“AGV 速度级别”。

(c)选择所需的速度级别 1～6，直接选中，确认即可。

b. 通过 AGV 修改车速。

(a)手/自动开关拨到中间位置。

(b)用左右箭头移动到“设置”菜单。

(c)用上下箭头选择“速度级别”。

(d)输入正确速度级别，按回车键确认。

(e)进行正常上线操作。如果小车在站点上，可以直接按第一步 d～f 设置站点及有无货状态，并切换到自动运行。

任务4　连续输送机运用

1. 连续输送机认知

连续输送机是以连续、均匀、稳定的输送方式，沿着一定的线路从装货点到卸货点输送散料和成件包装货物的机械装置，简称为输送机。

中国古代的高转筒车和提水的翻车，是现代输送机中斗式提升机和刮板输送机的雏形；17 世纪中叶，开始应用架空索道输送散状物料；19 世纪中叶，各种现代结构的输送机相继出现。1868 年，在英国出现了带式输送机；1887 年，在美国出现了螺旋输送机；1905 年，在瑞士出现了钢带式输送机；1906 年，在英国和德国出现了惯性输送机。此后，输送机受到机械制造、电机、化工和冶金工业技术进步的影响，不断完善，逐步由完成车间内部的输送作业，发展到完成在企业内部、企业之间甚至城市之间的输送作业，成为物流搬运系统机械化和自动化不可缺少的组成部分。

输送是“装卸搬运”的主要组成部分，在物流各阶段的前后和同一阶段的不同活动之间，都必须进行输送作业。可见，输送和装卸是物流不同运动阶段之间互相转换的桥梁，正是输送机把货物运动的各个阶段连接成为连续的“流”，使物流的概念名副其实。

输送机在现代物流系统中，特别是在港口、车站、库场、货栈中，承担着大量货物的运输，同时也是现代化立体仓库中的辅助设备，具有把各物流站衔接起来的作用，并且输送机可以将一定质量的货物，在一定时间内，搬运一定的距离，且使费用最小。

连续输送机的工作特点如下：

(1)优点

①启动、制动次数少，速度较高且速度稳定，具有较高的生产效率。

②在同样生产效率下，自重轻，外形尺寸小、成本低，驱动功率小。

③传动机构的机械零部件负荷较低，冲击小。

④结构紧凑，制造和维修容易。

⑤输送货物的线路固定，动作单一，便于实现自动控制。

⑥工作过程中，负载均匀，所消耗的功率几乎不变。

(2)缺点

①只能按照固定的线路输送货物，每种机型只适合于一定类型的货物，且一般只能用于输送重量不大的货物，通用性差。

②大多数连续输送机不能自动取货，因而必须配置相应的装卸载装置。

(3)发展趋势

连续输送机具有很大的发展潜力，其发展趋势主要表现在以下五个方面：

①向大型化发展

大型化包括大输送能力、大单机长度和大输送倾角等几个方面。水力输送装置的长度已达 440 km 以上。带式输送机的单机长度已近 15 km，并已出现由若干台组成联系两地的“带式输送道”。不少国家正在探索长距离、大运量连续输送物料的更完善的输送机结构。

②扩大使用范围

发展出能在高温、低温条件下，有腐蚀性、放射性、易燃性物质的环境中工作的，以及能输送炽热、易爆、易结团、黏性的货物的输送机。

③构造满足要求

使输送机的构造满足货物搬运系统自动化控制对单机提出的要求，如邮局所用的自动分拣包裹的小车式输送机应能满足分拣动作的要求等。

④更加节约能源

降低能量消耗以节约能源，已成为输送技术领域内科研工作的一个重要方面。已将 1 t 货物输送 1 km 所消耗的能量作为输送机选型的重要指标之一。

⑤更加绿色环保

减少各种输送机在作业时所产生的粉尘、噪声和排放的废气。

2. 连续输送机类型

连续输送机的形式、构造和工作原理都是多种多样的。由于生产发展的要求，新的机型正在不断增加。按照连续输送机所运货物的种类可分为输送件货的和输送散货的两种；按照输送机的传动特点可分为有挠性构件牵引的和无挠性构件牵引的两类。此外，还可按照其用途或工作原理等的不同来分类。

(1)按牵引方式分类

连续输送机按牵引方式可分为有挠性牵引的输送机和无有挠性牵引的输送机两大类。

①有挠性牵引的输送机

常见的有挠性牵引的输送机有带式输送机、链式输送机、斗式输送机、悬挂式输送机等。此类输送机的工作特点是物料和货物在牵引构件的作用下，利用牵引构件的连续运动使货物向一个方向输送。牵引构件是往复循环的一个封闭系统，通常是一部分输送货物，另一部分牵引构件返回。

②无有挠性牵引的输送机

常见的无有挠性牵引的输送机有气力式输送机、螺旋式输送机、振动式输送机等。此类输送机的工作特点是利用工作构件的旋转运动或振动，使货物向一定方向输送。其输送构件不具有往复循环形式。

(2)按安装方式分类

连续输送机按安装方式可分为固定式输送机和移动式输送机两大类，其特点如下：

①固定式输送机

固定式输送机整个设备固定安装在一个地方，不能再移动。固定式输送机(如图6.38所示)主要用于固定输送场合，如专用码头、仓库中货物的移动，工厂生产工序之间半成品的输送，原材料的接收和产成品的发放等。

固定式输送机具有输送量大、单位耗电低、效率高等特点。

②移动式输送机

移动式输送机整个设备安装在车轮上，可以移动。移动式输送机(如图6.39所示)具有机动性强、利用率高、能及时布置输送作业达到装卸要求的特点。

图6.38 固定式输送机

图6.39 移动式输送机

(3)按结构特点分类

连续输送机按结构特点来分类，主要有带式输送机、滚柱输送机、链式输送机、螺旋输送机、气力输送机、斗式提升机等。

①带式输送机(Belt Conveyors)

带式输送机是一种利用连续而具有挠性输送带连续地来输送货物的输送机,如图 6.40 所示。根据挠性输送带的不同,可分为织物芯胶带、织物芯 PVC 带、钢带、网带等。织物芯又可分为棉帆布、尼龙帆布(NN)、聚酯尼龙交织帆布(EP)等,用于输送各种散装货物和在装配、检验、测试等生产线上输送单位质量不太大的成件货物。

②辊道输送机(Roller Conveyors)

辊道输送机(如图 6.41 所示)是利用辊子的转动来输送成件物品的输送机,可沿水平或曲线路径进行输送,其结构简单,安装、使用、维护方便,对不规则的货物可放在托盘或者托板上进行输送。

图 6.40　带式输送机

图 6.41　辊道输送机

按驱动方式分:无动力辊道输送机/动力辊道输送机(链传动/摩擦传动)。

按无动力辊道输送机的曲线段形式分:柱形辊子式、锥形辊子式、差速辊子式、短辊子差速式等。

按转撤装置的形式分:曲线段转撤、岔道分流、平面分流、小车转撤、直角转撤、回转台转撤、辊子输送机升降装置转撤等。

③滚柱输送机(Wheel Conveyors)

滚柱输送机(如图 6.42 所示)是采用滚柱来取代辊道的输送机,其结构简单,一般用于无动力驱动,适用于成件包装货物或者平整底面的货物的短距离搬运。

④链式输送机(Chain Conveyors)

链式输送机(如图 6.43 所示)是利用链条牵引、承载,或由链条上安装的板条、金属网、辊道等承载货物的输送机。

图 6.42　滚柱输送机

图 6.43　链式输送机

根据链条上安装的承载面的不同,可分为链条式、链板式、链网式、板条式、链斗式、托盘式、台车式,此外,也常与其他输送机、升降装置等组成各种功能的生产线。

⑤悬挂输送机(Overhead Chain Conveyors)

悬挂输送机属于链条(也可为钢索)牵引式的连续输送机,如图6.44所示。

根据牵引件和承载件的连接方式不同,可分为通用悬挂输送机(提式悬挂输送机)、推式悬挂输送机、拖式悬挂输送机、积放式悬挂输送机。根据承载件的支撑方式不同可分为空中吊挂式、地面支撑式等。

悬挂输送机是规模较大的工厂综合机械化输送设备,广泛应用于大量或者成批生产的工厂,作为车间之间和车间内部的机械化、自动化连续输送设备。在汽车、家电、服装、屠宰、邮政等方面得到了广泛应用。

⑥螺旋输送机(Screw Conveyor)

螺旋输送机(如图6.45所示)是利用旋转的螺旋将被输送的物料沿着固定的机壳内推移而工作的输送机械。

图6.44 悬挂输送机

图6.45 螺旋输送机

螺旋输送机的特点是:结构简单、横截面尺寸小、密封性好、工作可靠、制造成本低,便于中间装料和卸料,输送方向可逆向,也可同时向相反两个方向输送。输送过程中还可对货物物料进行搅拌、混合、加热和冷却等作业。

螺旋输送机广泛应用于各行业,如建材、化工、电力、冶金、煤炭、粮食等行业,适用于水平或倾斜输送粉状、粒状和小块状物料,如煤炭、灰、渣、水泥、粮食等温度小于200 ℃的货物。螺旋机不适于输送易变质的、黏性大的、易结块的货物。

⑦气力输送机(Airslide Conveyer)

气力输送机(如图6.46所示)是利用一定的压力空气作为动力,推动物料沿着指定管道连续移送的输送机械,主要由送风装置(抽气机、鼓风机或气压机)、输送管道及管件、供料器、除尘器等组成。根据气压方向,一般有吸送式、压送式两种。

气力输送机主要用于输送粉状、粒状及块状不大于20～30 mm的小块货物,广泛应用于煤矿和大型粮库的补仓、出仓、翻仓、倒垛以及粮食加工和啤酒、酿造等行业中。

⑧斗式提升机(Bucket Elevator)

斗式提升机是利用均匀固接于无端牵引构件上的一系列料斗,竖向提升物料的连续输送机械,如图6.47所示。斗式提升机具有输送量大、提升高度高、运行平稳可靠、使用寿命长等显著优点。

图 6.46　气力输送机

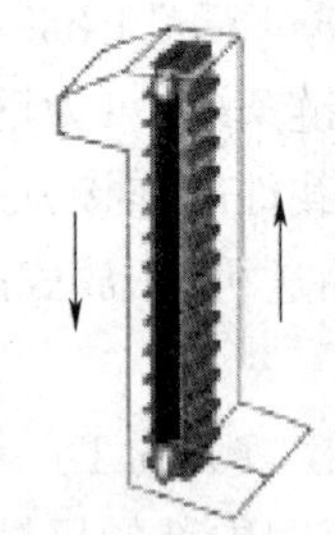

图 6.47　斗式提升机

斗式提升机适于输送粉状、粒状及小块状的无磨琢性及磨琢性小的货物，如煤、水泥、石块、砂、黏土、矿石等，由于提升机的牵引机构是环形链条，因此允许输送温度较高的材料（货物的温度不超过 250 ℃），一般输送高度最高可达 40 m。

⑨振动输送机（Vibrating Conveyor）

振动输送机（如图 6.48 所示）利用激振器使料槽振动，从而使槽内物料沿一定方向滑行或抛移的连续输送机械。分弹性连杆式、电磁式和惯性式三种。

该机型具有结构简单、安装、维修方便、能耗低、无粉尘溢散、噪声低等优点。振动输送机广泛用于冶金、煤炭、建材、化工、食品等行业中粉状及颗粒状货物的输送。

⑩单轨输送机（Overhead Monorail Conveyors）

单轨输送机是在特定的空中轨道上运行的电动小车，可组成一个承载的、全自动的物料搬运系统，如图 6.49 所示。其特点是：系统中的各个小车，独立驱动，形成立体输送网络，可采用集中控制、分散控制或集散控制方式，小车按设定程序实行全自动作业，可实现自动分拣和配送作业等。

图 6.48　振动输送机

图 6.49　单轨输送机

单轨输送机广泛应用于汽车、邮电行业，工厂企业的装配线、检测线等。

⑪垂直输送机（Elevator Conveyors）

垂直输送机能连续地垂直输送物料，使不同高度上的连续输送机保持不间断的物料输送。垂直输送机又称连续垂直输送机（Vertical Continued Conveyor）和折板式垂直输送机。

垂直输送机是把不同楼层间的输送机系统连接成一个更大的连续的输送机系统的重要设备，如图 6.50 所示。

⑫生产输送系统（Production Line System）

生产输送系统是根据生产工艺的功能要求，由各类输送机、附属装置等组成的各类生产输送系统，如图 6.51 所示。

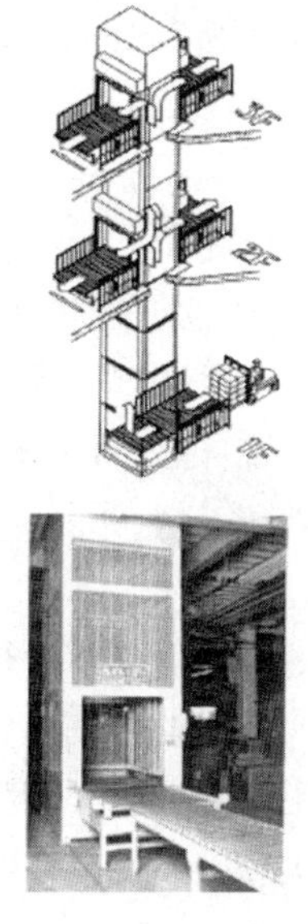

图 6.50　垂直输送机

图 6.51　生产输送系统

生产输送系统广泛应用于汽车、家电、电子、服装、邮电、医药、烟草等行业的分装、总装线、检测线，是工厂生产的重要组成部分。

3. 连续输送机使用

(1)连续输送机的结构

下面以通用的带式输送机为例来介绍连续输送机的结构。通用带式输送机由输送带、托辊、滚筒及驱动、制动、张紧、改向、装载、卸载、清扫等装置组成，如图 6.52 所示。

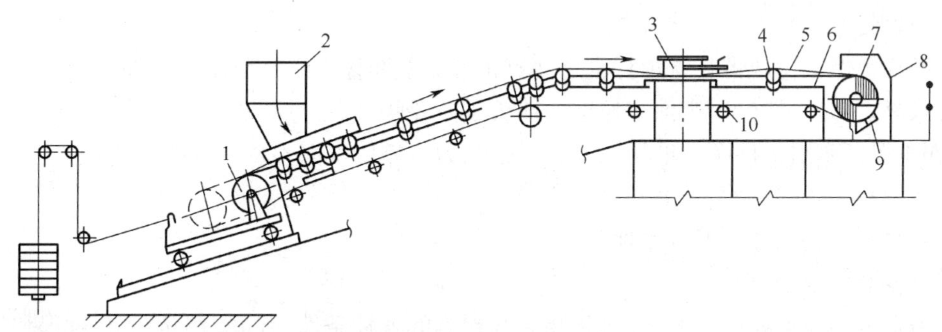

图 6.52　连续输送机结构的示意图

1—张紧装置；2—装载装置；3—卸料挡板；4—上托辊；5—输送带；6—机架；
7—驱动滚筒；8—卸载罩壳；9—清扫装置；10—下托辊

通用带式自动输送机的典型部件有以下八个种类：

①输送带

输送带传递牵引力和承载货物，要求具有较高的强度，较好的耐磨性和较小的伸长率等，常用的有橡胶带和塑料带两种。橡胶带适用于工作环境温度为－15～40 ℃，货物的温度不超过 50 ℃，向上输送散粒料的倾角 12°～24°，对于大倾角输送可用花纹橡胶带。塑料带具有耐油、酸、碱等优点，但对于气候的适应性差，易打滑和老化。带宽是带式输送机的主要技术参数。

②支承装置

支承装置作用是支承输送带和被运物料的重量，包括上托辊和下托辊。

托辊分单滚筒(胶带对滚筒的包角为 210°～230°)、双滚筒(包角达 350°)和多滚筒(用于大功率)等，有槽形托辊、平形托辊、调心托辊、缓冲托辊。槽形托辊(由 2～5 个辊子组成)支承承载分支，用以输送散粒货物；调心托辊用以调整带的横向位置，避免跑偏；缓冲托辊装在受料处，以减小货物对带的冲击。

③驱动装置

驱动装置作用是将动力(牵引力)传给滚筒及输送带，使其能承载并运行。

驱动滚筒分为光面和胶面两种，胶面滚筒摩擦系数较大，在输送机功率不大、环境湿度小的情况下采用光面滚筒，反之采用胶面滚筒。驱动滚筒的直径不能太小，一般要求滚筒的直径应大于衬层数的 100～125 倍，按直径标准选用，有 400 mm、500 mm、630 mm、800 mm、1 000 mm、1 250 mm、1 400 mm 等。

④改向装置

改向装置是用来改变输送方向的装置。在末端改向可采用改向滚筒，在中间线路改向可采用几个支撑辊柱或改向滚筒。改向装置的直径一般约取输送带衬层数的 50～100 倍。

⑤制动装置

在倾斜布置的输送机中，为防止停车时，在货物的重力作用下，发生倒转情况，需装设制动装置。

⑥清扫装置

清扫粘附于输送带上的货物。

⑦张紧装置

张紧装置保证输送带与支承托辊之间有足够大的摩擦力。一是牵引机件获得必要的初张力需要张紧，二是补偿牵引机件工作中的伸长量需要张紧，三是防止牵引机件与滚筒打滑需要张紧，四是保证牵引机件顺利地从驱动轮上把动力可靠传出而不发生振摆需要张紧。

⑧装卸料装置

装卸料装置是保证方便可靠地装料、卸料。

(2)连续输送机参数

一般根据物料搬运系统的要求、货物装卸地点的各种条件、有关的生产工艺过程和物料的特性等来确定各主要参数。

①输送能力

输送机的输送能力是指单位时间内输送的货物量。在输送散状货物时，以每小时输送货物的质量或体积计算；在输送成件货物时，以每小时输送的件数计算。

②输送速度

提高输送速度可以提高输送能力。在以输送带作牵引件且输送长度较大时，输送速度日趋增大。但高速运转的带式输送机需注意振动、噪声和启动、制动等问题。对于以链条作为牵引件的输送机，输送速度不宜过大，以防止增大动力载荷。同时进行工艺操作的输送机，输送速度应按生产工艺要求确定。

③构件尺寸

输送机的构件尺寸包括输送带宽度、板条宽度、料斗容积、管道直径和容器大小等。这些构件尺寸都直接影响输送机的输送能力。

④输送长度和倾角

输送线路长度和倾角大小直接影响输送机的总阻力和所需要的功率。

(3)连续输送机的试调

①试调步骤

a. 各设备安装后精心调试输送机，满足图样要求。

b. 各减速器、运动部件加注相应润滑油。

c. 安装输送机达到要求后各单台设备进行手动工作试车，并结合起来调试输送机以满足动作的要求。

d. 调试输送机的电气部分，包括对常规电气接线及动作的调试，使设备具备良好性能，达到设计的功能和状态。

②带式输送机中输送带跑偏及打滑的处理方法

输送带跑偏的原因有多种，需根据不同的原因区别处理。

a. 调整承载托辊组。

b. 安装调心托辊组。

c. 张紧处的调整。输送带张紧处的调整是带式输送机跑偏调整的一个非常重要的环节。

d. 调整驱动滚筒与改向滚筒位置。驱动滚筒与改向滚筒的调整是输送带跑偏调整的重要环节。

e. 双向运行带式输送机跑偏的调整。

③输送带打滑的处理办法

a. 使用螺旋张紧或液压张紧的带式输送机出现输送带打滑时，可调整张紧行程来增大张紧力。但是，有时张紧行程已不够，输送带出现了永久性变形，这时可将输送带截去一段重新进行硫化。

b. 在使用尼龙带或 EP 时要求张紧行程较长，当行程不够时也可重新硫化或加大张紧行程来解决。

c. 使用重锤张紧装置的带式输送机在输送带打滑时，可添加配重来解决，添加到输送带不打滑为止。但不应添加过多，以免使输送带承受不必要的过大张力而降低输送带的使用寿命。

④输送机的安全操作规程

a. 固定式输送机应按规定的安装方法安装在固定的基础上。移动式输送机正式运行前应将轮子用三角木楔住或用制动器刹住，以免工作中发生走动。有多台输送机平行作业时，机与机之间、机与墙之间应有 1 m 的通道。

b. 输送机使用前须检查各运转部分、胶带搭扣和承载装置是否正常，防护设备是否齐全。

胶带的张紧度须在启动前调整到合适的程度。

c. 带式输送机应空载启动，等运转正常后方可入料，禁止先入料后开车。

d. 有数台输送机串联运行时，应从卸料端开始，顺序启动。全部正常运转后，方可入料。

e. 运行中出现胶带跑偏现象时，应停车调整，不得勉强使用，以免磨损边缘和增加负荷。

f. 工作环境及被送物料温度不得高于 50 ℃和低于－10 ℃，不得输送具有酸碱性油类和有机溶剂成分的物料。

g. 输送带上禁止行人或乘人。

h. 停车前必须先停止入料，等皮带上存料卸尽方可停车。

i. 输送机的电动机必须绝缘良好，移动式输送机电缆不要乱拉和拖动，电动机要可靠接地。

j. 输送带打滑时严禁用手去拉动，以免发生事故。

复习思考题

1. 名词解释

(1)手动搬运车：

(2)叉车：

(3)自动导引车：

(4)连续输送机械：

2. 填空题

题号	(1)	(2)	(3)	(4)	(5)
填空					
说明	将正确答案填入题号所对应的下方空格内				

(1)常见的搬运设备一般包括手动搬运车、(　　)、自动导引车、连续输送机等几大类。

(2)叉车按动力装置不同，可以分为内燃式叉车、(　　)、双动力叉车、手动液压叉车等四种。

(3)夹持器由两个夹臂组成，通过夹臂夹持货物，实现无托盘作业。夹持器的夹臂有直角形和圆弧形两种。直角形夹臂的内侧为平面，适合于搬运(　　)。

(4)按移载方式的不同，AGV 可分为(　　)、叉车式移载、推挽式移载、辊道输送机式移载、链式输送移载、升降台移载和机械手移载等。

(5)连续输送机按牵引方式可分为(　　)的输送机和无有挠性牵引的输送机两大类。

3. 识图题

题号	(1)	(2)	(3)	(4)	(5)
填空					
题号	(6)	(7)	(8)	(9)	(10)
填空					
说明	将图形的准确学名填入题号所对应的下方空格内				

序号	图　　形	序号	图　　形
(1)		(2)	
(3)		(4)	
(5)		(6)	
(7)	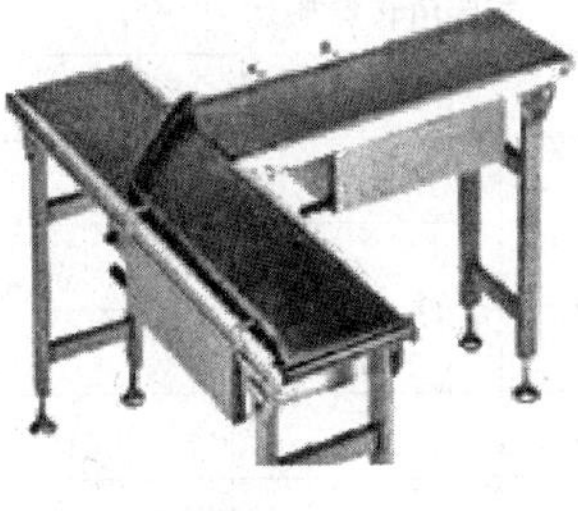	(8)	
(9)		(10)	

4. 判断题

题号	(1)	(2)	(3)	(4)	(5)
选项					
说明	在正确观点题号的下面空格内划“√”，错误观点题号的下面空格内“×”				

(1)平衡重式叉车是叉车中机动性最高的叉车，也是目前使用最广泛的叉车，占叉车总量的80%。

(2)前移式叉车的门架和货叉在车体的一侧。

(3)叉车的型号按类、组、型原则编制，叉车的型号标注由七项内容组成：厂牌、叉车代号、结构形式、动力类型(用燃料代号表示)、传动形式、主参数和改进代号。

(4)辊道输送机是利用辊子的转动来输送成件物品的输送机。

(5)通用带式输送机由输送带、托辊、滚筒及驱动、制动、张紧、改向、装载、卸载、清扫等装置组成。

5. 简答题

(1)叉车工作特点有哪些？

(2)AGV的工作特点有哪些？

6. 阐述题

请列表说明连续输送机按结构特点不同的分类及其工作特点和适用范围。

项目实操考核评价

根据实训条件选择适当搬运设备，然后进行操作。在此，以最基本的搬运托盘搬运车来完成此项，予以考核。

以学生个人为单位实行考核。

	直线搬运			直角转弯搬运			得　分
	自评	同学评	教师评	自评	同学评	教师评	
学生1							
学生2							
学生3							
学生4							
学生5							

说明：

1. 每个人的总分为100分。

2. 每人每项为50分制，计分标准为：不会操作计1～15分，基本不会操作计16～30分，操作较好计31～40分，操作很好计41～50分。

3. 采用分层打分制，建议权重计为：自评分占0.2，同学评分占0.3，教师评分占0.5，然后加权算出每位同学在本项目中的综合成绩。

项目 7　包装设备运用

包装是产品进入流通领域的必要条件，而实现包装的主要手段是使用包装机械。随着时代的发展，技术的进步，包装设备在包装领域中正起着越来越大的作用。使用机械包装产品可提高生产率，减轻劳动强度，适应大规模生产的需要，并满足清洁卫生的要求。

包装机械设备指完成全部或部分包装过程的一类机器。包装过程包括充填、裹包、封口等主要包装工序以及与其相关的前后工序，如清洗、干燥、杀菌、计量、成型、标记、紧固、多件集合、集装组装、拆卸及其他辅助工序。根据包装机械的功能，可分为充填、灌装、封口、裹包、捆扎、贴标等多种机械。根据包装机械的自动程度，可分为手动包装机、半自动包装机、自动包装机、全自动包装线。

项目描述

学习目标	器材工具	教学建议	课时计划
①了解常用的包装设备 ②认识并掌握包装设备的主要类型 ③掌握手动打包机和半自动打包机的操作 ④在作业中培养学生的团队精神	①手动打包机 ②半自动打包机 ③箱装物品 ④普通托盘若干	①条件允许时，尽量在理论实践一体化教室或实训室和多媒体教室中实施教学 ②设备操作注意事项应参照设备说明书	6 学时，其中理论教学 2 学时，实践操作 2 学时，项目考核 2 学时

项目任务

将流通加工区的某一指定箱装货物进行打包。其操作应涉及如下作业环节：

(1)按照作业在流通加工区准确找取箱装的货物。

(2)将此货物码放至托盘上，并使用手动托盘搬动车将货物运至打包区。

(3)在打包区内采用手动和半自动两种方式将货物打包。

(4)将包装好的货物再使用手动托盘搬运车运至出库理货区。

初识常用包装设备

图　示	说　明
手动包装机(Manual Packing Machine)	手动包装机是通常以人力作为包装动力,用来对货物进行简单打包、缠绕、包装的设备或器械的组合 常见的几种手动包装机有手动打包机、手动缠绕膜包装机、手动拉膜器、手动透明膜包装机、容积式手动装袋机等
 半自动包装机(Semi Automatic Packaging Machine)	半自动包装机是由人工供给包装材料(容器)和内装物,能自动完成其他包装工序的机器 目前在物流业中常用的半自动包装机有打包、封箱、缠绕、贴标等多种设备
 自动包装机(Automatic Packaging Machine)	自动包装机是自动供送包装材料和内装物,并能自动完成其他包装工序的机器 常见的有充填机、灌装机、封口机、裹包机、贴标签机、清洗机、干燥机、杀菌机、集装机、辅助包装机、多功能包装机等多种设备
 包装生产线(Packaging Production Line)	包装生产线是指自动化的完成一系列包装流程,同时保证包装质量和速度的有效统一 自动包装生产线的类型因所包装产品不同而各异,常见的包装生产线有食品包装生产线、饮品灌装生产线、药品包装生产线等

任务1 手动包装设备运用

1. 手动包装设备认知

手动包装机是以人力作为包装动力，用来对物品进行简单打包、缠绕、包装的设备或器械的组合。

手动包装机根据货物包装的需要可以适用于净重型和毛重型包装。它能包装很多种类的物料，如种子、饲料、矿物、化工、化肥、食品等，同样能适用各种开口袋，包括纸袋、编织袋、聚乙烯袋等。用于产量较小的企业，使其能投资最小化。

这类设备一般成本较低、结构简单、维修简易、使用方便、操作简单，能适应各类环境的工作，携带方便也是其一大优势，因而在小型物流企业和包装要求不高的生产企业中比较多见。

2. 手动包装设备类型

目前，在物流业中使用的手动包装机不多见，常见的几种手动包装机种类如下：

(1)手动打包机

手动打包机使用手动操作，属分体式工具，由手动拉紧器(STTMR)配合手动咬扣器(STTR)使用。该设备使用手动操作、坚固耐用，保养方便，适用行业为钢管、钢卷、线材、裁剪分条等圆形或不规则平面包装物品，适用于包装量小的企业，如图7.1所示。

(2)手动缠绕膜包装机

手动缠绕膜包装机使用方便、简单、轻巧，对包装物能起到防尘、防潮、保洁的作用，减少包装物的表面擦伤，使包装物更加牢固，如图7.2所示。

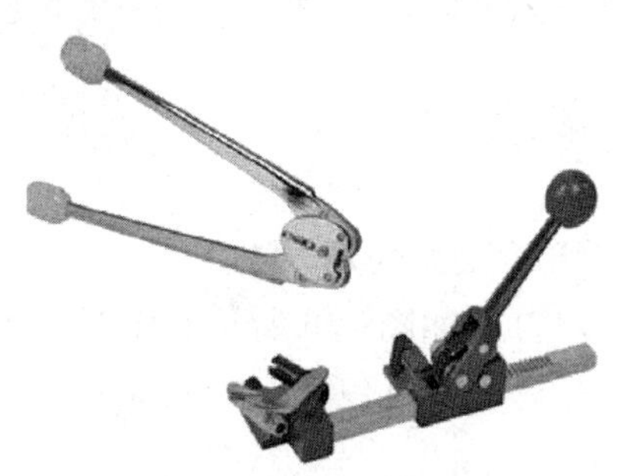

图7.1 手动打包机

图7.2 手动缠绕膜包装机

该设备重最约2 kg，膜高低可调范围为30～50 cm，膜低芯直径可调范围为38～76 cm，膜重量合适范围为3～5 kg。

(3)手动拉膜器

手动拉膜器是利用机械摩擦阻力将缠绕膜拉开，并可灵活调节其拉伸比的手持式工具，代替人力拉膜，操作简单方便，适用于包装量小的企业，如图7.3所示。

(4)手动透明膜包装机

手动透明膜包装机整机轻巧美观，包装场地不受机器重量限制，操作简单，运行稳定。该机广泛适用于香烟、卷烟、药品、避孕套(安全套)、保健品、食品、化妆品、文具用品(如橡皮擦、告示贴等)、音像制品(CD、VCD、DVD)等行业中各种盒式物品的单件包装，经过包装的货物能够防伪、防潮、防尘，提高产品附加值、产品档次、产品包装质量，如图 7.4 所示。

手动透明膜包装机包装材料主要为 OPP BOPP 薄膜、热粘玻璃纸及防伪金拉线，包装速度为 23～35 包/min，包装尺寸为 BTB-A(40～150)mm×(30～100)mm×(10～80)mm、BTB-B(100～400)mm×(50～250)mm×(20～100)mm，电源及总功率为 220 V/50 Hz/3.3 kW，外形尺寸为 BTA-A(L)1 300 mm×(D)600 mm×(H)1 000 mm、BTB-B(L)1 600 mm×(D)700 mm×(H)1 000 mm。

(5)容积式手动装袋机

容积式手动装袋机(如图 7.5 所示)是一款脚踏控制式包装袋固定系统(可用于不同尺寸的包装袋)，通过快速的气动流量控制闸门实现流量固定的物料进给，运行过程清洁无尘，该设备的料位检测器能够有效防止包装袋填装不足。

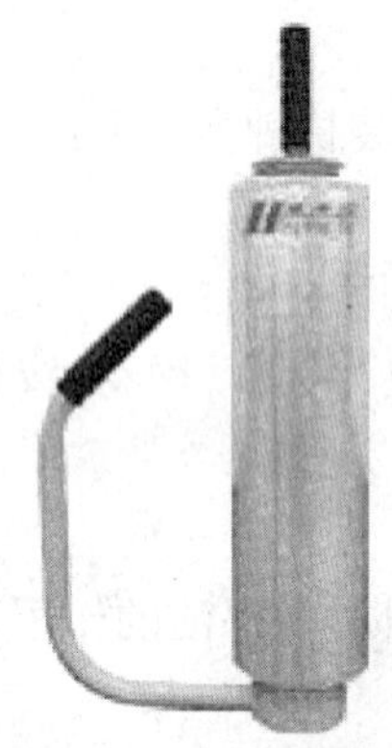

图 7.3 手动拉膜器

图 7.4 手动透明膜包装机

图 7.5 容积式手动装袋机

3. 手动包装设备使用

下面以最常用的手工打包机(手工打包钳)为例来介绍其使用方法。

手动打包机由手动拉紧器和手动咬扣器两部分构成(如图 7.6 所示和图 7.7 所示)，在打包中需要这两部分配合使用。操作流程为：拿出货箱→环绕打包带→穿入紧带钳→拉紧并固定打包带→剪带→穿上打包扣→夹紧打包钳→结束。

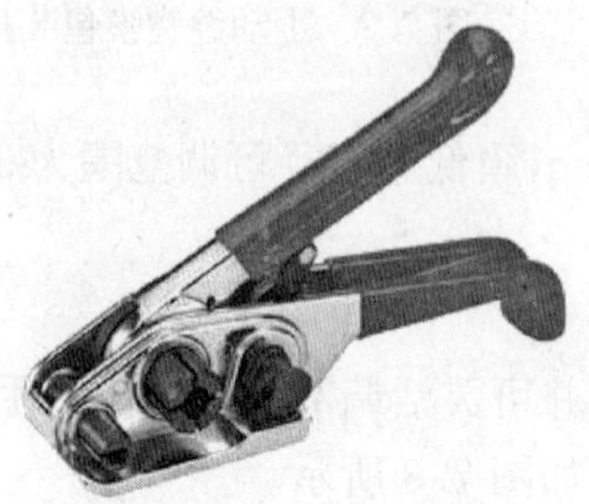

图 7.6 紧带钳(拉紧器)

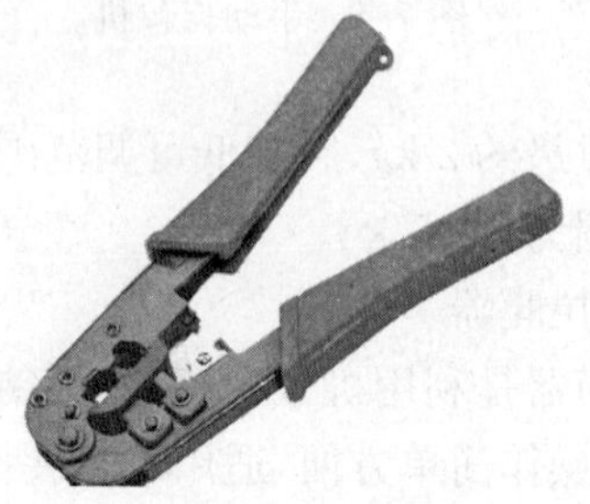

图 7.7 打包钳(咬扣器)

任务2 半自动包装机运用

1. 半自动包装机认知

自动包装机一般分为半自动包装机和全自动包装机两种。由人工供给包装材料(容器)和内装物,但能自动完成其他包装工序的机器称为半自动包装机。打包机是使用打包带缠绕产品或包装件,然后收紧并将两端通过热效应熔融或使用包扣等材料连接的机器。打包机的功用是使塑料带能紧贴于被捆扎包件表面,保证包件在运输、储存中不因捆扎不牢而散落,同时还应捆扎整齐美观。

半自动包装机广泛用于食品、医药、五金、化工、服装、邮政等行业,适用于纸箱打包、纸张打包、包裹信函打包、药箱打包、轻工业打包、五金工具打包、陶瓷制品打包、汽车配件打包、日化用品打包、文体用品打包、器材打包等各种大小货物的打包捆扎。

2. 半自动包装机类型

目前在物流业中常用的包装机械大多为自动或半自动包装机,根据其功能,可分为打包、封箱、缠绕、贴标等多种机械。

(1)半自动打包机的类型

打包机又称捆扎机或捆包机,自动打包机分有全自动打包机和半自动打包机的区别。其中半自动打包机用输送装置将包装件送至捆扎工位,再人工将带子缠绕包装件,最后将带子拉紧固定。其工作台面较低,很适合大型包装件的捆扎,常见类型如下:

①半自动带式打包机

半自动带式打包机的动作协调,可靠性高。具有瞬时加热,5 s内可使加热片工作,进入最佳打也状态;60 s内不操作,自动停机、进入待机状态,省电;使用范围广,不管人小包装,不用调整机器就可以打包;属机械式结构,后月刃稳定可靠,调整方便等特点,如图7.8所示。

②栈板式半自动打包机

栈板式半自动打包机结构简单,易操作,适用于比较重的物体打包,捆包速度快,效率高,每捆一道PP带仅需1.5 s,即时加热系统,5 s即进入最佳捆包状态,安全性好;超过60秒不再操作时,马达会自动停转,进入待机状况,节省电能;电磁离合,快速平稳,连轴式传动,速率快,噪声低、磨损少、故障率低,如图7.9所示。

图7.8 半自动带式打包机

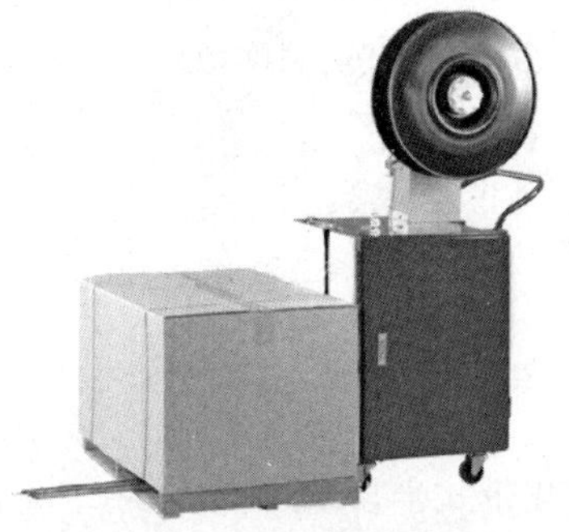

图7.9 栈板式半自动打包机

③高台/低台半自动打包机

高台/低台半自动打包机的操作简单，具有工作效率高、省时省电，打包质量高、故障率低、寿命长等优点，主要用于商业、邮政、铁路、银行、食品、医疗、书刊发行等行业，如图 7.10 所示。

④手提式半自动打包机

手提式半自动打包机应用于中型负荷的捆包，束紧力及熔接时间可自由调节，手动束紧，自动熔接，适应恶劣环境下工作，束紧力可达 2.3 N，如图 7.11 所示。

图 7.10　高台/低台半自动打包机

图 7.11　手提式半自动打包机

(2)半自动封箱机的类型

封箱机采用即贴胶带封纸箱封口，经济快速、容易调整，可一次完成上、下封箱动作，也可以采用印字胶带，更可提高产品形象，是企业自动化包装的首选。封箱机轻巧耐用，操作简单，广泛适用于家电、电子、食品、乳品、油类、化妆品、饮料、电器等行业，常用的半自动封箱机类型如下：

①胶带式半自动封箱机

封箱方式：使用胶带，上下封箱；传动方式：底带式驱动适合纸箱尺寸（长×宽×高）：L(115～∞)mm×W(100～570)mm×H(100～620)mm；台面高度：580～700 mm；封箱速度快，使用正常电源，操作方便、坚固耐用，如图 7.12 所示。

②上下马达式半自动封箱机

半自动封箱机为上下马达驱动皮带，适合较高纸箱，操作方便、坚固耐用、封箱平整美观，台面高度可配合前后输送机作调整。折盖封箱机适合单一规格纸箱使用，纸箱上盖及后盖自动折入，快速、平顺，侧边皮带驱动，重负荷、坚固耐用，如图 7.13 所示。

图 7.12　胶带式半自动封箱机

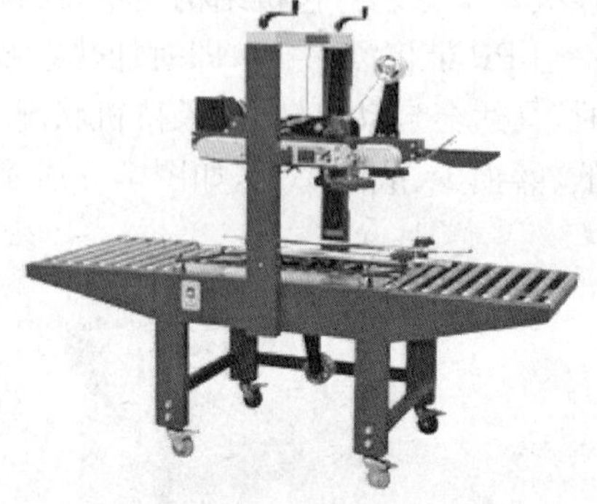

图 7.13　上下马达式半自动封箱机

③两侧皮带式半自动封箱机

合理优化的强大功能有：根据纸箱规格，手工调节宽度及高度；两侧皮带驱动，75 mm 宽皮带，确保输送平稳；自动折上盖，无需人手作业；可单机作业，配套自动化包装流水线使用将更能体现此机价值。两侧皮带式半自动封箱机广泛应用于食品、医药、饮料、烟草、日化、汽车、线缆、电子等企业，如图 7.14 所示。

(3)半自动缠绕机的类型

半自动缠绕机又称裹包机，是指为适应货物集装化储存、运输及机械化装卸作业的要求，对货物进行集中裹包的设备。该设备广泛应用于外贸出口、食品饮料、制灌、造纸、染料、塑胶化工、玻璃陶瓷、机电铸件等产品的集装，既能降低物流成本，提高生产效率，又能防止货物在搬运过程的损坏，并起到防尘、防潮及保洁作用。半自动缠绕机中的折叠式半自动薄膜缠绕机有可折叠式立柱，便于安装盒运输，操作面板简单易懂，包装完成精确自动复位，光电开关延迟时间可调，如图 7.15 所示。

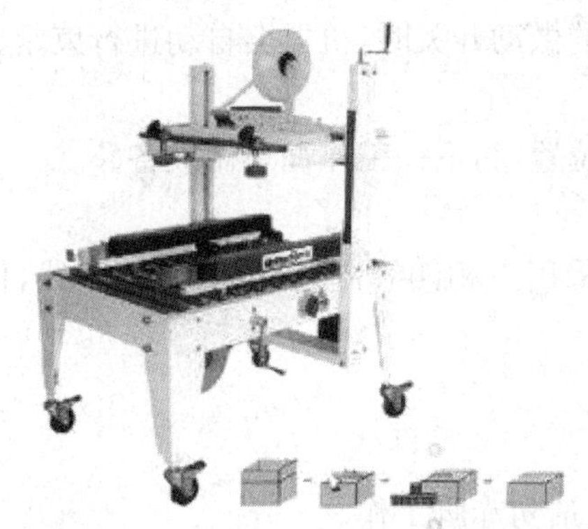

图 7.14 两侧皮带式半自动封箱机

图 7.15 折叠式半自动薄膜缠绕机

(4)半自动贴标机的类型

半自动贴标机是指能够完成平面粘贴、包装物的单面或多面粘贴、柱面粘贴、局部覆盖或全覆、圆筒粘贴、凹陷及边角部位粘贴等贴标作业的机械设备，半自动贴标机的类型如下：

①半自动打码机

半自动打码机可用于打印 DLC、DLV 条码和产品批号，可用在各种贴标机上。打码机适用于各种塑料袋、塑料膜、铝箔、商标、纸盒、皮革、证件、塑料制品等，如图 7.16 所示。

②半自动圆瓶贴标机

半自动圆瓶贴标机可在直径为 45～110 mm 的圆瓶上同时粘贴 1～2 张标签。经调整可粘贴锥形包装物上的标签。半自动贴标机专用于电子、日化、汽车、精密塑料、医药等行业的小尺寸货物上的高精度准确贴标，尤其可满足各类小型产品(如 SD 卡、电子元件、电路板、汽车配件、精密塑料元件、化妆品等精细物料)的精确外标识要求，如图 7.17 所示。

图 7.16 半自动打码机

图 7.17 半自动圆瓶贴标机

3. 半自动包装机使用

(1)打包操作

采用半自动打包方式时,紧带钳啮齿良好,打包扣准备好并与打包带匹配。采用半自动打包方式时,设备通电后运转正常,打包带安装完毕,按照打包单的要求打包货物已放置到指定的纸箱或木箱中,按如下作业流程方可迅速地完成打包:

①将机器推到货物(在托盘上)旁边,尽量让机器与货物靠得近些。

②按下送带按钮进行送带。带子将自动充满带道,并在导轨终端伸出。

③拿起带子的终端绕过物体,如果带子不够长,请按下送带按钮调节长度。

④将带子终端插入插带槽,当带子触碰到机器的微动开关时,机器会自动进行束紧、切带、粘合作业。

⑤当整个工作循环结束后,可推开机器到另一位置,为下一工作循环做准备。

(2)注意事项

①确认机器所使用的电源,勿插错电源。本机采用三相四线制,花线为接地零线,作漏电保护。

②操作时请勿将头、手穿过带子的跑道。

③请勿用手直接触摸加热片。

④勿用水冲洗机器,工作场所潮湿时,操作人员请勿赤脚工作。

⑤机器不使用时请将储带仓内的带子卷回带盘,以免下次使用时变形。

⑥输带滚轮表面请勿粘油。

⑦机器不用时切记拔掉电源。

⑧勿随意更换机器上的零件。

⑨主要零部件要经常用油润滑。

任务3 自动包装机运用

1. 自动包装机认知

自动包装机(Automatic Packaging Machine)是自动供送包装材料和内装物,并能自动完成其他包装工序的机器。常见的有:充填机、灌装机、封口机、裹包机、贴标签机、清洗机、干燥机、杀菌机、集装机、辅助包装机、多功能包装机等多种机械。

自动包装机与手动包装机相比较,由于具备先进的电气部分才实现了自动功能。其电气部分一般组成如下:

(1)主控电路由变频器、可编程控制器(PLC)组成控制核心。

(2)温控电路由智能型温控表、固态继电器、热电偶元件等组成,控温精确,显示直观,设定方便。

(3)由光电开关、电磁接近传感器等实现多点追踪与检测。

随着自动化程度的提高,包装机的操作、维护和日常保养也更加方便简单,降低了对操作人员的专业技能要求。产品包装质量的好坏,直接与温度系统、主机转速精度、追踪系统的稳定性能等相关。

自动包装机所用的传动系统虽然功能比较简单，但对传动的动态性能有较高的要求，系统要求较快的动态跟随性能和高稳速精度。因此，必须考虑变频器的动态技术指标，选用高性能变频器才能满足要求。

2. 自动包装机类型

(1)自动打包机的类型

自动打包机的性能稳定、封箱效率极高、适用性强，封箱效果平整、规范、美观；运转过程无振动，运转稳定可靠，配装的刀片防护装置可避免操作时意外刺伤，确保安全生产、高效包装。常用的自动打包机的类型，如下：

①自动带式打包机

自动带式打包机综合了世界主流机型的主要优点和先进技术，先进的免加油结构使得用户维护保养十分方便。调温和捆紧力按钮外置，使得操作简单直接。外露式带仓及三种捆扎模式的选择，使得穿带、操作，更加简单易行。先进可靠的电器控制系统更是摒弃了传统的变流接触器的控制形式而代之以无机械触点的接近传感器和计算机控制，多重保护电路使得该机型不仅性能卓越，更在多种重量的环境中都能安全可靠地工作，如图 7.18 所示。

②全自动加压式打包机

全自动加压式打包机专为膨松货物加压后捆包而设计，气压力量按要求设计，可根据需要选择气压或油压缸，适合于帆布、水泥袋及各种膨松产品的捆包，经捆包后扎实牢靠，可保证包件在运输、储存中不因捆扎不牢而散落，同时捆扎整齐美观，且可节省运输空间及费用，如图 7.19 所示。

图 7.18 自动带式打包机

图 7.19 全自动加压式打包机

③全自动穿剑式打包机

全自动穿剑式打包机适于皮革、纸制品、针棉织品等软性、弹性制品打包。为使捆紧，必须先加压压紧后捆扎，加压方式分为气压和液压两种，一般采用 PLC 控制，动作协调，可靠性高，并且使用方便、速度快，能适合高速度生产线流水作业，铝合金支架，免加油的保养，如图 7.20 所示。

④全自动水平式打包机

全自动水平式打包机的带子轨道为水平布置，对包装件进行水平方向捆扎，适用于诸如托盘包装件的横向捆包。设备采用通用机芯，确保了维修的方便和快捷。全自动水平式打包机具有外形美观、捆扎紧力卓越、故障少、维修方便等特点，可达到捆扎连续可靠、塑料带贴紧包件表面、接头牢固的效果，如图 7.21 所示。

图 7.20　全自动穿剑式打包机

图 7.21　全自动水平式打包机

⑤全自动无人化打包机

全自动无人化打包机能在无人操作和辅助的情况下自动完成预定的全部捆扎工序、包装件的移动和转向，适用于化纤、烟叶复烤、制药、出版、制冷空调、家电、陶瓷、火工等行业，尤其适合大批量包装件的捆扎，如图 7.22 所示。

⑥全自动打包机

全自动打包机采用机芯侧置的结构形式，特别适用于有粉尘、液体及海产品等包装物的纸箱的捆扎，不用担心粉尘、水滴及其他腐蚀性液体对机芯的磨损和腐蚀。输送机上设有球形触动开关，方便自动操作。机器整体采用前后双门式结构，可方便地打开进行穿带，检修或保养，操作面板可根据需要进行前置或后置，可根据场地及操作需要在生产线上灵活地布置机器，如图 7.23 所示。

(2)自动封箱机的类型

自动封箱机轻巧耐用，操作简单，广泛适用于家电、电子、食品、乳品、油类、化妆品、饮料、电器等行业，常用的自动封箱机类型如下：

①胶带式全自动封箱机

胶带式全自动封箱机顶部和侧面用皮带传动，适合于重量大的货物，广泛应用在家用电器、纺织、食品、百货、医药、化工等行业，如图 7.24 所示。

图 7.22　全自动无人化打包机

图 7.23　全自动打包机

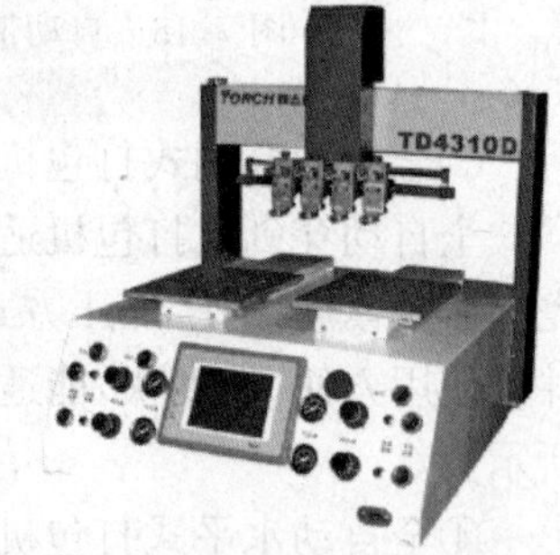

图 7.24　胶带式全自动封箱机

②角边式全自动封箱机

角边式全自动封箱机自动封顶部底端边缘，手动调节纸箱的尺寸，如图7.25所示。

③侧带式全自动封箱机

侧带式全自动封箱机的侧面由皮带驱动，自动折叠顶部折盖。广泛应用在家用电器、纺织、食品、百货、医药、化工等行业，如图7.26所示。

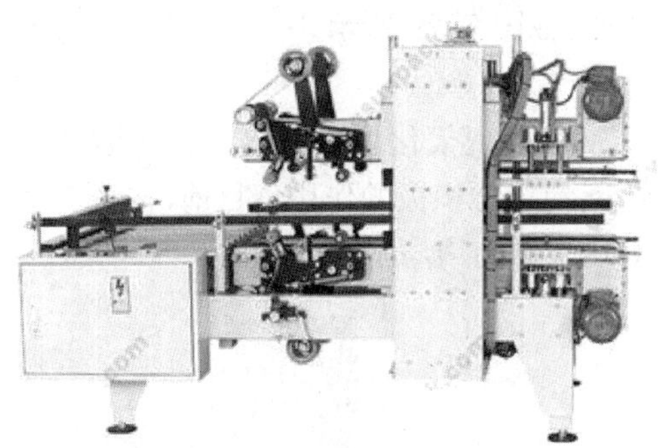

图7.25　角边式全自动封箱机

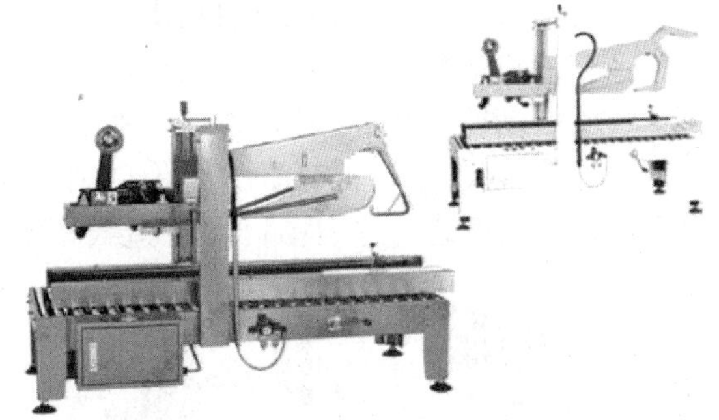

图7.26　侧带式全自动封箱机

(3)自动缠绕机的类型

自动缠绕机设备广泛应用于外贸出口、食品饮料、制灌、造纸、染料、塑胶化工、玻璃陶瓷、机电铸件等产品的集装，既能降低物流成本，提高生产效率，又能防止货物在搬运过程的损坏，并起到防尘、防潮及保洁作用，自动缠绕机的类型如下：

①旋臂式自动薄膜缠绕机

旋臂式自动薄膜缠绕机是对效率要求较高的仓储物流设计的，旋臂式自动薄膜缠绕机的可编程控制，顶部及底部缠绕层数、次数、越顶时间、加固层数可直接在面板上设置，可采用单机或在线式设备，实现货物的自动包装、自动输送。该机操作简单，只需按自动运行按钮，即可完成整个包装过程。该机更适合于较轻或较重的货物，并且安装方式灵活，可安置在墙壁上，也可以利用支架固定，目前已广泛应用于制瓶制罐、建材、化工、电子电器等行业，如图7.27所示。

②无纺布自动缠绕机

无纺布自动缠绕机采用单机或在线式设备，实现货物的自动包装、自动输送。使用无纺布自动缠绕机既能降低产品集装成本，提高生产效率，又能防止货物在搬运过程的损坏，并起到防尘、防潮及保洁作用，如图7.28所示。

图7.27　旋臂式自动薄膜缠绕机

图7.28　无纺布自动缠绕机

③圆筒纸自动缠绕机

圆筒纸自动缠绕机对圆筒状物体进行轴向包装，实现物体的整体裹包，有利于货物的储存、运输及周转，具有防尘、防潮、保洁的作用。圆筒纸自动缠绕机包装成本低、效率高、提升包装档次。同时，根据包装的实际需要，可选用圆筒—托盘两用型、自动顶出型、自动在线等设备。圆筒纸自动缠绕机采用 PLC 控制及人机界面操作系统，使操作更加方便。其转盘变频调速，采用链条传动，转盘还能够自动复位，使滚筒变频调速，如图 7.29 所示。

④在线自动缠绕机

在线自动缠绕机是适应流水线作业的包装机械，非常适合现代化企业的自动化包装的需要，对提高包装效率、降低劳动强度，有效利用人力资源，起到非常积极的作用。目前，在线自动缠绕机已经在化工、电子、食品、饮料、造纸等行业包装线中得到了广泛的应用，如图 7.30 所示。

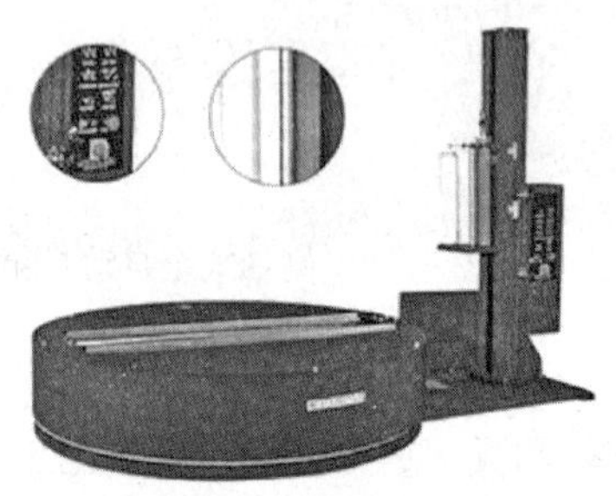

图 7.29　圆筒纸自动缠绕机

图 7.30　在线自动缠绕机

⑤加压自动缠绕机

加压自动缠绕机具有缓启动及缓停止功能，当货物过高过轻时容易散落在地，此功能可确保货物在运转过程中的平稳与安全，转盘转速及膜架速度均可作无极变速的调整。加压自动缠绕机结构稳固，数位电子控制回路，稳定性高、使用寿命长、故障率低．适合对较轻、较高及物体顶端稳定性较差的货物裹包，如图 7.31 所示。

⑥预拉自动缠绕机

预拉自动缠绕机是以 LLDPE 缠绕膜为主要包装材料，对堆放在托盘上的货物进行缠绕包装，使被包装物更加稳固和整洁，并能起到防水、防尘的作用。同时减轻了劳动强度，提高了劳动效率，是现代企业产品包装的理想设备。预拉自动缠绕机被广泛应用于外贸出口、制瓶制罐、造纸、五金电器、塑胶化工、建村、农产品、食品饮料、玻璃、畜牧、医药等行业，如图 7.32 所示。

图 7.31　加压自动缠绕机

图 7.32　预拉自动缠绕机

⑦阻拉自动缠绕机

阻拉自动缠绕机是一款最经济实用缠绕机，是一种带有电气装置的包装机械，利用拉伸膜的张力卷绕各种散装物体或整装物体，使其包装成一整体。阻拉自动缠绕机适合快速运输或储存，适应性强，高效低耗，减轻劳动强度，对包装物能起到防尘、防潮、保洁的作用，减少包装物的表面擦伤，提高表面质量，使包装更牢固，如图 7.33 所示。

⑧自动薄膜缠绕机

自动薄膜缠绕机采用 PLC 控制，可对包装物进行各种工艺要求的缠绕包装作业并且自动上断膜。自动薄膜缠绕机在缠绕过程中主要是对薄膜拉紧力的调整以及穿膜，自动薄膜缠绕机一般通过调整转盘转速和调节电动机的转速就能达到薄膜张紧程度。只要知道转盘转速越快，电动机转动越慢，膜就会越紧，反之越松这个原理就不难操作了。自动运行，完成机器设定功能，感测货物高度及光电屏蔽功能，如图 7.34 所示。

图 7.33 阻拉自动缠绕机

图 7.34 自动薄膜缠绕机

(4)自动贴标机的类型

自动贴标机是采用粘合剂或其他方式将标签展示在包装件或品上的机器，自动贴标机的类型如下：

①卧式贴标机

卧式贴标机的辊子输送带卧式送料，无需担心某些细小物料无法立式进料问题。以瓶身为校准基点有效提高了贴标的精度。卧式贴标机适用于医药、保健品、食品等生产企业的口服液瓶、安瓿瓶、西林瓶等直径较小物体的自动贴标，如图 7.35 所示。

②双面贴标机

双面贴标机具有人性化的触控屏，操作简单直观、功能齐全，具有丰富的在线帮助功能。双面贴标机针对扁形、方形等表面不规则及有弧度瓶身，而设计以确保贴标精度及效果，双侧链条带校正装置，确保扁瓶、方瓶的对中性；特殊弹性顶压装置，确保瓶身的稳定性。双面贴标机，可完成自动正反双侧面贴标签。该机器适用于食品、日化、医药及其他轻工行业中的各种扁形、方形类产品的双侧面和圆瓶圆周的自动贴标，如图 7.36 所示。

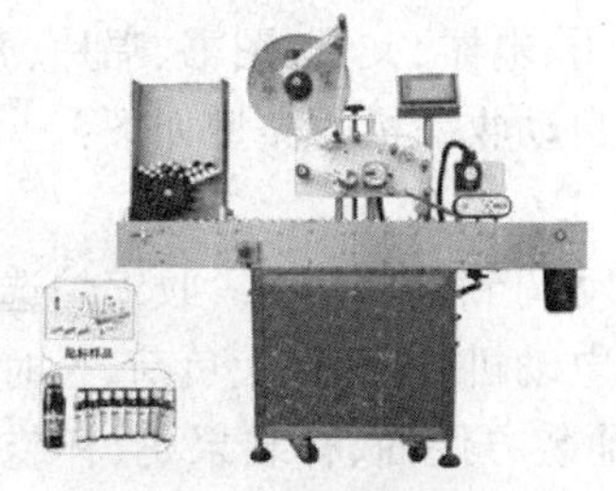

图 7.35 卧式贴标机

图 7.36 双面贴标机

③圆瓶贴标机

圆瓶贴标机灵活易用，特别针对医药行业包装及标签大小生产时常需变更的要求，具有自动检测容器及标签尺寸，并自动调节参数的先进功能，拓展性强。可配 D-1 打码机使用，也可单机使用，亦能够满足联线使用。圆瓶贴标机具有自动检测标签长度及剩余标签报警功能。可选取配自动检测瓶子直径的功能，并且自动调节参数，实现智能控制。圆瓶贴标机操作方便、直观、具有丰富的帮助功能和故障显示功能。圆瓶贴标机主要适用于医药、日化、食品等行业，如图 7.37 所示。

④自动贴标机

自动贴标机采用微处理用路控制系统，使用触摸式人机界面。采用不干胶卷筒贴标纸，贴标采用滚贴方式，无须调节，一键完成，配制自动送瓶和收瓶装置，一次完成放瓶、贴标及收瓶程序，还可配备印字机同步完成标签打印，本自动贴标机采用计算机光纤控制，同步追踪，出标由互感步进电机控制，确保出标速度与卷瓶速度同步的自动化包装机械，如图 7.38 所示。

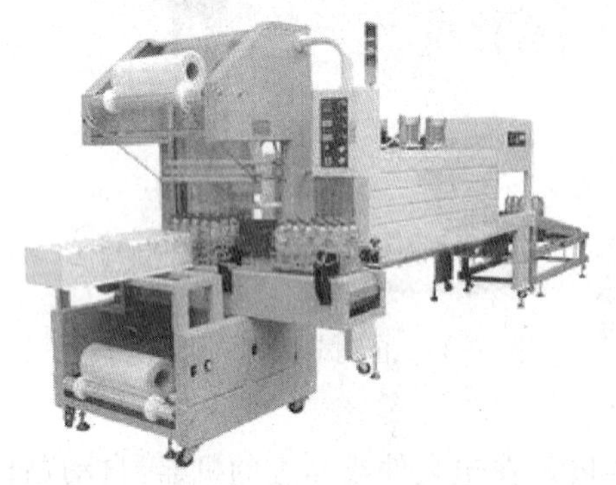

图 7.37　圆瓶贴标机

图 7.38　自动贴标机

(5)自动收缩机的类型

收缩包装是目前市场上较先进的包装方法之一，采用收缩薄膜包在产品或包装件外面，加热后使包装材料冷却时收缩从而裹紧产品或包装件，充分显示物体的外观，提高产品的展销性，以增加美观及价值感。使用全自动收缩机包装后的物品能密封、防潮、防污染，并保护商品承受来自外部的冲击，具有一定的缓冲性，尤其是当包装易碎品时，能防止器皿破碎时飞散。此外，可减低产品被拆、被窃的可能性。

自动收缩机是目前市场上较为先进的包装设备之一，收缩机是将产品用热收缩薄膜裹包后再进行加热，使薄膜收缩后裹产品的机器。在收缩过程中，不影响包装物的品质，而能收缩快速完美，包装后的产品能密封、防潮、防撞击，适用于多件货物的紧包装和托盘包装。

自动收缩机可用于玻璃瓶、发泡胶、纸盒、玩具、电子、电器、文具、图书、唱片、五金工具、日用品、药品、化妆品、饮料、水果、纪念标签等物品包装，自动收缩机的类型如下：

①收缩炉

收缩炉采用电子调速器，可任意调整转速，也可自动调节风量大小。收缩炉选用双层隔热板，因此不会导致周围环境太热，电动机均采用名厂的电动机，可满足大负荷、长时间运转的需要，底部装有脚轮，可自由移动。收缩炉适用于碗装、桶装方便面、杯装果奶、杯装奶茶、挂面、馍片、消毒(一次性)餐具、牙膏、化妆品、蚊香、电池等外层热收缩包装，如图 7.39 所示。

②袖口式套袋机

袖口式套袋机广泛用于批量生产包装的流水作业，作业效率高，自动送膜打孔装置和手动调节的导膜系统以及手动调节的进料输送平台，适用不同宽度及高度的产品，该袖口式套袋机具有密接功能，专为包装小产品设计，配有进口检测光电，水平、垂直检测各一组，便于切换选择，对于薄与小的包装物，可轻易完成封口包装作业，当包装物尺寸变更时，调整非常简单，不用换模具与制袋器。袖口式套袋机广泛应用于软件、食品、化妆品、印刷、制药及地板、陶瓷、饮料、五金等行业的特大批量收缩包装，如图 7.40 所示。

图 7.39 收缩炉

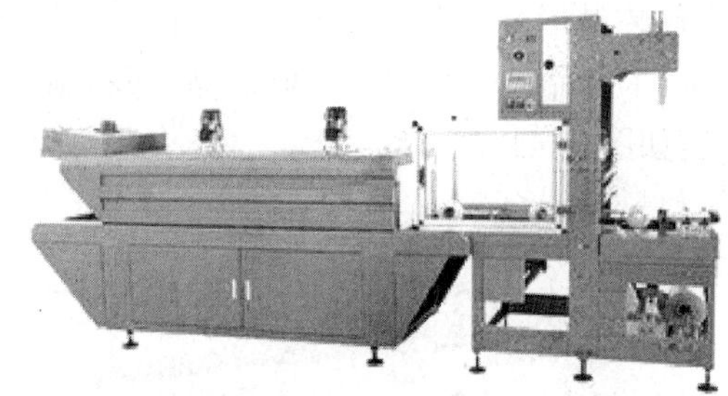

图 7.40 袖口式套袋机

③全自动收缩机

全自动收缩机是将产品用热收缩薄膜裹包后再进行加热，使薄膜收缩后裹产品的机器。在收缩过程中，不影响包装物的品质，而能收缩快速完美，包装后的产品能密封、防潮、防撞击，适用于多件物品紧包装和托盘包装，如图 7.41 所示。

④半自动收缩机

半自动收缩机采用收缩薄膜包裹在产品或包装件外面，经过加热，使收缩薄膜收缩裹紧产品或包装件，充分显示物品的外观，提高产品的展销性，增加美观及价值感。经过半自动收缩机包装后的物品能密封、防潮、防污染，并保护商品免受来自外部的冲击，具有一定的缓冲性，尤其是当包装易碎品时，能防器皿破碎时飞散。此外，可减低产品被拆、被窃的可能性，如图 7.42 所示。

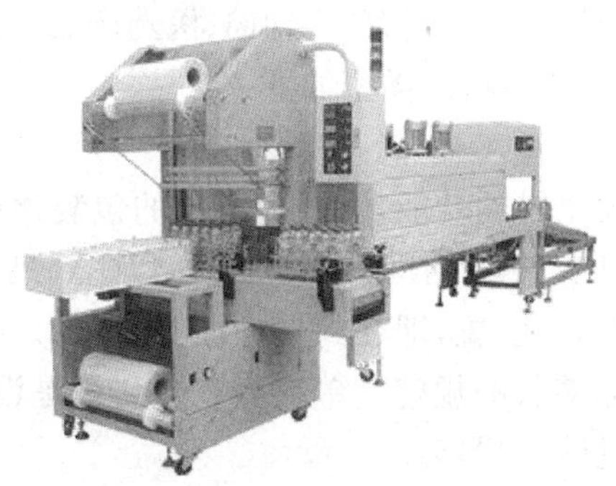

图 7.41 全自动收缩机

图 7.42 半自动收缩机

⑤自动收缩机

自动收缩机是将产品用热收缩薄膜裹包后再进行加热，使薄膜收缩后裹产品的机器。自动收缩机采用最先进的热风循环技术，通过自动温度调节器来控制温度，高效节能。经收缩包装的产品不仅美观大方，节约包装成本，还可进行促销组合包装等，同时具有密封、防尘、防潮和防盗性，不必破坏包装即可确认商品，可使最终用户亲手打开产品的包装。自动收缩机适用范围广泛，可用于玻璃瓶、发泡胶、纸盒、玩具、电子、电器、文具、图书、唱片、五金工具、日用品、药品、化妆品、饮料、水果、纪念标签等物品包装，如图 7.43 所示。

⑥热收缩机

热收缩机采用最先进的热风循环技术，通过自动温度调节器来控制温度，高效节能。输送电动机采用先进的交流调速电动机，或配以性能卓越的变频器，动能强劲，运行平稳，耗能低。热收缩包装是国际、国内最流行，使用范围最广的方法之一，广泛应用于食品、饮料、医药、日化、五金、木制品、文化用品、印刷制品、塑料制品、玻璃制品、电子元件等产品的单一、集合或组合包装，如图 7.44 所示。

图 7.43　自动收缩机

图 7.44　热收缩机

(6)真空包装机的类型

真空包装机的主要作用是除氧，以有利于防止食品变质，其原理也比较简单，因食品霉腐变质主要由微生物的活动造成，而大多数微生物(如霉菌和酵母菌)的生存是需要氧气的，真空包装就是运用这个原理，把包装袋内和食品间的氧气抽掉，使微生物失去生存的环境。

真空包装将食品装入包装袋，抽出包装袋内的空气，达到预定真空度后，完成封口工序。真空充气包装将食品装入包装袋，抽出包装袋内的空气达到预定真空度后，再充入氮气或其他混合气体，然后完成封口工序。

真空包装机适合于对各种食品、肉制品、海产品、果蔬、酱菜、冷却肉、医药产品、五金元件、医疗器械等进行抽真空、充气、贴体的包装机，真空包装机的类型如下：

①单室真空包装机

单室真空包装机具有抽真空、封口、印字一次完成的功能，为适应不同的包装材料和不同的包装要求，单室真空包装机设有真空度、热封温度、热封时间等调整装置，以达到最佳包装效果。单室真空包装机配备换字方便、印字清晰的印字装置，即在封口的同时，在封口印产品的保质期、出厂期或出厂编号等，以符台国家食品标签法的规定。单室真空包装机是设计先进、功能齐全、性能稳定可靠、理想的小型真空包装机械，如图 7.45 所示。

②双室真空包装机

双室真空包装机是根据国外同行业的先进技术经验生产的，其电器方面采用 PLC 全程控制，双室真空包装机具有防水、防潮、故障率低、使用寿命长等优点，这些优点使该设备便于清洗，架体采用国际标准食品用 304 不锈钢板直接冲压而成，强度高，稳定性好，不易破损。由于袋内真空度高，可有效防止物品氧化、腐败和变质，起到保鲜、保味、保色的功能，延长物品的存储时间。双室真空包装机以塑料复合膜或铝塑复合膜为包装材料，对各种粮食、土特产、水产品、药品、化工原料、电子元件等，不论固体、粉体、糊状或液体均可进行抽真空热封包装，如图 7.46 所示。

图 7.45 单室真空包装机

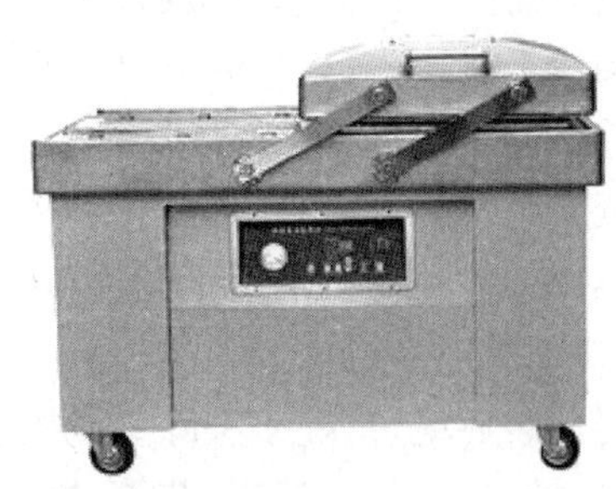

图 7.46 双室真空包装机

③台式真空包装机

台式真空包装机的机盖采用全透明有机玻璃，对包装过程一目了然，具有抽真空、封口、印字、冷却一次完成之功能，机体上设有抽真空时间、热封时间、冷却时间等调节设置，以达到最佳的包装效果。台式真空包装机以塑料复合薄膜或塑料铝箔复合膜为包装材料，对固体、液体、粉状、糊状的食品、粮食、酱菜、药品、电子元件、紧密仪表等进行真空包装。经台式真空包装后可有效防止产品氧化、霉变、腐败受潮，达到保质、保鲜、保味、延长产品的存储期限，如图 7.47 所示。

④立体袋真空包装机

立体袋真空包装机是将包装袋内抽成真空后，再充入适量的惰性气体（如氮气、二氧化碳），然后就自动封口，由于充入不活泼气体，其本身具有抑制微尘物繁殖的作用，所以可以达到保质的目的，同时，充气后的包装由于内外压力差小，使包装物呈自然状态，外形鲜明、饱满，增加包装物品的美观。立体袋真空包装机是既可用于“真空包装”，又可用于“真空充气包装”的小型真空充气装机械，适合于对各种食品、肉制品、海产品、果蔬、酱菜、冷却肉、医药产品、五金元件、医疗器械等进行抽真空、充气、贴体的包装，如图 7.48 所示。

图 7.47 台式真空包装机

图 7.48 立体袋真空包装机

3. 自动包装机使用

自动包装机的种类繁多，下面以目前在物流活动中最常用的打包机为例来介绍其使用方法。自动打包机的使用，应注意把握其典型结构、整机检查安装、操作使用、故障判断等要求和原则。

(1)操作使用

自动包装机的使用方法在随机佩带的使用说明书中有详细的介绍，在使用设备之前应仔细阅读使用说明书，掌握设备的使用性能，正确操作。

操作人员只需按下自动运行按钮，包装机开始自动套袋和变频加料，达到设定重量时，自动进行抽气和烫上封口，之后包装袋自动脱落下来。接着自动送袋，自动包装。自动包装机有一定的扩展性，例如：

①采用纸质敞口袋包装时，选配自动送袋套袋机构即可。

②根据不同特性的物料采用不同给料方式(螺旋或重力给料)，以最大限度的提高包装速度、精确度。

③为改善包装环境，搭配小型除尘风机使用，以基本避免扬尘。

④加装自动输送、封口、打码、装箱、捆扎、码垛、升降等设备后，能实现完全自动化包装。

(2)打包操作

按如下作业流程方可迅速地完成打包：带子送到位→收到捆扎信号→制动器放开，主电机启动→右顶刀上升，顶住右带于滑板处→“T”形导板后退→接近开关感应到退带探头→主电机停转，制动器吸合→捆包机退带电机转动，退带 0.35 s→带子收紧捆在物体上→主电机二次启动，制动器吸合→大摆杆二次拉带，收紧带子→左顶体上升，压紧下层带子→加热片伸进两带子中间→中顶刀上升，切断带子→中顶刀下降→中顶刀再次上升，使两带子牢固粘合→中顶刀下降，左右顶刀同时下降→加热片复位→滑板后退→“T”形导板复位→接近开关感应到送带探头→送带电机启动，带动带子送带→大摆杆复位→带子到位，带头顶到“T”形导板上→接近开关感应到双探头→主电机停转，刹车吸合→捆包机完成一个工作循环。

(3)注意事项

①避免强光照射。由于全自动打包机的工作是靠光电传感器来检查的，因此要避免强光照射，以防止强光的干扰使得传感器失灵。

②每次工作完应将打包带退回到打包带盘。全自动打包机的打包带是储存在机器的储带箱里面的，但打包带如长时间储存在这里就会弯曲，进而在送带时就会出现卡带或者送带不到位的情况。

③避免在潮湿的环境下使用。潮湿的工作环境不仅会使得设备折旧速度特别快，还会对操作人员的人身安全造成一定的影响，因此从这两方面考虑，都应尽量避免潮湿的工作环境。

终上所述，打包机的使用寿命及故障率其实与用户的使用有直接关系的，为减少故障的出现，用户应掌握正确的操作方法并正确落实。

任务 4　全自动包装线运用

1. 全自动包装线认知

所谓的全自动包装生产线是指自动化地完成一系列包装流程，同时保证包装质量和速度的有效统一。自动包装生产线是按包装的工艺过程，将自动包装机和有关辅助设备用输送装置连接起来，再配以必要的自动检测、控制、调整补偿及自动供送料装置，成为具有独立控制能力，同时使被包装物品与包装材料、包装辅助材料、包装容器等按预定的包装要求和工艺顺序，完成商品包装全过程的工作系统。

应用自动包装生产线可以提高劳动生产率，提高包装产品质量，改善劳动条件，降低工人劳动强度，减少占地面积，降低包装产品成本。

包装质量如何关乎着成品的销售情况，是考验一条全自动包装生产线是否符合市场需求最重要的一个方面。自动包装生产线特别适用于少品种、大批量产品包装，是物流包装工业发展的方向。

2. 全自动包装线类型

(1)按包装机排列形式分类

自动包装生产线按包装机排列形式可分为串联自动包装线、并联自动包装线、混联自动包装线。

①串联自动包装线。各包装机按工艺流程单台连接，各单机生产节拍相同。

②并联自动包装线。为平衡生产节奏，提高生产能力，将相同包装机分散成数组，共同完成同一包装操作。在此类自动包装线中间一般须设置一换向或合流装置。

③混联自动包装线。在一条包装自动线上，同时采用串联和并联两种连接形式，主要是为平衡再包装机的生产节拍，一般该自动包装线较长、机器数量较多，因此输送、换向、分流、合流装置种类繁杂。

(2)按包装机之间的联系特征分类

自动包装生产线按包装机之间的联系特征可分为刚性自动包装线、柔性自动包装线、半柔性自动包装线。

①刚性自动包装线。各包装机间用输送装置直接连接起来，以一定的生产节拍运行。但如果其中一台设备发送故障停车，将引发全线停车。

②柔性自动包装线。各包装机之间均连有储料器，由储料器为后续包装机供料。如果某台设备发生故障，不会因此影响其他机器的工作，故生产效率高，但投资大。

③半柔性自动包装线。将自动全线分成若干区段，对不宜出现故障的地方的则不设储料器，提高其“刚性”，对经常出现故障的地方则设置储料器，提高其“柔性”。因此，既保证了生产效率，投资又不致过大。

(3)按包装产品的不同分类

自动包装生产线的类型因所包装产品不同而各异，常见的包装生产线有食品包装生产线、饮品灌装生产线、药品包装生产线等。

①食品包装生产线。

食品包装按技法可分为防潮包装、防水包装、防霉包装、保鲜包装、速冻包装、透气包装、微波杀菌包装、无菌包装、充气包装、真空包装、脱氧包装、泡罩包装、贴体包装、拉伸包装、蒸煮袋包装等。上述各种包装皆是由不同复合材料制成的，其包装特性是对应不同食品的要求，能有效地保护食品品质。食品包装生产线如图7.49所示。

图7.49 食品包装生产线

由于食品包装分类方法很多，所以针对不同要求的食品进行包装的自动生产线也不太一样。

食品包装生产线一般由立式包装机、智能组合秤、Z形输送机（大倾角输送机）、振动送料机、工作平台、可选配成品输送机、重量检测机等设备组成，采用PLC控制系统，计量精度高、效率高，不碎料，能够全自动完成送料、称重、充填制袋、打印日期、成品输出等全部生产流程及智能组合秤一系列流程。

该生产线适合大米，小吃、冷冻薯条、糖果、瓜子、果冻、冷冻汤圆、开心果、花生、果仁、话梅、杏仁、葡萄干、巧克力等休闲食品，开心果、核桃等大壳坚果、薯片、锅巴等膨化食品，小五金件、塑料胶粒等各种颗粒状、块状、条状、球状及不规则形状等物料的定量称重与包装。

②饮品灌装生产线

饮品灌装生产线可根据需要配置的主要设备有卸箱机、洗瓶机、灌装压盖机、杀菌机、喷码贴标机、全自动包装线、码垛机以及输送系统、全自动电气化控制系统等，可以实现空瓶的卸箱、搬运、清洗、排列、灌装、封口、检液、贴标及满瓶的搬运、装箱、堆垛等一系列工作的自动完成，如图7.50所示。

图7.50　饮品灌装生产线

该生产线全过程实现自动化，主要用于饮料的灌装作业，适用于聚酯瓶、塑料瓶灌装果汁、矿泉水、纯净水，加上温控装置还可以进行热灌装。

③药品包装生产线

药品包装生产线是全自动化设备系统，主要由铝塑泡罩包装机、多功能装盒机、热收缩薄膜包装机等部分组成，能够自动完成药品的铝塑泡罩包装—泡罩板的装盒—成品盒的动态称量—成品盒的捆扎式热收缩包装等一系列工作，实现了送瓶、理瓶、数片、旋盖、铝箔封口全自动机器操作完成，如图7.51所示。

图7.51　药品包装生产线

应用药品包装生产线，便于实现药品包装的自动化生产，将人为差错降到最低限度，有效防止药品在包装中受到污染和质量下降，使药品的生产完全符合《药品生产质量管理规范》的要求。

该生产线不仅可用于包装片剂、胶囊、胶丸及栓剂等药品的生产包装，还可用于保健品、化妆品、食品、电子等行业相关产品的铝塑和纸盒联动包装。

复习思考题

1. 名词解释

(1)包装机械设备：

(2)自动包装机：

(3)全自动包装生产线：

(4)贴标机：

2. 填空题

题号	(1)	(2)	(3)	(4)	(5)
填空					
说明	将正确答案填入题号所对应的下方空格内				

(1)自动包装机与手动包装机相比较，由于具备(　　)部分才实现了自动功能。

(2)目前在物流业中常用的包装机械大多为(　　)或半自动包装机。

(3)根据包装机械的自动程度，可分为手动包装机、自动包装机、(　　)。

(4)手动包装机根据货物包装的需要可以适用于净重型和(　　)。

(5)自动包装生产线按包装机排列形式可分为串联自动包装线、(　　)、混联自动包装线。

3. 识图题

题号	(1)	(2)	(3)	(4)	(5)
填空					
题号	(6)	(7)	(8)	(9)	(10)
填空					
说明	将图形的准确学名填入题号所对应的下方空格内				

序号	图　　形	序号	图　　形
(1)		(2)	

续上表

序号	图　形	序号	图　形
(3)	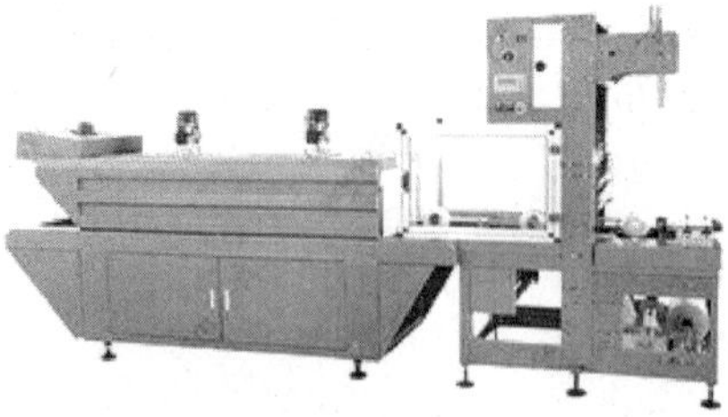	(4)	
(5)		(6)	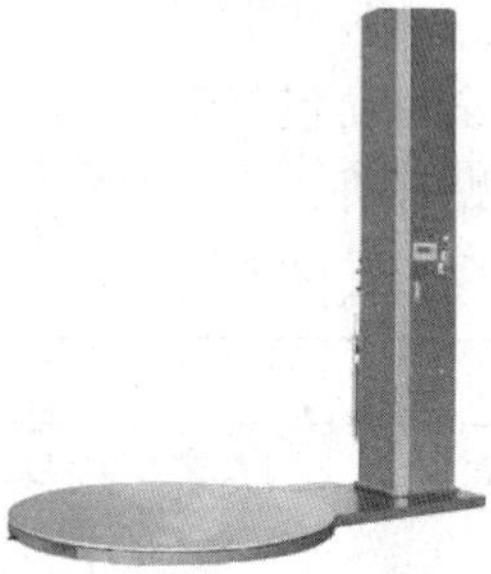
(7)		(8)	
(9)		(10)	

4．判断题

题号	(1)	(2)	(3)	(4)	(5)
选项					
说明	在正确观点题号的下面空格内划“√”，错误观点题号的下面空格内“×”				

(1)封箱机只能采用即贴胶带封纸箱封口，经济快速、容易调整，可一次完成上、下封箱动作。

(2)所谓的全自动包装生产线是指自动化的完成一系列包装流程，同时保证包装质量和速度的有效统一。

(3)自动包装机一般分为半自动包装机和全自动包机两种。由人工供给包装材料(容器)和内装物，但能自动完成其他包装工序的机器称为全自动包装机。

(4)根据包装机械的功能，可分为充填、灌装、封口、裹包、捆扎、配送等多种机械。

(5)包装机械设备指完成全部或部分包装过程的一类机器。

5. 简答题

(1)自动包装机与手动包装机相比较，由于具备先进的电气部分才实现了自动功能。其电气部分有哪些?

(2)什么是全自动包装生产线?

6. 阐述题

阐述半自动打包机使用时的注意事项。

项目实操考核评价

以学生个人为单位实行考核。

任务	手工打包机的操作			半自动打包机的操作			得　分
	自评	同学评	教师评	自评	同学评	教师评	
学生 1							
学生 2							
学生 3							
学生 4							
学生 5							

说明：

1. 每人总分为 100 分。

2. 每人每项为 50 分制，计分标准为：不会操作计 1～15 分，基本不会操作计 16～30 分，操作较好计 31～40 分，操作很好计 41～50 分。

3. 采用分层打分制，建议权重计为：自评分占 0.2，同学评分占 0.3，教师评分占 0.5，然后加权算出每名同学在本项目中的综合成绩。

项目 8　分拣设备运用

分拣设备是完成仓库或配送中心拣选、分货、分放作业的现代化设备，是迅速、准确进行分拣、配送作业的强有力的技术保证。目前在新兴的大容量的仓库和配送中心里，一般都配备有分拣设备。

分拣系统是完成拣选、分类作业的自动化系统。拣选(Order Picking)是指按订单或出库单的要求，从储存场所拣出物品，并码放在指定场所的作业。分类(Sorting)是指按照货物的种类、流向、客户类别对货物进行分组，并集中码放到指定场所的作业。

分拣系统一般应包括自动分拣设备和自动拣选设备两大类型。

项目描述

学习目标	器材工具	教学建议	课时计划
①了解分拣系统的概念 ②认识并掌握分拣系统的类型 ③掌握自动分拣系统和自动拣选系统的操作 ④在作业中培养学生的团队精神	①自动分拣设备 ②自动拣选设备 ③集中单元器具——托盘 ④搬运叉车 ⑤条形码	①条件允许时，尽量在实训室和多媒体教室中实施教学 ②设备操作注意事项应参照设备说明书	4 学时，其中理论教学 2 学时，实践操作与项目考核 2 学时

项目任务

分拣设备广泛用于现代自动化的立体仓库中，需要着重指出的是其操作使用只有与拣货、装卸、搬运等环节紧密结合起来，才能提高分拣设备的工作效率。因而其操作应涉及如下工作环节：

(1)按照分拣单在流通加工区或货架上准确拣取货物。

(2)将货物运至自动分拣机的入口。

(3)在控制计算机中设置分拣货物的出口、数量、客户信息等。

(4)在出口接货，并运至配送集货区。

初识常用分拣设备

图　　示	说　　明
分拣系统	分拣作业是依据顾客的订货要求或配送中心的送货计划,尽可能迅速、准确地将商品从其储位或其他区域拣取出来,并按一定的方式进行分类、集中、等待配装送货的作业过程 分拣设备是将随机的、不同去向的物品,按一定要求进行分类,实现物品分类、输送的一种物料搬运系统
 拣选系统	拣选即按照客户订单的要求,将不同种类数量的商品由配送中心取出集中在一起的拣货作业,该作业的目的在于正确且迅速地集合顾客所订购的物品 拣选设备就是为了提高作业流程的效率,在拣选过程中所使用的设备或设备系统

任务1　分拣设备运用

1. 分拣设备认知

2006年的国家标准《物流术语》指出,分拣输送系统(Sorting & Picking System)是采用机械设备与自动控制技术将随机的、不同去向的物品,按一定要求进行分类实现物品分类、输送的一种物料搬运系统。

分拣输送系统是完成拣选、分类作业的自动化系统,是大型物流中心、配送中心进行分拣、配送作业的强有力的技术保证。

自动分拣机有以下几个特点:①大大提高了分拣速度,且能连续、大批量地分拣货物;②分拣误差率极低;③基本实现了无人化。

【案例1】 日本福冈配送中心的分拣系统可以对到达、中转、配送的大量货物进行分拣处理,分拣系统的处理能力:一般日处理量为17 000个,高峰日处理量可达75 000个。始发和到达的货车数量每日约为150台。

分拣系统采用直线分拣机，方式为倾斜式托盘，分拣能力为 8 160～10 880 箱/h，分拣货物重量最大为 50 kg，最小为 0.1 kg。

【案例 2】 美国某公司配送中心面积为 10 万 m^2 左右，每天可分拣近 40 万件商品，仅使用约 400 名员工，这其中大部分人员都是在从事上述各项工作，自动分拣线做到了无人化作业。

2. 分拣设备类型

(1)分拣机械的分类

随着新技术在物流业广泛而深入地应用，目前出现了多种多样的自动分拣设备。分拣机按照分拣机构的不同可分为以下几类：

①堆块式分拣系统(Pusher Sorting System)。堆块式分拣系统由链板式输送机和具有独特形状的滑块在链板间左右滑动进行货物分拣的堆块等组成。堆块式分拣系统是由堆块式分拣机、供件机、分流机、信息采集系统、控制系统、网络系统等组成，如图 8.1 所示。

堆块式分拣系统适用于不同大小、重量、形状的货物；分拣时轻柔、准确；可向左、右两侧分拣，占地空间小；分拣时所需商品间隙小，分拣能力高达 18 000 个/h；机身长，最长达 110 m，出口多。

②交叉带式分拣系统(Carbel Sorting System)。交叉带式分拣系统由主驱动带式输送机和载有小型带式输送机的台车(简称“小车”)连接在一起，当“小车”移动到所规定的分拣位置时，转动输送带，把货物分拣送出。因为主驱动带式输送机与“小车”上的带式输送机呈交叉状，故称交叉带式分拣机，如图 8.2 所示。

图 8.1 堆块式分拣系统

图 8.2 交叉带式分拣系统

交叉带式分拣系统适用于分拣各类小件货物，如食品、化妆品、衣物等；分拣出口多，可左右两侧分拣；分拣能力一般达 6 000～7 700 个/h。大型交叉带式分拣系统一般应用于机场的行李分拣和安检系统，根据作业现场的具体情况可分水平循环式或直行循环式。

③斜导轮式分拣机(Line Shaft Diverter)。斜导轮式分拣机是当转动着的斜导轮在平行排列的主窄幅皮带间隙中浮上、下降时，达到货物分拣的目的，如图 8.3 所示。

斜导轮式分拣机对货物的冲击力小，分拣轻柔、快速准确；适应各类货物，只要是硬纸箱、塑料箱等平底面货物都能分拣；分拣出口数量多。

④轨道台车式分拣机(Pallet Sorting System)。轨道台车式分拣机将被分拣的货物放置

在沿轨道运行的小车托盘上，当到达分拣口时，台车托盘倾斜 30°，货物被分拣到指定的目的地，如图 8.4 所示。

图 8.3 斜导轮式分拣机

图 8.4 轨道台车式分拣机

轨道台车式分拣机可三维立体布局，适应作业工程的需要；可靠耐用，易维修保养；适用于大批量货物的分拣，如报纸捆、米袋等。

⑤摇臂式分拣机(Swing Arm Diverter)。摇臂式分拣机将被分拣的货物放置在钢带式或链板式输送机上，当到达分拣口时，摇臂转动，货物沿摇臂杆斜面滑到指定的目的地，如图 8.5 所示。

摇臂式分拣机结构简单，价格较低，应用普遍。

⑥垂直式拣选系统(Vertecal Picking System)。垂直式拣选系统又称折板式垂直连续升降输送系统，是不同楼层间平面输送系统的连接装置。根据用途和结构的不同，有从某楼层分拣输送至某楼层、从某楼层分拣输送至不同的各楼层、从某楼层分拣输送至某楼层的不同出口方向等几种，如图 8.6 所示。

图 8.5 摇臂式分拣机

图 8.6 垂直式拣选系统

(2)常用分拣机的类型

分拣机因分拣对像、要求、场所不同，类型较多。物流业中常见的自动分拣机有带式分拣、托盘式分拣机、翻板式分拣机、浮出式分拣机、悬挂式分拣机、滚柱式分拣机等类型。

①带式分拣机(如图 8.7 所示)。

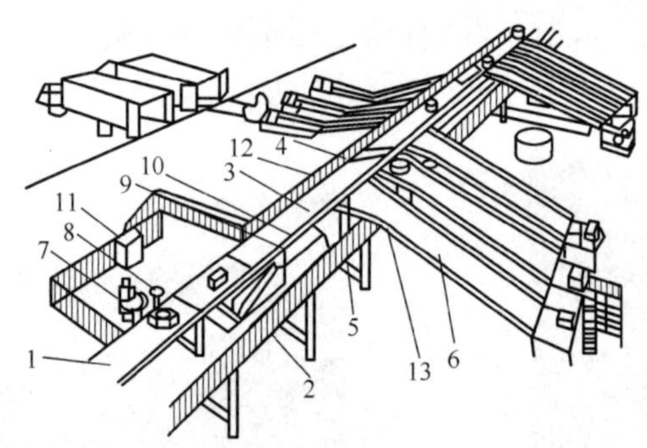

图 8.7 带式分拣机

1—编码带；2—缓冲存储器；3—平钢带；4—导向接扳；5—过渡板；6—滑槽；7—编码键盘；8—监视器；9—货物检测器；10—消磁、充磁装置；11—控制柜；12—信息读出装置；13—满量检出器

图示主要部件说明如下：

1—编码带，主要携带货品的编码。

2—缓冲存储器，将编码带携带的编码暂存，以备后用。

3—平钢带，承载和运输货物，并将货物的地址代码以磁编码的形式记录在紧挨货物前沿的钢带上，成为自携地址信息。

4—导向接板，当所阅读的信息是该格口滑槽代码时，计算机就控制导向挡板，快速运动到钢带上方，导向挡板与钢带运动方向呈 35°夹角，可顺利地将货物导向滑槽，完成分拣。

5—过渡板，连接导向接板与平钢带。

6—滑槽，将货物从平钢带顺利导向出口。

7—编码键盘，对应货物地址按下地址键。

8—监视器，监督设备的运行状态。

9—货物检测器，当携带地址的货物通过时，检测出其地址信息。

10—消磁、充磁装置，首先对钢带上的遗留信息进行消磁，再将该货物的地址代码以磁编码的形式记录在紧挨货物前沿的钢带上充磁。

11—控制柜，手动控制装置。

12—信息读出装置，阅读并正确接收钢带所携带的地址编码。

13—满量检出器，确保完成分拣单要求数量的拣货。

带式分拣机的适用范围较大，除易碎、超薄货物及木箱外，其余货物都能分拣。最大分拣质量为 70 kg，最小分拣质量为 1 kg，最大分拣尺寸为 1 500 mm×900 mm×900 mm，最小尺寸为 50 mm×150 mm×50 mm，分拣能力为 5 000 箱/h。

该分拣机的主要优点是强度高，耐用性好，可靠程度高。但设置较多的分拣滑道较困难，系统平面布局比较困难。另外，对货物的冲击较大，运行费用较高，价格较高。斜带式分拣机最大的优点是利用重力卸载，因而卸载机构简单，还可以设置较多的分拣滑道。

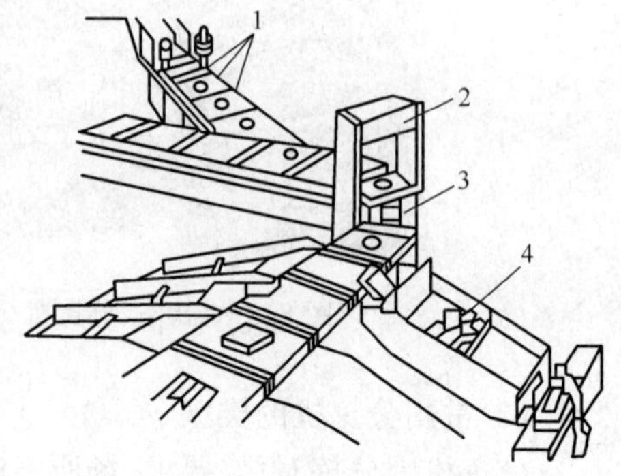

图 8.8 托盘式分拣机

1—上货机；2—激光扫描器；3—带式托盘小车；4—格口

②托盘式分拣机(如图 8.8 所示)。

托盘式分拣机是一种使用十分广泛的机型，主要由托盘小车、驱动装置、牵引装置等构成。其中托盘小车的形式多样，有平托盘小车、U 形托盘小车、交叉带式托盘小车等。图示主要部件说明如下：

1—上货机，将要分拣的货物放置到分拣机的托盘中。

2—激光扫描器，阅读、传递、暂存货物携带的地址指令信息。

3—带式托盘小车，盛放要分拣的货物。

4—格口，即分拣道口。

该分拣机的适用范围比较广泛，对货物没有严格限制，箱类、袋类、甚至超薄形的货物都能分拣，分拣能力可达 10 000 件/h。

③翻板式分拣机（如图 8.9 所示）。

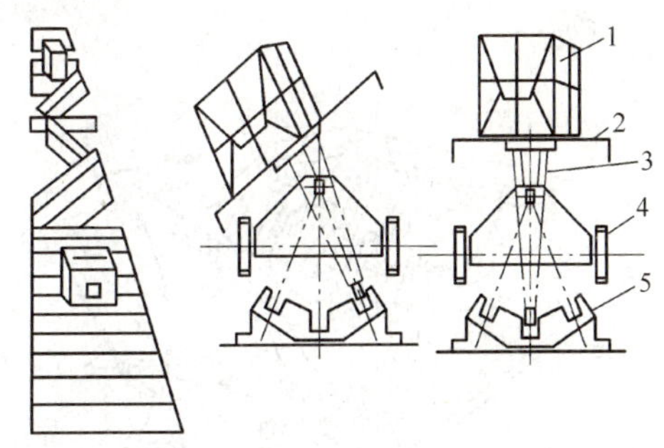

图 8.9　翻板式分拣机

1—货物；2—翻板；3—导向杆；4—链条走轮；5—尼龙导轨

翻板式分拣机是用途较为广泛的板式传送分拣设备。它由一系列相互连接的翻板、导向杆、牵引装置、驱动装置、支承装置等组成。图示主要部件说明如下：

1—货物，待分拣的箱或袋装货物。

2—翻板，当货物到达指定的格口时，符合货物尺寸的翻板即受控倾翻，驱使货物滑入相应的格口中。每块翻板都可由倾翻导轨控制向两侧倾翻。每次有几块翻板翻转取决于货物的长短，而且货物翻落时，翻板顺序翻转，可使货物顺利地进入滑道。

3—导向杆，给翻板提供正确的导向和导向动力。

4—链条走轮，传动动力。

5—导轨，传动动力。

该分拣机的适用范围大，可分拣箱类、袋类等货物，其分拣能力可达 5 400 箱/h，但其分拣席位较少，且只能直线运行，占用场地较长。

④浮出式分拣机（如图 8.10 所示）。

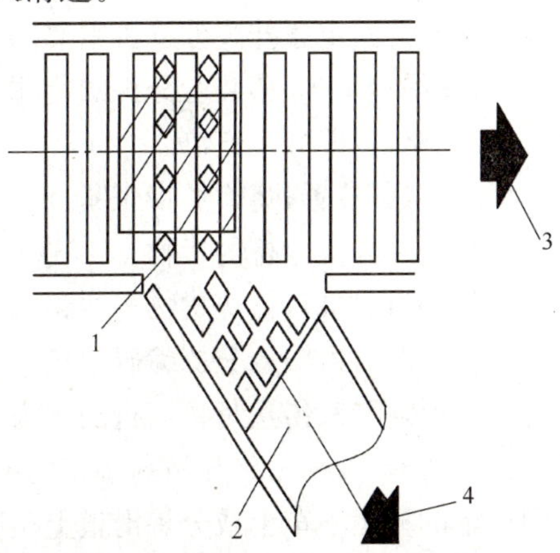

图 8.10　浮出式分拣机

1—浮动辊子；2—引导带（或辊子）输送机；3—分类线；4—主自动线搬运线

浮出式分拣机是把货物从主输送机上托起，而将货物引导出主输送机的分拣机。它主要由两排旋转的滚轮组成，滚轮设置在传递带下面，每排由 8～10 个滚轮组成。图示主要部件说明如下：

1—浮动辊子，接受到分拣信号后立即跳起，使两排滚轮的表面高出传送带 10 mm，并根据信号要求向某侧倾斜，使原来保持直线运动的货物瞬间转向，实现分拣。

2—引导带(或辊子)输送机，将已分类的货物输送到出口。

3—分类线，即分拣道口。

4—主自动线搬运线，即主输送线。

该分拣机对货物的冲击力较小，适合分拣底部平坦的纸箱、用托盘装的货物，不能分拣很长的货物或底部不平的货物，适用于包装质量较高的纸箱，一般不允许在纸箱上使用包装带，分拣能力可达 7 500 箱/h。

该分拣机的优点是可以在两侧分拣，冲击小，噪声低，运行费用低，耗电少，并可设置较多分拣滑道，但对分拣货物的包装形状要求较高，对重物或轻薄货物不能分拣，也不适用于木箱、软性包装货物的分拣。

⑤悬挂式分拣机(如图 8.11 所示)。

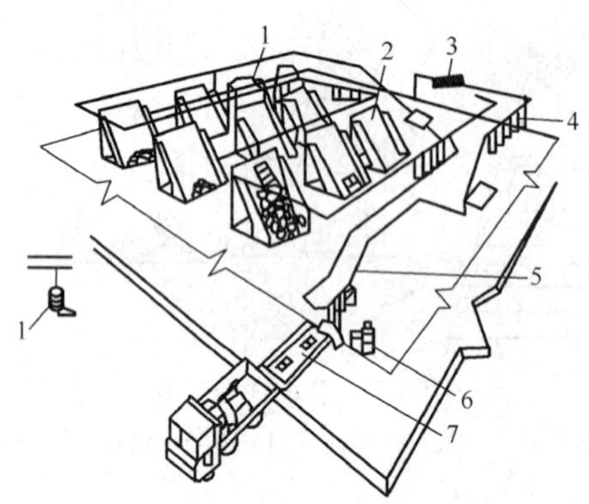

图 8.11　悬挂式分拣机

1—吊挂小车；2—格口；3—张紧装置；4—货物；5—输送轨道；6—编码台；7—传送带

悬挂式分拣机是用牵引链(或钢丝绳)作牵引件的分拣设备。按照有无支线，该分拣机可分为固定悬挂和推式悬挂两种机型。前者用于分拣、输送货物，只有主输送线路，吊具和牵引链是连接在一起的。后者除主输送线外还备有储存支线，并有分拣、储存、输送货物等多种功能。图示的固定悬挂式分拣机主要部件说明如下：

1—吊挂小车，盛装待分拣的货物。

2—格口，即分拣道口。

3—张紧装置，将输送带张紧，增大其摩擦力。

4—货物，待分拣的货物。

5—输送轨道，输送货物的线路。

6—编码台，输入分拣编码信息。

7—传送带，传送货物运行的动力。

分拣时，货物吊夹在吊挂小车的夹钳中，通过编码装置控制，由夹钳释放机构将货物卸落到指定的搬运小车上或分拣滑道上。

该分拣机具有悬挂在空中、利用空间进行作业的特点，适合于分拣箱类、袋类货物，对包装物形状要求不高，分拣的货物一般可达 100 kg 以上，但该机需要专用场地。

⑥滚柱式分拣机(如图 8.12 所示)。

滚柱式分拣机是用来对货物进行输送、存储与分路的分拣设备。按处理货物流程的需要,可以布置成水平形式,也要与提升机联系使用构成立体仓库。

1—滚柱机,提供滚柱滚动的动力,并承载货物运行。

2—货物,待分拣的货物。

3—支线滚柱机,即分拣道口。

4—推送器,当货物输送到需分路的位置时,光电传感器给出检测信号,由计算机分析,控制货物下面的那组滚柱停止转动,并控制推送器动作,将货物推入相应路线的支线,实现货物的分拣。

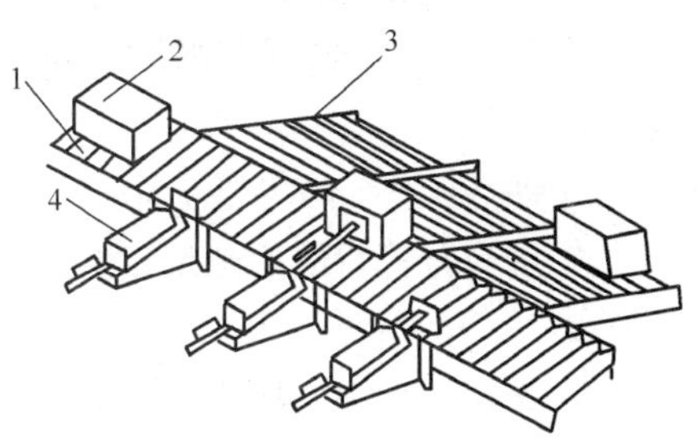

图 8.12　滚柱式分拣机
1—滚柱机;2—货物;3—支线滚柱机;4—推送器

该分拣机一般适用于包装良好、底面平整的箱装货物,其分拣效率高,但结构较复杂,价格较高。

3. 分拣设备使用

分拣设备的类型较多,使用范围也很广,应着重把握其典型结构、选型原则和操作方法。

(1)分拣设备的典型结构

自动分拣系统(如图 8.13 所示)一般由控制系统、识别装置、分类机构、输送装置及分拣道口等组成。下面以常用的滚道式自动分拣机为例,来介绍其构成部分的检查要求。

滚道式自动分拣系统由控制系统、识别装置、分类机构、输送装置、分拣道口等五个部分构成。

①控制系统。控制系统是整个自动分拣系统的控制"指挥中心",分拣系统中各部件的一切动作均由控制系统决定,如图 8.14 所示。

图 8.13　自动分拣系统的构成图

图 8.14　控制系统

作用:识别、接收和处理分拣信号,根据分拣信号指示分类机构,按一定的规则(如货物的品种、送达地点或按货主的类别)对货物进行自动分类,从而决定货物的流向。

分拣信号来源于货主的入库单证、客户订单，一般需要先将这些原始单证提供的分拣信息经过处理后，转换成“拣货单”“入库单”或电子拣货信号，指导拣货人员或自动分拣设备进行分拣作业。

自动控制系统的主要功能有：

a. 接受分拣目的地地址，通常由操作人员利用数字键盘或按钮输入，或者由控制系统自动接受。

b. 控制进给台，使货物按分拣机的要求迅速准确地进入分拣机。

c. 控制分拣机的分拣动作，使货物在预定的分拣口迅速准确地分离出来。

d. 完成分拣系统中各种信号的检测监控及安全保护。

计算机管理系统主要是对分拣系统中的各设备运行情况的有关数据进行记录、监测和统计，用于分拣作业的管理及对分拣作业和设备的综合评价与分析。

②识别装置。货物能够实现自动分拣的基础条件是系统能够对货物进行自动识别。物流配送中心广泛采用的自动识别系统配有条码系统和无线射频系统。条码自动识别系统的光电扫描器安装在分拣机不同的位置上，当货物移动到扫描器的可见范围时，扫描器自动读取货物包装上的条码信息，经过译码软件即可翻译成条码所表示的货物信息，同时，感知货物在分拣机上的位置信息，这些信息自动传输到后台计算机管理系统，如图 8.15 所示。

③分类机构。分类机构的作用：执行控制系统发来的分拣指令，使货物进入相应的分拣道口或主输送线。分类的依据有货物的形状、重量、特性等，或者用户、订单和目的地。分类机构应能够按照指令准确地将相应货物送至指定的支线道口，如图 8.16 所示。

图 8.15 识别装置

图 8.16 分类机构

④输送装置。输送装置的作用是将已分拣好的货物送至相应的分拣道口，以便进行后续作业。输送装置应能够按照指令连续不断地输送货物，如图 8.17 所示。

⑤分拣道口。分拣道口是将货物脱离输送装置并进入相应集货区域的通道。一般由钢带、皮带、滚筒等组成滑道，使货物从输送装置滑向缓冲工作站，然后进行入库上架作业或配货作业。分拣道口应与主输送线连接光滑，货物运送流畅，如图 8.18 所示。

(2)分拣设备的选型原则

常用的自动分拣设备多种多样，合理的设备选型应综合考虑货物的特性和作业的需要等诸多因素。

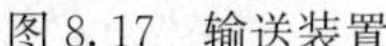

图 8.17 输送装置

图 8.18 分拣道口

①先进合理性。在选择分拣设备时，应尽量选择能代表该类设备发展方向的机型。设备的先进性是相对的，选择先进设备不能脱离国内外实际水平和自身的现实条件，并应根据实际情况，选用有效、能满足用户需要的设备，即选择已被实践证明技术成熟、技术规格和指标明确，并能在性能上满足要求的设备。

②经济实用性。选择的设备应具有操作和维修方便、安全可靠、能耗小、噪声低，能保证人身健康和货物的安全，并具有投资少、运转费用优点，尽量做到少花钱、多办事，提高经济效益。

③兼顾上机率。上机率是上机分拣货物的数量与该种货物总量之比。追求较高的上机率，必将要求上机分拣的货物的尺寸、质量、形体等参数尽量放宽，这将导致设备的复杂化、技术难度和制造成本增加、可靠性降低。反之，上机率降低，必将影响设备的使用效率。因而，要根据实际情况，确定较为合理的上机率。

④相容性和匹配性。选择的设备应与系统中的其他设备相匹配，构成一个合理的物流程序，使整体系统的效益最大化。

⑤符合货物基本特性。分拣货物的物理、化学性质及其外形、重量、包装等特性千差万别，必须根据货物的基本特性来合理选择恰当的分拣设备。

⑥适应分拣方式和分拣量的需要。在选择分拣设备时，要根据分拣方式选择不同类型的分拣设备，还应考虑分拣货物批量的大小及自动化要求的不同程度，来选择适当的分拣设备，既保证分拣工作正常、安全运行，又能够以较小的投入(如资金、人员、技术、场地等)，获取较高的分拣效率。

(3)分拣设备的使用

分拣设备有多种多样，其使用方法也不大相同。下面以目前广泛使用的滚道式自动分拣机为例来进行说明。

①分拣前应做好如下的准备工作：

a. 检查设备齐全、完好。比如，预先设定的条码已打印好并按要求贴于待用托盘的指定位置，输送链连接正常、供电相位正常，阅读器能够正常识别条码，分拣道口的接货台已按规定摆放完毕。

b. 制订一份简练的分拣单。

c. 完成学生分组。根据实际工作流程，建议每组 5 名学生组成，其中操作员 1 名，取货员

1 名,入口送货员 1 名,出口接货员 2 名。操作一遍后,再轮换岗位,使每名学生在每个岗位上都操作一遍。

②操作使用过程中,主要训练分拣系统的设定。设定包括新建、修改、删除。

a. 新建的操作。

首先打开条码阅读程序,运行组态主程序,进入主画面后,单击“启动输送链”按钮,输送链将运行。按钮变成停止输送链字样。点“停止输送链”,输送链停,如图 8.19 所示。

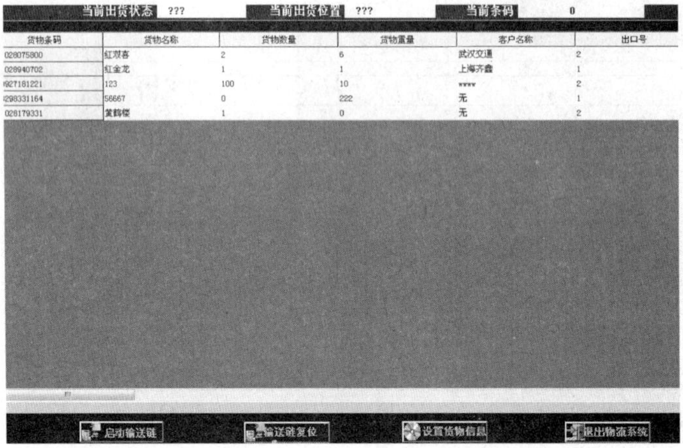

图 8.19　新建

输送链复位按钮用于停止输送链上所有设备的运行。

单击“设置货物信息”按钮,弹出商品界面。界面中包含“添加记录”“修改记录”“删除记录”和“返回主画面”按钮,如图 8.20 所示。

添加记录时,先单击“请输入货物条码”,如图 8.21 所示。

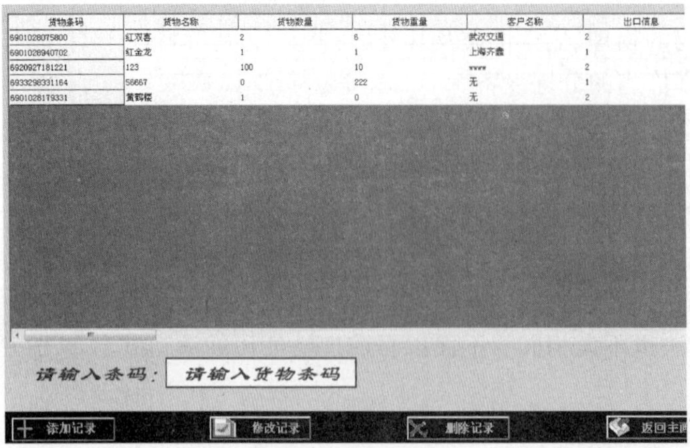

图 8.20　商品界面

图 8.21　货物条码

在弹出的对话框中输入货物条码,然后单击“添加记录”按钮,弹出货物信息设置界面,如图 8.22 所示。

在弹出的对话框中输入货物信息,如图 8.23 所示。

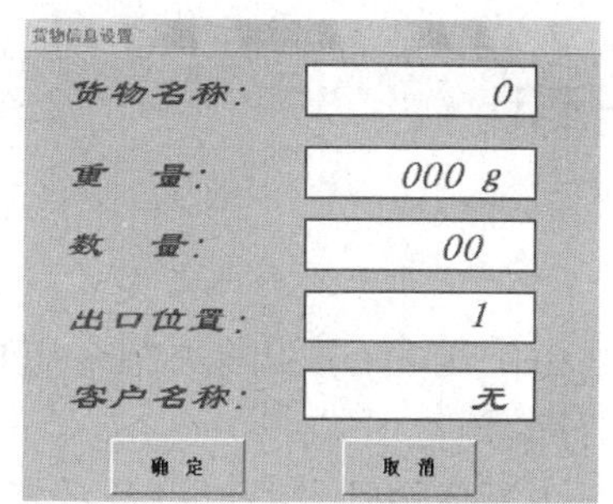

图 8.22　货物信息设置

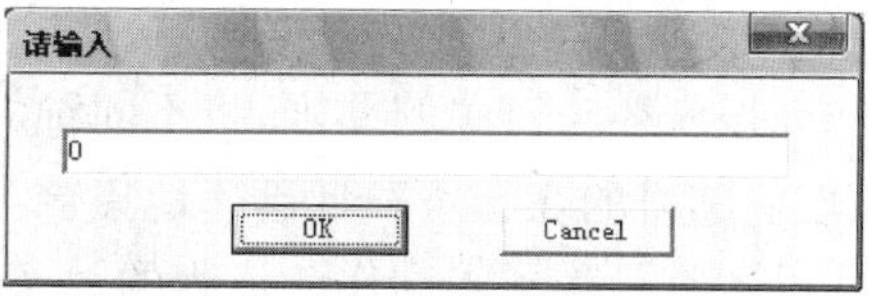

图 8.23　货物条码

最后单击“确定”按钮。在画面信息界面上将显示添加的记录。

b. 修改的操作。

修改记录时，先输入货物条码，条码存在于数据库中。然后单击“修改记录”按钮，弹出货物信息设置界面，单击“显示的货物信息”，在弹出的货物信息对话框中修改信息。最后单击“确定”按钮如图 8.24、图 8.25 所示。

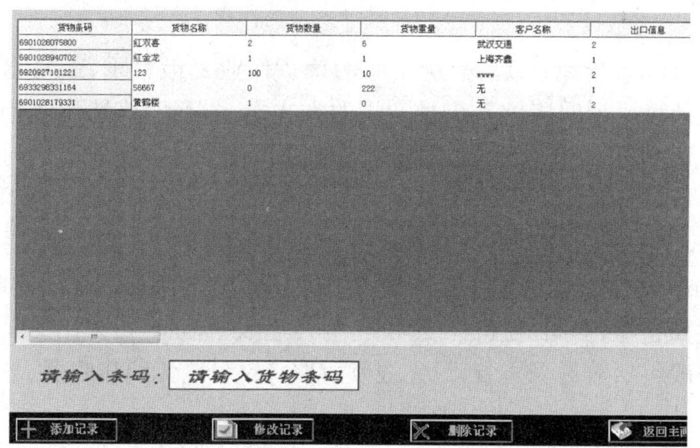

图 8.24　商品信息

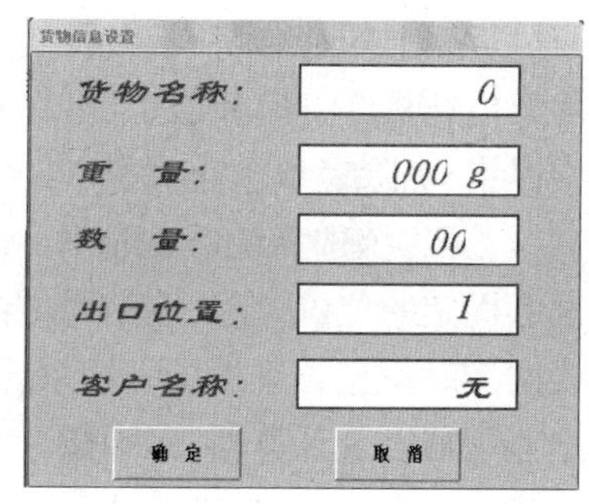

图 8.25　货物信息

c. 删除的操作。

删除记录时，先输入货物条码，条码必须存在数据库中，否则将跳出错误提示，如图 8.26 所示。单击“删除记录”按钮后弹出是否确定删除记录界面，单击“确定”按钮即可删除记录。

在输送链上的货物条码必须存在数据库中，也就是商品信息界面中有显示的条码，否则条码阅读器将无法识别，在碰到光电干扰时，输送链停转。

图 8.26　确认记录删除

所有货物都有各自对应的条码和出口号，条码阅读器根据货物条码，确定货物的出口号。

任务 2　拣选设备运用

1. 拣选设备认知

拣选即按照客户订单的要求，将不同种类数量的货物由配送中心取出集中在一起的拣货作业，该作业的目的在于正确且迅速地集合客户所订购的货物。

拣选设备就是为了提高作业流程的效率，在拣选过程中所使用的设备或设备系统。使用分拣及拣选系统分拣快捷、准确、操作简易，大大降低了作业流程的劳力及时间需求，减少错误分拣，提高了物流服务水平。拣选设备能快速分拣大批量的货物，适合各种各样的传送要求。

2. 拣选设备类型

随着货物品种的日益繁多以及连锁销售配送中心的增多，多品种、高频次的货物拣选作业得到迅速发展。拣选作业是配送中心业务最大、劳动强度最强、出错率最高的作业。近年来，根据不同的客户、不同的订单类型，出现了不同类型的拣选系统。拣选设备以拣选信息传送方式为标准划分，可分为如下几种：

①电子标签拣选系统(Digital Picking System)。配送中心的拣货作业是最繁重、最易出差错的工作。电子标签拣选系统是计算机辅助拣货系统最常用的方式之一，仓库拣选作业是通过货架上的订单名、货名及其数量等电子标签显示器，对拣选作业人员及时、明确地下达向货架内补货(入库)和取货(出库)指示，如图 8.27 所示。该系统具有加快拣货速度、降低拣货错误率、免除表单作业等优点。

②RF 拣选系统(Radio Frequency)。RF 拣选系统是当输入、输出端(操作者或作业设备)没有固定的位置，在一定的局域内(如仓库、车间)随机性变动时，为传递数据信息，可采用的无线网实时信息管理系统。该系统一般包括数据采集装置、无线发射器、转接器、无线接收器、数据显示器以及计算器等，如图 8.28 所示。

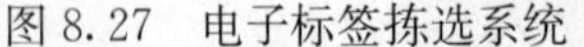

图 8.27　电子标签拣选系统

图 8.28　RF 拣选系统

③塔式推送拣选系统(Wireless Digital Picking)。塔式推送拣选系统由塔式分拣机和链板式输送机等组成，用于外形尺寸规范、分拣量较少的货物，如条烟、纸包医药等，塔式分拣机由多个通道组成，每个通道内放置同一个品种的货物，且每次只分拣一个，如图 8.29 所示。

④拣选叉车拣选系统(OPTRF)。拣选叉车拣选系统是 RF 拣选系统(无线数字传输显示

拣传系统)中最常用的形式之一,是在高位拣选叉车或拣选式巷道堆垛起重机上装置出入库显示终端,根据仓储管理信息系统(WMS)和无线数字传输显示拣选系统进行作业,如图 8.30 所示。

图 8.29　塔式推送拣选系统

图 8.30　拣选叉车拣选系统

3. 拣选设备使用

下面以目前比较常见的电子标签拣选系统为例,来介绍拣选设备的操作使用。

(1)准备工作

在操作前应做好如下准备工作:

①检查设备完好。比如,控制计算机与电子标签货架间的数据连线完好,数据对应运行正常,货架运行良好。货架上有相应的必备货物,另准备好若干待用托盘。

②制订一套摘取式分拣、播种式分拣、补货、盘点等业务订单。

③完成学生分组。根据实际工作流程,建议每组由 4 名学生组成,其中计算机操作员 2 名,仓库现场操作员 2 名。操作一遍后,再轮换岗位,使每名学生在每个岗位上都操作一遍。

(2)操作步骤

操作过程分为电子标签订单设置和电子标签业务控制两大步骤进行。

①设置电子标签订单

双击桌面上的"电子标签订单设置"图标,如图 8.31 所示。

进入订单设置主界面,选择需要生成订单的流程,如图 8.32 所示。

图 8.31　电子标签订单设置

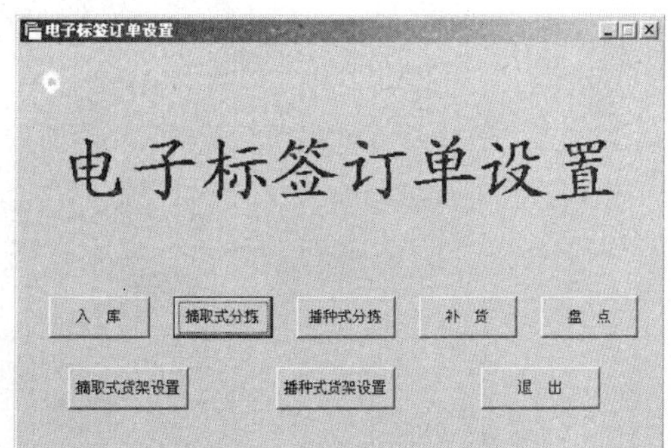

图 8.32　订单设置主界面

a. 设置摘取式分拣订单

单击“新建订单”按钮，建立一份新的订单，如图 8.33 所示。

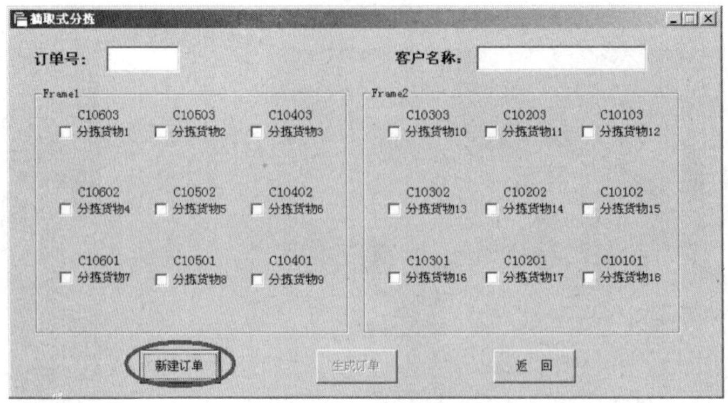

图 8.33　新建订单

订单号为自动生成，也可以根据实际情况修改订单号，如图 8.34 所示。

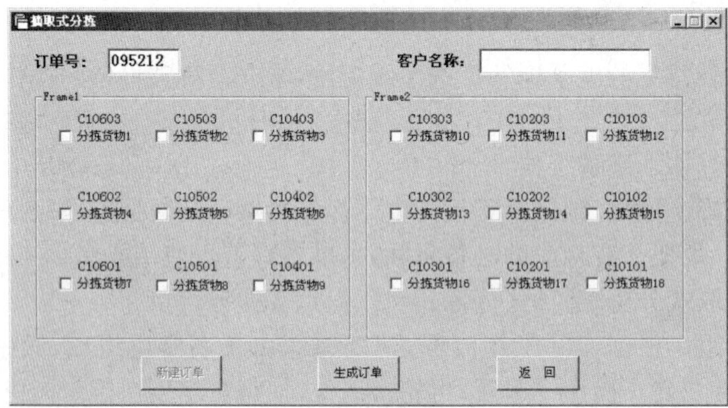

图 8.34　修改订单号

输入该订单的客户名称，选择需要分拣的货物，在下拉列表中输入分拣货物数量，如图 8.35 所示。

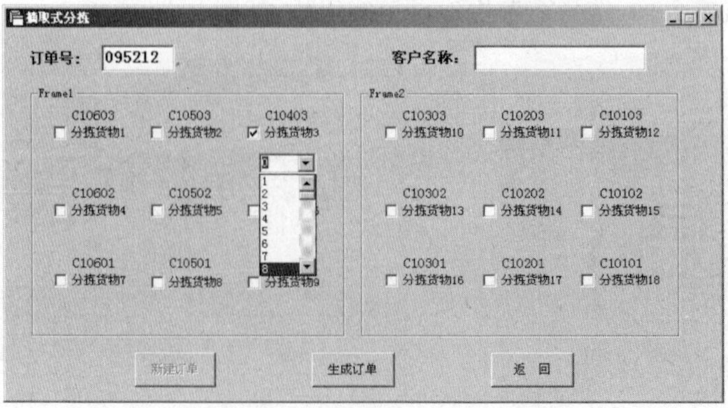

图 8.35　输入订单

所有货物设置完毕后，单击“生成订单”按钮，完成该订单的设置，并可以开始设置下一份订单，如图 8.36 所示。

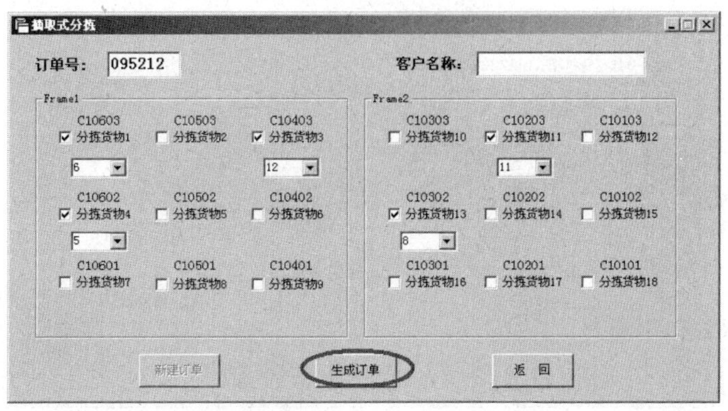

图 8.36　生成订单

b. 设置播种式分拣订单

单击“新建订单”按钮，建立一份新的订单，如图 8.37 所示。

输入分拣货物条码，并选择需要该货物的客户，在下拉列表中输入分拣货物的数量，如图 8.38 所示。

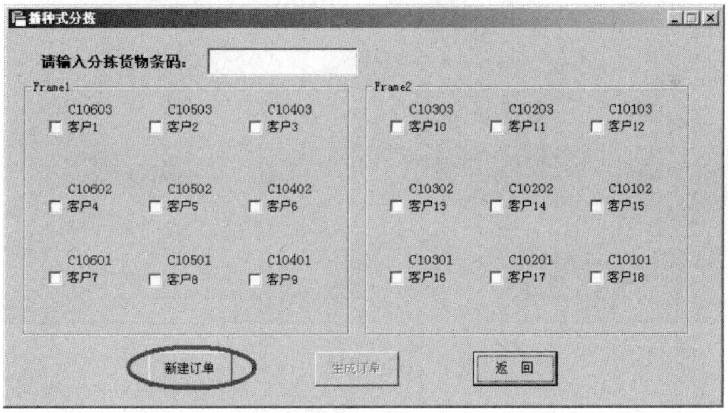

图 8.37　新建订单

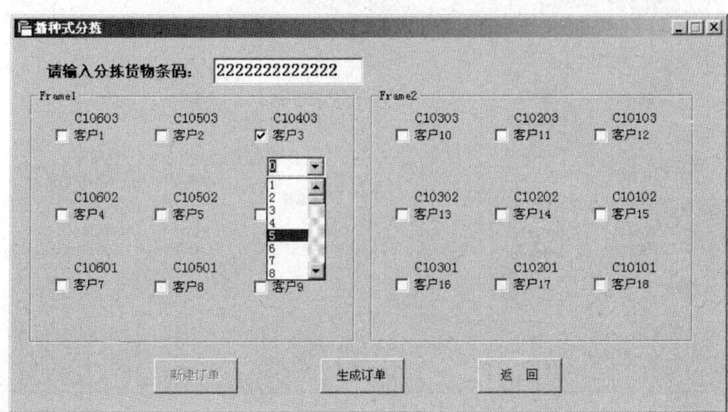

图 8.38　输入分拣订单

设置完毕后，单击“生成订单”按钮，完成该订单的设置，并可以开始设置下一份订单，如图 8.39 所示。

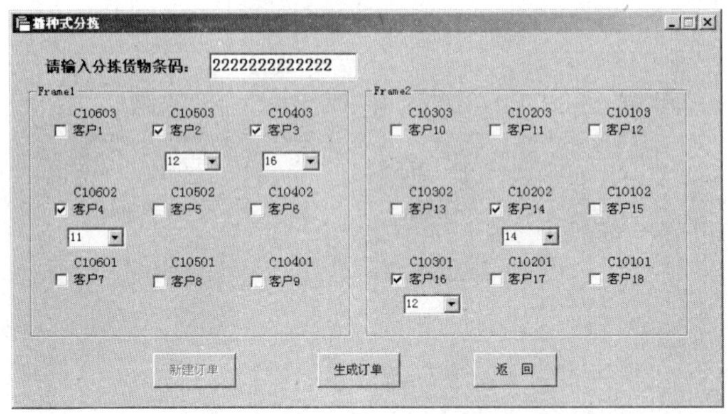

图 8.39　生成订单

c. 设置入库单

单击“新建入库单”按钮，建立一份新的入库单，如图 8.40 所示。

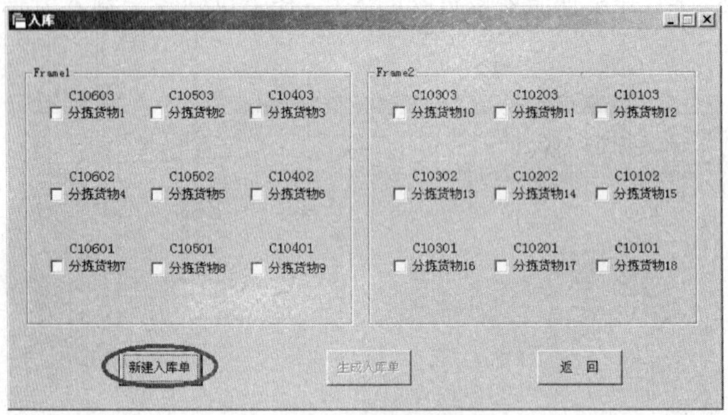

图 8.40　新建入库单

选择需要入库的货物，在下拉列表中输入入库货物的数量，如图 8.41 所示。

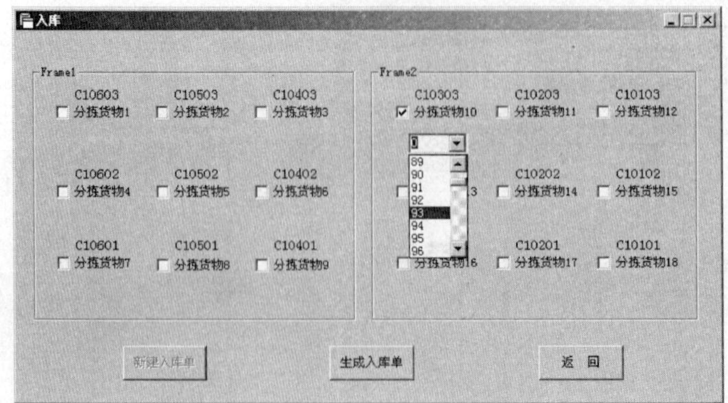

图 8.41　入库的货物

当所有入库货物设置完毕后，单击“生成入库单”按钮，完成入库单的设置，如图 8.42 所示。

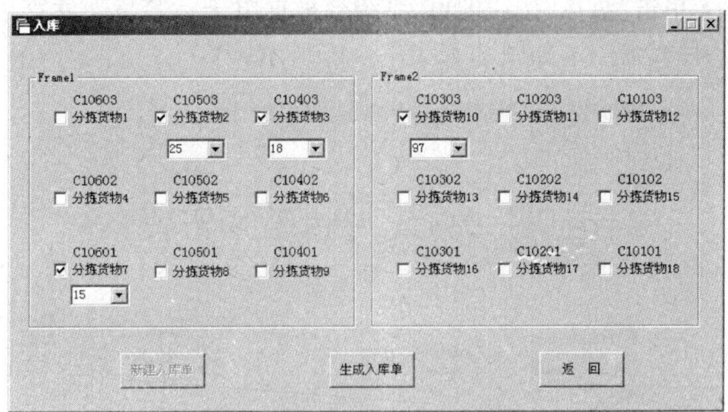

图 8.42 生成入库单

d. 响应补货请求

在“条码”一栏中输入被补货物条码，在“补货数量”一栏中输入补入电子标签货架的数量。单击“确定”按钮即可，如图 8.43 所示。

响应补货请求

补货单

货物条码	缺货订单	缺货数量	补货数量
6933298331164	094127	3	0
6933298331058	094127	3	0
6933298331072	094127	3	0
6933298331010	094127	3	0
6933298331096	094127	3	0
6933298331027	095136	3	0
6933298331102	095212	5	0
6933298331126	095212	1	0
6933298331034	095212	3	0
6933298331003	095212	3	0
6933298331027	095212	5	0

补货信息

条码：　　确 定

补货数量：　　返 回

图 8.43 补货数量

在退出该界面时，若还有补货请求没有得到响应，则弹出如图 8.44 所示的界面，单击“是”按钮，退出该界面；单击“否”按钮，继续响应补货请求。

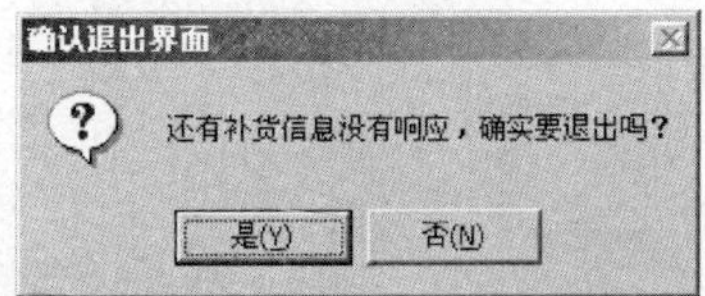

图 8.44 补货响应

e. 播种式盘点

直接在主界面上单击“盘点”按钮即可，系统会根据电子标签货架库存情况来自动生成单据。选择“盘点”“播种式盘点”，如图 8.45、图 8.46 所示。

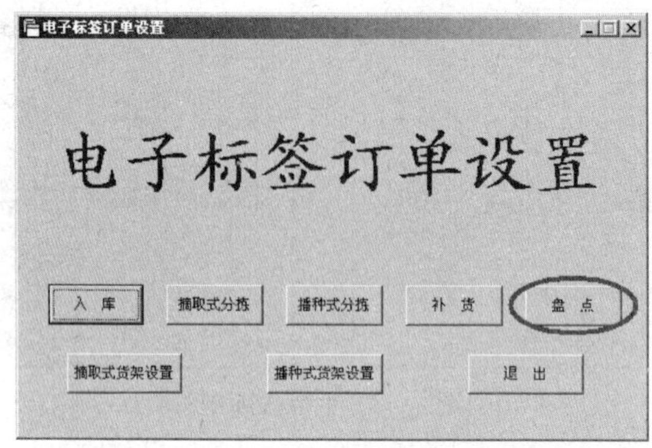

图 8.45　电子标签

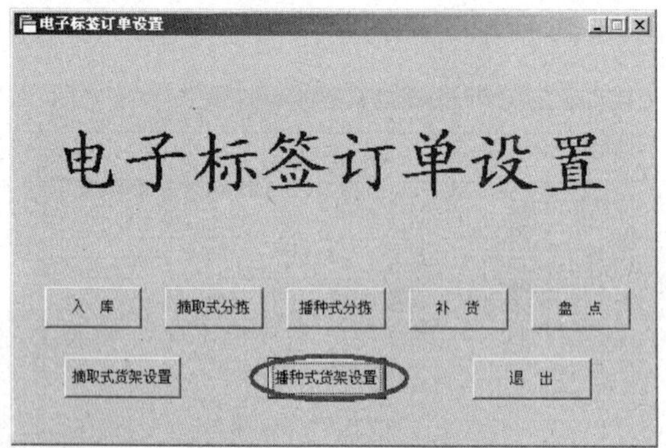

图 8.46　电子标签货架设置

在下拉列表框内选择需修改信息的仓位地址，如图 8.47 所示。

播种式货架信息

播种式分拣货架信息表

仓位地址	订单号	客户名称
C10601	111117	客户7
C10501	111118	客户8
C10401	111119	客户9
C10303	111120	客户10
C10203	111121	客户11
C10103	111122	客户12
C10302	111123	客户13
C10202	111124	客户14
C10102	111125	客户15
C10301	111126	客户16
C10201	111127	客户17
C10101	111128	客户18

货架信息

仓位地址：C10603 C10503 C10403 C10602 C10502 C10402 C10601 C10501

订单号：

客户名称：

确 定

返 回

图 8.47　修改信息的仓位地址

在文本框内输入相关信息，单击“确定”按钮，如图 8.48 所示。

图 8.48　输入信息

②电子标签业务控制

双击桌面上的“电子标签拣货系统”图标，如图 8.49 所示。

进入电子标签拣货系统，如图 8.50 所示。

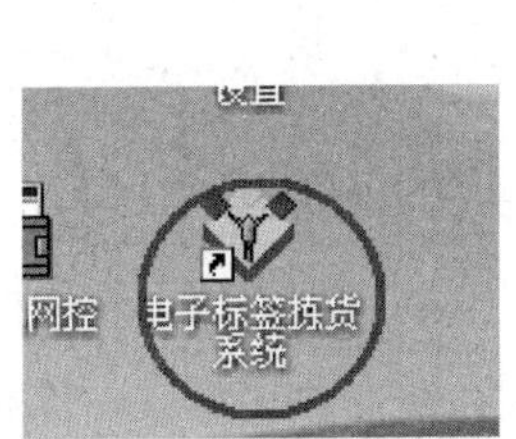

图 8.49　电子标签拣货系统

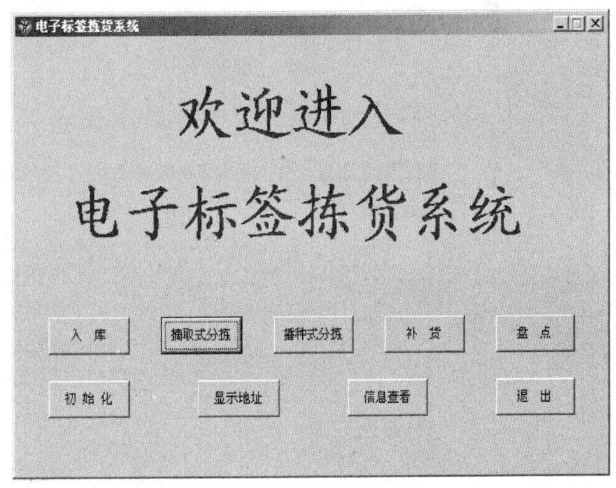

图 8.50　进入电子标签拣货系统

初始化：熄灭所有电子标签。

显示地址：显示电子标签的物理地址。

信息查看：查看电子标签发回的信息代码。

退出：退出系统。

a. 摘取式分拣

摘取式分拣系统如图 8.51 所示，分拣流程如图 8.52 所示。

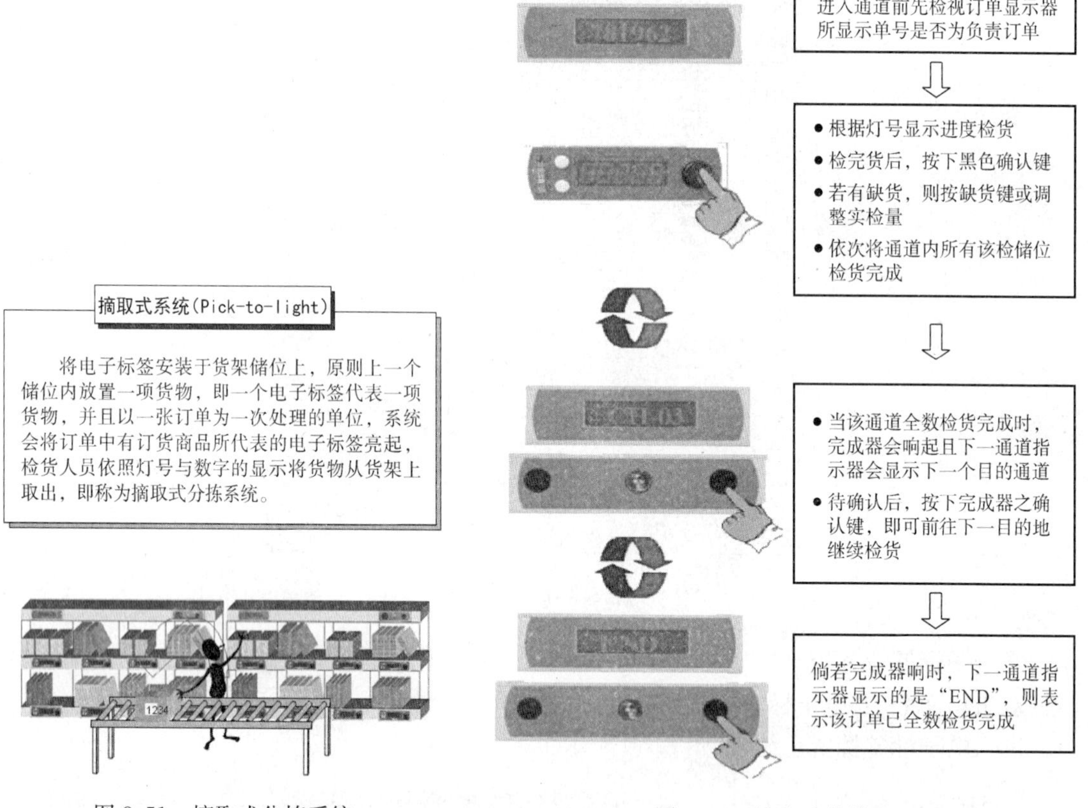

图 8.51　摘取式分拣系统　　　　图 8.52　摘取式分拣流程

选择摘取式分拣，进入摘取式分拣界面，如图 8.53 所示。

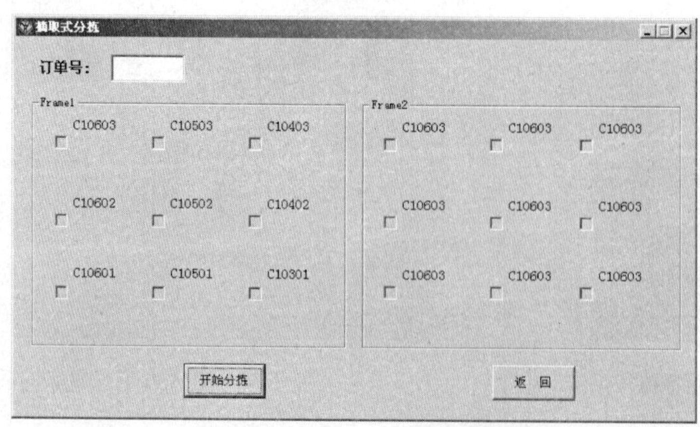

图 8.53　摘取式分拣界面

单击"开始分拣"按钮，开始摘取式分拣，如图 8.54 所示。

界面上显示当前执行的摘取式订单号、货物的名称以及数量。

电子标签被点亮并自动显示出该订单中设置的货物数量，操作人员按电子标签显示的数据拣取货物，若发现实际的货物数量少于拣取数量，则按"Fn"键，向系统发出补货请求；若没有问题，取走货物后按“确认”键。系统判断电子标签显示灯是否全灭，若没有全灭掉，则继续循环判断；若已经全部熄灭，完成灯点亮。操作人员按灭完成灯，开始执行下一份订单。

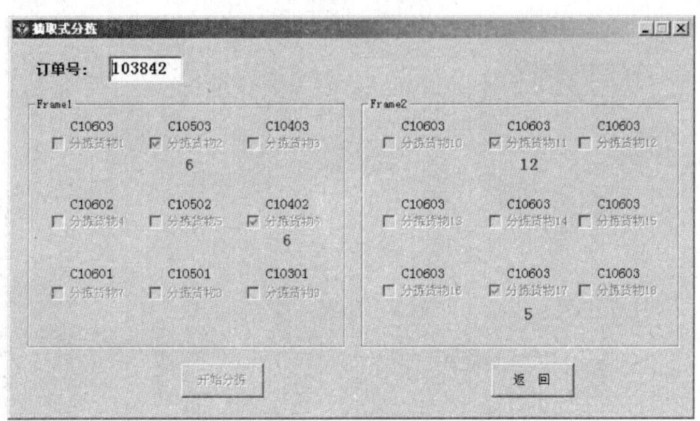

图 8.54　开始分拣

b. 播种式分拣

播种式分拣系统如图 8.55 所示，分拣流程如图 8.56 所示。

播种式系统(Put-to-light)

每一个电子标签所代表的是一个订单客户或是一个配送对象，亦即一个电子标签代表一张订单。每个品项为一次处理的单位，拣货人员先将货物的应配总数取出，并输入货物的信息，而系统会将有订购此项货品的客户其所代表的电子标签点亮，配货人员只要依电子标签之灯号与数字显示将货物配予客户即可，即为播种式配货系统。

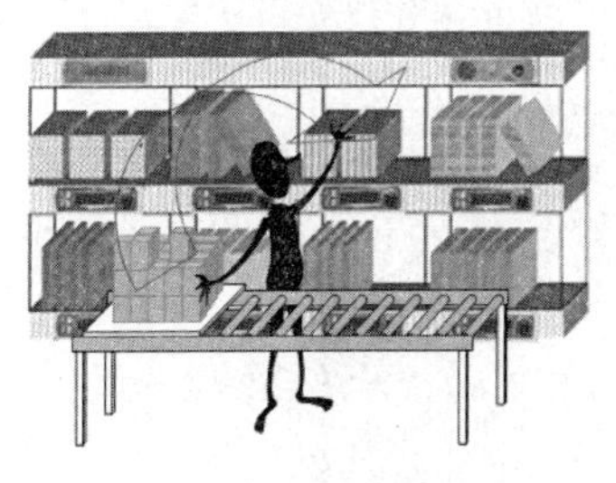

图 8.55　播种式分拣

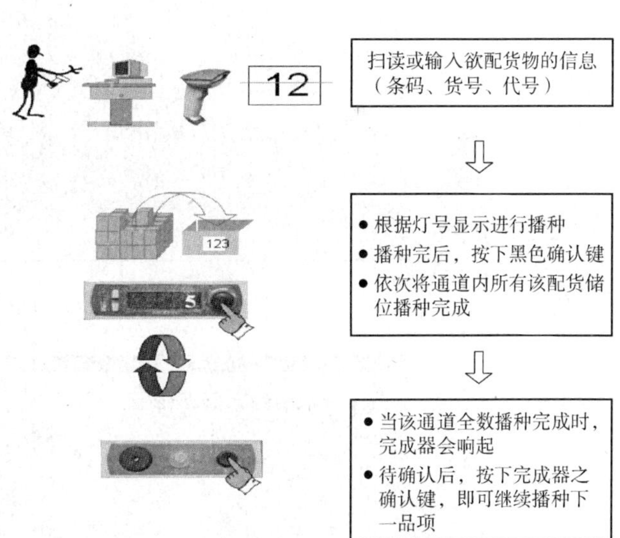

图 8.56　播种式分拣流程

选择播种式分拣，进入播种式分拣界面，如图 8.57、图 8.58 所示。

条码枪扫描整箱货物的条码，如果该货物的播种式订单已经设置，电子标签就会被点亮并自动显示出该货物配送请求中各个客户订单所需的数量，如图 8.59 所示。

界面上显示当前执行的货物条码、订单号以及每份订单所对应的货物数量。操作人员将箱子中的货物按电子标签上显示的数量分配到货架上的某个客户订单中，并按“确认”键。判断电子标签显示灯是否全灭。若没有全灭掉，则继续循环判断；若电子标签显示灯已经全部熄灭，完成灯点亮。操作人员按灭完成灯，然后判断是否所有货物都分配完毕。如果没有，继续用条码枪扫描整箱货物的条码,同时在电子标签上显示下一份订单。操作人员继续执行以上步骤,直到所有货物都已分配完毕。

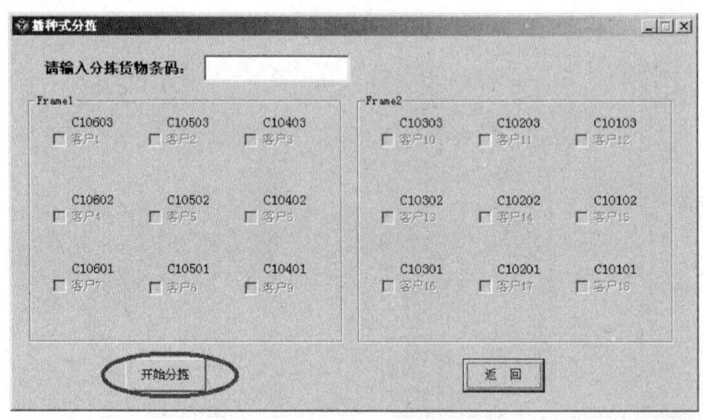

图 8.57 播种式分拣界面(一)

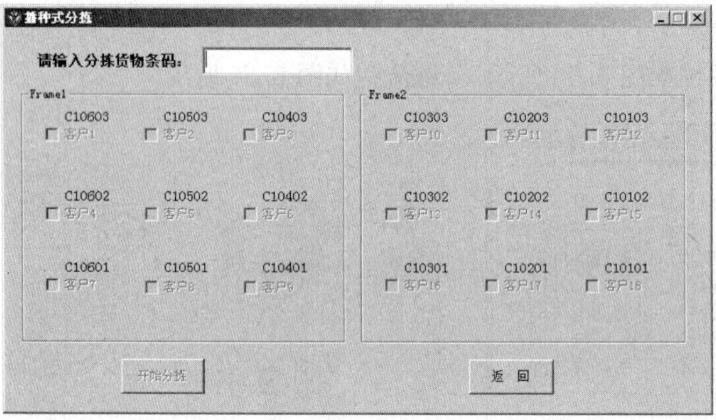

图 8.58 播种式分拣界面(二)

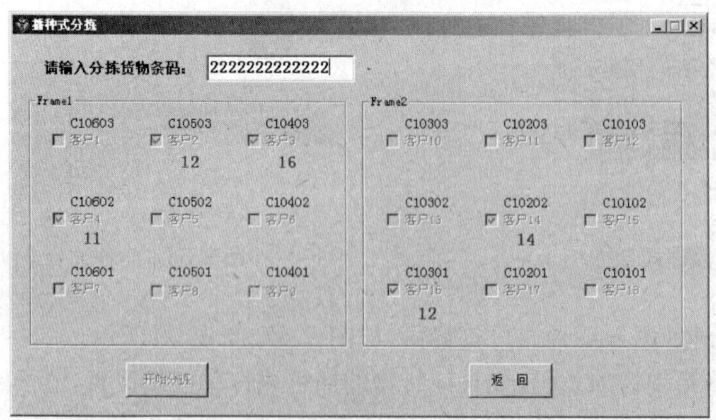

图 8.59 扫描整箱货物的条码

c. 补货

在摘取式分拣中提到,当仓库中实际货物数量少于拣取数量时,操作人员会按下"Fn"键,向上位机发出补货请求。同时操作人员继续分拣货物,并将有缺货的订单暂时放置在一旁。

当补货货物到达时，单击“补货”按钮，进入补货界面，如图 8.60 所示。

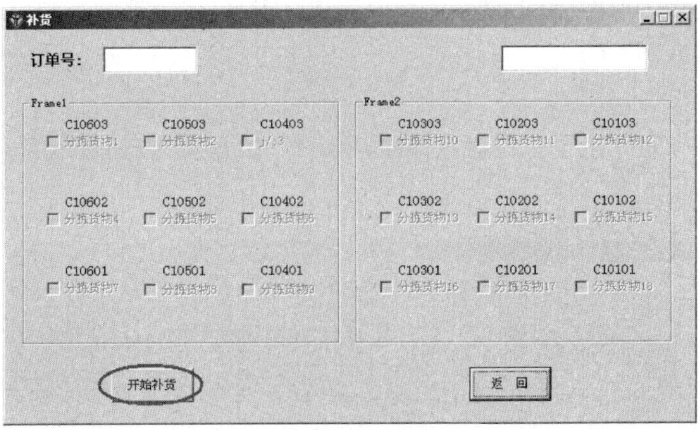

图 8.60　补货

单击“开始补货”按钮，进入补货流程，如图 8.61 所示。

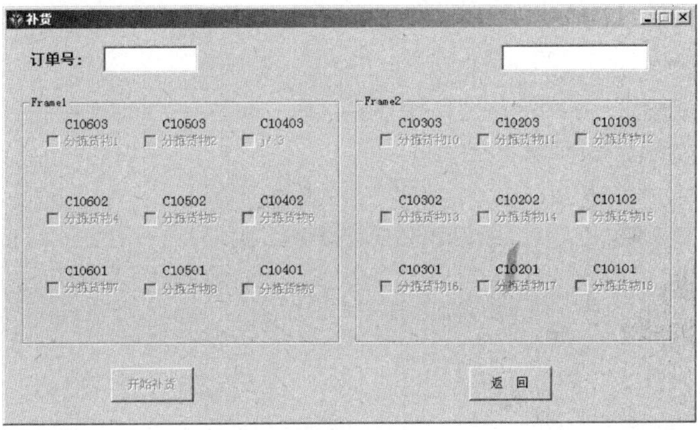

图 8.61　补货流程

用条码枪扫描补货货物的条码，界面和电子标签上会同时显示该货物的入库仓位，操作人员以此为根据将该货物放入货架，并按下“确认”键，如图 8.62 所示。

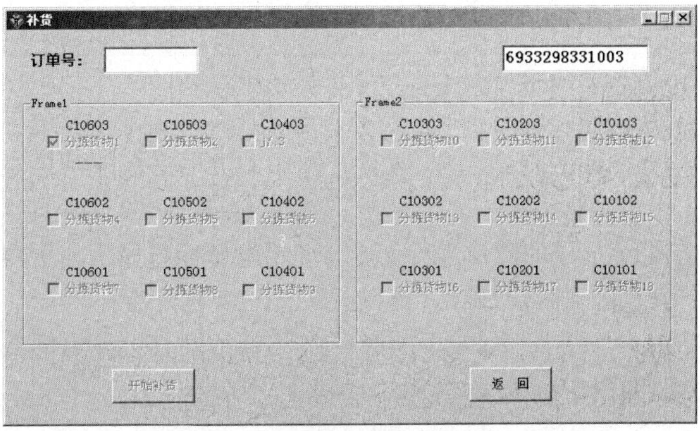

图 8.62　条码枪扫描补货货物的条码

随后，电子标签和界面都会显示数字和订单号，操作人员根据数字和订单号将相应数量的货物放入相应的订单，并按“确认”键。若此时完成灯点亮、蜂鸣器响起则表示该订单已经全部完成，可以进行装箱出货了。

d. 盘点

单击“盘点”按钮进入电子标签盘点界面，单击“开始盘点”按钮进入盘点流程，如图 8.63、图 8.64 所示。

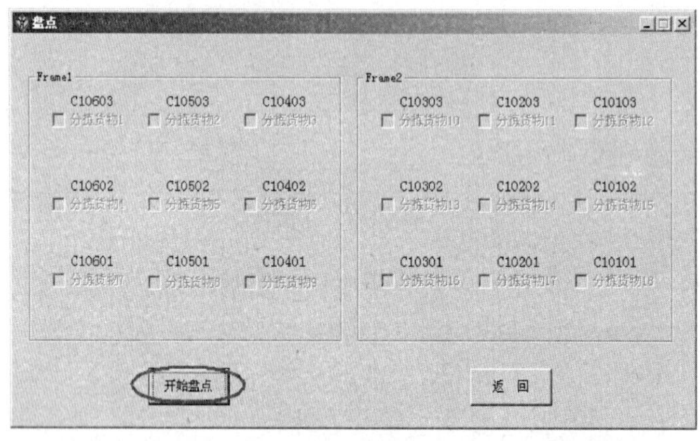

图 8.63　盘点(一)

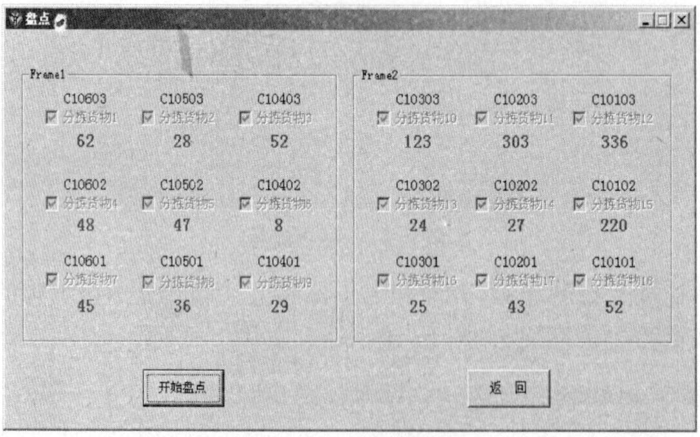

图 8.64　盘点(二)

界面上显示当前仓位内的货物名称、数量。操作人员根据盘点结果对电子标签进行操作。

工作人员按电子标签显示的数量进行盘点。如果电子标签显示的货物数量和实际的库存量相等，则需按“确认”键(连按 7 下)实际库存不等于显示的数量，则逐位(万、千、百、十、个)按下一旁的“＋”“－”键直到显示的数量相等后按“确定”键，如图 8.65 所示。

图 8.65　盘点完毕

复习思考题

1. 名词解释

(1)分拣输送系统：

(2)拣选：

2. 填空题

题号	(1)	(2)	(3)	(4)	
填空					
说明	将正确答案填入题号所对应的下方空格内				

(1)(　　)是完成拣选、分类作业的自动化系统，是大型物流中心、配送中心进行分拣、配送作业的强有力的技术保证。

(2)推块式分拣系统是由(　　)，供件机，分流机，信息采集系统，控制系统、网络系统等组成。

(3)自动分拣系统一般由(　　)、识别装置、分类机构、输送装置及分拣道口等部分组成。

(4)RF 拣选系统一般由(　　)，无线发射器，转接器，无线接收器，数据显示器，计算器等组成。

3. 识图题

题号	(1)	(2)	(3)	(4)	(5)
填空					
题号	(6)	(7)	(8)	(9)	(10)
填空					
说明	将图形的准确学名填入题号所对应的下方空格内				

序号	图　形	序号	图　形
(1)		(2)	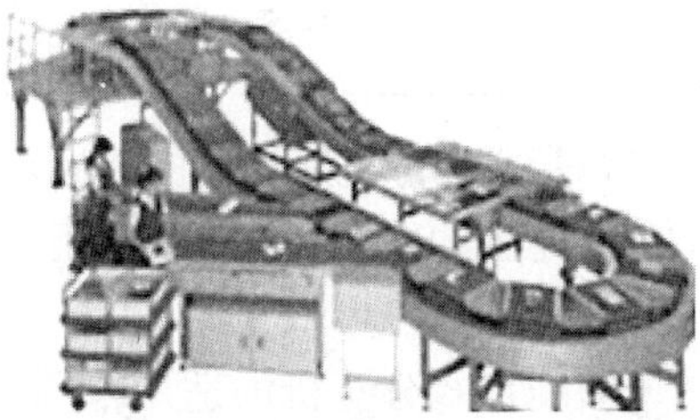
(3)		(4)	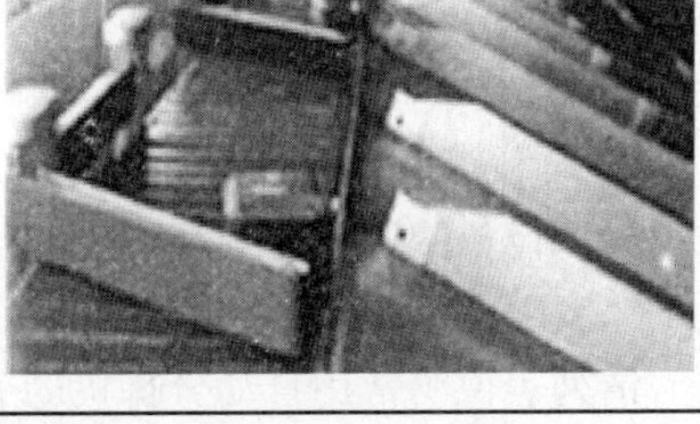

续上表

序号	图　形	序号	图　形
(5)	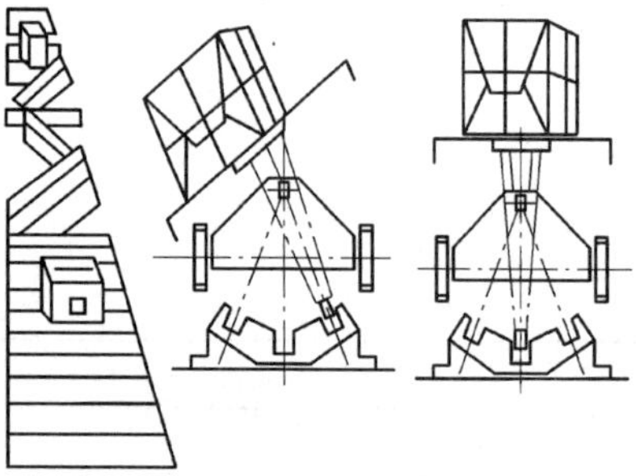	(6)	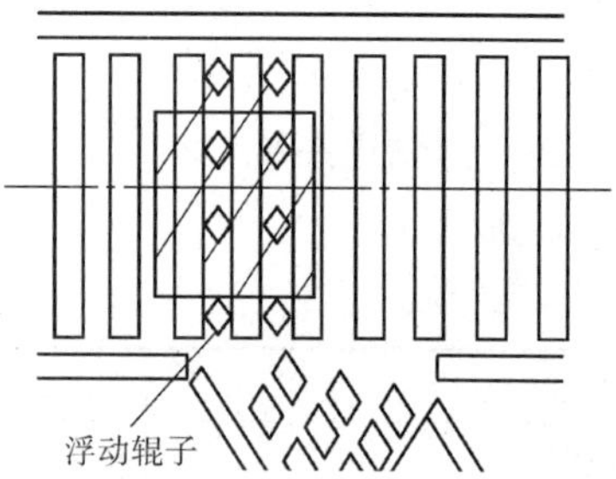 浮动辊子
(7)	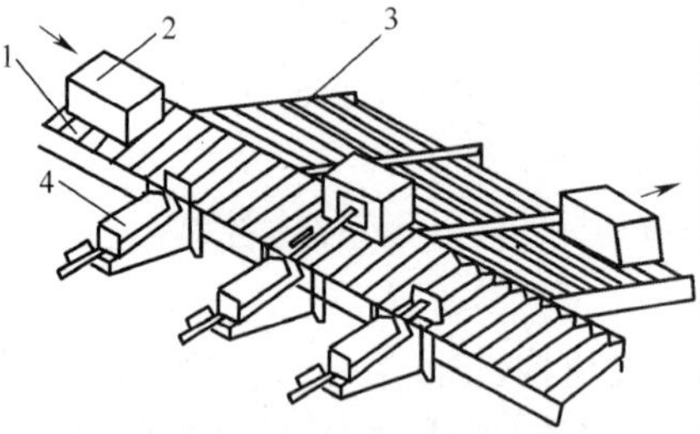 1 2 3 4	(8)	
(9)		(10)	

4. 判断题

题号	(1)	(2)	(3)	(4)	(5)
选项					
说明	在正确观点题号的下面空格内划"√",错误观点题号的下面空格内"×"				

(1)带式分拣机适用范围较大,除易碎、超薄货物及木箱外,其余货物都能分拣。

(2)托盘式分拣机是一种使用十分广泛的机型,它主要由托盘小车、驱动装置、牵引装置等构成。

(3)托盘式分拣机的适用范围比较狭窄,对货物有严格限制,仅对箱类、袋类的货物才能分拣。

(4)浮出式分拣机对货物的冲击力较小,能分拣很长的货物和底部不平的货物。

(5)电子标签拣选系统具有加快拣货速度,降低拣货错误率,免除表单作业等优点。

5. 简答题

分拣设备的选型原则有哪些?

6. 阐述题

请列表说明常用自动分拣机的分类及其工作特点和适用范围。

项目实操考核评价

考核可依据实训设备情况从两个任务中选择其一，以小组为单位，对个人进行考核。

1. 分拣系统使用考核

任务	设置			取货			入口送货			出口 1 接货			出口 2 接货			得分
	自评	小组评	教师评	自评	小组评	教师评	自评	小组评	教师评	自评	小组评	教师评	自评	小组评	教师评	
学生 1																
学生 2																
学生 3																
学生 4																
学生 5																

说明：

1. 每个人的总分为 100 分。
2. 每人每项为 20 分制，计分标准为：不会操作计 1～5 分，基本不会操作计 6～10 分，操作较好计 11～15 分，操作很好计 16～20 分。
3. 采用分层打分制，建议权重计为：自评分占 0.2，小组评分占 0.3，教师评分占 0.5，然后加权算出每位同学在本项目中的综合成绩。

2. 电子标签拣选系统使用考核

以小组为单位，对个人进行考核。

			学生 1	学生 2	学生 3	学生 4
设置电子标签订单	设置摘取式分拣订单	自评				
		小组评				
		教师评				
	设置播种式分拣订单	自评				
		小组评				
		教师评				
	设置入库单	自评				
		小组评				
		教师评				
	设置响应补货单	自评				
		小组评				
		教师评				
	摘取式盘点	自评				
		小组评				
		教师评				
	播种式盘点	自评				
		小组评				
		教师评				

续上表

			学生 1	学生 2	学生 3	学生 4
电子标签业务控制	摘取式分拣	自评				
		小组评				
		教师评				
	播种式分拣	自评				
		小组评				
		教师评				
	补货	自评				
		小组评				
		教师评				
	盘点	自评				
		小组评				
		教师评				
得　　分						

说明：

1. 每个人的总分为 100 分。

2. 每人每项为 10 分制，计分标准为不会操作计 1～3 分，基本不会操作计 3～6 分，操作较好计 6～8 分，操作很好计 8～10 分。

3. 采用分层打分制，建议权重计为：自评分占 0.2，小组评分占 0.3，教师评分占 0.5，然后加权算出每位同学在本项目中的综合成绩。

项目 9　物流信息设备运用

物流信息设备是指实现物流信息的采集、储存、管理和使用的设备，是实现物流信息化的硬件基础，是信息技术在物流领域中应用的重要保障。物流信息设备的形式多样，被广泛应用于仓库管理、运输管理、产品目录管理等领域。铁路所属的物流企业，除了具备机械化的物流设备和物流技术外，还应具备现代化的物流管理信息系统，实现办公自动化，提供准确、及时和完整的运输生产信息，促使铁路物流企业社会化地服务货主，才能取得最大的效率和效益。物流信息化能够促进铁路物流企业迈向规模化和专业化的经营之路，有利于形成一批有较强市场竞争力及国际竞争力的铁路大型集团企业。

项目描述

学习目标	器材工具	教学建议	课时计划
①了解常用的物流信息设备 ②认识并掌握物流信息设备的主要类型 ③掌握激光枪和手持终端两种设备的操作 ④在作业中培养学生的团队精神	①激光枪 ②手持终端 ③条码 ④货架 ⑤95306 系统	①条件允许时，尽量在理论实践一体化教室或实训室和多媒体教室中实施教学 ②设备操作注意事项应参照设备说明书	6 学时，其中理论教学 4 学时，实践操作与项目考核 2 学时

项目任务

对指定货物办理出库发货业务。其操作应涉及如下工作环节：

(1)按照作业以条码为依据在货架上准确找取货物。

(2)使用激光枪扫描方式与计算机配合建立控制中心出库单。

(3)使用手持终端在仓库对该货物现场办理出库作业。

(4)再使用手动托盘搬运车搬运至出库理货区。

(5)登录中国铁路 95306 电子商务平台，操作“我要发货”程序。

初识常用物流信息设备

图　示	说　明
 信息采集设备 (Information Acquisition Equipment)	信息采集设备(Information Acquisition Equipment)是自动识别物流信息的采集工作中所需要的设备,目前广泛用于完成信息的采集工作,如条码识别设备可以确定货物的种类、价格等基本信息,提高工作效率和准确性
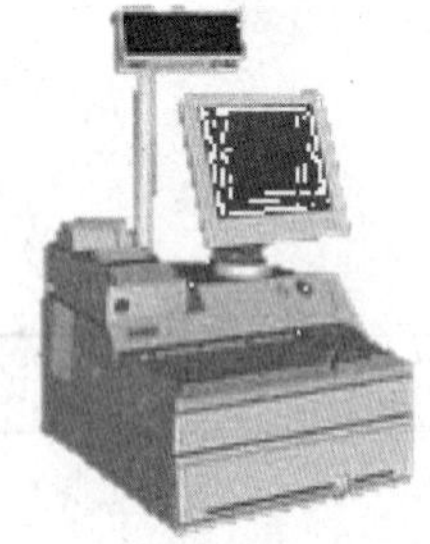 信息处理设备 (Information Processing Equipment)	信息处理设备(Information Processing Equipment)是负责完成信息的整理、转化、存储和传递等功能,是物流信息系统的核心设备。采用POS机对信息采集后可以对信息进行处理,完成必要的统计功能,可以存储并传输到物流信息系统,以备使用
 信息查询设备 (Information Inquiry Equipment)	信息查询设备(Information Inquiry Equipment)包含多种形式,所采用的查询设备也各异,如车辆定位设备可以对物流系统的移动对象进行空间位置的确定,对运输车辆进行跟踪,实现运输的全过程控制
 物流信息系统 (Logistics Information System)	物流信息系统(Logistics Information System,LIS)是指由人员、计算机硬件、软件、网络通信设备及其他办公设备组成的人机交互系统,其主要功能是进行物流信息的收集、存储、传输、加工整理、维护和输出,为物流管理者及其他组织管理人员提供战略、战术及运作决策的支持,以达到组织的战略竞优,提高物流运作的效率与效益 铁路物流信息系统主要有中国铁路95306系统、铁路货运营销与生产管理系统(Freight Marketing Operation System,FMOS)、铁路货票信息综合应用系统

任务1 信息采集设备运用

1. 信息采集设备认知

竞争的全球化发展、产品生命周期的缩短和用户交货期的缩短等都对物流服务的可得性与可控性提出了更高的要求，实时物流理念也由此诞生。如何保证对物流过程的完全掌控，物流动态信息采集应用技术是必需的要素。动态的货物或移动载体本身具有很多有用的信息，例如，货物的名称、数量、质量、出产地或者移动载体（如车辆、轮船等）的名称、牌号、位置、状态等一系列信息。这些信息可能在物流中反复使用，因此，正确、快速读取动态货物或载体的信息并加以利用可以明显地提高物流效率。在目前流行的物流动态信息采集技术应用中，一、二维条码技术应用范围最广，其次还有磁条（卡）、语音识别、便携式数据终端、射频识别（RFID）等技术。

物流信息采集设备是指在物流信息采集技术中所使用的制作携带信息的卡片、磁条及识读该信息的设备，它主要包括了条码的制作与识别设备，磁条、声音、视觉的识别仪器，以及智能卡、便携式数据终端和射频识别等设备。

2. 信息采集设备类型

目前在物流活动中常用的信息采集设备一般为自动采集设备，根据采集方式的不同，主要有条码生成设备、条码识读设备、数据采集设备、无线射频设备等。

（1）条码生成设备

条码生成设备根据条码的生成原理，可分为非现场和现场设备两种，条码生成设备的分类如下：

①非现场条码生产设备。

非现场条码生产设备即采用传统印刷设备大批量印刷制作。

预印刷条码设备包括胶片制版印刷、印刷系统、条形码号码机和高速激光喷码机等。

适用于数量大、标签格式固定、内容相同的标签的印制，如产品包装等。

②现场条码生产设备。

现场条码生产设备即由计算机控制打印机实时打印条码标签。这种设备目前大致分为通用打印机和专用条码打印机两种。

通用打印机有点阵式打印机、喷墨打印机、激光打印机等，需要专用软件生成条码图形后再打印。其设备成本低、打印幅面大，可利用现有设备，但使用不方便，实时性较差。

专用条码打印机俗称打码机，是专为打印条码而设计的，主要有热敏性和热转印式两种，都是通过加热方式打印。其设备打印质量好、打印速度快、打印方式灵活、实时性强、使用方便，是印制条码的重要设备。

这两种方式灵活、实用性强，适用于多品种、小批量、需要现场实时印刷的场合。

（2）条码识读设备

条形识读设备的种类多样，按照识别方式可分为接触式和非接触式，按照操作方式可分为手持式和固定式,按识别原理可分为光笔、CCD、激光和拍摄等。常用的条码识读设备包括激光枪、CCD 扫描器、光笔、卡槽和全向扫描平台等,常用的条码识读设备的类型如下:

①激光扫描器。

激光扫描器通过一个激光二极管发出一束光芒,照射到一个旋转的棱镜或往返摆动的镜子上,反射后的光穿过阅读窗照射到条码表面。光经过条或空反射后返回阅读器,由一个镜子进行采集、聚焦,通过光电转换器转换成电信号。该信号将通过扫描器或终端上的译码软件进行译码。

激光扫描器分为手持与固定两种。手持激光扫描器连接方便、简单,使用灵活;固定式激光扫描器适用于阅读量较大、条码较小的场合,有效解放双手工作。

激光扫描器可以很好地用于非接触扫描,可以阅读距离超过 30 cm 的条码;也可以阅读多种密度各异的条码,并可阅读表面不规则的条码,还可透过玻璃或透明胶纸阅读;首读识别成功率高、识别速度快;误码率极低(仅约为三百万分之一);激光阅读器的防震、防摔性能好。缺点是价格相对较高。激光扫描器如图 9.1 所示。

②CCD 扫描器。

CCD(Charge Couple Device)为电子耦合器件,比较适合近距离和接触阅读。CCD 扫描器使用一个或多个发光二极管(LED),发出的光能够覆盖整个条码。条码的图像被传到一排光探测器上,被每个单独的光电二极管采样,由邻近的探测器的探测结果为“黑”或“白”区分每一个条或空,从而确定条码的字符。

CCD 阅读器的价格较便宜,可阅读多种密度各异的条码,使用简单轻便。缺点是局限于其阅读景深和阅读宽度,在一些需要远距离阅读的场合(如仓储领域)也不是很适合;大部分 CCD 阅读器的首读成功率较低且误码率高。CCD 阅读器如图 9.2 所示。

图 9.1 激光扫描器

图 9.2 CCD 扫描器

③光笔。

光笔是最先出现的一种手持接触式条码阅读器,也是最为经济的一种条码阅读器。使用时,操作人员需将光笔接触到条码表面,通过光笔的镜头发出一个很小的光点,当这个光点从左到右划过条码时,在“空”的部分光被反射,“条”的部分光被吸收。因此,在光笔内部产生一个变化的电压,这个电压通过放大、整形后用于译码。

光笔阅读条码的长度可以不受限制;成本较低;比较结实;体积小,重量轻。但使用光笔会受到各种限制,只有在比较平坦的表面上阅读指定密度、打印质量较好的条码时,光笔才能发挥作用;操作人员需要经过一定的练习才能使用;光笔的首读成功率低、误码率较高。光笔如图 9.3 所示。

④卡槽扫描器。

卡槽扫描器是一种安装在某一固定位置的扫描器，一般采用非接触式扫描器。其光束相对于物理机座是固定的，工作方式是利用条码符号相对于扫描器的相对运动来实现扫描。

卡槽扫描器就是由人工来手持卡片（卡片上印有条码），通过移动卡片来完成扫描的，常用于时间管理与考勤、保安系统，如图 9.4 所示。

⑤全向扫描平台。

全向扫描平台是利用全向激光扫描器进行条形码识别，标准尺寸的商品条形码以任何方向通过扫描器的区域都会被扫描器的某个或某两个扫描线扫出整个条码，以保证条码信息的快速、准确识别。

全向扫描平台效率高，适合于识读不同距离、不同方向的条码，如图 9.5 所示。

图 9.3　光笔

图 9.4　卡槽扫描器

图 9.5　全向扫描平台

（3）数据采集设备

数据采集设备即条码数据采集器或数据终端，是具有现场实时数据采集、处理功能的自动化设备，具备实时采集、自动储存、即时反馈、自动处理、自动传输等功能，为现场数据的真实性、有效性、实时性、可用性提供了保证。

数据采集设备广泛应用于货物出入库、物流快件管理、固定资产管理、抄表系统、图书管理系统中。

数据采集器大体上分为在线式数据采集器和便携式数据采集器两类。

①在线式数据采集器。

在线式数据采集器也称批处理方式数据采集器，是数据采集器采集好条码后，利用和计算机连接的通信座把采集的条码信息用文件的方式传输到计算机，如图 9.6 所示。

②携式数据采集器。

便携式数据采集器也称无线方式数据采集器、手持终端、盘点机，是以 802.11b 和 GPRS 等方式无线实时和计算机交换数据的数据采集器，如图 9.7 所示。

图 9.6　在线式数据采集器

图 9.7　便携式数据采集器

(4)无线射频设备

无线射频(Radio Frequency Identification,RFID)是20世纪90年代兴起的一种非接触式的自动识别技术。无线射频技术相对于传统的磁卡及IC卡技术具有非接触、阅读速度快、无磨损等特点。

无线射频技术在阅读器和射频卡之间进行非接触双向数据传输,以达到目标识别和数据交换的目的。与传统的条形码、磁卡及IC卡相比,射频卡具有非接触、阅读速度快、无磨损、不受环境影响、使用寿命长、便于使用和具有防冲突功能、能同时处理多张卡片的特点。在国外,射频识别技术已被广泛应用于工业自动化、商业自动化、交通运输控制管理等众多领域。

无线射频设备系统一般由信号发射机、信息接收机、发射接收天线等几部分组成。阅读器通过发射天线发送一定频率的射频信号,当射频卡进入发射天线工作区域时产生感应电流,射频卡获得能量被激活;射频卡将自身编码等信息通过卡内置发送天线发送出去;系统接收天线接收到从射频卡发送来的载波信号,经天线调节器传送到阅读器,阅读器对接收的信号进行解调和解码然后送到后台主系统进行相关处理;主系统根据逻辑运算判断该卡的合法性,针对不同的设定做出相应的处理和控制,发出指令信号控制执行机构动作。

射频技术射频卡按照不同标准有以下几种分类:

①按供电方式分为有源卡和无源卡。有源是指卡内有电池提供电源,其作用距离较远,但使用寿命有限、体积较大、成本高,且不适合在恶劣环境下工作;无源卡内无电池,利用波束供电技术将接收到的射频能量转化为直流电源为卡内电路供电,其作用距离相对有源卡短,但使用寿命长且对工作环境要求不高。

②按载波频率分为低频射频卡、中频射频卡和高频射频卡。低频射频卡主要有125 kHz和134.2 kHz两种,中频射频卡频率主要为13.56 MHz,高频射频卡主要为433 MHz、915 MHz、2.45 GHz、5.8 GHz等。低频系统主要用于短距离、低成本的应用中,如多数的门禁控制、校园卡、动物监管、货物跟踪等。中频系统用于门禁控制和需传送大量数据的应用系统;高频系统应用于需要较长的读写距离和高读写速度的场合,其天线波束方向较窄且价格较高,在火车监控、高速公路收费等系统中应用。

③按调制方式的不同可分为主动式和被动式。主动式射频卡用自身的射频能量主动地发送数据给读写器;被动式射频卡使用调制散射方式发射数据,必须利用读写器的载波来调制自己的信号,该类技术适合用在门禁或交通应用中,因为读写器可以确保只激活一定范围之内的射频卡。在有障碍物的情况下,用调制散射方式,读写器的能量必须来去穿过障碍物两次。而主动方式的射频卡发射的信号仅穿过障碍物一次,因此,主动方式工作的射频卡主要用于有障碍物的应用中,距离更远(可达30 m)。

④按作用距离可分为密耦合卡(作用距离小于1 cm)、近耦合卡(作用距离小于15 cm)、疏耦合卡(作用距离约1 m)和远距离卡(作用距离为1~10 m,甚至更远)。

⑤按芯片分为只读卡、读写卡和CPU卡。

3. 信息采集设备使用

随着条码技术的推广,通用商品采用条码的比例逐年递增,条码在物流中的应用也越来越广泛,这一切为物流企业提供了充足的数据源,以确保数据采集设备的顺利使用。

(1)信息采集设备的选择

目前国内市场上的数据采集设备有几十种甚至上百种之多,性能、规格各异,价格不等,选用必须综合考虑条形码自身属性、识别对象特征、工作环境等多方面因素,信息采集设备选择的因素,如下:

①适用范围。

根据自身的不同情况,应当选择不同类型的设备。如应用在比较大型的、立体式仓库,由于有些货物的存放位置较高,离操作人员较远,就应当选择扫描景深大,读取距离远且首读率较高的采集器。而对于中小型仓库的使用人员,在此方面的要求并不是很高,可以选择一些功能齐备、便于操作的采集器。选择时最重要的一点是“够用”,即购买适用于本身需要的,而不要盲目购买价格贵、功能很强的采集设备。

②译码范围。

译码范围是选择数据采集设备的一个重要指标。每一个用户都有自己的条码码制范围,大多数数据采集器都可以识别 EAN 码、UPC 码等几种甚至十几种不同的码制,但存在着很大差别。在物流企业应用中,还要考虑 EAN128 码、三九码、库德巴码等。因此,用户在购买时要充分考虑到自己实际应用中的编码范围,来选取合适的采集设备。

③接口要求。

数据采集设备的接口能力是评价其功能的又一个重要指标,也是选择采集器时重点考虑的内容。在购买时要首先明确原系统的操作环境、接口方式等情况,再选择适应该操作环境和接口方式的数据采集设备。

④对首读率的要求。

首读率是数据采集器的一个综合性指标,与条码符号的印刷质量、译码器的设计和扫描器的性能均有一定关系。首读率越高,越节省工作时间,但相应的,其价格也必然较高。在货物的库存(盘点)过程中,可以通过人工来控制条码符号,用数据采集器重复扫描,因此,对首读率的要求并不严格,它只是工作效率的量度而已。但在自动分拣系统中,对首读率的要求就很高。当然,数据采集器的首读率越高,必然导致其误码率提高,所以在选择采集器时要根据实际情况和经济能力来购买符合系统需求的采集器,在首读率和误码率两者间进行平衡。

⑤价格。

选择数据采集设备时,其价格也是应关心的一个问题。数据采集器由于其配置不同、功能不同,价格也会产生很大差异。因此,在购买采集器时要注意产品的性能价格比,以满足应用系统要求且价格较低者为选购对象,真正做到“物美价廉”。

⑥作业环境。

工作环境光线太强,感光器工作就会受到影响。如果条形码表面覆盖有透明材料,反光度太高,也会影响其识别。因此,应参照作业环境,选择适合类型的设备。

(2)信息采集设备的使用方法

信息采集设备多种多样,其使用方法也不大相同。下面以目前较为先进而且使用广泛的便携式数据采集器(即手持终端,简称手持)为例,来进行说明。

①打开,如图 9.8 所示。

②入库,建立入库单,如图 9.9 所示。

图 9.8 开机界面

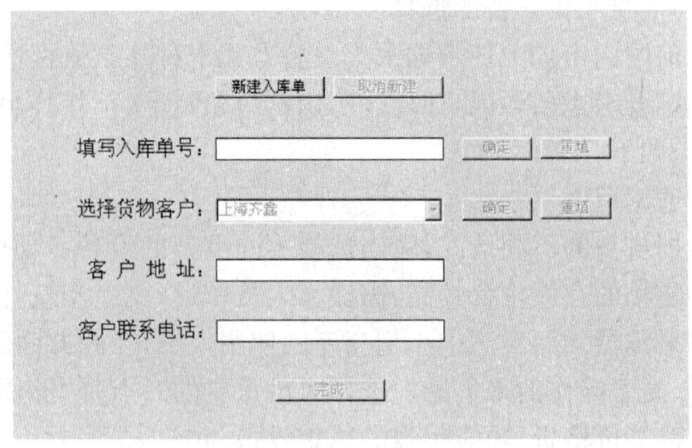

图 9.9 新建入库单界面

单击“新建入库单”按钮，在填写入库单号后面的文本中填入入库单号，单击“确定”按钮，在选择货物客户中选客户，单击“确定”按钮后出现客户资料，单击“完成”按钮。

填写入库资料，如图 9.10 所示。

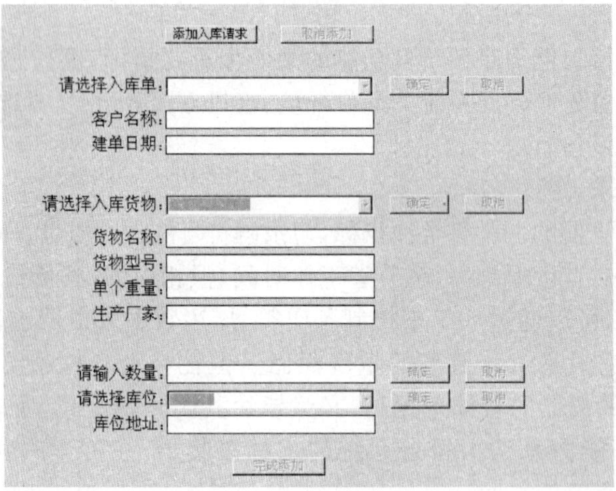

添加入库请求 取消添加
请选择入库单： 确定 取消
客户名称：
建单日期：
请选择入库货物： 确定 取消
货物名称：
货物型号：
单个重量：
生产厂家：
请输入数量： 确定 取消
请选择库位： 确定 取消
库位地址：
完成添加

图 9.10 填写资料界面

首先，单击“添加入库请求”按钮，在请选择入库单号中选择入库单，单击“确定”按钮，在请选择入库货物中填入货物条码，单击“确定”按钮，在请输入数量后面填入入库货物的数量，然后在请选择库位中选择库位条码，单击“确定”按钮，库位地址出现库位号。单击“完成添加”按钮。

手持人员带着手持，首先进行入库检验，确认入库货物数量，然后进行入库指引确认入库位。最后在服务器计算机上进行审核确认入库，如图 9.11 所示。

在请选择入库单的文本框中填入入库单，单击“确定”按钮，在入库货物后的文本框中填货物条码，最后单击“确定审核”按钮。

③出库，建立出库单，如图 9.12 所示。

单击“新建出库单”按钮，选择客户，单击“确定”按钮后在查看客户存货位中选择库位条码，单击“出库”按钮。

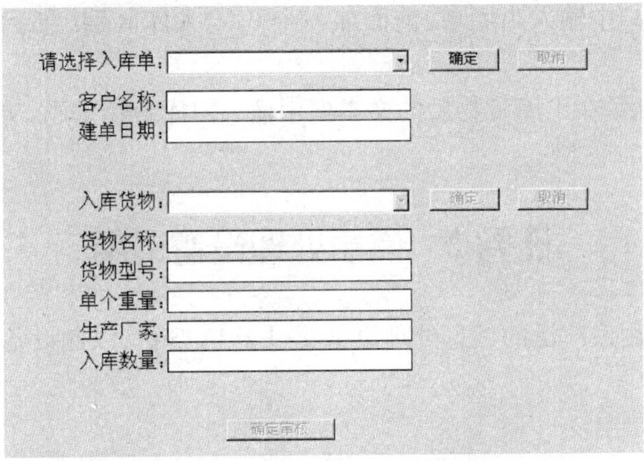

图 9.11　入库审核界面

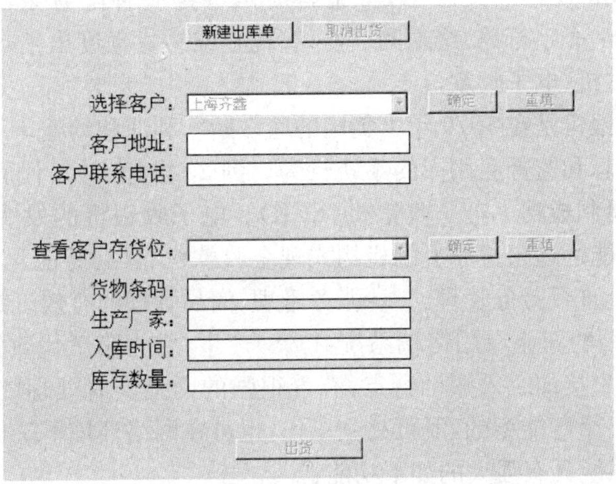

图 9.12　新建出库单界面

填写出库资料后，手持人员带着手持，首先进行出库指引确认出库位，然后进行出库检验，确认出库货物数量。最后在服务器计算机上进行审核确认出库，如图 9.13 所示。

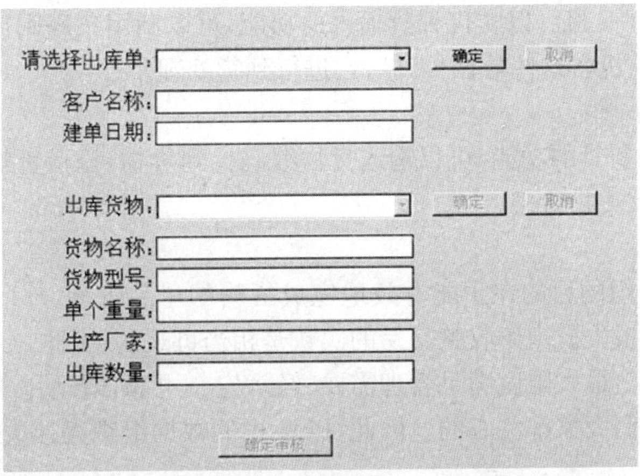

图 9.13　出库审核界面

在“请选择出库单”中输入出库单，前面加一个0，与入库区别（在手持上也是一样），即成出库单。

单击“确定”按钮后，在出库货物后的文本框中输入出库货物条码，单击“确定”按钮后单击“确定审核”按钮。

任务2　信息处理设备运用

物流和商流中应用最广泛的信息处理设备莫过于POS机，以此设备为例来介绍信息处理设备。

1. POS机认知

POS(Point of Sales)的中文意思是“销售时点”，是一种配有条码或OCR码(Optical Character Recognition，光字符码)终端阅读器，有现金或易货额度出纳功能的信息处理设备，也被称为收银机、收款机、电子收款机。

世界上最早的收银机是在1879年由美国的詹敏斯·利迪和约翰·利迪兄弟制造的，其功能只实现营业记录备忘和监督雇用人的不轨行为。到20世纪60年代后期，随着电子技术的飞跃发展，日本率先研制成功了电子收银机(ECR)。电子收银机的发明具有划时代的意义，其技术性能和商业功能远远超过原型的机构式现金收款机，具有智能化、网络化、多功能的特点，成为在商业销售上进行劳务管理、会计账务管理、商品管理的有效工具和手段。到20世纪80年代中期，功能强劲的商业专用终端系统(POS)产生，成为第三代收银机，POS与ECR的最大区别在于它有着直接即时入账的特点，有着很强的网上实时处理能力，POS将计算机硬件和软件集成，形成一个智能型的，既可独立工作，也可在网络环境下工作的商业工作站。

现代化的POS系统具有强大的如下功能：

(1)盘点功能

POS机可以实现盘点的功能，在停业盘点时可以利用条码阅读器读入商品信息，然后输入商品数量，收款机将这些数据传到后台进行盘点统计。

(2)到货确认功能

当商品入店时，POS机可以实现到货输入的功能，可以利用条码阅读器读入商品信息，然后输入商品数量，收款机将这些数据传到后台进行到货处理。

(3)验货功能

POS机可以实现验货的功能，可以输入货物编码找到货物，显示货物的基本信息，此时可以输入货物条码，修改货物价格。

(4)数据组织功能

POS机的数据组织的目的在于能有效地完成货物的单品管理、部门管理、人员管理以及提供大量的有价值的报告。由于收款交易的次数是相当可观的，因此，有效的数据组织是不可缺少的。如何能设计出最大限度满足管理需要、经济安全可靠，既适用于今天，又有利于未来发展的数据结构是我们大家都关心的。因此，POS机的数据组织直接关系到整个管理系统的好坏。

2. POS 机类型

目前使用中的 POS 机主要按照通信方式和打印方式两种方法来分类。

(1)按通信方式分类

POS 机按通信方式可分为两大类:固定 POS 机和无线 POS 机。

①固定 POS 机。

固定 POS 机的优点:软件升级和维护比较容易,网络拨号方式、拨号速度快,POS 交易清算比较容易。缺点:需要连线操作,客人需要到收银台付账。固定 POS 机适用一体化改造的项目的商户,如图 9.14 所示。

②无线 POS 机。

无线 POS 机的优点是:无线操作、付款地点形式自由、体积小。缺点是:通信信号不稳定、数据易丢失、成本高。无线 POS 机适用到客人住所收款的商户类型,如图 9.15 所示。

(2)按打印方式分类

POS 机按打印方式可分为热敏 POS 机、针打 POS 机、套打 POS 机。

①热敏 POS 机。

热敏 POS 机的优点是:打印速度快、打印时无噪声、耗材成本低。缺点是:签购单保存年限短,易受环境影响。热敏 POS 机适用一般商户类型,如图 9.16 所示。

图 9.14 固定 POS 机

图 9.15 无线 POS 机

图 9.16 热敏 POS 机

②针打 POS 机。

针打 POS 机的优点是:签购单保存年限长,不易受环境影响。缺点是:打印时噪声大、耗材成本较高。针打 POS 机适用一般商户类型,如图 9.17 所示。

③套打 POS 机。

套打 POS 机的优点是:签购单保存年限长、不易受环境影响、外观比较美观。缺点是:耗材成本最高、打印速度慢。套打 POS 机适用宾馆、酒店、百货等大型商户,如图 9.18 所示。

图 9.17 针打 POS 机

图 9.18 套打 POS 机

3. POS机使用

POS机的类型较多，使用范围很广，应着重把握其选型原则和在不同场合的使用功能。

(1)选择POS机应遵循的原则

①硬件性能可靠。

从硬件的角度一定要选择性能和可靠性高的设备，目前市场上使用较多的品牌有日本TEC—ST5000、美国IBM—4694等，都提供有标准接口。由于大多数收款机为分体组合型的，所以摆放上也比较容易。

②软件操作简便。

从软件的角度一定要选择系统驱动程序简单可靠的，可二次开发的设备，驱动程序或驱动命令越底层越好。

③品牌质量过硬。

品牌与质量是必须考虑的问题，名牌是通过各种测试得到的且经过实际考验而获得的，但名牌价格较高。

④售后服务热情。

技术服务支持也是选择的一个重要标准，当POS机出现故障时能得到及时的维修，保证用户不致由于机器故障而受到损失。

⑤工作效率提高。

根据系统的需要对设备进行选择，一定要保证引入POS机后确实能加强管理，使管理人员能从繁杂的工作中脱离出来而更多地考虑如何经营创效益。

(2)POS机操作方法。

收款员使用新型触摸屏POS机可以进行收款、退货、换货、价格查询、折扣、取消交易等操作，其中退货、换货、折扣功能可以设置成由经理控制。收款员每天工作的基本操作过程可以分为开机、进入销售、存零头、执行销售、结账、退出销售和关机。

由系统销售功能决定，收款员在上机时必须正确输入自己的密码，在得到系统确认后才能正常进入收款机销售状态。在销售过程中所有的账务都会自动记录在该收款员的账号下，直到退出销售下机时为止。销售结算的付款方式，可分为人民币、支票、信用卡、礼品券等。

①POS机的销售操作方法如下：

a. 解锁。先输入同种商品的数量和"*"号。

b. 扫描条码。使用扫描器，扫描读入该商品的条码信息，这时收款机屏幕上可看到所要销售商品的名称、数量、价格，同时顾客显示屏也向顾客显示其商品的价格。

c. 再次扫描。其他商品可重复以上操作，当同种商品只有一件时，可以直接进行扫描。

d. 小计金额。在收款过程中，可以随时按下小计键显示商品小计的金额。

e. 确认结算。当最终销售确认后，可按下合计键进行收款结算。

②POS机选择付款方式的操作方法如下：

a. 现金支付。顾客的交款额与购物款相等可以直接按下输入键，否则在输入实收金额后按下输入键。这时系统会自动打印账单，开启现金抽屉，并显示应找给顾客的钱数，收款员进行收款、找钱、关闭现金抽屉后，屏幕又自动回到销售状态，此次销售过程结束。

b. 支票支付。在使用支票进行支付时，系统会询问支票号，将支票号输入后，系统还要求备书，将支票背面向上放入打印机中的平推打印位置，按下输入键，系统自动打印备书并打印账单；打开现金抽屉，收款员将支票放入现金抽屉。在关闭现金抽屉后，屏幕回到销售状态，此销售过程结束。

c. 信用卡支付。在使用信用卡进行支付结算时，如果商场与银行没有实现实时划账，需要在银行允许付款额之内或在授权后系统会继续询问信用卡的种类，选择后按下输入键，系统继续询问卡号，将信用卡在收款机磁卡阅读器上将卡号刷入，屏幕回到销售状态，此销售过程结束，然后办理压卡、签字等手续。

收款员在每日换班、下班前，要进行结账处理。将现金抽屉中的现金、支票金额以及信用卡金额输入到收款机，收款机就会记录下该收款员在这个阶段的工作情况，并打印出收款员的销售对账单，反映出收入的盈亏情况，凭此依据进行交班、接班、交款和结款处理。

过去零售业中的常规收银机只能处理收银、发票、结账等简单销售作业，得到的管理情报极为有限，仅止于销售总金额、部门销售基本统计资料。对于一般零售卖场少则上千多则上万种商品的基本经营情报，如营业毛利分析、单品销售资料、畅滞销商品、商品库存、回转率却无法获得。导入POS系统主要是解决上述零售业管理盲点。

POS系统除能提供精确销售情报外，透过销售记录能掌握卖场上所有单品库存量供采购部门参考或与EOS系统连结。总之POS为现代零售管理的必备工具。

③ POS机结算的操作方法如下：

a. 输入金额。地方易货代理或特约客户的易货出纳系统，将买方会员的购买或消费金额输入到POS终端。

b. 读取信息。读卡器（POS机）读取广告易货卡上磁条的认证数据、买方会员号码（密码）。

c. 数据传输。结算系统将所输入的数据送往中心的监管账户。

d. 签字确认。广告易货出纳系统对处理的结算数据确认后，由买方会员签字。买卖会员及易货代理或特约商户各留一份收据存根，易货代理或特约商户将其收据存根邮寄到易货公司。

e. 划拨结算。易货公司确认买方已收到商品或媒体服务后，结算中心划拨易换额度，完成结算过程。

任务3 信息查询设备运用

物流和商流中应用最为广泛的信息查询设备莫过于GPS导航仪，本任务以此设备为代表来介绍信息处理设备。

1. GPS认知

GPS是英文Global Positioning System（全球定位系统）的简称，而其中文简称为“球位系”。简单地说，GPS是一个由覆盖全球的24颗卫星组成的卫星系统。通过这个系统，地球上任意一点在任意时刻，都可以同时观测到4颗卫星，以保证卫星可以采集到该观测点的经纬度和高度，以便实现导航、定位、授时等功能。这项技术可以用来引导飞机、船舶、车辆以及个人安全、准确地沿着选定的路线，准时到达目的地。

(1)GPS 功能

GPS 是 20 世纪 70 年代由美国陆海空三军联合研制的新一代空间卫星导航定位系统，其主要目的是为陆、海、空三大领域提供实时、全天候和全球性的导航服务，并用于情报收集、核爆监测和应急通信等一些军事事件。由于 GPS 技术新发展，作为先进的测量手段和新的生产力，已经融入了国民经济建设、国防建设和社会发展的各个应用领域，表现出了更加强大的服务功能，GPS 功能如下：

①实时位置跟踪。

可以实时显示车牌号、车辆所在经纬度、行驶速度、行驶方向、车辆状态(包括报警信息、停车时长等)、位置信息等。

②手机查询。

可用手机快速查出车辆当前状态、位置。

③历史轨迹回放。

使车辆在过去某一段时间的运行轨迹在地图中重现。

④地图操作。

多种地图自由切换，放大地图，缩小地图，拖动地图，测距离，测面积。

⑤车辆和驾驶员信息化管理。

管理内容涵盖车辆的车牌号码、车型、颜色、发动机号、底盘号码、用途等；驾驶员的驾驶证号、所属车队、准驾证号、身份证号、照片等，系统将对车辆和驾驶员的所有这些信息进行采集、录入，而后向用户提供修改、删除以及查询功能。

⑥区域报警。

设置一个区域，车辆进入(或者出此区域)系统报警提醒监控中心。

⑦线路报警。

如车辆未按预设行车路线行使或驶出设定区域后，系统将会自动向监控中心报警。

⑧驾驶导航。

可以在设置好的起点与终点之间规划导航。

⑨发送字幕。

对指定的车辆发送天气状况、通知、货物信息等，此信息将显示在与车机连接的显示屏上。

⑩拍照功能。

在某一时间点上抓拍车辆的图像(此功能需车机的支持)。

此外，GPS 还有抓图功能、车辆信息设置、软件车机命令设置、报警统计、行车统计、超速统计、里程统计、温度报表、油量报表、位置统计、周期报表等功能。

(2)GPS 特点

GPS 的显著特点有高精度、全天候、高效率、多功能、操作简便、应用广泛等，GPS 的显著特点如下：

①定位精度高。

应用实践已经证明，GPS 相对定位精度在 50 km 以内可达 10^{-6}，100～500 km 可达 10^{-7}，1 000 km 可达 10^{-9}。在 300～1 500 m 工程精密定位中，1 h 以上观测其平面位置误差小于 1 mm，与 ME—5000 电磁波测距仪测定的边长比较，其边长较差最大为 0.5 mm，校差中误差为 0.3 mm。

②观测时间短。

随着GPS的不断完善，软件的不断更新，目前，20 km以内相对静态定位仅需15～20 min;快速静态相对定位测量时，当每个流动站与基准站相距在15 km以内时，流动站观测时间只需1～2 min,然后可随时定位，每站观测只需几秒。

③测站间无须通视。

GPS测量不要求测站之间互相通视，只需测站上空开阔即可，因此可节省大量的造标费用。由于无须点间通视，点位位置可根据需要，可稀可密，使选点工作甚为灵活，也可省去经典大地网中的传算点、过渡点的测量工作。

④可提供三维坐标。

经典大地测量将平面与高程采用不同方法分别施测，GPS可同时精确测定测站点的三维坐标，目前GPS水准可满足四等水准测量的精度。

⑤操作简便。

随着GPS接收机的不断改进，其自动化程度越来越高，有的已达"傻瓜化"的程度。接收机的体积越来越小，重量越来越轻，极大地减轻测量工作者的工作紧张程度和劳动强度，使野外工作变得轻松愉快。

⑥全天候作业。

目前GPS观测可在一天24 h内的任何时间进行，不受阴天黑夜、起雾刮风、下雨下雪等气候的影响。

⑦功能多、应用广。

GPS不仅可用于测量、导航，还可用于测速、测时。测速的精度可达0.1 m/s,测时的精度可达几十纳秒，其应用领域不断扩大。当初，设计GPS的主要目的是用于导航，收集情报等军事目的。但是，后来的应用开发表明，GPS不仅能够达到上述目的，而且用GPS卫星发来的导航定位信号能够进行厘米级甚至毫米级精度的静态相对定位，米级至亚米级精度的动态定位，亚米级至厘米级精度的速度测量和毫微秒级精度的时间测量。因此，GPS展现了极其广阔的应用前景。

2. GPS类型

GPS主要由空间部分设备、地面控制部分设备、用户接收部分设备三部分组成。GPS卫星发送的导航定位信号，是一种可供无数用户共享的信息资源。对于陆地、海洋和空间的广大用户，只要拥有能够接收、跟踪、变换和测量GPS信号的接收设备，即GPS信号接收机，就可以在任何时候用GPS信号进行导航定位测量。根据使用目的的不同，用户要求的GPS信号接收机也各有差异。目前世界上已有几十家工厂生产GPS接收机，产品也有几百种。这些产品可以按照原理、用途、功能等来分类。

(1)按接收机的用途分类

GPS接收机按照其用途可分为导航型接收机、测地型接收机、授时型接收机。

①导航型接收机。

此类型接收机主要用于运动载体的导航，可以实时给出载体的位置和速度。这类接收机一般采用C/A码伪距测量，单点实时定位精度较低，一般为±10 m,有SA影响时为±100 m。这类接收机价格便宜，应用广泛。

根据应用领域的不同，此类接收机还可以进一步分为：车载型接收机（用于车辆导航定位）、航海型接收机（用于船舶导航定位）、航空型接收机（用于飞机导航定位）、星载型接收机（用于卫星的导航定位）。

②测地型接收机。

测地型接收机主要用于精密大地测量和精密工程测量。这类仪器主要采用载波相位观测值进行相对定位，定位精度高。仪器结构复杂，价格较贵。

③授时型接收机。

这类接收机主要利用 GPS 卫星提供的高精度时间标准进行授时，常用于天文台及无线电通信中的时间同步。

（2）按接收机的载波频率分类

GPS 接收机按照其载波频率可分为单频接收机、双频接收机。

①单频接收机。

单频接收机只能接收 L1 载波信号，测定载波相位观测值进行定位。由于不能有效消除电离层延迟影响，单频接收机只适用于短基线（小于 15 km）的精密定位。

②双频接收机。

双频接收机可以同时接收 L1、L2 载波信号。利用双频对电离层延迟的不一样，可以消除电离层对电磁波信号的延迟的影响，因此双频接收机可用于长达几千千米的精密定位。

（3）按接收机通道数分类

GPS 接收机能同时接收多颗 GPS 卫星的信号，为了分离接收到的不同卫星的信号，以实现对卫星信号的跟踪、处理和量测，具有这样功能的器件称为天线信号通道。根据接收机所具有的通道种类可分为：多通道接收机、序贯通道接收机、多路多用通道接收机。

（4）按接收机工作原理分类

GPS 接收机按接收机工作原理可分为码相关型接收机、平方型接收机、混合型接收机、干涉型接收机。

①码相关型接收机。

码相关型接收机是利用码相关技术得到伪距观测值。

②平方型接收机。

平方型接收机是利用载波信号的平方技术去掉调制信号，来恢复完整的载波信号，通过相位计测定接收机内产生的载波信号与接收到的载波信号之间的相位差，测定伪距观测值。

③混合型接收机。

这种仪器是综合上述两种接收机的优点，既可以得到码相位伪距，也可以得到载波相位观测值。

④干涉型接收机。

这种接收机是将 GPS 卫星作为射电源，采用干涉测量方法，测定两个测站间的距离。

经过 20 余年的实践证明，GPS 系统是一个高精度、全天候和全球性的无线电导航、定位和定时的多功能系统。GPS 技术已经发展成为多领域、多模式、多用途、多机型的国际性高新技术产业。

3. GPS 使用

运用 GPS 技术，要重点掌握 GPS 的构成，GPS 接收设备的选型要求，根据不同的类型及设备说明书进行正确使用。

(1)GPS 的构成

GPS 包括 GPS 卫星(空间部分)、地面支撑系统(地面监控部分)、GPS 接收机(用户部分)三大部分。GPS 利用无线电传输特性来定位，和过去地面无线导航系统所不同的是，GPS 由卫星来发射定时信号、卫星位置和健康状况信息，故具有发射信号能覆盖全球和定位精度高的优点。系统中所有卫星构成 GPS 的空间部分。卫星由地面站(地面监控部分)监测和控制，监测卫星的健康状况和空中定位精度，定时向卫星发送控制指令、轨道参数和时间改正数据。

用户装有 GPS 接收机，用来接收卫星发来的信号。GPS 接收机中装有专用芯片，用来根据卫星信号计算出定位数据。用户并不需要给卫星发射任何信号，卫星也不必理会用户的存在，故系统中用户数量没有限制。具有 GPS 接收机的用户就构成系统的用户部分。

①GPS 的空间部分。

GPS 的空间部分如图 9.19、图 9.20 所示。

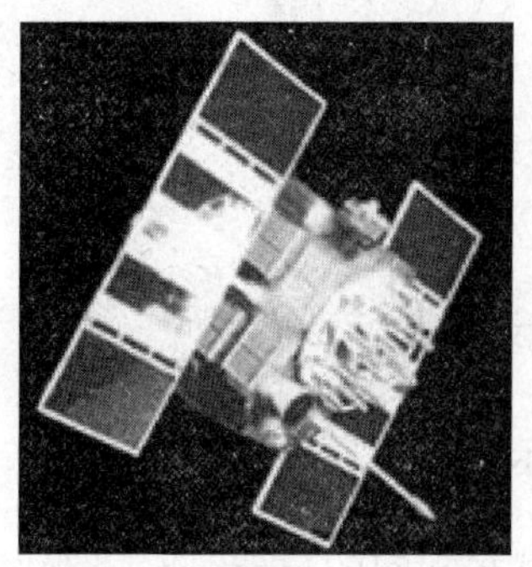

图 9.19 GPS空间部分

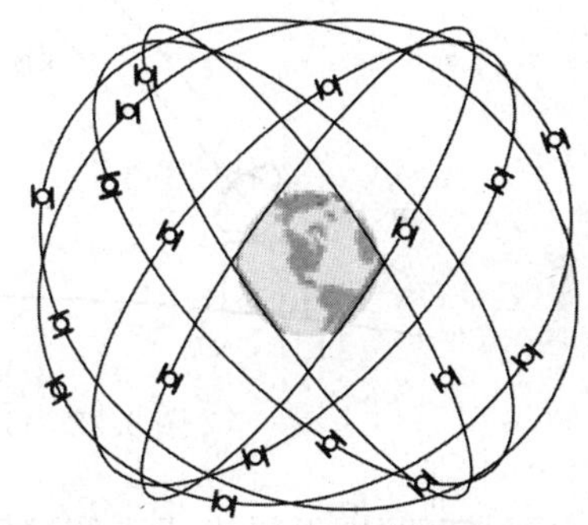

图 9.20 GPS空间卫星

GPS 空间部分包括由 24 颗卫星组成的星座。卫星高度为 20 200 km，运行周期为 12 h。卫星分布在 6 条升交点相隔 60°的轨道面上，轨道倾角为 55°；每条轨道上分布 4 颗卫星，相临两轨道上的卫星相隔 40°，使得在地球上任何地方至少同时可看到 4 颗卫星。具有这样轨道参数的卫星，其发射信号能覆盖地面 38%的面积。卫星运行到轨道的任何位置上，它对地面的距离和波束覆盖面积基本不变。同时在波束覆盖区域内，用户接收到的卫星信号强度近似相等。这对提高定位精度十分有利。GPS 空间卫星能在全球任何地方、任何恶劣的气候条件下，为用户提供 24 h 不间断的免费服务。

②GPS 地面监控部分。

地面监控部分包括 1 个主控站、3 个注入站和 5 个监测站。主控站位于美国科罗拉多的斯平士(Colorado Springs)的联合空间执行中心(CSOC)，3 个注入站分别设在大西洋、印度洋和太平洋的 3 个美国军事基地上，即大西洋的阿松森(Ascension)岛、印度洋的狄哥 · 伽西亚(Diego Garcia)和太平洋的卡瓦加兰(Kwajalein)，5 个监测站设在主控站和 3 个注入站以及夏威夷岛，如图 9.21、图 9.22 所示。

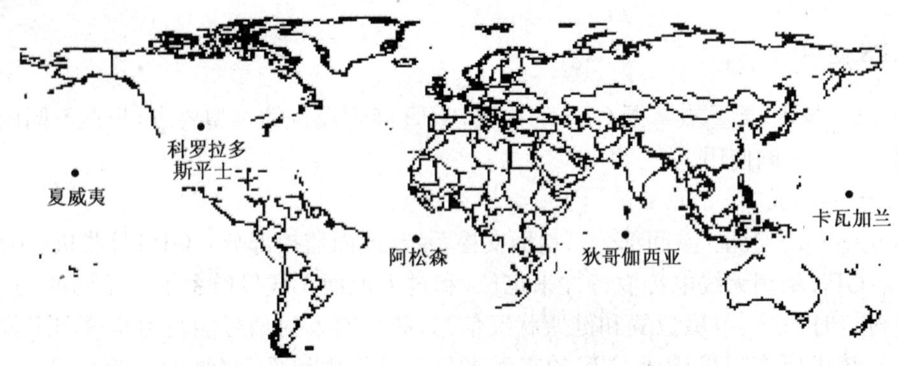

图 9.21　GPS 卫星地面监控站示意图

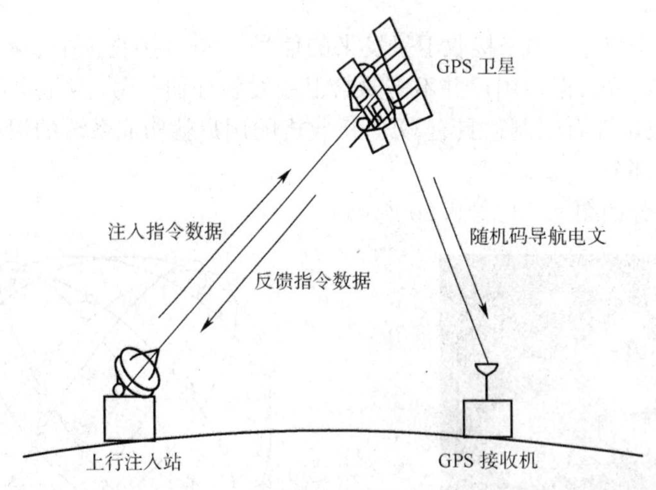

图 9.22　GPS 控制系统示意图

监测站主要是对每颗卫星进行观测，精确测定卫星在空间的位置，向主控站提供观测数据。每个监测站还配有 GPS 接收机，对每颗卫星连续不断地进行观测，每 6 s 进行一次伪距测量和积分多普勒观测，并采集与气象有关数据。监测站受主控站的控制，定时将观测数据送往主控站。

主控站拥有大型电子计算机，作为数据采集、计算、传输、诊断、编辑等功能的主体设备，实现下列功能：

a. 采集数据。

主控站采集各个监测站所测得的伪距和积分多普勒观测值、气象要素、卫星时钟和工作状态数据，监测站自身的状态数据以及海军水面兵器中心发来的参考星历。

b. 编辑导航电文。

根据采集到的全部数据计算出每颗卫星的星历、时钟改正数、状态数据以及大气改正数，并按一定格式编辑为导航电文，传送到注入站。

c. 诊断功能。

对整个地面支撑系统的协调工作进行诊断；对卫星的健康状况进行诊断，并加以编码向用户指示。

d. 调整卫星。

根据所测的卫星轨道参数，及时将卫星调整到预定轨道，使其发挥正常作用，而且还可以进行卫星调度，用备份卫星取代失效的工作卫星。

主控站将编辑的卫星电文传送到位于三大洋的 3 个注入站，而注入站通过 S 波段微波链路定时地将有关信息注入各个卫星，然后由 GPS 卫星发送给广大用户，这就是所用的广播星历。

③GPS 用户部分。

用户部分包括用户组织系统和根据要求安装相应的设备，但其中心设备是 GPS 接收机。GPS 接收机是一种特制的无线电接收机，用来接收导航卫星发射的信号，并以此计算出定位数据。根据不同性质的用户和要求的功能，要配置不同的 GPS 接收机。其结构、尺寸、形状和价格也不尽相同。如航海和航空用的接收机，要具有与存有导航图等资料的存储卡相接口的能力；测地用的接收机就要求具有很高的精度，并能快速采集数据；军事上用的，要附加密码模块，并要求能高精度定位。

GPS 接收机的种类虽然很多，但结构基本一致，可分为天线单元和接收单元两部分。天线单元由接收天线和前置放大器组成。常用的天线形式有定向天线、偶极子天线、微带天线、线螺旋天线、圆螺旋天线等。前置放大器直接影响接收信号的信噪比，要求噪声系数小、增益高和动态范围大。现在一般都采用 FET 放大器。接收单元包括信号通道、存储、计算与显示控制及电源等部件。信号通道的主要功能是接收来自天线的信号，经过变频、放大、滤波等一系列处理，实现对 GPS 信号的跟踪、锁定、解调、检出导航有关信息。根据需要，可设计成 1～12 个通道，以能接收多个卫星信号。其他几个部件的作用主要包括根据收到的卫星星历、伪距观测数据，计算出三维坐标和速度；进行人机对话、输入各种指令、控制屏幕显示等，如图 9.23 所示。

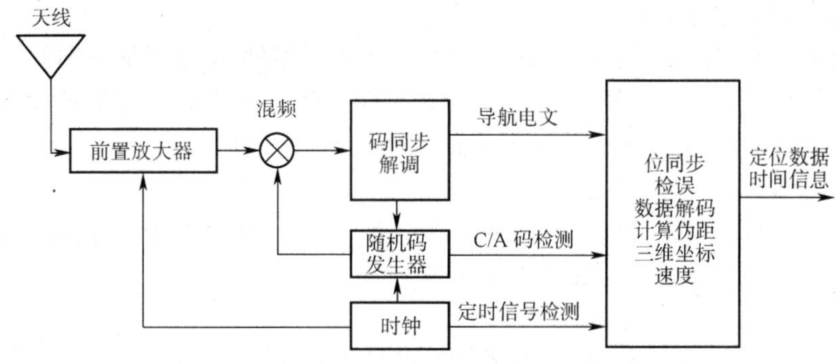

图 9.23　GPS 接收机简化原理框图

(2)GPS 接收设备选型

最近几年，GPS 技术有着快速的发展，GPS 接收设备越来越商用化、民用化，促使中国的 GPS 导航仪市场快速升温，GPS 导航市场在短时间内就出现了爆炸式的增长。

选择与评价一台 GPS 导航仪的好坏，要关注的九大因素，如下：

①收星速度与质量。

从 GPS 导航仪的工作原理来看，能否接收到有效的卫星信号是其运行中的一个重要部分，因此，收星速度与质量就直接决定了一台 GPS 导航仪的性能。收星速度以及信号的强弱直接决定车辆定位的速度和准确度,具有重要意义。

②开机的速度与反应速度。

开机速度与机器的反应速度也是一个重要部分,开机与反应速度主要由处理器决定,采用好的处理器可以提高机器的反应速度,从而提升车辆导航的精确度,同时也可以节约使用者的操作时间,省时更省心。

③外观美观耐磨、抗摔。

GPS 导航仪材料的好与否,在很大程度上也决定了其综合性价比,同时好的材料也是 GPS 导航仪长久使用的有力保障。

④产品便携程度。

PND,作为便捷式导航仪的代称,因此,产品的便捷程度就成了一个硬性指标,产品的便捷程度、安装的简单与否,都会直接导致用户使用的方便程度。

⑤电池容量与使用时间。

电池拥有多长的续航能力,即导航仪在断开充电器后能够继续使用多长时间,也是评定导航仪好与否的一个标准。续航时间体现了机器的能耗效率,也体现了 GPS 导航仪的综合性能。

⑥对工作环境要求。

由于 GPS 导航仪的使用环境是多变的,因此,工作温度与湿度就成为了考验导航仪性能的一个因素。一款好的导航仪,必须能够适应不同的工作环境要求,才能有效地避免性能故障,让用户在使用中无后顾之忧。

⑦多媒体阅读的兼容性。

随着 GPS 导航仪的功能越来越趋向多元化,娱乐多媒体已经成为了导航仪必备的功能之一。因此,兼容的多媒体格式的多少,也就成为了一个关键。

⑧地图信息的质量与匹配。

电子导航地图是 GPS 导航仪赖以工作的另一个重要组件,电子导航地图的正确与否就直接决定了车主能否更快捷、更轻松地到达目的地。在当前的市场上,各品牌所使用的电子地图也参差不齐,而且往往不能及时升级地图信息,给用户带来不便。

⑨售后服务质量。

现今市场上销售的 GPS 导航仪,有些品牌无法为用户提供完整的售后保修服务,在选购时一定要详细了解该产品的售后维修情况,以免上当。

任务 4　铁路物流信息系统运用

物流信息系统(Logistics Information System,LIS)是指由人员、计算机硬件、软件、网络通信设备及其他办公设备组成的人机交互系统,其主要功能是进行物流信息的收集、存储、传输、加工整理、维护和输出,为物流管理者及其他组织管理人员提供战略、战术及运作决策的支持,以达到组织的战略竞优,提高物流运作的效率与效益。

铁路物流信息系统目前使用的主要有中国铁路 95306 系统、铁路货运营销与生产管理系统(Freight Marketing Operation System,FMOS)、铁路货票信息综合应用系统。本任务以 95306 系统为代表来介绍铁路物流信息系统。

2013 年 12 月 8 日，中国铁路客户服务中心正式上线“铁路 12306”。“铁路 12306 主要是向广大旅客提供列车信息查询、购票等服务。在 2014 年 12 月 12 日起，更新了“铁路 12306”的 2.0 版本，更好服务大众。如今与“铁路 12306”相连接的“铁路 95306”正式上线。为进一步方便广大旅客货主，中国铁路 95306 网站(http://www.95306.cn)已于 2015 年 4 月 10 日上线运行。

1. 95306 认知

中国铁路 95306 网站是铁路部门新建成的又一铁路网站，是集大宗物资交易、小商品交易、行业资讯、物流服务为一体的大型综合电子商务平台，如图 9.24 所示。

图 9.24　中国铁路 95306 网站首页

近年来，铁路的改革与转型，为客户开通了便利，从刚开始只能到货运营业场所办理，到现在网上集装箱办理、拨打客服电话办理、上门服务办理等，受理方式增多、服务与时俱进、铁路加快推动向现代物流转型发展的步伐，使客户受益匪浅。如能把 95306 网站建设成为像 12306 网站那样具有标志性的、社会影响很大的服务平台，那将成为货主联系铁路、参与铁路物流工作的最佳平台。为此，95306 网站将会成为铁路重要的物流来源，在铁路物流蓬勃发展的今天，必将积极发挥 95306 网站对货源的集聚效应。不但要围绕发挥 95306 网站的作用，而且还要进一步加强和完善网站功能，在丰富服务内容的同时，充分给广大货主、人民群众创造更好的上网新体验。

2. 95306 功能

如今，货主通过 95306 网络平台，轻松地办理货物的发送、运费的结算，也可以及时掌握货物的动态位置等。而铁路通过 95306 平台，及时受理货主的货物运输请求，与其他运输方式一道，及时为货主安排仓储、短途接驳及其他的服务，为货主的货物运输减少了中间环节，当然也就为货主节省了运输费用，减少了产品的成本，在为货主赢得商机的同时，也提高了产品的竞争力。

95306 网络平台的建立，让铁路的货物运输实现了智能化管理，也会整合铁路的所有信息资源为社会使用，实现物流信息资源的共享，让货主的发货更加轻松自如。随着信息科技的快速发展，云计算的建立和大数据时代的来临，95306 的信息内容会越来越丰富，在方便货主的同时，也会让铁路的转型搭上快车道。相信在不久的将来，95306 网站将成为全国访问流量最大、电子交易额最大、物流量最大的知名电商物流平台。95306 网站主要开展三项服务业务：

(1)提供铁路货运电子商务服务，开办“我要发货”“运费查询”“货物追踪”等铁路货运业务。

(2)提供大宗物资交易服务，支持煤炭、矿石、钢铁、粮食、化工、水泥、矿建、焦炭、化肥、木材、饮食品等十一个品类物资在线交易并提供配套物流服务。

(3)提供小商品交易服务，包含商品选购、在线支付、物流配送、网络营销、客户服务等功能。

3. 95306 使用

(1)货运资讯

使用 95306 进行网上货物办理业务流程、服务场所综合信息、价格查询、货物运输条件、货运班列、车辆和集装箱参数、法律法规及规范性文件、货运办理常见问题、货物快运等信息的查询，如图 9.25 所示。

图 9.25　95306 货运资讯网页

(2)运费查询

客户登录中国铁路客户服务中心网站(www.95306.cn)，首页点击“运费查询”，进入“货物运价查询”，填写发货车站、到货车站、货物品名、选择发送端服务、到达端服务，输入验证码等相关信息后，点击“开始查询”，系统即刻反馈查询的结果，如图 9.26 所示。

图 9.26　95306 运费查询网页

(3)95306 网上“我要发货”办理流程

客户登录中国铁路客户服务中心网站(www.95306.cn),首页点击“我要发货”,进入铁路局电子商务平台(如图 9.27 所示),选择发货铁路局,再点击“我要发货”,填写相关信息并提报后,系统即刻反馈查询码。铁路客服人员将主动联系您,帮助您办理业务。

图 9.27　95306 我要发货网页(一)

具体流程如下:

①需求提报

客户登录中国铁路 95306 网站,点击“中国铁路货运电子商务平台”,进入各铁路局货运电子商务平台,在首页面点击“我要发货”,进入我要发货提报页面,直接提出运输需求,如图 9.28、图 9.29 所示。

图 9.28　95306 我要发货网页(二)

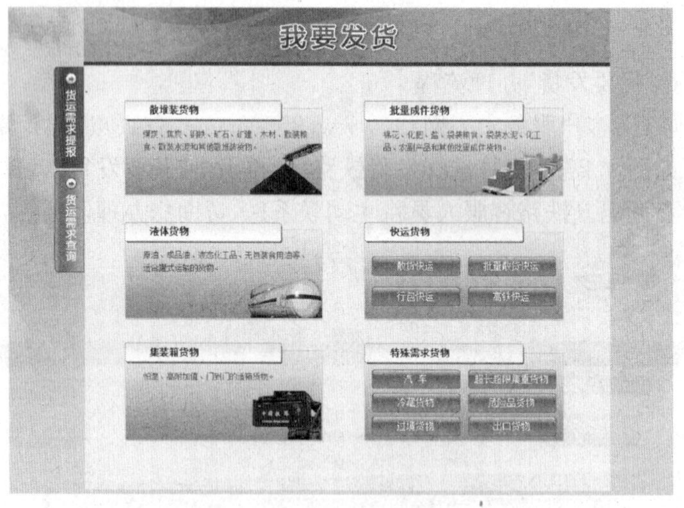

图 9.29　95306 我要发货网页(三)

客户填写姓名、联系电话、货物信息、发到地点(站)等信息,如图 9.30 所示。

点击保存后,系统产生查询码,并通过网页和手机短信反馈客户。

需求提报成功后,客户需保持手机畅通,铁路客服人员将尽快与客户联系,确认需求信息,并协助客户办理上货装运事宜。

②我要发货查询

对于我要发货提报的需求,客户可通过"我要发货"页面,凭查询码和预留手机号查询业务办理状态以及货物轨迹。

客户还可以拨打 95306 客服电话,向客服人员提供查询码和手机号,查询业务办理情况。

(4)使用 95306 网站货物追踪服务

客户可登录 95306 网站,在首页右侧点击"货物追踪"按钮,进入"货物追踪"界面,输入正确的车号、货票号和验证码，点击“查询”按钮，即可显示货物的最近位置信息，如图 9.31 所示。

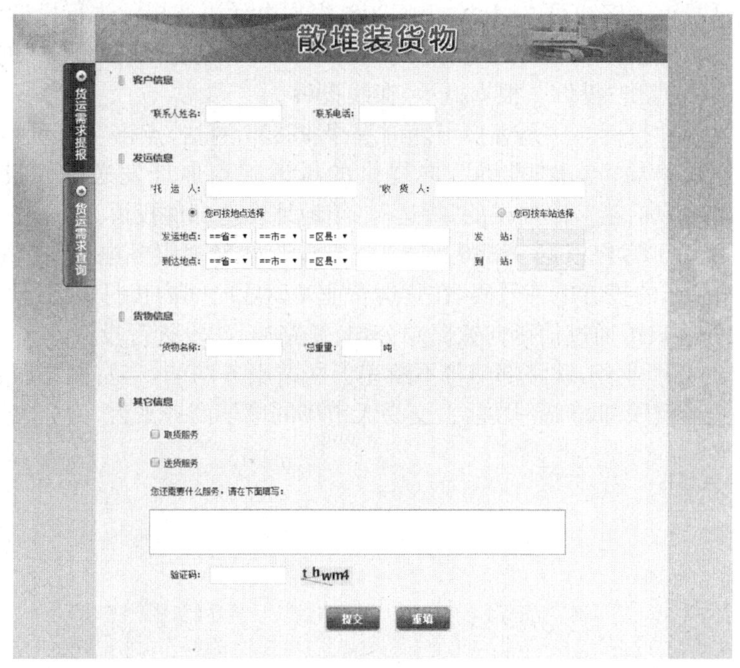

图 9.30　95306 我要发货网页(四)

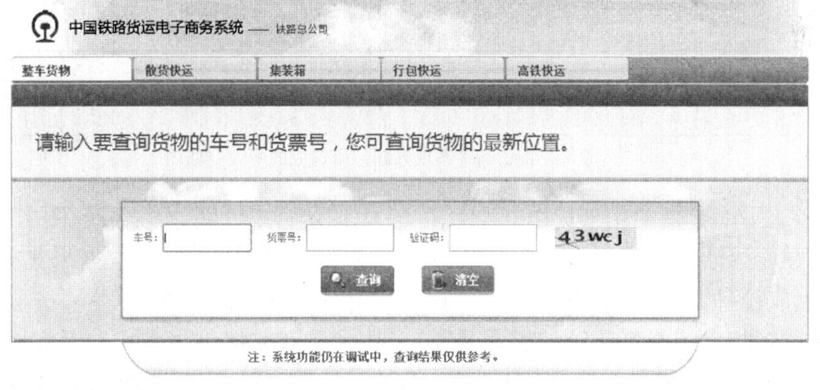

图 9.31　95306 货物追踪网页

(5)通过拨打 95306 客服电话办理发货

①需求提报

客户直接拨打铁路局 95306 电话，根据语音提示，选择“2 货运服务”，再选择“1 我要发货人工服务”，直接向铁路客服人员提出发货需求。需求确认后，客服人员告知客户查询码，用于后续业务办理及状态查询。

②结果查询

客户可拨打 95306 客服电话，向客服人员提供查询码和手机号，查询业务办理情况。也可通过铁路局货运电子商务系统的“我要发货”页面，查询业务办理状态以及货物轨迹。查询时，仅需填写查询码和手机号。

(6)95306 货运服务质量问题投诉渠道

①95306 电话投诉。客户可 24 h 拨打 95306,根据电话语音提示进行投诉。

②95306 网站在线投诉。客户可随时登录 95306 网站,点击"货运服务"进入货运电子商务平台,选择铁路局,点击"投诉",根据提示,在线投诉。

③95306 网站邮件投诉。一是客户可随时登录 95306 网站,点击"货运服务"进入货运电子商务平台,选择铁路局,点击"投诉",向提供的投诉邮箱地址发送邮件投诉。二是登录 95306 网站,点击"客户信箱",向提供的"货运"邮箱地址发送邮件投诉。

④站段电话投诉。客户根据 95306 网站"主要营业站受理服务电话"提供的服务电话号码,或货运营业站公布的投诉电话号码,在货运营业站营业时间内拨打电话进行投诉。

⑤信函投诉。客户可通过信函向铁路总公司、铁路局、站段进行投诉。

使用 95306 网办理业务,铁路部门将不断完善网站服务功能,丰富网站服务内容,努力将 95306 网打造成企业俱乐部、商品大展台、交易大市场的电子商务平台,为广大用户服务。

复习思考题

1. 名词解释

(1)POS 机:

(2)GPS:

(3)信息采集设备:

(4)信息查询设备:

2. 填空题

题号	(1)	(2)	(3)	(4)	(5)
填空					
说明	将正确答案填入题号所对应的下方空格内				

(1)数据采集设备广泛应用于货物出入库、(　　)、固定资产管理、抄表系统、图书管理系统中。

(2)目前在物流活动中常用的信息采集设备一般为自动采集设备,根据采集方式的不同,主要有条码生成设备、条码识读设备、(　　)、无线射频设备等。

(3)无线射频技术相对于传统的磁卡及 IC 卡技术具有非接触、(　　)、无磨损等特点。

(4)95306 网站能够提供小商品交易服务,包含(　　)、在线支付、物流配送、网络营销、客户服务等功能。

(5)使用 95306 进行网上货物办理业务流程、服务场所综合信息、价格查询、货物运输条件、货运班列、(　　)、法律法规及规范性文件、货运办理常见问题、货物快运等信息的查询。

3. 识图题

题号	(1)	(2)	(3)	(4)	(5)
填空					
题号	(6)	(7)	(8)	(9)	(10)
填空					
说明	将图形的准确学名填入题号所对应的下方空格内				

序号	图　形	序号	图　形
(1)		(2)	
(3)		(4)	
(5)		(6)	
(7)		(8)	
(9)	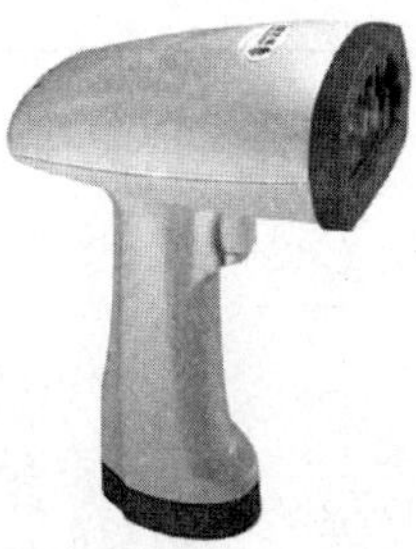	(10)	

4. 判断题

题号	(1)	(2)	(3)	(4)	(5)
选项					
说明	在正确观点题号的下面空格内划“√”,错误观点题号的下面空格内“×”				

(1)无线射频设备系统一般由信号发射机和信息接收机组成。

(2)触摸屏 POS 机不可以进行取消交易操作。

(3)信息采集设备分为条码生成设备、条码识读设备、数据采集设备。

(4)GPS 接收机按接收机工作原理可分为码相关型接收机、混合型接收机、干涉型接收机。

(5)GPS 系统主要由空间部分设备、地面控制部分设备、用户接收部分设备组成。

5. 简答题

(1)GPS 特点有哪些?

(2)固定 POS 机的优点是什么?

6. 阐述题

阐述使用 95306 网站进行运费查询的操作步骤。

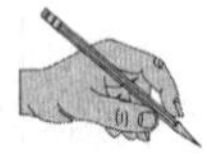

项目实操考核评价

以学生个人为单位实行考核。

	激光枪扫描条形码作业			95306 网页操作作业			得分
	自评	同学评	教师评	自评	同学评	教师评	
学生 1							
学生 2							
学生 3							
学生 4							
学生 5							

说明:

1. 每人总分为 100 分。

2. 每人每项为 50 分制,计分标准为:不会操作计 1～15 分,基本不会操作计 16～30 分,操作较好计 31～40 分,操作很好计 41～50 分。

3. 采用分层打分制,建议权重计为:自评分占 0.2,同学评分占 0.3,教师评分占 0.5,然后加权算出每名同学在本项目中的综合成绩。

项目 10　物流设备维护与管理

物流设备是物流系统的重要组成部分，在物流活动中处于重要地位，是实现物流作业的重要基础。现代物流朝着机械化、智能化、一体化方向快速发展，物流设备是推动其发展的重要推动力。

随着物流产业的发展，物流技术与装备水平不断提高，80％以上的物流企业采用机械设备进行物料搬运与装卸，很多企业应用现代物流技术与装备重构生产物流系统。事实证明，先进的物流技术与装备是企业降低成本、提高效益和增强市场竞争力的重要手段。目前，我国各种物流装备数量迅速增长，技术性能日趋现代化。特别是随着计算机网络技术在物流系统中的应用，先进的物流装备系统不断涌现。在这样大型、高速、便捷的物流设备广泛使用下，物流设备的选型、更新、维护与管理显得尤为重要。

项目描述

学习目标	器材工具	教学建议	课时计划
①了解物流设备维护与管理的意义、特点 ②掌握物流设备的选型 ③熟悉物流设备的日常维护 ④熟悉物流设备的安全管理	①物流实训室（或配送中心）的各类物流设施设备 ②物流设施设备管理维护管理相关制度	①条件允许时，尽量在理论实践一体化教室中实施教学 ②如果条件不允许，可采用某一配送中心的布置图或视频代替	6 学时，其中理论教学 6 学时，实践操作 2 学时，项目考核 2 学时

项目任务

组织学生参观本校物流实训室（或某一配送中心），分析相应物流设备的主要功能，讨论在物流设备选型时应考虑的主要因素，了解各类物流设备设施的日常维护和安全管理。因而其操作应涉及如下工作环节：

(1)了解实训室（或配送中心）的作业流程，并结合作业流程说明相关物流设备的主要功能，讨论物流设备规划与选型时应依据的主要原则。

(2)结合物流设备的实际使用情况，归纳实训室（或配送中心）物流设备的日常维护和安全管理措施。

任务1　物流设备维护与管理概述

1. 现代物流设备维护与管理的意义

现代物流设备管理是以物流设备的选型到报废为研究对象，以设备寿命周期费用最经济和设备综合效率最高为目标，动员全员参与的综合管理。目的是充分发挥设备效能，并寻求寿命周期最长，费用最经济合理，从而获得最佳投资效果。

设备有两种形态：实物形态和价值形态。实物形态是价值形态的物质载体，价值形态是实物形态的货币表现。在整个设备生命周期内，设备处于这两种形态的运动之中。对应于设备的两种形态，设备管理也有两种方式，即设备的实物形态管理和价值形态管理。设备从规划设置到报废的全过程即为设备实物形态运动过程。在整个设备寿命周期内的最初投资、使用费用、维修费用的支出，折旧、改造、更新资金的筹措与支出等，构成了设备价值形态的运动过程。

2. 现代物流设备维护与管理的特点

现代物流设备除了具有一般管理的共同特征外，与企业的其他专业管理相比，还有一些特点。

(1)技术性。现代物流设备管理包含了机械、电子、液压、光学、计算机等许多方面的科学知识，在维修与使用中还需要掌握状态监测的诊断技术、可靠性工程、摩擦磨损理论、表面工程、修复技术等专业知识。

(2)综合性。现代物流设备包含了多种专业技术知识，是多门学科技术的综合应用。设备管理的内容是工程技术、经济财务、组织管理三者的综合，是一项全过程管理。

(3)随机性。故障的随机性决定了维修与管理的随机性。这要求管理者信息畅通、器材准备充分、组织严密、指挥灵活。

(4)全员性。科学调动广大员工参与的积极性，施行以人为本的管理。

任务2　物流设备的选型

配置与选择物流设备应遵循理念先进、技术先进，经济合理，生产作业安全适用，环保上无污染的原则。

1. 基本原则

在进行规划与设计的过程中，应遵循一定的原则，以确保规划的合理性、科学性与适用性。在进行物流设施与设备的规划时，应遵循的基本原则有七个方面。

(1)系统性原则

现代物流与传统的运输、搬运、储存的根本区别就在于现代物流的系统性原则，这是现代物流的核心。体现在物流技术与装备方面，就是在企业物流系统中，要用系统观点和方法去解决物流技术装备配置和选择问题，满足物流系统化作业需求，做到性价比最优，实现系统配置最合理，提高企业资源的利用率。按系统化原则配置与选择物流技术装备，就是在物流技术装备配置、选择中用系统的观点和方法，对物流技术装备运用所涉及的各环节进行系统分析，根据物流系统总目标要求，把物流技术装备之间、物流技术装备与操作人员之间、物流技术装备与物流作业任务等有机地结合起来，改善各个环节的技能，使物流技术装备配置、选择最佳，能发挥最大的效能，并使物流系统整体效益最优。这不仅要求物流技术装备与整个系统相适应，各物流技术装备之间相匹配，而且还要求全面、系统分析物流技术装备单机的性能，从而进行综合品评价，做出决策。采用系统性原则进行物流设备选型与系统规划设计，要本着模块化、单元化、先进适用等技术思路，采用先进的技术手段进行分析与设计。

(2)适用性原则

适用性是物流技术装备满足使用要求的能力，它基本包括适应性和实用性。在配置与选择物流技术装备时，应充分注意到与物流作业的实际需要和发展规划相适应，应符合货物的特性，适应货运量的需要，适应不同的工作条件和多种作业性能要求，操作使用灵活方便。

(3)技术先进性原则

技术先进性是指配置与选择的物流技术装备能够反映当前科学技术先进成果，在主要技术性能、自动化程度、结构优化、环境保护、操作条件、现代新技术的应用等方面具有技术上的先进，并在时效性方面能满足技术发展要求。因而，先进是指在一定条件下、一定时期的先进。物流技术装备的技术先进性是实现物流现代化所具备的技术基础。但先进是以物流作业适用为前提，以获得最大经济效益为目的，绝不是不顾现实条件和脱离物流作业的实际需要而片面地追求技术上的先进。技术先进性的原则要体现在专业性上，要从专业角度考察技术的先进性。脱离了专业性，一味地追求最现代化与自动化，会在成本上得不偿失，花很多冤枉钱；一味在规模上求大求全，也会造成很多不必要的浪费。

(4)低成本原则

低成本原则不是为低成本而低成本，而是要首先在满足企业需求的条件下的低成本，它也不仅是要求一次购置费用低，更重要的是物流技术装备的适用费用低，整体节点规划成本低，即是指物流技术装备的寿命周期内综合成本最低。

(5)可靠性与安全性原则

可靠性是指物流技术装备在规定的使用时间和条件下，完成规定功能或任务的可靠能力。它是物流技术装备的一项基本性能指标，是物流技术装备功能在时间上的稳定性和保持性。

安全性是指物流技术装备在使用过程中保证人身和货物安全以及环境免遭危害的能力。它主要包括设备的自动控制性能、自我保护性能以及对误操作的防护和警示装置等。

(6)节能环保原则

目前，世界上各国都在尽力把绿色物流的推广作为物流业发展的重点，积极开展绿色环保物流的专项技术研究，如在物流系统和物流活动的规划与决策中尽量采用对环境污染小的方案，企业在选用物流技术装备时，应优先选择对环境污染小的绿色产品和节能产品。

(7)物流先行原则

兵马未动，粮草先行，这是中国古代军事物流最朴素也最重要的物流理念，物流是先有“物”，才有“流”，“物”在“流”前，但是长期以来人们将此顺序搞反了，只关注流，不关注“物”，把物流放在规划建设、设计生产后面了。结果就是，先前布局不合理，后续再优化物流系统都不能解决根本问题，建设设施不利于物流系统优化，也会留下长期遗憾；产品设计与包装不利于物流运作，物流作业效率难以提升，生产不符合物流理念，现代物流运作将步履维艰。

2. 规划方法

设备规划主要包括设备更新规划、设备现代化改造规划、新增设备规划等。一般步骤有以下四个方面：

(1)明确规划编排依据

设备规划的编制依据主要有：企业经营发展的需求；现有设备的技术状况；有关安全、环节保护、节能等方面法规的要求；国内外新型设备的发展和科技信息；可筹集用于设备投资的资金。在确定配置方案之前，要根据设备规划确定需更新的物流设备，然后再根据其进行物流设备的配置。

(2)收集比较相关资料

收集有关资料，并进行详细分析比较。在进行收集资料的时候，要从经济、技术、自然环境等方面进行着手，将相关资料进行充分收集与细致分析。具体内容如下：

①经济资料。货物的种类及其特性、货运量、作业能力、货物流向等是最主要的经济资料，它们直接影响着物流设备的配置与选择。因此，必须多渠道、正确地收集这些资料。在收集有关经济资料时，不仅要掌握目前和近期的情况，而且还需要摸清远景的发展或变化趋势。调查所得的资料应加以必要的整理、审查、核实、分析研究，并做出有关的统计分析表。

②技术资料。技术资料包括物流设备技术性能现状及发展趋势；主要生产厂家技术水平状况；使用单位对设备的技术评价等。这些是从整体上把握物流设备技术状况的重要数据和资料。

③自然条件资料。自然条件资料主要包括货场仓库条件、地基的承受能力、地基基础、作业空间等资料。

(3)初步拟定配置方案

对于同一类货物、同一作业线、同一作业过程，可以选用不同的物流机械设备。因而在拟定初步方案时，就可能提出几个甚至更多具有不同程度优缺点的配置方案。然后，按照配置原则和作业要求确定配置物流设备的主要性能，分析各个初步方案的优缺点，并进行初步选择，最后保留 2～3 个较为可行的、各具优缺点的初步方案，并估算它们的投资，计算出物流设备生产率或作业能力以及初步的需要数量。

(4)评价确定最终方案

为了比较各种配置方案，从经济上分析哪些方案较为有利，必须进行技术经济评价，以便选择一个有利方案。在确定配置方案时，具体方案中如出现不可比因素，就要求将不可比因素作一些换算，尽量使项目有可比性。

3. 规划内容

物流设备规划的内容主要包括物流网络规划、节点规划、数量规划等三个方面。

(1)网络规划

物流网络化就是用系统、科学的思想将物流网络规划设计“网络化”，把物流从一种“混沌”状态转变为有序的网络化状态，用系统思维统领物流网络的规划设计。物流网络化可以从微观和宏观两个层面来考虑。在微观层面，主要是通过一般企业和物流企业的物流规划设计，推动物流网络化；在宏观层面，则通过政府的物流产业政策，营造良好的物流运作环境，推动国家宏观经济物流的网络化。

对于一般企业的物流网络化，主要分三步来进行。首先是实现企业内部的物流网络化，通过将采购、存储、生产、销售等各个环节的活动和物流活动紧密结合起来，实现企业内部物流网络化。现在许多企业成立物流中心，将采购、外协加工、仓储、配送到工位、在制品转运、成品运输作为物流中心的主要任务，就是实现这种网络化的有力措施和表现。其次是实现交易双方企业间的物流网络化，这是指通过与供方和客户的合作，实现运输和物资保管活动的合理化。最后是实现同行业企业间的物流网络化，这是指通过与同行其他企业的合作，实现物流网络化，如实现共同配送、共同集货、共同仓储等。

(2)节点规划

物流节点是指物流路径的结节之处。广义的物流节点是指所有进行物资中转、集散和储运的节点，包括港口、空港、火车货运站、公路枢纽、大型公共仓库及现代物流(配送)中心、物流园区等。狭义的物流节点仅指现代物流意义的物流(配送)中心、物流园区和配送网点。物流节点类型包括：存储型物流节点、流通加工型物流节点、配送型物流节点、综合型物流结点。

①在进行物流节点选择的时候，通常遵循以下原则：

a. 物流节点发生的物流量及其发展水平。

由于物流节点的建设投资大、建设周期长，所以物流节点的类型确定不仅要适应现在发展的需要，还要适应将来发展的需要。故指标的取值应取近期、中期和远期的平均值。

b. 工商业发展水平。

工商企业是物流服务需求主体，工商业的发展水平高，则说明对物流服务的需求或潜在需求大。物流节点在此布局，一方面要考虑有助于促进当地工商业的发展，另一方面应便于吸引物流企业入驻，提高运营效益。这是判定物流节点类型的重要依据。

c. 对外经济贸易发展水平。

应考虑进出口贸易发展规模及企业规模。

d. 区域交通运输区位优势。

物流节点作为物流诸要素活动的主要场所，为保证物流作业的顺畅进行，必须具有良好的交通运输联络条件。

e. 用地条件。

要考虑土地价格及大面积土地的可得性。

f. 环境保护要求。

物流节点的设置需要考虑保护自然环境与人文环境等因素，尽可能降低对城市生活的干扰，对于大型的物流节点应尽量设置在远离市区的地方。物流节点对环境的影响程度衡量的取值，可考虑当物流节点建在城市边缘取值为3；建在市区取值为1；建在市中心和城市边缘之间的取值为2。

②在进行物流节点的选取时，应当充分调研，考查当地的自然优势、区位优势、政策供给等多方面。影响物流节点选址的因素主要有：

a. 交通运输。

交通方便、四通八达，各种运输方式兼有且具备一定的优势。

b. 用地条件。

考虑土地价格及大面积土地的可得性。

c. 环保要求。

尽可能从生态建设出发，确保绿色环境，对环境破坏最小。

③物流节点的规划方法主要从以下五个方面进行考虑：

a. 功能设计。

功能齐全、合理、有可拓展性。

b. 设施规划。

设施规划详细、合理。

c. 信息系统设计。

信息系统完善且能够处理并发事务。

d. 建筑结构设计。

建筑布局合理，结构新颖且耐用。

e. 物料搬运系统设计。

充分考虑搬运系数，切实利用好搬运设备。

(3)数量规划

做好设备的规划就要对设备的数量有一个详细的分析与计算。定量分析法的方法包括解析法、最优化规划法、启发式方法、仿真方法和综合因素评价法。

4. 选型步骤

物流设备的配置方案确定后，接下来就是全面衡量各项技术经济指标，选择合理的机型，选型的步骤具体如下：

(1)预选

在广泛收集物流机械设备市场供货情报的基础上进行。供货情报的来源主要包括产品样本、产品目录、产品广告、展销会以及采购人员收集的其他情报等，并进行分类汇编，从中筛选出可供选择的机型和厂家。

(2)细选

对预选出来的机型和厂家进行调查、联系和询问，详细了解物流设备的各项技术性能参数、质量指标、作业能力和效率；生产厂商的服务质量和信誉，使用单位对其设备的反映和评价；货源及供货时间；订货渠道、价格、随机附件及售后服务等情况。将调查结果填写在“设备货源调查表”上，并分析比较，从中选择符合要求的厂家作为联系目标。

(3)选定

对选出的厂家进行联系，必要时派专人做专题调查和深入了解，针对有关问题，如物流设备的力学性能状况，价格及优惠条件、交货期、售后服务条件、附件、图纸资料、配件的供应等同厂家进行协商谈判，并做出详细的记录。然后由企业有关部门进行可行性论证，选出最优的机型和厂家作为第一方案，同时准备第二、三方案以应付订货情况变化的需要，经主管领导及部门批准后定案。

任务3　物流设备的维护

1. 物流设备的维修

(1)维修方式分类

物流设备作为物流生产的基本工具，其技术状况对物流生产的劳动效率和经济效益有直接的影响。首先,物流设备的技术状况直接影响作业效率;其次,物流生产同样需要两种费用,即固定费用和可变费用,维修作业费用直接影响企业经济效益。因此,为保证物流设备特别是物流机械装备处于良好的技术状况,选择合理的维修方式是实现上述目标的前提条件。

按照维修活动对机械设备技术状态变化的影响程度,可以分为维护和修理两类作业。维护是以保持机械设备规定的技术状态为目的。而修理是以恢复机械设备规定的技术状态为目的,基于对机械设备技术状况变化规律的认知程度,可以采用定期维护、视情维修、计划修理或事后修理等不同的维修方式。两类维修作业活动及其不同维修方式之间的关系,如图 10.1 所示。

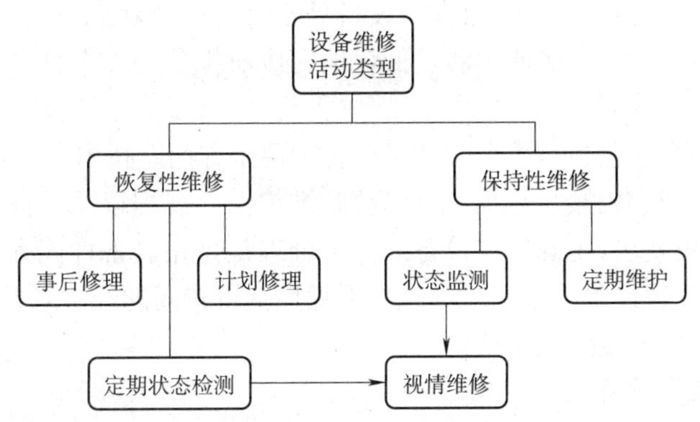

图 10.1　设备维修方式间的关系图

(2)维修方式特点

按照维修作业相对于故障发生时刻的先后,可以将维修方式分为预防维修和事后维修。预防维修包括定期维护、计划修理和视情维修方式;事后维修主要指事后修理方式。

预防维修是指通过对设备的技术状态变化规律的认知,按照时间计划进行维护和修理作业;或通过对设备技术状态的实时监测和定期检测所发现的故障征兆,视情决定维修作业内容。其类型如下:

①定期维护

定期维护方式维修活动主要在故障发生前进行,目的是消除故障隐患。这种维修方式主要用于故障后果危及运行安全或导致较大经济损失的设备。主要作业内容包括清洁、润滑、检查、调整和更换。

②计划修理

计划修理方式主要是设备使用到规定的时间就进行拆解,并通过检验分类确定出部件的性质。保留可用件,更换报废件,修复再生件,彻底消除故障隐患,以保证设备在一定时间内的使用寿命。这种维修方式主要适用于寿命分布规律已知和有耗损性故障的设备,故障的发生、发展与时间关系明确。

③视情维修

视情维修方式主要特点是将监测或检测到的技术状态与标准状态进行比较,并根据技术状态确定进行强化检查或立即更换。视情维修是基于故障的发生总有异常征兆,而且有发展过程的观点。如果确定出可行的故障检测或监侧方法,则可以采取措施防止故障的发生。

事后维修是指设备发生故障后,为恢复其规定的技术状态所进行的维修活动,包括故障定位、拆装、调校、检验和修复等作业。这种维修方式主要用于不影响运行安全和使用效能的设备,或计划修理和视情修理等不能解决的早期故障和偶然故障。

2. 物流设备的管理

(1)物流设备的日常管理

物流设备的正常使用是指在规定的工作条件下,物流设备从事物流作业、发挥其规定效能的工作过程。物流设备使用管理是从采购、验收、投入使用到报废的全过程管理,包括设备组织管理、技术管理、安全管理、经济管理等具体内容。

物流设备使用管理的基本要求是:保持设备处于良好技术状态,进行合理的生产组织,充分发挥物流设备的效能,安全、优质、高效、低耗地完成所担负的作业任务,并取得最佳的经济效益。

物流设备的正确合理包括技术合理和经济合理两个方面。技术合理是按相关技术文件规定的设备性能、使用说明书、操作规程、安全规则、维护保养规程以及不同的工作状况、工作环境、自然条件下的使用要求,正确操作设备。经济合理是指在设备性能允许的范围内,通过合理的组织管理,充分发挥设备的效能,以高效、低耗地获得较高的经济效益。

设备日常正确使用管理措施包括:

①严格按规程操作设备

设备操作规程规定了设备的正确使用方法,对异常情况应采取的应急处理措施及异常事故的报告制度。

②实行技术经济责任制

要求操作者按规程操作,按规定交接班。按规定进行维护保养。班组、车间、生产调度部门和企业领导都应对设备正确使用承担责任,不允许安排不符合设备规范和操作规程的作业任务。

③严格使用程序管理

对重要设备采取定人定机、教育培训、操作考核和持证上岗。建立严格交接班制度,严肃处理设备事故等措施。

④施行设备养护奖励制度

将提高使用人的积极性同物质奖励结合起来。

(2)物流设备的点检

设备的点检是指对预先规定的设备关键部位或薄弱环节进行检查,是通过人的五官或运用检测的手段进行检查,及时准确地获取设备部位(点)的技术状况的劣化信息,及早预防维修。检查设备的目的是判断和确定设备的技术状态是否在规定范围内,据此做出继续使用、采取预防措施或停机修理的结论。物流机械设备的点检是对影响设备正常运行的一些关键部位进行经常性检查和重点控制的方法。

进行设备点检能够减少设备维修工作的盲目性和被动性,及时掌握故障隐患并予以消除,从而掌握主动权,提高设备完好率和利用率,提高设备维修质量,并节约各种费用,提高总体效益。

①设备点检细则

a. 日常点检

每日通过感官检查设备运行中的关键部位的声响、振动、温度、油压等,并将检查结果记录在点检卡上。

b. 定期点检

时间周期长短按设备具体情况划分，有一周、半月、一月、数月不等。定期点检除凭感官外还要使用专用检测仪表工具。定期点检主要是针对重要设备，要检查设备的性能状况、设备的缺陷、隐患以及设备的劣化程度，为设备的大修、项修方案提供依据。

c. 专项点检

专项点检是有针对性地对设备某特定项目的检测，使用专用仪器工具，在设备运行中进行。

②设备点检的方法

设备点检的方法如图 10.2 所示。

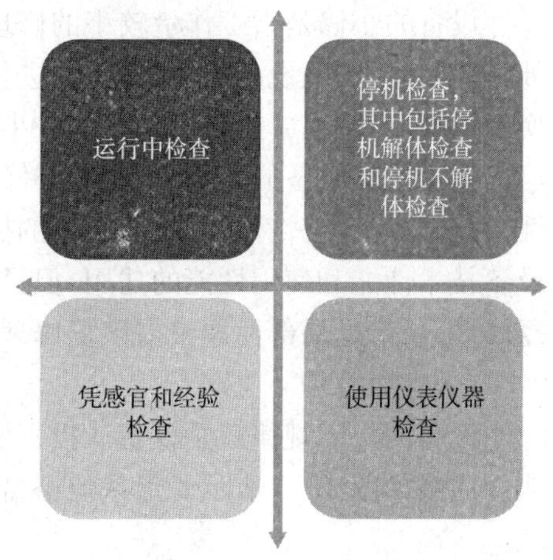

图 10.2 设备点检方法

设备点检人员必须有高度的责任心和技术水平，切实做好点检工作，点检人员对检查信息记录要准确、简明、全面、规范。设备点检工作完成后，必须妥善保存、归档，以便今后工作所用。

做好点检工作，对今后设备的修理工作会起到重要作用，因此要加强领导，定期检查、考核，杜绝不负责任的点检，使点检工作真正起到应有的作用。

③设备点检步骤

a. 确定检查点

设备的检查点往往是设备的关健部位或薄弱环节，检查点一经确定，轻易不要变动，并要长期积累历次检查数据和资料。

b. 确定点检路线

检查点确定后，要根据设备的分布和类型等具体情况组成一条点检路线，并明确点检前后顺序。点检路线确定后，不许轻易变动。

c. 确定点检标准

设备的点检标准要根据设备的各种资料并结合实际经验来制定，其标准要定量化，便于检查

d. 确定点检周期

因设备的各自性能不同、特点不同、寿命不同，点检周期也不同。因此要根据实际情况，分别制定各设备的点检周期，以保证设备按时接受检查。

(3)物流设备的修理

修理的作用是恢复物流设备已失去的工作能力，使设备恢复到良好的技术状态。设备工作能力的下降和设备技术状态的劣化是逐渐发生的过程，而设备的修理却是间断发生的过程。根据修理内容和工作量的不同，修理作业可以划分成不同的类别。设备维修类别有如下三类：

①大修

设备的大修是旨在全面恢复设备工作能力的修理工作。其特征为全部或大部分拆卸分解，修理基准件，更换或修理所有不宜继续使用的零件，整新外观，使设备精度、性能等达到或接近原来出厂水平。为了改进和提高设备工作能力，可以对需要改进的部位(部件或项目)或整机结合大修进行现代化改装。

②项修

项目修理简称项修或中修,这里的项目是指设备部件、装置或某一项设备输出参数。项目修理是在设备技术状态管理的基础上,针对设备技术状态的劣化程度,特别是在已判明故障的情况下,所采取的有针对性的修理活动。项目修理的特点是修理内容明确,针对性强,可节省修理时间、人力、物力和费用,效果较好。

③小修

设备的小修是指工作量较小的修理。小修的工作内容除日常保养和定期保养的全部内容外,还要根据物流设备的磨损规律,进行机、电检修,对需要修理的部分进行分项检查、修理,更换磨损件,对磨损部位进行加工等。小修属于局部修理,目的在于排除故障,恢复局部功能。

物流机械设备的大修、项修和小修都是以技术状态监测为基础的,从而提高了修理的计划性、准确性和经济性,减少了不必要的拆卸或过剩修理。大修、项修、小修三者都具有恢复物流设备技术性能和使用性能的功用,但具体的工作内容和范围各不相同。大修是整机全面性恢复修理;项修是局部性调整与恢复修理;小修是排除故障性的局部修理。

(4)保养管理

设备的故障规律就是设备从投入使用直到报废为止的故障的发展变化规律。设备故障的典型曲线如图 10.3 所示。形状似浴盆,故又称浴盆曲线。

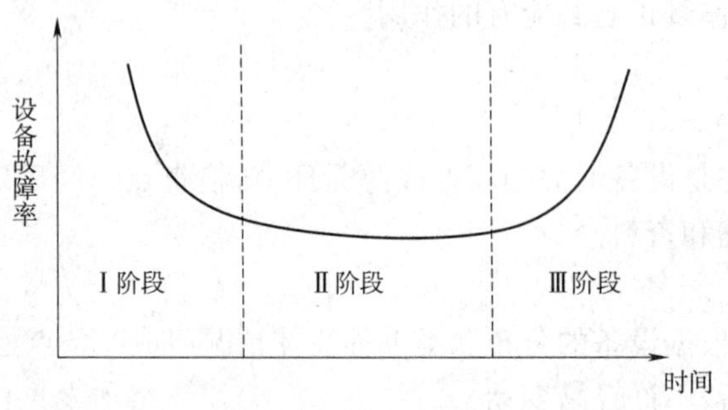

图 10.3　设备故障的典型曲线

浴盆曲线可以分为三个阶段。第一阶段叫初期故障期,这一阶段的故障率较高,发生的故障一般是由于设计上的疏忽、制造质量欠佳和操作不协调引起的。第二阶段叫偶发故障期,这一阶段设备已进入正常运转阶段,故障率较低,基本上为一常数,大部分故障属于维护不好和操作失误而引起的偶发性故障。第三阶段称作磨损故障期,在这一阶段,设备的某些零件已经老化,因而故障率剧增。

维护保养的作用就在于使设备技术状态缓慢变化,使浴盆曲线更趋水平,并使磨损故障期尽可能晚点出现,即无故障工作时间尽可能长些。在设备维修中,经过长期实践,以预防为主的观点已为世界各国普遍接受,我国亦一贯强调这一观点,以维护保养为基础就是这一观点的体现。

任务 4　物流设备的安全管理

1. 产生不安全的原因

物流设备的安全隐患存在于使用的整个过程中,事故的发生是多种因素综合作用的结果,一般有以下几个方面原因：

（1）物流设备的不安全状态

物流机械设备的安全行为是保证其安全运行的重要前提，不安全状态是引发事故的直接原因，不安全状态直接影响物流企业的正常工作和经济效益。

物流机械设备的不安全状态表现是多方面的，如机械设备设计不合理，设备、设施、工具、附件有缺陷；设计不当、结构不合安全要求，通道门遮挡视线，制动装置有缺陷、安全间距不够，挡车网有缺欠，工件有锋利毛刺、毛边，设施上有锋利倒棱。强度不够；机械强度不够，绝缘强度不够，起吊重物的绳索不合安全要求等。

设备在非正常状态下运行的表现也是多方面的，如带"病"运转、超负荷运转；维修、调正不良，设备失修；地面不平，保养不当、设备失灵；运转机器设备防护罩未装或擅自拆除和超常振动、松脱、损坏；机器设备接地装置未装或接地效果不良；机器脏乱未做处理；活动的设备放置不当就开始运转、工作；机器运转后有杂声、固定螺栓松脱和超常振动现象未及时处理；机器缺油或漏油未及时加装或处理；机器咬合部位运转不良未及时处理；保护具装置不适当；电器设施使用、保养和维护不当等。

（2）人的不安全行为

人的不安全行为与人的失误是人表现出来的、与人的心理特征相违背的非正常行为。人在生产活动中，曾引起或可能引起事故的行为，必然是不安全行为。人出现一次不安全行为，不一定就发生事故，造成伤害。然而，不安全行为一定会导致事故，例如，未带安全器具或保护装置；未自觉佩戴防护用品；防护用品无效未及时更换；不守规定在厂区、车间、工作区域内大声喧哗、吵闹、打斗、跑动、吸烟；工作不专心，睡眠不足，疲劳过度；服饰松散，长发披肩；机器发出不安全信号后未能及时处理；不按规章操作，指挥失误、监护失误等是人的不安全行为常见的表现。

（3）安全管理缺陷

安全管理水平包括：安全生产安全管理保障体系不健全；管理流程存在疏漏，不规范，走情势；安全记录与验收不完全；管理方案有漏洞，操作背章不能及时改正；专业安全员不到位或缺少；岗位责任不明确，安全教育不及时或落实不力；安全评估没有分段跟进；法律意识淡薄等。安全管理缺陷是事故发生的间接原因。

（4）环境的不安全因素

环境的不安全因素包括：危险品未按安全规定使用、储存、隔离、摆放、处理；废弃物、危险品未按规定处理；危险品未按规定予以标识；紧急出口堵塞；员工安全生产、消防意识不到位；消防器材未按规定地点摆放配置；灭火器材丢失、过期、不饱满、不完备未及时补齐；员工使用灭火器不熟练或不会使用；车间通风状况不佳；工作台面安全、卫生不到位等。环境的不安全因素间接地导致事故的发生。

2. 安全管理的主要内容

物流设施与设备安全管理的目的是在物流设施设备使用过程中，采取各种技术措施和组织措施，消除一切危及设备机损和人身安全的因素以及污染环境的现象和影响因素，避免发生事故，确保物流机械设备安全作业，保护职工人身安全和健康。

安全管理是物流设施与设备综合管理的重要内容，贯穿物流机械设备管理的全过程，其主要内容如下：

（1）建立健全安全作业责任制

建立健全安全作业责任制是企业岗位责任制的重要内容之一。由于物流机械设备的安全直接影响物流作业的安全，所以企业各级领导、各职能部门、直到每个物流作业线上职工，都要根据其工作性质和要求，明确规定对物流机械设备安全的责任。

落实机械设备安全责任制，首先要组织落实，形成机械设备安全管理网；其次是内容落实，各项安全要求和责任要落实到各项制度规定中，落实到每个人身上，以保证安全责任制的贯彻执行。

（2）编制安全作业技术措施

对于重大货物的吊装，超重、超宽、超高货物的运输以及仓库、配送中心的物流作业，都要编制安全作业技术方案，以确保物流机械设备的安全。在物流机械设备维护保养、修理中，也要制订安全作业技术措施，以保障人身和机械安全。

（3）贯彻执行物流机械设备使用安全技术规程

起重机械、运输机械、包装机械等物流机械设备都有相关的使用安全技术规程，它是根据机械设备的结构和运转特点以及安全运行的要求，规定机械设备使用和操作过程中必须遵守的事项、程序及动作等基本规则，是物流机械设备安全运行、安全作业的重要保障。有关物流机械设备操作人员认真执行本规程，可保证机械的安全运行，防止事故的发生。

（4）开展物流机械设备的安全教育

机械设备安全教育是企业安全作业教育的重要内容，主要针对专业人员进行具有专业特点的安全教育工作，所以也称专业安全教育。对各种机械设备的操作人员必须进行专业技术培训和机械设备使用安全技术规程的学习，作为取得操作证的主要考核内容。

（5）认真开展物流机械设备安全检查活动

机械设备安全检查的内容，一是机械设备本身的故障和安全装置的检查，主要是消除机械设备故障和隐患，确保安全装置灵敏可靠；二是机械设备安全作业的检查，主要检查作业条件、作业方案、措施是否能确保机械设备安全作业。同时，可在机械设备安全活动中开展百日无事故、安全运行标兵等竞赛活动。此外，还应包括机械设备安全监督检查制度的贯彻执行。

3. 物流设施的安全管理

物流设备的安全离不开物流设施的安全，只有物流设施的合理规划并安全使用，才能保证物流设备的安全。物流设施的安全是物流节点的安全，括港口、空港、火车货运站、公路枢纽、大型公共仓库及现代物流（配送）中心、物流园区等。具体的设施安全管理如下：

（1）区内使用的设备，必须符合安全认证要求，严禁携带火种、危险品进入库区，严禁吸烟，严禁使用明火，严禁私自拉线改装用电。

（2）区外必须设有明显的禁火、防火标志。库区必须按要求保证消防通道的畅通。与外界毗邻门窗必须设置牢固完好的防盗、防抢护栏。库内必须设置防盗报警装置。

（3）库区严禁无关人员入内，严禁存放其他任何物品，定期检查、保养、维护、更换和添置安全设施。

（4）严禁消防器材挪为他用，必须熟练使用消防器材，熟知应急方案、报警电话，定期对库区进行安全检查，定期对商品进行养护，按时记录、上报。

(5)电器设备必须符合安全用电要求，严禁在电源开关、电机附近堆放其他物品。

(6)物品放置要符合安全要求，应避免损伤墙面、地面和分拣设施。

(7)发现分拣区水暖、电器、电线、机器设备运行异常应立即报告部门负责人和安全员。

(8)工作结束后应例行安全检查，关闭电器电源，关闭门窗，保证“人走灯灭”。

4. 物流设备的安全管理

严格执行《物流设施设备安全管理制度》《物流设施设备故障排除管理规范》有关要求，确保设施设备安全和员工操作规范安全。班前，认真做好物流设施设备的维护和检查工作，确保物流设施设备在交付使用前的安全。在工作时间对物流设施设备进行现场巡视，确保物流设施设备的安全正常运行，同时也督促、监督物流设施设备的使用者按照操作规范进行相关设施设备的使用。提醒和督促部门领导完善和落实部门的各项物流设施设备安全管理的制度，异常情况主动及时上报。

(1)按时预防保养，确保运行流畅

良好的设备维护保养工作是保证设备稳定、高效运行的重要前提。根据自动化物流系统设备组成及运行特点，结合实际工作人员配置，将设备维护保养方式分为三类：一是计划性维护，含日保养、周保养、停产检修；二是预防性维护，即点检；三是专业化维护，由设备制造商对特定设备按设备运行要求进行专业化维护保养。在此基础上，根据不同的保养方式及目的分别制作了详细的日、周保养内容作业指导书及点检内容，并分别安排实施。具体如下：

①日保养

由设备保养工根据自动化物流设备日保养内容实施保养，由常白班维修工进行监督指导及检查，辅料库设备及成品入库设备根据卷包车间保养时间及停机安排同步进行，成品库出库设备利用成品发货间隙进行设备日保养工作。

②周保养

由白班及跟班维修工根据自动化物流设备周保养内容实施保养。由于人员较少，设备停机时间短，提前根据生产安排制定周保养计划，在一周内将全部设备按照周保养内容实施一遍。

③停产检修

根据生产计划安排及物流设备实际使用情况，在接到生产安排通知后，根据停产时间，在停产检修前制定停产检修计划，落实到人，检修完毕按照检修计划进行设备检修情况检查。

(2)规范维修操作，提升运行质量

高标准，严要求，规范操作和维修是保证设备运行质量的重要手段。为此，要出台和落实相关规范要求和规程，遇到问题按规范处理，既能保证工作效率，又能确保安全可靠。

(3)增强安全意识，确保人机安全

注重安全，把安全工作当做头等大事来抓是物流行业企业一贯坚持的工作原则。为防止人身和设备安全事故的发生，根据各种设备的不同特点制作了安全操作规范，配备劳保用品，如安全鞋、安全帽、安全绳等。同时，根据操作规范每月开展安全培训工作。

复习思考题

1. 填空题

题号	(1)	(2)	(3)	(4)	
填空					
说明	将正确答案填入题号所对应的下方空格内				

(1)现代物流设备管理是以(　　)为研究对象,以设备寿命周期费用最经济和设备综合效率最高为目标,动员全员参与的综合管理。

(2)现代物流设备除了具有一般管理的共同特征外,与企业的其他专业管理相比,还有一些特点:(　　)、(　　)、随机性、全员性。

(3)物流设备规划的内容主要包括物流网络规划、(　　)、数量规划等三个方面。

(4)按照维修作业相对于故障发生时刻的先后,可以将维修方式分为(　　)和事后维修。

2. 判断题

题号	(1)	(2)	(3)	(4)	(5)
选项					
说明	在正确观点题号的下面空格内划"√",错误观点题号的下面空格内"×"				

(1)物流网络化就是用系统、科学的思想将物流网络规划设计"网络化",把物流从一种"混沌"状态转变为有序的网络化状态,用系统思维统领物流网络的规划设计。

(2)物流设备使用管理的基本要求是:保持设备处于良好技术状态,进行合理的生产组织,充分发挥物流设备的效能,安全、优质、高效、低耗地完成所担负的作业任务,并取得最佳的经济效益。

(3)广义的物流节点是现代物流意义的物流(配送)中心、物流园区和配送网点。

(4)浴盆曲线的第一阶段叫初期故障期,这一阶段的故障率较低,发生的故障一般是由于维护不好和操作失误而引起的偶发性故障。

(5)项目修理是在设备技术状态管理的基础上,针对设备技术状态的劣化程度,特别是在已判明故障的情况下,所采取的有针对性的修理活动。

3. 简答题

(1)在进行物流设施与设备的规划时,应遵循哪些基本原则?

(2)设备日常正确使用管理措施有哪些?

4. 阐述题

物流设备的安全管理具体措施有哪些?

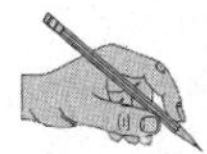

项目实操考核评价

以学生个人为单位进行考核。

	讨论物流设施设备的选型原则			归纳物流设施设备的日常维护和安全管理措施			得　分
	自评	同学评	教师评	自评	同学评	教师评	
学生 1							
学生 2							
学生 3							
学生 4							
学生 5							

说明：

1. 每人总分为 100 分。

2. 每人每项为 50 分制，计分标准为：不会操作计 1～15 分，基本不会操作计 16～30 分，操作较好计 31～40 分，操作很好计 41～50 分。

3. 采用分层打分制，建议权重计为：自评分占 0.2，同学评分占 0.3，教师评分占 0.5，然后加权算出每名同学在本项目中的综合成绩。

参考文献

[1] 赵智锋.物流设施设备运用.上海:上海财经大学出版社,2017.
[2] 赵智锋.物流设备使用与管理.北京:人民邮电出版社,2010.
[3] 吴芳.铁路运输设备.北京:中国铁道出版社,2006.
[4] 佟立本.交通运输设备.北京:中国铁道出版社,2003.
[5] 宋瑞.交通运输设备.北京:中国铁道出版社,2003.
[6] 李骏.现代交通运输与载运工具.成都:西南交通大学出版社,2006.
[7] 常治平.铁路线路及站场.北京:中国铁道出版社,2013.
[8] 刘志强.铁路机车车辆.北京:中国铁道出版社,2016.
[9] 贾毓杰.铁路信号与通信设备.北京:中国铁道出版社,2016.
[10] 何民爱.物流装备与运用.南京:东南大学出版社,2007.
[11] 刘廷新.物流设施与设备.北京:高等教育出版社,2003.
[12] 冯爱兰.物流技术装备.北京:人民交通出版社,2005.
[13] 鲁晓春.物流设施与设备.北京:清华大学出版社,2005.
[14] 张弘.物流设施与设备.北京:复旦大学出版社,2006.
[15] 蒋祖星.物流设施与设备.北京:机械工业出版社,2005.
[16] 王成林.物流设施与设备.上海:上海交通大学出版社,2009.